家藏文库

孔子家语

杨思贤　译注

中州古籍出版社
·郑州·

图书在版编目（CIP）数据

孔子家语 / 杨思贤译注. —郑州：中州古籍出版社，2015.3
（2022.1重印）
（家藏文库）
ISBN 978-7-5348-5214-5

Ⅰ.①孔… Ⅱ.①杨… Ⅲ.①孔丘（前551~前479）–生平事迹②《孔子家语》–译文③《孔子家语》–注释 Ⅳ.① B222.2

中国版本图书馆CIP数据核字（2015）第042054号

JIACANG WENKU：KONGZI JIAYU

家藏文库：孔子家语

选题策划	卢欣欣　赵发杰
约稿统筹	卢欣欣
责任编辑	高林如　王建新
责任校对	岳秀霞
封面设计	王　歌
版式设计	曾晶晶

出 版 社	中州古籍出版社（地址：郑州市郑东新区祥盛街27号6层 邮编：450016　电话：0371-65723280）
发行单位	河南省新华书店发行集团有限公司
承印单位	郑州印之星印务有限公司
开　　本	640 mm×960 mm　1/16
印　　张	28.5 印张
字　　数	315 千字
版　　次	2015年3月第1版
印　　次	2022年1月第3次印刷
定　　价	42.00 元

本书如有印装质量问题，请与出版社调换。

前　言

　　《孔子家语》（以下简称《家语》）是一部记载孔子及其弟子言行的古籍。今本《家语》的编者难以确考，一般认为是西汉学者、孔子十二世孙孔安国，但亦有相当多的意见认为是三国时学者王肃伪造。《家语》的性质与《论语》类似，但是篇幅却是后者的约五倍；《论语》的篇章大都短小简约，而《家语》却不乏长篇论说。概言之，《家语》所提供的孔子言行的材料要大大丰富于《论语》。然而与《论语》的世人皆知不同，一般读者很少听说《家语》之名，即使在学界内部，《家语》也长期不受重视，这主要是因为《家语》头上顶着"伪书"的名声。可以这样说，《家语》是中国古典文献传播史上非常重要而又争议极大的一部典籍。因此，我们有必要对《家语》的成书与流传、真伪问题的争论以及其学术价值与现实意义略作介绍，以帮助读者更好地阅读和理解《家语》。

一、《家语》的成书与流传

　　今本《家语》附有《后序》，《后序》由两篇文字组成，前一篇为孔安国撰，后一篇不著撰者，其中包含孔安国之孙孔衍给汉成帝的奏表。这两篇序文是我们目前了解《家语》来源及其在先秦两汉流传情况的主要凭借，下面就以这两篇序文为依据，略述《家语》的来源与早期流传。

首先是来源。孔序云：

> 《孔子家语》者，皆当时公卿士大夫及七十二弟子之所谘访、交相对问言语者，既而诸弟子各自记其所问焉，与《论语》《孝经》并时。弟子取其正实而切事者，别出为《论语》，其余则集录之，名之曰《孔子家语》。

这段话告诉我们如下的信息：《家语》的文献来源与《论语》相同，都是时人及弟子与孔子的问答、言谈的记录，由孔门弟子分别记录，只不过《论语》的编纂更为严格。孔门弟子在编完《论语》之后，将剩下的材料集录，命名为《孔子家语》。

其次我们再来了解一下《家语》在先秦两汉时期的流传。据孔序，秦昭王时，荀子入秦，曾携带"孔子之语"。秦始皇焚书时，因《家语》被视同诸子文献，所以未被焚灭。汉初，吕后家族曾藏有《家语》，但是随着吕氏被诛灭，其所藏的《家语》散落民间。汉景帝末年，朝廷向天下征集礼书，当时有士大夫搜集到了从吕氏家族散落的《家语》，但是与记载诸国政事及孔门弟子言论的文献相混杂，一起献给了朝廷，藏在内廷的秘府。到了武帝元封年间，其时大儒、孔子后人孔安国在京师做官，出于保存先人典籍的考虑，曾向当时藏有《家语》的士大夫求得副本，重新编次，定为四十四篇。据《家语》所附第二篇序文及其所载孔安国之孙孔衍的奏表，孔安国在编定《家语》后，可能曾向朝廷进献，但是由于武帝晚年遭遇巫蛊之祸，无暇修文，因而未能广布学界，与其一起被埋没的还有经孔安国校订的大名鼎鼎的《古文尚书》。汉成帝时，刘向奉命校订群书，刘向曾经接触到《家语》及其相关文献（很可能就是秘府所藏的），并且做了整理。但是据孔衍奏表，刘向并不看重《家语》，只是将《家语》作为校订《礼记》的参考，而不重视《家语》的独立存在价值。因此孔衍向成帝上书，申明《家语》的重要性，要求将其重新校订，独立成书。成帝表示赞许，但不久成帝驾崩，刘向又病故，所以孔衍的提议又被搁置。以上就是《家语》在先秦两汉时期的流传情况。

两汉以后《家语》的流传情况就相对简单了。据王肃《孔子家语序》，三国时大学者王肃从孔子二十二世孙孔猛那里，得到了孔安国校订而家传的《家语》，发现《家语》所论与自己的学说较为符合，所以给《家语》作注，此注本广为流传。《家语》在《汉书·艺文志》中有著录，列在"六艺略"之"《论语》类"中，共二十七卷。《隋书·经籍志》著录二十一卷，并注明"王肃解"。这两个本子之间同异如何，现在已不得而知。而从《旧唐书·经籍志》开始，后世目录书中著录的《家语》皆为王肃注的十卷本，其间版本发展虽有交汇融合，但应该皆以王肃注本为祖本。

二、关于《家语》真伪问题的争论

应该说，因为《汉书·艺文志》的著录，没有人怀疑《家语》是在两汉真实存在过的一部重要典籍，但是古今学界对经王肃注解并流传至今的《家语》的真实性，一直争论不休。从现有文献看，对王肃所注《家语》文献真实性的怀疑，从三国时代，也就是王肃为《家语》作注时就已经产生了。《礼记·乐记》"昔者舜作五弦之琴以歌《南风》"句郑玄笺云："其辞未闻。"孔颖达疏云："案（王肃）《圣证论》引《尸子》及《家语》难郑云：'昔者舜弹五弦之琴，其辞曰……郑云'其辞未闻'，失其义也。'今案马昭云：'《家语》王肃所增加，非郑所见。'"郑玄、王肃之争是汉末三国学术界的公案，王肃引《家语》中的《南风》歌意在凸显郑玄的孤陋寡闻，而作为郑玄追随者的马昭又指责王肃通过增饰《家语》以自我作古，郑玄与王肃所见的《家语》并不相同。这里我们需要特别注意的是，马昭并未指责王肃全然伪造《家语》，只是强调王肃在原有《家语》的基础上有"增加"。唐代，与孔颖达约略同时的颜师古在注解《汉书》时指出《汉书·艺文志》中著录的《家语》"非今所有《家语》"，但是并没有提出任何证据。到了宋代，对《家语》文献真实性的怀疑已经很普遍，其中以王柏最为大胆，也最具代表性。他在《家语考》中指出："今之《家语》十卷，凡四十有四篇，意王肃杂取《左传》、《国语》、荀、孟、二戴之绪余，混乱精粗，割裂前后，织而成之，托以安国之名。"这应该是学术史上第一次明确提出《家语》乃王肃伪造。王柏之后，呼应者代有其人，至清代孙志祖作《家语疏证》和范家相作《家语证伪》达到顶峰。孙、范二书可能受清代辨伪《古文尚书》的影响，效仿其方法，将今本《家语》的内容同时见于其他秦汉古籍者一一梳理，证明《家语》乃是割裂抄撮而成。约略同时的《四库全书总目》云："反覆考证，其出于肃手无疑。特其流传既久，且遗文轶事，往往多见于其中，故自唐以来，知其伪而不能废也。"《家语》乃伪书之说似乎已成定谳。

当然，学术史上也有学者对《家语》的真实性持肯定意见。比如朱熹，我们知道他曾经怀疑《古文尚书》文本的真实性，具有敏锐的辨伪意识，但是他对《家语》的评价却完全相反，据《朱子语类》载，朱熹认为"《家语》虽记得不纯，却是当时书"，"《家语》只是王肃编古录杂记，其书虽多疵，然非肃所作"。传统学术界力持《家语》非伪说最典型的应该是清代的陈士珂，他著有《孔子家语疏证》，其族人陈诗在该书序言中曾记录了陈士珂关于《家语》性质的看法："周末汉初诸子，其称述孔子之言，类多彼此互见，损益成文，甚至有问答之词，主名各别，如南华重言之比，而溢美溢恶，时时有之。然其书并行，至于今不废，何独于是编而疑之也？"这主要是针对《家语》乃抄撮他书而成的说法做出的反驳。陈诗明确指出战国秦汉之间的文献内容重复、"彼此互见"的情况很常见，不应对《家语》抱以偏见。① 现代学术界对《家语》真伪问题的研究，由于有现代考古学的成果作为证据，而有了新的进展。20 世纪 70 年代，在河北定县八角廊汉墓及安徽阜阳双古堆汉墓均出土了在内容上与《家语》有高度关联性的西汉文献，说明今本《家语》渊源甚早，已经完全可以推翻"王肃作伪说"，越来越多的研究以此为出发点，重新评估《家语》的价值。

我们认为，对于今本《家语》真伪的看法，应该采取辩证的态度。一方面，不应再像王柏和四库馆臣那样，将《家语》笼统地视为伪书；另一方面，对它真实性问题的研究，还应有方法论的调整。首先，在文献学上需要明确的是，"今本《家语》非伪书"绝不能说明今本《家语》就是《汉书·艺文志》中著录的《家语》，更不能说明它是一部先秦基本编定的文献。姚际恒在《古今伪书考》中曾指出，唐代司马贞作《史记索隐》，其中所引《家语》内容不见于今本。而上文曾指出，颜师古认为《汉书·艺文志》中著录的《家语》"非今所有《家语》"，也就是说，唐本《家语》不等同于汉本《家语》，而今本《家语》也不完全等同于唐本《家语》。如果考虑到已经排除作伪的嫌疑，那么这个结论只能说明《家语》的文本一直处于流动之中，它与《礼记》《说苑》等传世文献和相关出土文献之间究竟有什么样的关系，它究竟何时写成定本，还要依赖学界的继续研究。我们现在对于《家语》的真伪问题能够给出的初步结论是：《家语》所载的问答、言谈确实是出于孔门后学的记录，在传抄的过程

---

① 关于这个问题的讨论，详见宁镇疆《"盗者之真赃"——由王国维推许〈家语疏证〉说经典辨伪学"范式"的扩大化》，载《齐鲁学刊》2013 年第 1 期。

中，可能有所增饰（比如《家语》中的孔子有时会说出带有明显道家或阴阳家色彩的言论，这肯定不是孔门弟子的原始记录）。汉初，孔安国搜集编次并在家族中传授。三国王肃为孔氏家传本《家语》作注，在这个过程中，不排除王肃出于排斥郑玄的目的对《家语》再次增饰修改。但是王肃注《家语》在内容上基本保持先秦旧貌，在框架结构上基本保持孔安国编次的规模，这是可以肯定的，对此的种种怀疑都无确实证据支撑。总之，今本《家语》是一部记载先秦两汉孔门思想发端和演变的真实可信的重要典籍。

三、《家语》的学术价值与现实意义

《家语》的学术价值主要体现在两个方面：首先是文献校勘价值。与许多秦汉古籍相比，尤其是与记载了较多孔门言论的《礼记》和《大戴礼》相比，《家语》的记载更具原始性，因此具有重要的版本、校勘价值。其次是思想史上的价值。我们可以看到，《家语》中展现的孔子形象较为丰富，除了谶纬文献的记载没有涉及，《家语》中的孔子形象几乎是战国秦汉文献中孔子形象的集合。在这部书中，孔子除了是儒家的宗师，也时而为道家、法家甚至阴阳家代言。这说明《家语》中记载的孔子言行一定经过了后世其他学派思想的增饰。但是若要把这种增饰看作孔门思想的融合发展，它的价值就立刻凸显起来。如前文所说，《家语》中的孔子形象几乎是战国秦汉文献中孔子形象的集合，能够较为全面地反映先秦两汉时期孔子形象的多样性。孔子作为中国历史上最重要的文化人物，他的形象一直处在演变之中。顾颉刚先生在题为《春秋时代的孔子和汉代的孔子》的演讲中指出："春秋时的孔子是君子，战国的孔子是圣人，西汉时的孔子是教主，东汉后的孔子又成了圣人，到现在又快要成君子了。"这段话其实在告诉我们，"真实"的孔子永远不可再得，我们只能拥有被加以不同"阐释"的孔子。在阐释孔子的历程中,先秦两汉处于发端且最重要的地位,《家语》正是了解这一时期孔子形象的重要材料,读者们若能以《论语》为基础,参之以《家语》等其他儒学典籍,当能对孔门及儒学在先秦两汉的面貌有一个较为清晰的认识。

任何有价值的典籍既属于历史,也属于当下,《家语》也不例外。在最近一百多年中国逐渐融入世界的过程中,我们对传统文化的态度经历了从自大、自卑、怀疑到全盘否定、批判继承等的变化。目前学界对传统文化的研究已经摆脱了五四以来就存在的偏激思潮的干扰,日趋正常。而随着国力的增强,国家意识形态对传统文化的认同感日益增强,民众随着生活的日益富足也需要拓展精神领域的学习资源。孔子思想作为中国文化最重要的组成部分,无疑要回应这些挑战。《家语》是研究孔子思想的重要文献,在这样的大背景下,无疑要充分发掘它的价值和作用。这一方面要求学界内部加强对《家语》的专深研究,同时也要做好《家语》的普及工作,让更多的人读到《家语》,读懂《家语》,通过《家语》来了解孔子,了解孔子思想在中国的演变,进而从根源处体会传统文化的精神特征。

本书就是基于这个目的而作的普及读物,面向中等以上文化程度、对传统文化感兴趣的社会各界读者。本书在原文基础上加以注释和白话翻译,注释力求简要,翻译力求准确流畅。《家语》原文以《四部丛刊》影印明黄鲁曾覆宋本为底本,以上海古籍出版社影印文渊阁《四库全书》本(简称四库本)和清陈士珂《孔子家语疏证》本(上海书店1987年)等参校,凡改动底本处在注释中说明,不另出校记。对词语的训释和文意的理解,主要以王肃注为依据。当代整理《家语》者不乏其人,其中杨朝明、宋立林主编的《孔子家语通解》(齐鲁书社2009年)内容丰赡,王国轩、王秀梅译注的《孔子家语》准确简练,在众多成果中较为突出,本书对二书的训释翻译均有所采择，在此一并致谢。另外，由于《家语》的许多内容往往并见于其他古籍，因此本书也参考了这些古籍的古注或今人整理成果，尤其是《春秋左传》杨伯峻注（中华书局1990年）、《仪礼》杨天宇注（上海古籍出版社1994年）、《礼记》杨天宇注（上海古籍出版社1997年）、《史记》"三家注"（中华书局1982年）和《说苑》向宗鲁校证（中华书局1997年），折中群贤，间下己意。当然，由于作者学识有限，错误之处难免，希望读者批评指正。

杨思贤

2014年11月14日

目 录

相鲁第一 ··· 1

始诛第二 ··· 7

王言解第三 ··· 12

大婚解第四 ··· 19

儒行解第五 ··· 24

问礼第六 ··· 32

五仪解第七 ··· 38

致思第八 ··· 48

三恕第九 ··· 67

好生第十 ··· 76

观周第十一 ··· 89

弟子行第十二 ··· 95

贤君第十三 ··· 109

辩政第十四 ··· 119

六本第十五 ··· 128

辩物第十六 ··· 148

哀公问政第十七	159
颜回第十八	168
子路初见第十九	178
在厄第二十	188
入官第二十一	194
困誓第二十二	202
五帝德第二十三	213
五帝第二十四	222
执辔第二十五	227
本命解第二十六	239
论礼第二十七	245
观乡射第二十八	253
郊问第二十九	259
五刑解第三十	264
刑政第三十一	272
礼运第三十二	278
冠颂第三十三	291
庙制第三十四	296
辩乐解第三十五	299
问玉第三十六	306
屈节解第三十七	312
七十二弟子解第三十八	324
本姓解第三十九	344
终记解第四十	349

正论解第四十一 ·············· 355

曲礼子贡问第四十二 ·············· 385

曲礼子夏问第四十三 ·············· 410

曲礼公西赤问第四十四 ·············· 435

相鲁第一

1.1 孔子初仕为中都宰①,制为养生送死之节②:长幼异食,强弱异任,男女别涂③,路无拾遗,器不雕伪④。为四寸之棺,五寸之椁⑤,因⑥丘陵为坟,不封不树⑦。行之一年,而西方之诸侯则⑧焉。定公⑨谓孔子曰:"学子此法,以治鲁国何如?"孔子对曰:"虽天下可乎,何但鲁国而已哉。"于是二年,定公以为司空⑩。乃别五土⑪之性,而物各得其所生之宜,咸得厥所。先时,季氏葬昭公于墓道之南⑫,孔子沟而合诸墓焉。谓季桓子⑬曰:"贬君以彰己罪,非礼也。今合之,所以揜⑭夫子之不臣。"由司空为鲁大司寇⑮,设法而不用,无奸⑯民。

【注释】

①中都:鲁国邑名,在今山东汶上西。宰:古代官吏的通称,此处指地方长官。②养生送死:生有保障,死得安葬。节:礼制。③涂:通"途",道路。④器不雕伪:器物上没有刻意雕画纹饰,以显示无诈伪之心。⑤四寸之棺,五寸之椁(guǒ):棺木有内外两层者,内层为棺,外层为椁。⑥因:依傍。⑦封:聚土起坟。树:种植树木以标其处。⑧则:效法。⑨定公:鲁国国君,姓姬名宋,公元前509~公元前495年在位。⑩司空:负责工程建设和手工业的高级长官。⑪五土:根据王肃注,指山林、川泽、丘陵、坟衍和原隰(xí)。⑫"季氏"句:意指季平子将昭公葬于鲁国先君墓道以南,以示贬损。季氏,鲁国权臣季平子。鲁昭公曾经

讨伐季平子，后客死晋国。⑬季桓子：季平子之子。⑭拚：通"掩"，掩藏。⑮大司寇：掌管刑狱的长官。⑯奸：通"干"，滋扰。

【译文】

　　孔子初入仕途时，担任中都的地方长官，为老百姓制定了保障养生送死的礼制：不同年龄的人供给不同的食物；根据气力大小分派不同的任务；男女在道路上各走一边；遗失在道路上的财物，没有人捡走据为己有；器物不故意雕画纹饰。装殓死者，棺厚四寸，椁厚五寸，依傍丘陵为下葬之处，不聚土起坟，不在墓地周围种植树木以作标记。这些措施施行了一年，西面的诸侯纷纷效法鲁国。鲁定公对孔子说："我学习您治理中都的方法来治理整个鲁国，怎么样？"孔子回答说："即使治理天下都是可以的，哪里仅仅是一个鲁国。"之后两年，定公任命孔子为司空。孔子区别五种土地的性质（分别种植不同的作物），万物获得适合自己的生长环境，各得其所。早先，季平子将鲁昭公葬于先君墓道之南，孔子掘沟使昭公之墓与诸先君之墓合为一处，并且对季桓子说："（将昭公葬于墓道之南这种行为）既贬损了君主，同时也彰显了自己的罪过，这是非礼的。现在将墓地合为一处，是为了掩饰令尊不合臣道的行为。"孔子由司空升任鲁国大司寇，制定了法律，（但由于风俗淳善）并不经常使用，所以并不滋扰人民。

　　1.2 定公与齐侯会于夹谷①，孔子摄相事②，曰："臣闻有文事者，必有武备；有武事者，必有文备。古者诸侯出疆，必具官③以从，请具左右司马④。"定公从之。至会所，为坛位，土阶三等，以遇礼⑤相见，揖让而登，献酢⑥既毕，齐使莱人以兵鼓譟⑦，劫定公。孔子历阶而进，以公退，曰："士以兵之。吾两君为好，裔夷之俘⑧，敢以兵乱之，非齐君所以命诸侯也。裔不谋夏，夷不乱华，俘不干盟，兵不偪⑨好，于神为不祥，于德为愆义⑩，于人为失礼，君必不然。"齐侯心怍⑪，麾⑫而避之。有顷，齐奏宫中之乐，俳优侏儒戏于前⑬。孔子趋进，历阶而上，不尽一等⑭，曰："匹夫荧侮诸侯者⑮，罪应诛，请右司马速加刑焉。"于是斩侏儒，手足异处。齐侯惧，有惭色。将盟，齐人加载书⑯曰："齐师出境，而不以兵车三百乘从我者，有如此盟。"孔子使兹无还⑰对曰："而不返我汶阳之田，吾以供命者，亦如之。"齐侯将设享礼⑱，孔子谓梁丘据曰："齐鲁之故，吾子何不闻焉？事既成矣，而又享之，是勤执事⑲。且牺象不出门⑳，嘉乐不野合㉑。享而既具，是弃礼；若其不具，是用秕稗㉒。用秕稗，君辱；弃礼，名恶。子盍图之！夫享，所以昭德也；不昭，不如其已。"乃不果㉓享。齐侯归，责其群臣曰："鲁以君子道辅其君，而子独以夷狄道教寡人，使得罪。"于是乃归所侵鲁之四邑，及汶阳之田。

【注释】

①齐侯：指齐景公。夹谷：齐国地名，在今山东莱芜境内。②摄：代理。相：会盟司仪。③具官：配备相应官员。④司马：军事长官。⑤遇礼：会遇之礼，是一种较为简单的相见仪式。⑥献酢（zuò）：宾主相互敬酒。⑦莱人：齐国东部之夷人。兵：兵器。諠：通"喧"，喧哗。⑧裔夷之俘：指莱人。裔，边裔。莱国地处齐国边境，此时已被齐国所灭，故称"裔夷之俘"。⑨偪：威胁。⑩愆（qiān）义：违背道义。⑪怍（zuò）：惭愧。⑫麾：原意是指挥用的旗帜，此处用作动词，指挥。⑬俳（pái）优：滑稽杂耍艺人。侏儒：身材短小者。⑭"孔子趋进"三句：

意指盟台台阶有三层，孔子上至中层而止，不违礼制。⑮荧：迷惑。侮：轻慢。⑯载书：盟书。⑰兹无还：人名，鲁大夫。下文梁丘据乃齐大夫。⑱享礼：飨宾之礼，指盟誓既成之后的宴飨之礼。⑲勤：使辛劳。执事：此指齐国君臣。⑳牺象：牛形和象形的酒器。门：宫门。㉑嘉乐：宫廷正乐。不野合：钟鼓之正乐应在宗庙朝堂之上演奏，而不能在野外演奏。㉒秕（bǐ）：空壳无实或籽实不饱满的谷粒。稗（bài）：似谷之野草。㉓果：实现。

【译文】

　　鲁定公与齐侯在齐国的夹谷举行会盟，孔子代理主持礼仪。孔子说："我听说举行会盟时一定要有武力做后盾，而预备战事时也要做好外交斡旋的准备。古代诸侯离开自己的疆土，一定要配备相应的文武官员，请您带上左右司马。"定公听从了孔子的意见。到了会盟的地方，筑起了会盟的高台，有三层台阶，主宾以简单的遇礼相见，鲁公与齐侯相互揖让登上了高台，彼此敬酒之后，齐侯命令附属的莱人执兵器大声鼓噪，并胁迫定公。孔子快步登上台阶，保护鲁公退下，并命令说："鲁国的士兵拿起武器！我们两国国君在这里举行友好会盟，被俘虏的远方夷狄竟敢拿着武器妄图作乱，这绝不是齐君用来号令诸侯的方法。边裔不能图谋中国，夷狄不能扰乱华夏，俘虏不能祸乱盟会，武力不能威逼友好。否则，就是对神不敬，违背道义，为人失礼，齐君绝不至于此。"齐侯听后内心感到惭愧，指挥莱人退下。过了一会儿，齐国方面演奏宫廷雅乐，俳优侏儒上前献艺。孔子快步上前，一步一个台阶，站在中间的台阶上说："卑贱之人戏弄诸侯，其罪当诛，请左右司马迅速行刑。"左右司马斩杀了侏儒，砍断了他们的手足。齐侯感到畏惧，面露惭色。即将盟誓的时候，齐国在盟书上加了这样一段话："齐国军队出境作战，鲁国若不能以兵车三百乘助战，将按盟书约定接受惩罚。"孔子让鲁大夫兹无还回击说："齐国若不能将汶阳之地归还给鲁国，而要鲁国满足齐国的要求，那么齐国也要按盟书约定接受惩罚。"盟誓之后，齐侯将设宴款待鲁公，孔子对齐大夫梁丘据说："您难道没听说过齐鲁两国的传统礼仪吗？盟会既成，又设享礼，这样会使齐国君臣辛劳。况且牺象之形的酒具是不能拿出宫廷使用的，宫廷音乐也不能在野外演奏。假如宴会上酒器、宫乐俱全，那是违背礼仪；如果不具备，就如同使用秕稗代替好的谷物一般。用秕稗，就是轻慢君主；违背礼仪，则难逃恶名。希望您慎重考虑！举行享礼，是为了彰显德行；如果不能彰显德行，不如就不要举行。"于是齐国没有举行享礼。齐侯回国后，责备他的臣子说："鲁国的臣子用君子之道辅佐他们的君主，而你们偏偏用夷狄之道来辅佐我，招致了这次的羞辱。"于是齐国将以前侵占鲁国的四座城池及汶阳之地归还了鲁国。

1.3 孔子言于定公曰："家不藏甲①，邑无百雉之城②，古之制也。今三家③过制，请皆损之。"乃使季氏宰仲由隳三都④。叔孙不得意于季氏⑤，因费宰⑥公山弗扰率费人以袭鲁。孔子以公与季孙、叔孙、孟孙，入于季氏之宫，登武子之台。费人攻之，及台侧，孔子命申句须、乐颀⑦勒⑧士众下伐之，费人北，遂隳三都之城。强公室，弱私家，尊君卑臣，政化大行。

【注释】

①家：卿大夫。甲：铠甲，此指武装。②邑：指卿大夫所居城邑。雉：计算城墙面积的单位，长三丈、高一丈为一雉。③三家：鲁国权臣季孙、叔孙、孟孙三家，因皆是鲁桓公后代，又称"三桓"。④宰：官吏通称，此指卿大夫家臣。仲由：字子路，孔子弟子。隳（huī）：毁坏。三

都：其赋税用来供养"三桓"的城邑，指季孙氏之费（bì）、叔孙氏之郈和孟孙氏之成。⑤"叔孙"句：即叔孙辄在叔孙氏家族中得不到重用。叔孙，指叔孙氏庶子叔孙辄。据《左传·定公十二年》杜预注"辄不得志于叔孙氏"，则此处"季氏"当作"叔孙氏"。⑥费宰：费地长官，即公山弗扰。费，春秋鲁邑。旧址在今山东鱼台西南费亭。⑦申句须、乐颀：皆鲁大夫。⑧勒：率领。

【译文】

　　孔子对鲁定公说："卿大夫不能私自拥有武装力量，不能拥有超过百雉规模的城池，这是古代的制度。如今季孙、叔孙、孟孙三家都逾越了礼制，请您削减他们的势力。"于是派季氏的家臣仲由拆除三家城邑的城墙。叔孙辄因为得不到叔孙氏的重用，就依靠费地长官公山弗扰，带领费人乘机攻进了鲁都。孔子保护鲁定公，与季孙、叔孙、孟孙一起进入季氏住宅躲避，登上了武子台。费人攻打武子台，到了台边时，孔子命令申句须、乐颀率领士兵反击，费人溃败，于是趁势拆除了三家城邑的城墙。通过这件事情，鲁国国君的权威得到增强，卿大夫的势力被削弱，尊君卑臣，政治教化得到很好推行。

　　1.4 初，鲁之贩羊有沈犹氏者，常朝饮其羊以诈市人；有公慎氏者，妻淫不制；有慎溃氏，奢侈逾法；鲁之鬻六畜者①，饰之以储价②。及孔子之为政也，则沈犹氏不敢朝饮其羊，公慎氏出其妻，慎溃氏越境而徙。三月，则鬻牛马者不储价，卖羊豚者不加饰。男女行者别其涂，道不拾遗。男尚忠信，女尚贞顺。四方客至于邑，不求有司③，皆如归④焉。

【注释】

①鬻（yù）：卖。六畜：马、牛、羊、猪、狗、鸡六种家畜。②储价：哄抬价格。③有司：官吏。④归：回家。

【译文】

早先，鲁国有一个贩羊的人姓沈犹，经常在早晨用水把羊灌饱以增加重量，欺诈买羊的人；有一个姓公慎的人，他的妻子淫乱却不能制止；有一个姓慎溃的人，奢侈而逾越法度；鲁国卖家畜的人，在家畜身上做不必要的修饰以抬高价格。到孔子执政时，沈犹氏不敢早晨用水灌羊；公慎氏休了他的妻子；慎溃氏迁居，逃出国境。过了三个月，卖牛马的人不敢哄抬价格，卖羊猪的人不再修饰牲畜。男女行路分开，路上遗失的东西没有人拾取后占为己有。男子崇尚忠信，女子崇尚贞顺。四方宾客来到鲁国，不用向当地官员请求帮助，就像回家一样。

始诛第二

2.1 孔子为鲁司寇，摄行相事①，有喜色。仲由②问曰："由闻君子祸至不惧，福至不喜。今夫子得位而喜，何也？"孔子曰："然，有是言也。不曰'乐以贵下人乎'？"于是朝政七日而诛乱政大夫少正卯③，戮之于两观④之下，尸于朝三日。子贡⑤进曰："夫少正卯，鲁之闻人⑥也。今夫子为政而始诛之，或者为失乎？"孔子曰："居⑦，吾语汝以其故。天下有大恶者五，而窃盗不与焉。一曰心逆而险⑧，二曰行僻而坚⑨，三曰言伪而辩⑩，四曰记丑而博⑪，五曰顺非而泽⑫。此五者，有一于人，则不免君子之诛，而少正卯皆兼有之。其居处足以撮⑬徒成党，其谈说足以饰邪莹众，其强御足以反是独立⑭。此乃人之奸雄者也，不可以不除。夫殷汤诛尹谐⑮、文王诛潘正⑯、周公诛管蔡⑰、太公诛华士⑱、管仲诛付乙⑲、子产诛史何⑳，是此七子皆异世而同诛者，以七子异世而同恶，故不可赦也。《诗》云：'忧心悄悄，愠于群小。'㉑小人成群，斯足忧矣。"

【注释】

①摄行相事：代行宰执之权。②仲由：孔子弟子，字子路，又字季路。③少正卯：鲁国大夫。④两观：宫门之外的两座高台。⑤子贡：孔子弟子，复姓端木，名赐，字子贡。⑥闻人：有名之人。⑦居：坐下。⑧心逆而险：《说苑·指武》作"心辨而险"，本书采用此说，指内心明察但用意险恶。⑨行僻而坚：行为邪僻而性格坚忍。⑩言伪而辩：言辞偏离正道而巧言善辩。⑪记丑而博：王肃注"丑谓非义"，指十分广博地记述不符合道义的事物。⑫顺非而泽：赞同错误的言论并加以文饰。⑬撮（cuō）：聚拢。⑭"其强御"句：其强横足以颠倒正道而独立一方。⑮殷汤：商代第一位君主商汤。尹谐：事迹不详。⑯文王：周文王，姓姬名昌。潘正：事迹不详。⑰周公：姓姬名旦，文王之子，武王之弟。武王死后，曾辅佐成王治理天下。管蔡：管叔、蔡叔，皆为周文王之子，武王死后，联合殷商后人武庚作乱。叛乱被平定后，周公诛管叔，流放蔡叔。⑱太公：即姜太公，吕氏，名尚。华士：据王肃注，是"虚伪"且"聚党"之人。⑲管仲：名夷吾，辅佐齐桓公称霸诸侯者。付乙：事迹不详。

⑳子产：名侨，字子产，春秋时郑国执政大臣，以贤明著称。史何：事迹不详。㉑"《诗》云"句：所引诗句见《诗经·邶风·柏舟》，意谓忧心忡忡，缘于小人太多。

【译文】

　　孔子做了鲁国的大司寇，代行执政之权，脸上有喜悦的神色。仲由问孔子："我听说君子在面临祸患时不畏惧，面临福禄时不沾沾自喜。如今您得到了官位而高兴，这是为何？"孔子回答说："是的，有这样的说法。但不也有'显贵了仍然谦逊待人是快乐的'这样的说法吗？"就这样，孔子执政七天就诛杀了扰乱朝政的大夫少正卯，在宫门两观之下行刑，并且陈尸于朝三天。子贡向孔子进言说："少正卯是鲁国有名的人，如今夫子您刚执政就杀了他，也许有所不妥吧？"孔子说："你坐下，我告诉你原因。天下有五种最大的恶行，而盗窃都不在其中。一是内心明察但用意险恶，二是行为邪僻而性格坚忍，三是言辞偏离正道而巧言善辩，四是十分广博地记述不符合道义的事物，五是赞同错误的言论并加以文饰。这五种恶，人只要占有其一，就免不了被君子诛杀，少正卯则是五种兼有。他占有的地方足以聚徒成党，他的言谈也足以文饰邪恶并迷惑众人，其强横足以颠倒正道而独立一方。此乃人中奸雄，不能不除去。昔日殷汤诛尹谐，周文王诛潘正，周公诛管叔、蔡叔，姜太公诛华士，管仲诛付乙，子产诛史何，这七个人生活在不同的时代但都被诛杀，是因为七人虽不同时，但同样具备恶行，所以不能赦免。《诗经》曾经说过：'我的心里愁闷深，坏人成群太可恨。'如果小人成群，这太值得担忧了。"

2.2 孔子为鲁大司寇，有父子讼者，夫子同狴①执之，三月不别②。其父请止，夫子赦之焉。季孙闻之，不悦，曰："司寇欺余。

曩③告余曰：'国家必先以孝。'余今戮一不孝以教民孝，不亦可乎？而又赦，何哉？"冉有④以告孔子。子喟然叹曰："呜呼！上失其道而杀其下，非理也。不教以孝而听其狱，是杀不辜⑤。三军大败，不可斩也；狱犴⑥不治，不可刑也。何者？上教之不行，罪不在民故也。夫慢令谨诛⑦，贼⑧也；征敛无时，暴也；不试责成，虐也。政无此三者，然后刑可即也。《书》云：'义刑义杀，勿庸以即汝心，惟曰未有慎事。'⑨言必教而后刑也。既陈道德，以先服之；而犹不可，尚贤以劝之；又不可，即废之；又不可，而后以威惮之。若是三年，而百姓正矣。其有邪民不从化者，然后待之以刑，则民咸知罪矣。《诗》云：'天子是毗，俾民不迷。'⑩是以威厉而不试，刑错⑪而不用。今世则不然，乱其教，繁其刑，使民迷惑而陷焉；又从而制之，故刑弥繁，而盗不胜也。夫三尺之限⑫，空车不能登者，何哉？峻故也。百仞之山，重载陟⑬焉，何哉？陵迟⑭故也。今世俗之陵迟久矣，虽有刑法，民能勿逾乎？"

【注释】

①狴（bì）：监牢。②别：审理。③曩（nǎng）：以前。④冉有：孔子弟子，名求，字子有。⑤不辜：无罪之人。辜，罪。⑥狱犴（àn）：原指牢狱，此指诉讼之事。⑦慢令谨诛：法令松弛却严于惩处。⑧贼：残害。⑨"《书》云"句：此句与今本《尚书·康诰》略同。大意为刑罚要适宜合理，不能迁就（身居上位者的）个人意志，否则断案就不符合道义。义，宜也。庸，用也。即，迁就。慎，今本《尚书》作"逊"，顺也，承顺天意。⑩"《诗》云"句：所引诗见《诗经·小雅·节南山》，意为辅佐天子，使民众不迷惑。毗（pí），辅佐。⑪错：放置。⑫限：门

槛。⑬陟（zhì）：攀登。⑭陵迟：此处指逐渐向上的斜坡。下句"陵迟"指时世风俗逐渐衰败。

【译文】

　　孔子做了鲁国的大司寇，有一对父子前来打官司，孔子将他们一同羁押，过了三个月都不予审理。父亲请求中止官司，孔子就把他们放了。季孙听说这件事后不高兴，说："司寇欺骗我。从前他告诉我：'治国必以孝道为根本。'我今天杀掉一个不孝的人，以此来劝导民众遵守孝道，不也是可以的吗？司寇却放了他们，这是为什么呢？"冉有将季孙的话告诉孔子。孔子叹息道："唉！在上位者自己偏离正道却来杀戮百姓，这是没有道理的。不用孝道来教化民众而只对他们施以刑罚，这是在杀无罪之人。三军大败，不能依靠斩杀败军来解决问题；诉讼之事混乱，也不能依靠滥用刑罚来解决。为什么呢？因为统治者推行教化不力，这不是民众的过错。法令松弛却严于惩处，这是残害百姓；随意征敛百姓，这是残暴的表现；不经教化却责令百姓遵守礼法，这是在虐害百姓。施政中若没有上面三种情况，才可以采用刑罚。《尚书》说：'刑罚要适宜合理，不能迁就（身居上位者的）个人意志，否则断案就不符合道义。'说的是必须经过教化才能施用刑罚。首先要阐说道德，使民众内心敬服；如果不行，就要推崇贤人为表率以劝导民众；如果还是不行，就废止无用的说教；最后若还是没有作用，就用权威震慑他们。若这样推行三年，百姓就能走上正道。对于其中的邪恶不从教化者，就对他们采用刑罚，民众就知道什么是犯罪了。《诗经》说：'辅佐天子，使民众不迷惑。'能做到这些，就无须用威势来震慑百姓，也无须严刑峻法。然而当今的情况却不是这样，教化混乱，刑罚繁多，民众为之迷惑，如同掉入陷阱中一般。在上位者又用刑罚来管制民众，所以刑罚越来越烦琐，而犯罪也越来越多。三尺高的门槛，空车却不能越过，为什么呢？因为陡峭。百仞高山，装载很重的车子却能登上，这又是为什么呢？因为山坡是缓缓上升的。当今的世道已经衰败很久了，虽然有刑律法度，民众又怎能不违反呢？"

王言解第三

3.1 孔子闲居，曾参①侍。孔子曰："参乎！今之君子②，唯士与大夫之言可闻也。至于君子之言者，希也。於乎！吾以王言之，其不出户牖③而化天下。"曾子起，下席而对曰："敢问何谓王之言？"孔子不应，曾子曰："侍夫子之闲也，难对④，是以敢问。"孔子又不应。曾子肃然而惧，抠衣⑤而退，负席⑥而立。有顷，孔子叹息，顾谓曾子曰："参，汝可语明王之道与？"曾子曰："非敢以为足也，请因所闻而学焉。"子曰："居，吾语汝。夫道者，所以明德也；德者，所以尊道也。是以非德道不尊，非道德不明。虽有国之良马，不以其道服⑦乘之，不可以道里⑧。虽有博地众民，不以其道治之，不可以致霸王。是故昔者明王内修七教，外行三至。七教修然后可以守，三至行然后可以征。明王之道，其守也，则必折冲⑨千里之外；其征（也），则必还师衽席⑩之上。故曰内修七教而上不劳，外行三至而财不费。此之谓明王之道也。"

【注释】

①曾参：孔子弟子，字子舆。②君子：此处指身居高位者。下句"君子"指道德高尚、富有智慧的人。③户牖（yǒu）：门窗。④难对：难以

理解。⑤抠衣：提起衣服前襟，表示恭敬。⑥负席：背对席位。⑦服：使用。⑧道里：原指路程，此处指在道路上行进。⑨折冲：击退敌军，战胜敌人。⑩衽（rèn）席：睡觉时用的席子。

【译文】

孔子在家闲坐，曾参侍奉在旁。孔子说："曾参啊，如今在上位者，只能听到士和大夫的言论，至于君子的言论，则很少听到了。唉！我如果给他们讲授王道之言，那么他们足不出户就可以化成天下。"曾参起身，离开席位对孔子说："敢问老师，什么是王者之言？"孔子不回答。曾参继续说："适逢老师空闲在家很难得，所以冒昧地向您请教。"孔子又不回答。曾参肃然惶恐，提起衣襟退了下去，背对着席位而站。过了一会儿，孔子叹息了一声，回头对曾参说："曾参啊，可以和你谈谈古代圣王之道吗？"曾参回答说："我不敢认为自己有能力和您探讨这个问题，只是想通过您的讲述来学习。"孔子说："你坐下，我告诉你。道是用来彰明德行的，德是用来尊显道义的。所以没有德，道就不能被尊重；没有道，德也不能得到彰显。即使有国内最好的马，但是不用正确的方法驾驭它，也不能在道路上行进。即使有广博的土地，众多的人民，但是不用正确的方法来治理，也不能成就王霸之业。所以古圣先王内修七教，外行三至。七教修成，可以守成；三至大行，可以远征。圣王之道，在守成时，可以御敌于千里之外；在远征时，也一定能凯旋。所以说内修七教，在上位者就不会劳苦；外行三至，就不会靡费钱财。这就是所谓的明王之道。"

3.2 曾子曰："不劳不费之谓明王，可得闻乎？"孔子曰："昔者帝舜，左禹而右皋陶①，不下席而天下治。夫如此，何上之劳乎？政之不平，君之患也；令之不行，臣之罪也。若乃十一而税②，用民之力，岁不过三日，入山泽以其时而无征，关讥市廛皆不收赋③，此则生财之路，而明王节之，何财之费乎？"

【注释】

①皋（gāo）陶（yáo）：舜时臣子。②十一而税：按收成的十分之一抽税。③关：关卡。讥：稽查。市：市场。廛（chán）：市场中提供给商人存放货物的地方。

【译文】

曾参说："君王自己不为政事劳苦，不劳民伤财就是所谓的明君，其中的道理您能说给我听吗？"孔子说："以前舜做君王的时候，身边有禹和皋陶两个臣子辅佐，不出宫门而天下大治。如果能够这样，君王还有什么可以操劳的呢？国家得不到很好的治理，这是君王的忧患；政令得不到很好地推行，这是臣下的罪过。如果实行十分之一的税率，民众一年服劳役不超过三天，让百姓按时节进入山林和川泽狩猎、打鱼而不从中征税，严格管理商贸而不收赋税，这些都是使国家富有的方法，圣明的君王合理地使用它们，怎么会浪费财力呢？"

3.3 曾子曰："敢问何谓七教？"孔子曰："上敬老则下益孝，上尊齿①则下益悌，上乐施则下益宽，上亲贤则下择友，上好德则下不隐，上恶贪则下耻争，上廉让则下耻节，此之谓七教。七教者，治民之本也。政教定，则本正也。凡上者，民之表也，表正则何物不正？是故人君先立仁于己，然后大夫忠而士信，民敦俗璞②，男悫③而女贞，六者，教之致也。布诸天下四方而不怨，纳诸寻常之室而不塞，等之以礼，立之以义，行之以顺，则民之弃恶，如汤之灌雪焉。"

【注释】

①尊齿：以年龄长幼定尊卑。齿，年龄。②敦：敦厚。璞：淳朴。③悫（què）：恭谨，诚实。

【译文】

曾参问："请问什么是七教呢？"孔子回答说："在上位的人尊敬老人，下层百姓就会愈发尊崇孝道；在上位的人尊重比自己年长的人，下层百姓会更加敬重兄长；在上位的人乐善好施，下层百姓会愈发宽厚；在上位的人亲近贤者，下层百姓会择良友而交；在上位的人推崇德行，下层百姓就不会归隐山林；在上位的人憎恶贪婪，下层百姓就耻于争利；在上位的人讲究廉让，下层百姓就会知耻守节。这就是所谓的七种教化。这七种教化，是治理民众的根本。政教大纲确定，则根本端正。凡在上位者，是民众的表率，表率端正，那么还有什么是不正的呢？所以，人君要首先做到自己履行仁道，然后大夫会忠于自己，士会讲求信义，人民敦厚，风俗淳朴，男人谨慎诚信而女人专贞不贰。这六种表现，是教化的结果，将其推行于天下四方不会招来怨恨，实践于寻常百姓之家不会有任何阻碍。用礼来规范它，用义来作为它建立的基础，用平顺的方式来推行它，那么民众弃恶向善，就如同用热水浇灌积雪使之融化一般容易。"

3.4 曾子曰："道则至矣，弟子不足以明之。"孔子曰："参以为姑止乎？又有焉。昔者明王之治民也，法必裂地以封之①，分属以理之，然后贤民无所隐，暴民无所伏。使有司日省而时考之，进用贤良，退贬不肖②，然则贤者悦而不肖者惧。哀鳏寡③，养孤独④，恤贫穷，诱⑤孝悌，选才能。此七者修，则四海之内，无刑民矣。上之亲下也，如手足之于腹心。下之亲上也，如幼子之于慈母矣。上下相亲如此，故令则从，施则行，民怀其德，近者悦服，远者⑥来附，政之致也。夫布⑦指知寸，布手知尺，舒肘知寻⑧，斯不远之则也。周制，三百步为里，千步为井，三井而埒⑨，埒三而矩，五十里而都，封百里而有国，乃为稸积资聚⑩焉，恤行者之有亡。是以蛮夷诸夏，虽衣冠不同，言语不合，莫不来宾。故曰无市而民不乏，无刑而民不乱。田猎罩弋⑪，非以盈宫室也；征敛百姓，非以盈府库也。惨怛⑫以补不足，礼节以损有余，多信而寡貌⑬。其礼可守，其言可覆⑭，其迹可履。如饥而食，如渴而饮，民之信之，如寒暑之必验。故视远若迩，非道迩也，见明德也。是故兵革不动而威，用利不施而亲，万民怀其惠。此之谓明王之守，折冲千里之外者也。"

【注释】

①裂地以封之：划分土地以封赏。②不肖（xiào）：不才，不贤。③鳏（guān）寡：老而无妻曰鳏，丧夫曰寡。④孤独：幼而无父曰孤，老而无子曰独。⑤诱：引导。⑥远者：指王化以外地区的人民。⑦布：伸开。⑧寻：古代长度单位，双臂伸展为一寻。⑨埒（liè）：田间筑起的分界矮墙，此指地域单位。⑩稸（xù）积资聚：积蓄粮食和财富。⑪罩弋：罩，捕鱼的竹器。弋，系有绳子的箭。⑫惨怛（dá）：悲伤。⑬貌：文饰。⑭覆：践行。

【译文】

曾参说:"圣王之道真是尽善尽美了,只是弟子还不是十分明白。"孔子说:"你以为只有这些吗?还有其他方面。以前的圣王治理民众,一定会按照礼制分封土地,派官员去治理他们。所以贤良之人不会隐逸,暴民无所隐藏。派主管官员经常视察、考核分封之地的地方官吏,提拔任用贤良之人,贬退不贤无才之人,这样贤良的人就会高兴,而不贤无才的人就会害怕。怜悯鳏夫和寡妇,抚养无子的老人和孤儿,同情贫穷的人,劝化民众孝顺父母、敬爱兄长,选拔任用有才能的人。做好这七个方面,那么四海之内就没有犯罪的人了。如果君王爱护百姓,如同手足保护腹心,那么百姓爱戴君王,就如同幼子依恋慈母。君王和百姓如果这般相亲,那么百姓就会听从政令,措施也得以推行,民众感怀君王的德政,近处的人们心悦诚服,远方的人们会来归附,这是王政达到的境界。伸开手指知道一寸的长度,伸开手掌知道一尺的长短,伸开肘臂知道一寻有多长,这就是身边的法则。按照周制,三百步为一里,一千步为一井,三井为一埒,三埒为一矩,方圆五十里可以建立都邑,封地百里可以立国,为的是积聚物资、财富,以备过往之人的需要。所以蛮夷之邦和华夏之国,虽然衣冠不同,言语不通,但是都来宾服。所以说,没有市场,但是百姓不缺乏日常所用;没有刑罚,百姓也不犯上作乱。捕鱼打猎不是为了充盈官室,向百姓征税也不是为了充实府库。以悲悯之心来赈济百姓的困乏,以礼制来防范奢侈浪费。对百姓多一些诚信,少一些文过饰非。那么百姓就会遵守礼制,君王的话就会得到执行,君王的行为也会被百姓奉为楷模。民众对君王的依赖,就如同饿了要吃饭,渴了要喝水一样。民众对君王的信任,就如同寒暑交替那样,是必然的。所以君王虽离得远,但是如同在身边一般。这不是因为距离近,而是因为君王圣明的德行流衍四方。所以不动用武力而威震海内,不施加奖赏而百姓亲附,民众感怀君王的恩惠。这就是圣明君王的守业之道,也是能却敌于千里之外的原因。"

3.5 曾子曰:"敢问何谓三至?"孔子曰:"至礼不让而天下治,至赏不费而天下士悦,至乐无声而天下民和。明王笃行三至,故天下之君可得而知,天下之士可得而臣,天下之民可得而用。"

【译文】

曾子问:"敢问什么是三至呢?"孔子回答说:"最好的礼制是无须讲求谦让而天下大治;最好的奖赏是不耗费财物而天下士人喜悦;最好的音乐是没有声音而使民众和睦。圣明的君王坚持做到这三至,天下人就都知道君王的圣明,所有的士人都愿意做君王的臣子,民众也能为他所用。"

3.6 曾子曰:"敢问此义何谓?"孔子曰:"古者明王,必尽知天下良士之名,既知其名,又知其实,又知其数及其所在焉。然后因天下之爵以尊之,此之谓至礼不让而天下治。因天下之禄以富天下之士,此之谓至赏不费而天下之士悦。如此,则天下之民,名誉兴焉,此之谓至乐无声而天下之民和。故曰:所谓天下之至仁者,能合天下之至亲也。所谓天下之至知者,能合天下之至和者也。所谓天下之至明者,能举天下之至贤者也。此三者咸通,然后可以征。是故仁者莫大乎爱人,智者莫大乎知贤,贤政者莫大乎官能。有土之君,修此三者,则四海之内供命而已矣。夫明王之所征,必道之所废者也,是故诛其君而改其政,吊其民而不夺其财。故明王之政,犹时雨之降,降至则民悦矣。是故行施弥博,得亲弥众,此之谓还师衽席之上。"

【译文】

曾子问:"敢问这是什么意思呢?"孔子回答说:"古代圣明的君王一定知道天下所有贤良之士的名字,不仅知道他们的名字,还知道他们的内在,也知道他们的智慧方略以及所在何地。然后把天下的爵位赐封给他们以示尊崇,这就是最好的礼制是无须讲求谦让而天下大治。用天下的俸禄让士人们生活富足,这就是最好的奖赏是不耗费财物而天下士人喜悦。如此一来,天下人必定会追求名誉,这就是最好的音乐是没有声音而使民众和睦。所以说:天下最仁德的人,能亲和天下至亲的人。天下最具有智慧的人,一定能任用使天下和睦的人。天下最圣明的人,一定能举荐天下最贤明的人。如果这三点都做到了,就可以向外征伐。所以君王最大的仁慈莫过于爱护人民,最高的智慧莫过于了解贤人,最好的政治莫过于任用有才能的官员。拥有疆土的国君做到了这三点,那么四海之内都会听命于他。圣明君王的征伐对象,一定是废弃道义的,所以要诛杀其君而更改其政,抚慰其百姓而不能夺取他们的钱财。所以圣明君王的施政,如同及时雨,一旦降下则民众欢悦。所以他的教化施行得越广泛,就越能得到更多百姓的爱戴,这就是所谓的征伐能够得胜归来的原因。"

大婚解第四

4.1 孔子侍坐于哀公①。公问曰:"敢问人道②孰为大?"孔子愀然作色而对曰③:"君及此言也,百姓之惠也,固臣敢无辞而对④。

人道，政为大。夫政者，正也。君为正，则百姓从而正矣。君之所为，百姓之所从。君不为正，百姓何所从乎？"公曰："敢问为政如之何？"孔子对曰："夫妇别，父子⑤亲，君臣信。三者正，则庶物⑥从之。"公曰："寡人虽无能也，愿知所以行三者之道，可得闻乎？"孔子对曰："古之政，爱人为大。所以治爱人，礼为大。所以治礼，敬为大。敬之至矣，大婚⑦为大。大婚至矣，冕⑧而亲迎。亲迎者，敬之也。是故君子兴敬为亲，舍敬则是遗亲也。弗亲弗敬，弗尊也。爱与敬，其政之本与！"

【注释】

①哀公：鲁哀公，名将，定公之子，公元前494～公元前468年在位。②人道：人类生存、发展的当然之理。③愀（qiǎo）然：严肃的样子。作色：脸色改变。④固：通"故"。无辞：不推辞。⑤父子：原作"男女"，据《礼记·哀公问》改。⑥庶物：万事万物。⑦大婚：天子、诸侯的婚姻。⑧冕：礼帽，此处用作动词，戴着礼帽。

【译文】

孔子陪侍鲁哀公。哀公向孔子问道："请问人道之中什么最重要？"孔子改变脸色，严肃地回答说："君王您说到这个问题，是百姓的福祉，所以我就不敢推辞而要回答您了。人道之中，政治最重要。政治，就是要做到'正'。君王做得'正'，百姓就会跟着走正道。君王做什么，百姓跟着做什么。如果君王不行正道，那么百姓跟从谁呢？"哀公接着问道："请问应当如何施政？"孔子回答说："夫妇有别，父子相亲，君臣信任，这三个方面若能做到'正'，那么其他事物都会跟着走上正道。"哀公说：

"我虽然没有什么能力,还是愿意知道如何施行这三者的道理,能讲给我听吗?"孔子回答说:"古代的政治,最重视爱人。要做到爱人,礼制最重要。要遵循礼制,庄敬的态度最重要。庄敬到了极致,就体现在天子、诸侯的大婚上。大婚中最重要的,是天子、诸侯戴着礼帽亲自迎接新人。亲迎,表示尊敬。所以君子庄敬是重视亲情,舍弃庄敬则是遗弃亲情。不亲不敬,就使天子、诸侯丧失了尊严。爱和敬,大概是政治的根本吧。"

4.2 公曰:"寡人愿有言也,然冕而亲迎,不已重乎?"孔子愀然作色而对曰:"合二姓之好,以继先圣之后,以为天下宗庙社稷之主。君何谓已重焉?"公曰:"寡人实固①,不固安得闻此言乎!寡人欲问,不能为辞,请少②进。"孔子曰:"天地不合,万物不生。大婚,万世之嗣③也。君何谓已重焉?"孔子遂言曰:"内以治宗庙之礼,足以配天地之神;出以治直言之礼④,以立上下之敬。物⑤耻则足以振之,国耻足以兴之。故为政先乎礼,礼,其政之本与!"孔子遂言曰:"昔三代⑥明王,必敬妻子也,盖有道焉。妻也者,亲之主也;子也者,亲之后也。敢不敬与?是故君子无不敬。敬也者,敬身为大。身也者,亲之支⑦也,敢不敬与?不敬其身,是伤其亲;伤其亲,是伤本也;伤其本,则支从之而亡。三者,百姓之象⑧也。身以及身,子以及子,妃以及妃。君以修此三者,则大化忾乎天下⑨矣。昔太王⑩之道也如此,国家顺矣。"

【注释】

①固:鄙陋。②少:略,稍稍。③嗣:继承。④出以治直言之礼:王肃注曰"夫妇正,则始可以治正言礼矣。身正然后可以正人者"。⑤物:具体

的事情。⑥三代：指夏、商、周。⑦支：支脉。⑧象：法则。⑨大化：完美的教化。忾：通"迄"，遍及，满。⑩太王：周文王之祖父古公亶父。

【译文】

　　哀公说："我有句话想说，就是天子、诸侯戴着礼帽亲自迎接新人，这个礼节是不是太重了？"孔子严肃地回答说："大婚是结两姓之好，以延续先圣的血脉，其子嗣日后将成为天下宗庙社稷的主人。君王您怎么能说太重了呢？"哀公说："我实在鄙陋，不鄙陋怎么会听到这样的言辞。我还想进一步向您请教，但不知从何说起，请您稍稍再讲一些吧。"孔子说："天地如果不和合，万物就不能生发。大婚，是为了延续后世，您为何说这个礼节太重了呢？"孔子接着说："夫妇对内主持宗庙祭祀之礼，以配享天地神灵。这样就能给外人做榜样，搞好国家的政治礼教，确立君臣上下的恭敬之道。具体的事情有不合适的地方礼制足够予以纠正，国家蒙受耻辱礼制足够予以振兴。所以施政首先要重视礼制，礼制，大概是政治的根本吧！"孔子接着说："以前夏、商、周的圣明君王，一定敬重他们的妻儿，这是有道理的。妻子是侍奉宗庙的主人，儿子是祖先的延续，能不敬重吗？所以君子没有不敬重的。说到敬重，敬重自身是最重要的。自己是祖先的支脉，能不敬重吗？不敬重自身，是伤害祖先；伤害祖先，就是伤害根本；根本被伤害，那么支脉就随之而亡。这三个方面，是百姓效仿的法则。由自身想到百姓，由自己的儿子想到百姓的儿子，由自己的妻子想到百姓的妻子。君王如果能做好这三个方面，那么完美的教化就会充满天下。以前太王施政的道理也是如此，所以国家治理得非常顺当。"

　　4.3 公曰："敢问何谓敬身？"孔子对曰："君子过言①则民作辞，过行则民作则。言不过辞，动不过则，百姓恭敬以从命。若是则可谓能敬其身,敬其身②则能成其亲矣。"公曰:"何谓成其亲?"孔子对曰:"君子者也,人之成名③也。百姓与名,谓之君子,则是成其亲为君而为其子也。"孔子遂言曰:"爱政而不能爱人,则不能成其身;不能成其身,则不能安其土;不能安其土,则不能乐天④。"公曰:"敢问何能成身?"孔子对曰:"夫其行已不过乎物⑤,谓之成身。不过乎,合天道也。"公曰:"君子何贵乎天道也?"孔子曰:"贵其不已也。如日月东西相从而不已也,是天道也;不闭而能久,是天道也;无为而物成,是天道也;已成而明之,是天道也。"公曰:"寡人且愚冥,幸烦子之于心。"孔子蹴然⑥避席而对曰:"仁人不过乎物,孝子不过乎亲。是故仁人之事亲也如事天,事天如事亲,此谓孝子成身。"公曰:"寡人既闻如此言,无如后罪何?"孔子对曰:"君之⑦及此言,是臣之福也。"

【注释】

①过言:不恰当的言辞。②敬其身:原无,据四库本补。③成名:盛名。成,通"盛"。④乐天:因顺应天道而感到快乐。⑤行已不过乎物:立身行事不逾越法则。⑥蹴(zú)然:恭敬的样子。⑦之:原作"子",据四库本改。

【译文】

哀公问:"请问什么是'敬重自身'?"孔子回答说:"君王说错了话民众就会跟着说错话,君王做错了事民众也会效仿。如果君王言行符合法则,那么百姓就会恭敬地服从命令。若能做到这一点,就是能敬重自身,能敬重自身就能成就其父母。"哀公问:"什么叫'成就其父母'?"孔子回答说:"君子,是一个崇高的名称。百姓送给他这个名称,叫作君子,是成就其父亲为君而他是君的儿子。"孔子接着说:"注重政治而不能爱人,就不能成就自身;不能成就自身,就不能安定国家;不能安定国家,就不能乐顺天道。"哀公问:"如何能成就自身?"孔子回答说:"立身行事不逾越法则,叫作成就自身。不逾越法则,就是顺乎天道。"哀公问:"君子为什么要贵从天道?"孔子说:"因为天道生生不息。如同日月东升西落一般从不停止,这就是天道;运行不止而长久,这就是天道;无为而成就万物,这就是天道;万物既成而予以彰明,这还是天道。"哀公说:"我实在愚昧,请您再讲一讲。"孔子恭敬地离开座席回答道:"仁人做事不逾越法则,孝子做事不违背父母的意愿。所以仁人侍奉父母就如同侍奉上天一样,侍奉上天如同侍奉父母一样,这就是所谓的孝子成就自身。"哀公说:"我听了您这一番话,将来再犯错怎么办?"孔子回答说:"您说出这样的话,已经是臣子的福分了。"

儒行解第五

5.1 孔子在卫①,冉求言于季孙曰②:"国有圣人而不能用,欲以求治,是犹却步而欲求及前人,不可得已。今孔子在卫,卫将用之。己有才而以资邻国,难以言智也。请以重币③迎之。"季孙以告哀公,公从之。

孔子既至,舍④,哀公馆⑤焉。公自阼阶⑥,孔子宾阶⑦,升堂立侍。公曰:"夫子之服,其儒服与?"孔子对曰:"丘少居鲁,衣逢掖之衣⑧。长居宋，冠章甫之冠⑨。丘闻之，君子之学也博，其服以乡，丘未知其为儒服也。"公曰："敢问儒行⑩？"孔子曰："略言之，则不能终其物；悉数之，则留更仆未可以对⑪。"

【注释】

①卫：春秋诸侯国名，在今河北南部和河南北部一带。②冉求：孔子弟子，字子有。季孙：此处指季孙肥，哀公时的执政大臣。③重币：丰厚的聘礼。④舍：此处用作动词，在馆舍住下。⑤馆：此处用作动词，到馆舍。⑥阼（zuò）阶：东边的台阶，是主人之位。⑦宾阶：西边的台阶，主客相见，客人从西阶上。⑧衣逢掖之衣：第一个"衣"用作动词，身着。逢掖之衣，宽袖之衣。⑨章甫之冠：殷商流行的一种黑色礼帽，宋人为殷商之后，故宋人习用。⑩儒行：儒者的行为特征。⑪留更仆未可以对：王肃注："留，久也。仆，太仆。君燕朝，则正位，掌傧相，更衣之，为久将倦，使之相代者也。"更，原无，据四库本补。

【译文】

孔子在卫国的时候，冉求对季孙肥说："国内有圣人却不能重用，还想使国家得到治理，这就如同往后退步却想追上前人，是不可能的。如今孔夫子在卫国，卫国将要任用他。自己有才能之士却把他送给邻国，很难说这种行为是明智的。请您用丰厚的聘礼请夫子回来。"季孙肥把这些话告诉鲁哀公，哀公听从了建议。孔子回到鲁国，在馆舍住了下来，哀公来馆舍看望。两人会面，哀公从东阶而上，孔子从西阶而上，登上大堂，孔子站着陪侍哀公。哀公说："夫子穿的衣服，是儒者的衣服吗？"孔子回答说："我年轻时居住在鲁国，穿着宽袖之衣。年长之后居住在宋国，习惯戴着黑色的礼帽。我听说，君子要学问广博，他的服饰则要尊重当地风俗,我不知道这是否是儒者的服装。"哀公问:"请问儒者的行为有什么特征?"孔子说:"粗略地讲,则不能穷尽;详细地讲,则讲到侍奉的太仆换班也讲不完。"

5.2 哀公命席①,孔子侍坐,曰:"儒有席上之珍②以待聘,夙夜强学以待问③,怀忠信以待举,力行以待取。其自立有如此者。

"儒有衣冠中④,动作顺。其大让如慢,小让如伪⑤。大则如威⑥,小则如愧。难进而易退,粥粥⑦若无能也。其容貌有如此者。

"儒有居处齐难⑧,其起坐恭敬,言必诚信,行必忠正,道涂不争险易之利⑨,冬夏不争阴阳之和⑩,爱⑪其死以有待也,养其身以有为也。其备预有如此者。

"儒有不宝⑫金玉,而忠信以为宝;不祈⑬土地,而仁义以为土地;不求多积,多文以为富。难得而易禄⑭也,易禄而难畜也。非时不见,不亦难得乎?非义不合,不亦难畜乎?先劳而后禄,不亦易禄乎?其近人情有如此者。

"儒有委之以财货而不贪,淹⑮之以乐好而不淫,劫之以众而不惧,阻之以兵而不慑⑯。见利不亏其义,见死不更其守。往者不悔,来者不豫⑰;过言不再,流言不极⑱,不断其威,不习其谋。其特立有如此者。

【注释】

①命席:命人设座席。②席上之珍:席上的珍宝,喻美才善德。③夙夜:日夜。强:勤勉。④中:适中。⑤大让如慢,小让如伪:大让指让国、让位等,是出于内心的推辞,故要显得傲慢。而小让指让酒食等,只

是一种礼仪，非实让，故显得如伪饰一般。慢，傲慢。伪，伪饰。⑥大：做大事。威：通"畏"。⑦粥粥（yù yù）：柔弱谦卑状。⑧齐（zhāi）难：王肃注"齐庄可畏难也"，即严肃而常人难以达到。齐，庄重。⑨道涂不争险易之利：行走时不与人争平坦易行的道路。涂，道路。⑩阴阳之和：冬暖夏凉的地方是阴阳之和处。⑪爱：珍惜。⑫宝：此处用作动词，珍爱。⑬祈：谋求。⑭禄：此处用作动词，奉养。⑮淹：浸渍。⑯慑：恐惧。⑰豫：事先考虑。⑱流言不极：对流言不刨根问底。

【译文】

哀公命人为孔子设座席，孔子陪侍，说："儒者怀有美才善德以待聘用，日夜辛勤学习以待聘问，怀着忠信之心以待推举，努力实践以待任用。他们自立于世就是这样的。

"儒者衣冠适中合礼，动作谨慎和顺。他们大谦让如同傲慢，小谦让如同伪饰。做大事非常谨慎，就像有所畏惧；做小事也不草率，就像有所愧疚。慎于进取，勇于退让，形貌谦卑，好像没有才的样子。儒者的外在形象就是这样的。

"儒者日常起居严肃庄重，常人难以达到。他们起身坐下都很恭敬，说话诚信，行为忠诚正直，行走时不与人争平坦易行的道路，不与人争冬暖夏凉的地方，珍爱自己的生命以待时机的到来，保养身体准备有所作为。儒者预先做准备的功夫就是这样的。

"儒者不珍爱金玉，而珍爱忠信；不谋求土地，而以仁义作为自己生存的基础；不多积累财物，而以多才多艺作为自己的财富。儒者难以得到而易于奉养，易于奉养而难以驯服。不到合适的时机不出现，这不是难以得到吗？不符合道义就不合作，这不是难以驯服吗？先奉献辛劳而后接受俸禄，这不是易于奉养吗？儒者符合人性就是这样的。

"给儒者财富,他不贪婪;用玩乐包围儒者,他不会沉溺其中;众人来胁迫他,他不畏惧;用武力来恐吓他,他不害怕。不会见利忘义,不会因死亡的威胁丧失操守。过去的事情不后悔,未来的事情不忧虑。错话不说第二次,对流言不会刨根问底。始终保持威严的容止,不刻意掌握权术。儒者立身的独特之处就是这样的。

5.3 "儒有可亲而不可劫①,可近而不可迫,可杀而不可辱。其居处不过,其饮食不溽②。其过失可微辩而不可面数也③。其刚毅有如此者。

"儒有忠信以为甲胄④,礼义以为干橹⑤,戴仁而行,抱德而处。虽有暴政,不更其所。其自立有如此者。

"儒有一亩之宫⑥,环堵⑦之室,筚门圭窬⑧,蓬户瓮牖⑨,易衣而出⑩,并日而食⑪。上答之,不敢以疑;上不答之,不敢以谄。其为士有如此者。

"儒有今人以居,古人以稽⑫。今世行之,后世以为楷。若不逢世,上所不受,下所不推,诡谄之民,有比党⑬而危之,身可危也,其志不可夺也。虽危,起居犹竟信其志,乃不忘百姓之病也。其忧思有如此者。

"儒有博学而不穷,笃行而不倦,幽居而不淫⑭,上通而不困。礼必以和,优游⑮以法,慕贤而容众,毁方而瓦合⑯。其宽裕有如此者。

【注释】

①劫:威逼。②溽:丰厚。③微辩:委婉地指出。面数:当面指责。

④甲胄：铠甲和头盔。⑤干橹：小盾牌和大盾牌。⑥宫：墙垣。⑦环堵：环绕着长、高各一丈的墙。⑧荜（bì）：荆条竹木之类。圭窬（yú）：如同玉器圭一般的小门。⑨蓬：蓬草。牖（yǒu）：窗户。⑩易衣而出：全家只有一件得体的衣服，出门时需要更换。⑪并日而食：王肃注"并一日之粮以为一食也"，即一天的口粮只够吃一顿。⑫稽：稽考。⑬比党：勾结，结党。⑭淫：放纵。⑮优游：闲暇。⑯毁方而瓦合：圭器方而瓦器圆，去掉其棱角而与瓦器融合，喻儒者宽厚容众。

【译文】

　　"儒者可以亲近但不能威逼，可以接近但不能胁迫，可杀而不可辱。他们居住不奢侈，饮食不丰厚。对于他们的过失可以委婉地指出但不能当面指责。儒者的刚毅就是这样的。

　　"儒者把忠信作为自己的甲胄，把礼义作为自己的盾牌，行事根据仁，处世依据德。虽有暴政，也不改变自己的信念。儒者的自立就是这样的。

　　"儒者有一亩见方的院墙，有墙壁长、高各一丈的房屋，大门用荆条编就，旁边开着上尖下方的小门。屋门用蓬草编成，以破瓮口为窗，家里只有一件得体的衣服，一天只能吃一顿饭。君王任用自己，不敢有二心；君王不任用自己，不会去谄媚君王。儒者对待出仕的态度就是这样的。

　　"儒者虽与今人生活在一起，但却能稽考古代君子的言行。他们在今世的行为，是后世的楷模。若生不逢时，在上位者不任用他，下面的人不推举他，奸诈谄佞之人结党陷害他，他身可遭害，但精神意志不可动摇。虽处险境，但是日常行事仍然贯彻自己的原则，仍将不忘百姓的疾苦。儒者的忧思之心就是这样的。

　　"儒者博学而无止境，坚持实践而不知困倦，隐居独处而不放纵自己，仕途通达时不会被名利所困。遵循中和的原则，悠然自得而有节制，思慕贤人而又容纳众人，有时可以隐匿自己的锋芒而依随众人。儒者的宽容大度就是这样的。

5.4 "儒有内称^①不避亲，外举不避怨。程功积事^②，不求厚禄。推贤达^③能，不望其报。君得其志，民赖其德。苟利国家，不求富贵。其举贤援^④能有如此者。

"儒有澡身浴德^⑤，陈言而伏^⑥，静而正之^⑦，而上不知也。默而翘之^⑧，又不急为也。不临深而为高，不加^⑨少而为多。世治不轻，世乱不沮。同己不与，异己不非。其特立独行有如此者。

"儒有上不臣天子，下不事诸侯，慎静尚宽，底厉廉隅^⑩，强毅以与人，博学以知服^⑪。虽以分国，视之如锱铢^⑫，弗肯臣仕。其规为^⑬有如此者。

"儒有合志同方^⑭，营道^⑮同术，并立则乐，相下不厌^⑯，久别则闻流言不信，义同而进，不同而退。其交有如此者。

"夫温良者，仁之本也；慎敬者，仁之地也；宽裕者，仁之作^⑰也；逊接^⑱者，仁之能也；礼节者，仁之貌也；言谈者，仁之文也；歌乐者，仁之和也；分散者，仁之施也。儒皆兼此而有之，犹且不敢言仁也。其尊让有如此者。

"儒有不陨获^⑲于贫贱，不充诎^⑳于富贵，不溷^㉑君王，不累长上，不闵^㉒有司，故曰儒。今人之名儒也妄^㉓，常以儒相诟疾^㉔。"

哀公既得闻此言也，言加信，行加敬，曰："终殁吾世^㉕，弗敢复以儒为戏矣。"

【注释】

①称：举荐。②程功积事：衡量功业，积累政绩。③达：推荐。

④援：引荐。⑤澡身浴德：洁净自身，沐浴于德行。⑥陈言而伏：向君王进言而不望回报。伏，闭门不出。⑦静而正之：原文作"静言而正之"，据《礼记·儒行》删"言"。王肃注："事君清净，因事而正之。"⑧默：不发声，指不理解。翘：启发。⑨加：凌驾。⑩底厉：同"砥砺"。廉隅：本指棱角，喻品行端方。⑪服：服膺。⑫锱铢：古代计量单位，二十四铢为一两，六铢为一锱，喻微不足道。⑬规为：行为准则。⑭方：道。⑮营道：学习、研究道艺。⑯相下不厌：地位高低不同，但不相互厌倦。⑰作：开始。⑱逊接：待人接物谦逊。⑲陨获：忧闷不安的样子。⑳充诎（qū）：因高兴而得意忘形的样子。㉑涽（hùn）：侮辱。㉒闵：困迫于。㉓妄：原作"忘"，据四库本改。虚妄。㉔诡疾：指责，讽刺。㉕终殁吾世：终我一生。殁，死亡。

【译文】

"儒者举荐人才，对内不回避自己的亲属，对外不回避与自己有仇怨的人。衡量功业，积累政绩，不是为了高官厚禄。推举贤人，不指望他们回报。君王依赖他们的志向治国，民众依赖他们的德行生活得更好。只要有利国家，他们就会付出而不求富贵。他们举荐贤人就是这样的。

"儒者沐浴于道德之中，向君王进言而不望回报。沉静地辅佐君王，君王有过错就默默地助其改正，君王尚且没能发觉。如果君王还不能理解，就启发他，但不会操之过急。不在地位低的人面前自视高明，也不因自己能力强而凌驾于他人之上。天下太平，群贤共处时不轻视自己。世道混乱时，也不会意志消沉。不同与自己志向相同的人结党，也不会故意排斥那些与自己志向不同的人。儒者的特立独行就是这样的。

"儒者有时候上不为天子所用，下不为诸侯所用，谨慎安静，崇尚宽厚。磨炼自己的节操，待人接物坚强刚毅，博学而知道自己的坚守。即使裂土分国，也视之如草芥，不会做不该做的官。儒者的立身法则就是这样的。

"儒者交友，要志同道合；研究道艺，要路数相同。朋友之间互有建树，彼此高兴。地位高低不同，但不相互厌倦。长久不见时，听到对方的流言蜚语绝不相信。志向相同，就并肩前进；志向不同，就退避疏远。儒者交友就是这样的。

"温厚善良，是仁的根本；恭敬谨慎，是仁的基础；宽宏大量，是仁的开始；谦逊待人，是仁的功能；礼节，是仁的外表；言谈，是仁的纹饰；歌舞音乐，是仁的和谐；分散财物，是仁的施予。儒者兼有这几种美德，还不敢说自己已经到了仁的境界。儒者的恭敬谦让就是这样的。

"儒者在贫贱时不会忧闷不安，在富贵时不会得意忘形，不会因为君王的侮辱、权贵的打压、官员的刁难而改变自己的志向，所以称为'儒'。今天人们所说的'儒'往往是虚妄的，常常把'儒'作为讽刺的对象。"

哀公听了这些话以后，自己说话更加诚信，行为更加恭敬，并且说："我这一生，再也不敢拿儒者开玩笑了。"

问礼第六

6.1 哀公问于孔子曰："大礼①何如？子之言礼，何其尊也？"孔子对曰："丘也鄙人，不足以知大礼也。"

公曰："吾子言焉。"孔子曰："丘闻之民之所以生者，礼为大。非礼则无以节事②天地之神焉；非礼则无以辩③君臣、上下、长幼之位焉；非礼则无以别男女、父子、兄弟、婚姻、亲族、疏数④之交焉。是故君子此之为尊敬，然后以其所能教顺百姓，不废其会节⑤。既有成事，而后治其文章黼黻⑥，以别尊卑、上下之等。其顺之也，而后言其丧祭之纪、宗庙之序，品其牺牲⑦，设其豕腊⑧，修其岁时⑨，以敬其祭祀，别其亲疏，序其昭穆⑩，而后宗族会醼⑪。即安其居，以缀⑫恩义。卑其宫室，节其服御⑬，车不雕玑⑭，器不刻镂，食不二味，心不淫志，以与万民同利。古之明王，行礼也如此。"

公曰："今之君子，胡莫之行也？"孔子对曰："今之君子，好利无厌，淫行不倦，荒怠慢游，固⑮民是尽，以遂其心，以怨其政。忤其众以伐有道。求得当欲，不以其所⑯；虐杀刑诛，不以其治。夫昔之用民者由前，今之用民者由后。是即今之君子，莫能为礼也。"

【注释】

①大礼：重要的礼仪。②节事：按时节加以祭祀。③辩：通"辨"，辨明。④数（cù）：亲密。⑤会节：行礼之节期。⑥文章：车服旌旗。黼黻：指帝王、高官所穿之礼服。⑦牺牲：供祭祀用的纯色体全的牲畜。⑧腊：干肉。⑨岁时：每年一定的季节或时间。⑩昭穆：古代宗庙或墓地的排列次序，始祖居中，以下父子（祖、父）递为昭穆，昭居左，穆居右，以此区分宗族内部的长幼、亲疏。⑪醼（yàn）：同"宴"。⑫缀：连接。⑬服御：服饰车马。⑭雕玑（jī）：器物上镂刻的花纹。⑮固：务必。⑯所：方式。

【译文】

哀公问孔子:"重要的礼仪是什么样子的?您谈到礼,为什么如此郑重其事?"孔子回答说:"我是个鄙陋的人,不足以了解重大的礼仪。"

哀公说:"您还是为我讲讲吧。"孔子说:"我听说,人民赖以生存的事物中,礼制是最重要的。没有礼就不能按时节祭祀天地之神;没有礼就无法明辨君臣、上下和长幼的次序;没有礼就无法规定男女、父子、兄弟、婚姻、亲族和远近亲疏的交往规则。所以君子重视礼制,然后用自己能实践的礼仪来教化百姓,使他们不会搞错行礼的节期。有了一定的基础,再提倡车马、旌旗、礼服等礼仪,以区别尊卑、上下。这些做好之后,再制定丧葬、祭祀的规则及宗庙排列的顺序,区别牺牲的应用,摆设祭祀用的干肉,订立时节,以此来崇尚祭祀,区别血缘的亲疏,排列昭穆的顺序,最后宗族在一起会饮。按血缘关系使每一个人都有合适的位置,以系结情义。住俭朴的宫室,节制服饰车马,车子和器用都不雕刻花纹,每顿只吃一个菜,内心不放纵,与万民共享利益。古代的圣明君王,实践礼制就是这样的。"

哀公说:"今天的君子们,为什么没人这样做呢?"孔子回答说:"如今的君子,逐利没有节制,放纵自己的行为,荒淫懒惰,到处游览,一定要榨干民力,以满足自己的欲望,同时也招致民众的怨恨。违背民众的意愿,讨伐有道的国家。为了满足自己的欲望而不择手段;肆意杀戮,不用正确的方式治理国家。以前的君王统治民众是用前面的方法,现在的君王统治民众是用后面所说的方法。现在的君子不能实践礼治的道理就在这里。"

6.2 言偃问曰:"夫子之极言礼也,可得而闻乎?"孔子言:

"我欲观夏道①,是故之杞②,而不足征③也,吾得《夏时》④焉。我欲观殷道,是故之宋⑤,而不足征也,吾得《乾坤》⑥焉。《乾坤》之义,《夏时》之等⑦,吾以此观之。夫礼,初也始于饮食。太古之时,燔黍擘豚⑧,汙樽抔饮⑨,蒉桴⑩土鼓,犹可以致敬鬼神。及其死也,升屋而号,告曰:'高,某复⑪!'然后饮腥苴熟⑫。形体则降,魂气则上,是谓天望而地藏⑬也。故生者南向,死者北首⑭,皆从其初也。昔之王者,未有宫室,冬则居营窟,夏则居橧巢⑮。未有火化,食草木之实、鸟兽之肉,饮其血,茹⑯其毛。未有丝麻,衣其羽皮。后圣有作,然后修火之利,范金合土⑰,以为宫室、户牖。以炮⑱以燔,以烹以炙⑲,以为醴酪⑳。治其丝麻,以为布帛,以养生送死,以事鬼神。故玄酒㉑在室,醴醆㉒在户,粢醍㉓在堂,澄酒㉔在下。陈其牺牲,备其鼎俎㉕,列其琴、瑟、管、磬、钟、鼓,以降上神,与其先祖,以正君臣,以笃父子,以睦兄弟,以齐上下,夫妇有所。是谓承天之佑。作其祝号㉖,玄酒以祭,荐㉗其血毛,腥其俎,熟其肴㉘。越席以坐,疏布以幂㉙。衣其浣帛㉚,醴醆以献,荐其燔炙。君与夫人,交献以嘉魂魄㉛。然后退而合烹㉜,体㉝其犬豕牛羊,实其簠簋笾豆铏羹㉞,祝以孝告,嘏㉟以慈告,是为大祥。此礼之大成也。"

【注释】

①道:原无,据四库本补。此处指礼制。②之:到。杞:周代诸侯国,夏禹之后。③征:征验。④《夏时》:夏代历书。⑤宋:周代诸侯国,殷商之后。⑥《乾坤》:商代讲天地阴阳的书,与后世《周易》性质相同。⑦等:等次。⑧燔(fán):烧烤。擘(bò):分开。豚:小猪。

⑨汙（wā）：掘地。抔（póu）：此处用作动词，用手捧。⑩蕢（kuǎi）：赤苋，一种野菜。桴（fú）：鼓槌。⑪皋，某复：古时为新死之人招魂的用语。皋，通"皋"，呼喊之声。某复，某某回来。⑫饭腥苴（jū）熟：古时葬俗，人刚死时，在其口中放入珠、贝等，谓之"饭腥"。下葬时，包些熟食放在死者身边，谓之苴熟。苴，包装鱼肉等用的草袋。熟，熟食。⑬天望而地藏：魂气升天，形体藏于地。⑭死者北首：古人认为南属阳，北属阴，所以死者下葬，头朝北方。⑮橧（zēng）巢：上古时用柴木构建的巢居。橧，原作"檜"，据四库本改。⑯茹：毛发未清理干净就吃。⑰范金合土：用模子浇铸金属器皿，调和泥土烧制陶器。⑱炮（páo）：用泥包肉烤熟。⑲烹：煮。炙：烤。⑳醴（lǐ）酪（lào）：甜酒和乳浆。㉑玄酒：即水。色近黑，故谓之玄酒。㉒醴醆（zhǎn）：甜酒和白色浑浊的酒。㉓粢（jì）醍（tí）：浅红色的清酒。㉔澄酒：一种淡酒。㉕鼎俎（zǔ）：烹煮用的锅和割肉用的砧板。㉖祝号：祝，祷词。号，对神祇和祭品的美称。㉗荐：进献。㉘殽（yáo）：通"肴"，熟肉。㉙越席以坐，疏布以幂：越席，用蒲草编织的席。疏布，粗布。幂，覆盖。㉚浣帛：经过练染的祭服。㉛交献以嘉魂魄：一前一后进献祭品以使神灵欢悦。㉜合烹：把祭品放在一起烹煮。㉝体：区分。㉞簠（fǔ）簋（guǐ）：两种盛粮食的礼器，簠方形，簋圆形。笾（biān）豆：祭祀或宴会时的两种礼器，笾是竹制，豆是木制。铏（xíng）：盛羹的器皿。㉟嘏（gǔ）：嘏辞，接受祝福之辞。

【译文】

言偃问孔子："夫子您极为推重礼制，可以给我们讲讲吗？"孔子说："我想了解夏代的礼制，所以去杞国，但是那里已经无法验证了，我得到了《夏时》这本书。我想了解商代的礼制，所以去了宋国，但是那里也无法验证了，但是我得到了《乾坤》这本书。从《乾坤》的意义和《夏时》的等次规则中，我了解了夏、商两代的礼制。礼，最初是从饮食活动中产生的。远古的时候，人们用火将黍米烤熟，将猪肉劈开放在火上烤熟来食用。凿地为坑，用手捧里面的水喝。用野菜束成的鼓槌敲打土制的鼓。即便如此简陋，仍可以向鬼神表达敬意。到了有人死的时候，人们登上屋顶，大声呼喊，发出这样的声音：'皋，某某你回来吧！'然后在死者口中放入珠、贝，下葬时，在死者身边放上包好的熟肉。死者的身体下葬了，魂魄则升天，这就是所谓的天望和地藏。南方属阳，北方属阴，所以活着的人以南方为尊，而死人下葬时则头朝北方。这些都是最初立下的礼制。以前的君王，没有宫室住，冬天住在挖好的洞窟里，夏天住在用柴木搭建的巢中。吃的东西不用火烧熟，直接吃草木的果实、鸟兽的肉，喝它们的血，吃它们带毛的肉。没有丝麻，直接穿着动物的皮毛。后来圣人有所发明，然后才开始利用火，用模子制造金属器皿，烧制陶器，建造带门窗的宫室。用火烹煮、烧烤食物，制作甜酒、乳浆。生产丝麻，制作布帛，用来生养活人，安葬死者，敬奉鬼神。祭祀时，把玄酒放在屋内，醴酸摆在门里，浅红色的清酒放在堂上，澄酒放在堂下。陈列好祭祀用的牲畜之肉，准备好烹煮用的锅和砧板，摆好琴、瑟、管、磬、钟、鼓等祭祀用的乐器，以迎接天神和祖先的降临，并借此端正君臣，亲厚父子，和睦兄弟，整饬尊卑，安定夫妇。这就是所谓的接受上天的护佑。主祭的人念诵祷词，赞美神祇，进献玄酒、牲畜的血毛、生肉和熟肉。坐在修剪过的蒲席上，端着用粗布覆盖的酒樽。穿着经过练染的祭服，进献醴酒和酸酒。主人和主妇一前一后进献祭品以使神灵欢悦。退下来后将祭祀的牲牲放在一起煮熟，然后将其中的狗、猪、牛、羊区分开，盛入籩篮、笾豆和铏中。祝辞将祭祀人的孝心告诉祖先神灵，嘏辞将祖先神灵的慈爱转达给祭祀人。这时，祭祀大礼就完成了。"

五仪解第七

7.1 哀公问于孔子曰:"寡人欲论①鲁国之士,与之为治,敢问如何取之?"孔子对曰:"生今之世,志②古之道;居今之俗,服古之服。舍此③而为非者,不亦鲜乎?"曰:"然则章甫絇履④,绅带搢笏者⑤,皆贤人也?"孔子曰:"不必然也。丘之所言,非此之谓也。夫端衣玄裳⑥,冕而乘轩者,则志不在于食荤⑦;斩衰菅菲⑧,杖而歠⑨粥者,则志不在于酒肉。生今之世,志古之道;居今之俗,服古之服。谓此类也。"

公曰:"善哉!尽此而已乎?"孔子曰:"人有五仪⑩:有庸人、有士人、有君子、有贤人、有圣人,审⑪此五者,则治道毕矣。"

【注释】

①论:通"抡",选拔。②志:追慕。③舍(shè)此:处于这种情况。④章甫:礼帽。絇:鞋头的装饰,有孔,可穿系鞋带。履:鞋子。⑤绅带:士大夫束在衣外的大带子。搢:插。笏:笏板,上面记事,以备遗忘。⑥端衣玄裳:斋服。⑦荤:辛菜,指葱韭之类。⑧斩衰(cuī):丧服的一种,粗麻做成,不缝边。菅菲:草鞋。菅原作"管",据四库本改。⑨歠(chuò):喝。⑩五仪:五等。⑪审:辨明。

【译文】

鲁哀公问孔子道:"我想选拔鲁国的才俊之士,一起治理鲁国。请问我应该怎样选拔呢?"孔子回答说:"生于当今,却追慕古风;生活于当代社会,却穿着古代的衣服。处于这种情况而不践履正道的,不是很少见吗?"哀公问:"那么戴着礼帽,穿着鞋头上有装饰的鞋子,腰间系着绅带,插着笏板的人,都是贤者吗?"孔子回答说:"不一定。我所说的,不是指这些。穿着斋服,戴着礼帽,乘车而来行礼的人,其志向不在辛菜上;穿着斩衰草鞋,拄着丧杖喝粥来行丧礼的人,他的志向不在于酒肉。生于当今,却追慕古风;生活于当代社会,却穿着古代的衣服。我说的是这类人。"

哀公说:"您说得真好!仅此而已吗?"孔子说:"人有五等,有庸人、有士人、有君子、有贤人、有圣人。辨明这五者的区别,治国之道就全在里面了。"

公曰:"敢问何如斯可谓之庸人?"孔子曰:"所谓庸人者,心不存慎终①之规,口不吐训格②之言,不择贤以托其身,不力行以自定;见小暗大,而不知所务③;从物如流,不知其所执。此则庸人也。"

公曰:"何谓士人?"孔子曰:"所谓士人者,心有所定,计有所守。虽不能尽道术之本,必有率④也;虽不能备百善之美,必有处⑤也。是故知不务多,必审其所知;言不务多,必审其所谓;行不务多,必审其所由。智既知之,言既道之,行既由之,则若性命之形骸⑥之不可易也。富贵不足以益,贫贱不足以损。此则士人也。"

公曰:"何谓君子?"孔子曰:"所谓君子者,言必忠信而心不怨,仁义在身而色无伐⑦,思虑通明而辞不专。笃行信道,自强不息,油然⑧若将可越而终不可及者。此则君子也。"

公曰:"何谓贤人?"孔子曰:"所谓贤人者,德不逾闲⑨,行中规绳,言足以法于天下而不伤于身,道足以化于百姓而不伤于本。富则天下无宛财⑩,施则天下不病贫。此则贤者也。"

公曰:"何谓圣人?"孔子曰:"所谓圣者,德合于天地,变通无方⑪,穷万事之终始,协庶品之自然⑫,敷⑬其大道而遂成情性。明并日月,化行若神,下民不知其德,睹者不识其邻。此谓圣人也。"

【注释】

①慎终:谨慎而始终如一。②训格:典范。③务:致力。④率:遵循。⑤处:居处,引申为操守。⑥形骸:形体骨骸。⑦伐:自夸。⑧油然:从容不迫的样子。⑨闲:法度。⑩宛(yùn)财:积聚财富。宛,通"蕴"。⑪无方:无常。⑫协:和。庶品:万物。自然:事物的本性。⑬敷:推广衍生。

【译文】

哀公问:"请问什么样的人是庸人?"孔子回答说:"所谓庸人,心中没有恪守如一的规范,不说符合法度的话,不选择贤人使自己有精神上的依靠,不能够安定自己以努力践行;见小不识大,不知自身该致力于什么;凡事随波逐流,不知自己应该坚守什么原则。这样的人就是庸人。"

哀公问:"什么样的人是士人?"孔子回答说:"所谓士人,内心坚守原则,做事按照计划。虽然不能透彻理解道德学术的根本,但必定有所遵循;虽然不能尽善尽美,但必定坚持操守。所以并不追求知识十分广博,但一定明辨他已经知道的;话不多,但言必有据;做事不多,但所做之事力求合情合理。既然知识准确无误，说话言必有据，行事合情合理，那么这些原则就像自己的身体骨骼一般不可改变。这些原则，富贵不能增加它，贫贱不能减少它。这样的人就是士人。"

哀公问："什么样的人是君子？"孔子回答说："所谓君子，言辞忠信，但是内心没有怨恨；立身仁义，但是没有自夸的神色；内心通达、明白，但是言辞不专擅。努力实践，信奉原则，自强不息，日常表现从容不迫，似乎别人可以超越，但终究难以企及。这样的人就是君子。"

哀公问："什么样的人是贤人？"孔子回答说："所谓贤人，其品德不逾越法度，行为都符合规矩。说的话足以被天下人效法而不会招来灾祸，其学说足以教化百姓而不会伤及根本。他富有，天下人无须积聚财富；他施恩，天下人则不用担心贫困。这样的人就是贤人。"

哀公问："什么样的人是圣人？"孔子回答说："所谓圣人，他的道德合于天地之性，融通万物，变化无常。推究万事万物发展的终始，合于万事万物的自然本性，推广大道而使万物成就自身。他的光明与日月齐辉，他的教化流布如同神明。普通民众不了解他的德行，他身边的人也不知道他近在眼前。这样的人就是圣人。"

公曰："善哉！非子之贤，则寡人不得闻此言也。虽然，寡人生于深宫之内，长于妇人之手，未尝知哀，未尝知忧，未尝知劳，未尝知惧，未尝知危，恐不足以行五仪之教，若何？"孔子对曰："如君之言，已知之矣。则丘亦无所闻焉。"

公曰："非吾子，寡人无以启其心，吾子言也。"孔子曰："君子入庙①，如右②，登自阼阶③，仰视榱桷④，俯察几筵⑤，其器皆存，而不睹其人。君以此思哀，则哀可知矣。昧爽夙兴⑥，正其衣冠，平旦⑦视朝，虑其危难，一物失理，乱亡之端。君以此思忧，则忧可知矣。日出听政，至于中冥⑧，诸侯子孙，往来为宾，行礼揖让，慎其威仪。君以此思劳，则劳亦可知矣。缅然⑨长思，出于四门，周章⑩远望，睹亡国之墟，必将有数焉。君以此思惧，则惧可知矣。夫君者，舟也；庶人者，水也。水所以载舟，亦所以覆舟。君以此思危，则危可知矣。君既明此五者，又少留意于五仪之事，则于政治，何有失矣？"

【注释】

①庙：宗庙。②如右：从右边走。古人以右为尊。③阼（zuò）阶：东阶。④榱（cuī）桷（jué）：房屋的椽子。⑤几筵：为祭祀而设的席位。⑥昧爽：拂晓。夙兴：早起。⑦平旦：清晨。⑧中冥：午后。⑨缅然：忧愁的样子。⑩周章：忧惧的样子。

【译文】

哀公说："说得真好啊！如果不是您的贤明，我就听不到这样的话了。虽然如此，我从小生长于深宫之内，由妇人抚养长大，不知道什么是悲哀、担忧、劳苦、恐惧和危险，恐怕不能实践您所说的五仪之教。怎么办呢？"孔子回答说："按照您所说的话，您已经知道怎么办了。我也没有什么需要再让您知道的了。"

哀公说："如果没有您，我是无法开启心智的，请您再讲讲吧。"孔子说："君王进入宗庙，从右边走，登上东阶，仰视屋顶的椽子，俯视陈设的筵席，器物都在，但见不到已经逝去的先人。君王由此产生哀思，那么什么是悲哀就知道了。拂晓就起床，端正衣冠，清晨临朝听政，考虑国家的危难，一件事情处理不当，就可能成为祸乱的开端。君王由此忧愁国事，那么什么是担忧就知道了。日出开始处理朝政，一直到午后，各诸侯的子孙，都来做君王的宾客，行礼揖让，慎重地显示着自己的威仪。君王由此有劳苦之思，那么什么是劳苦就知道了。悠然长思，走出城门，怀着忧惧的心理远望，目睹亡国的废墟不止一处。君王由此有恐惧之心，那么什么是恐惧就知道了。君是舟，百姓是水。水可载舟，亦可覆舟。君王由此惧怕危险，那么什么是危险就知道了。君王既然明白这五者，再留意按五仪选拔人才之事，那么政治上还会有什么过失呢？"

7.2 哀公问于孔子曰："请问取人之法。"孔子对曰："事任于官，无取捷捷①，无取钳钳②，无取啍啍③。捷捷，贪也；钳钳，乱也；啍啍，诞④也。故弓调而后求劲焉，马服而后求良焉，士必悫⑤而后求智能者焉。不悫而多能，譬之豺狼不可迩⑥。"

【注释】

①捷捷：贪婪。②钳钳（qián qián）：妄言，不诚实。③啍啍（zhūn zhūn）：多言的样子。啍，通"谆"。④诞：欺诈。⑤悫（què）：诚实谨慎。⑥迩（ěr）：近。

【译文】

哀公问孔子："请问选拔人才用什么方法？"孔子回答说："取各人所擅长的分别任用，但是不要选取捷捷之人、钳钳之人和啍啍之人。捷捷，就是贪婪；钳钳，就是妄言而不诚实；啍啍，就是多言而欺诈。所以弓调好后箭才能射得远，马要驯服后再从中挑选精良的，士大夫的人选必须首先诚实谨慎然后讲求富有智慧才能的。那些狡诈而有能力的人，就如同豺狼一般不能靠近。"

7.3 哀公问于孔子曰:"寡人欲吾国小而能守,大则攻,其道如何?"孔子对曰:"使君朝廷有礼,上下相亲,天下百姓皆君之民,将谁攻之?苟违①此道,民畔②如归,皆君之仇也,将与谁守?"公曰:"善哉!"于是废山泽之禁,弛关市之税,以惠百姓。

【注释】

①违:原作"为",据四库本改。②畔:通"叛"。

【译文】

哀公问孔子:"我的理想是鲁国在弱小的时候能自保,在强大的时候能够进攻他国,如何才能做到呢?"孔子回答说:"如果您的朝廷能够遵循礼制,上下相亲,那么天下百姓都是您的子民,您还要讨伐谁呢?如果不这样做,民众背叛您,各自逃亡就如同回家一样,那么天下都是您的仇人,谁会和您一起守御呢?"哀公说:"说得真好!"于是废止了禁止百姓进入山林川泽的命令,减少了关卡市场的赋税,让百姓得到实惠。

7.4 哀公问于孔子曰:"吾闻君子不博①,有之乎?"孔子曰:"有之。"公曰:"何为?"对曰:"为其二乘②。"公曰:"有二乘,则何为不博?"子曰:"为其兼行恶道也。"哀公惧焉。有间③,复问曰:"若是乎?君之恶恶道④至甚也?"孔子曰:"君子之恶恶道不甚,则好善道亦不甚;好善道不甚,则百姓之亲上亦不甚。《诗》云:'未见君子,忧心惙惙。亦既见止,亦既觏止,我心则悦。'⑤《诗》之好善道甚也如此。"公曰:"美哉!夫君子成人之善,不成人之恶。微⑥吾子言焉，吾弗之闻也。"

【注释】

①博：古代的一种棋类游戏。②乘：碾压，践踏，引申为争胜。③有间：过了一会儿。④恶（wù）恶（è）道：厌恶恶行。⑤"《诗》云"句：所引诗见《诗经·召南·草虫》。惙惙（chuò chuò），忧愁的样子。觏（gòu），遇见。⑥微：如果没有。

【译文】

哀公问孔子："我听说君子是不下棋的，有这回事吗？"孔子回答说："有。"哀公问："为什么？"孔子回答说："因为这会引起君子之间争强好胜。"哀公问："只是因为争强好胜就不下棋了吗？"孔子回答说："因为它同时还会把君子引入邪道。"哀公有些惧怕。过了一会儿，哀公又问："真的是这样吗？那么君子对恶行是深恶痛绝了。"孔子回答说："君子如果对恶行不深恶痛绝，那么也就不会发自内心地向往善道；如果不真心地向往善道，那么百姓也不会非常亲近长上。《诗经》说：'未见君子，忧心不已。既见君子，满心欢喜。'《诗经》是如此推崇善道！"哀公说："说得太好了！君子帮助人成就善，而不能助长其恶。如果没有您的这番话，我是听不到这样的道理的。"

7.5 哀公问于孔子曰："夫国家之存亡祸福，信①有天命，非唯人也？"孔子对曰："存亡祸福，皆己而已，天灾地妖，不能加②也。"公曰："善！吾子之言，岂有其事乎？"孔子曰："昔者殷王帝辛③之世，有雀生大鸟于城隅焉，占之，曰：'凡以小生大，则国家必王而名必昌。'于是帝辛介④雀之德，不修国政，亢暴无极，朝臣莫救，外寇乃至，殷国以亡。此即以已逆天时，诡⑤福反为祸者也。又其先世殷王太戊⑥之时，道缺法圮⑦，以致夭孽⑧。桑穀⑨于朝，七日大拱⑩，占之者曰：'桑穀野木而不合生朝，意者⑪国亡乎！'太戊恐骇，侧身⑫修行，思先王之政，明养民之道。三年之后，远方慕义，重译⑬至者，十有六国。此即以已逆天时，得祸为福者也。故天灾地妖，所以儆⑭人主者也；寤梦征⑮怪，所以儆人臣者也。灾妖不胜善政，寤梦不胜善行，能知此者，至治之极也，唯明王达此。"公曰："寡人不鄙固此，亦不得闻君子之教也。"

【注释】

①信：确实。②加：改变。③帝辛：商纣王。④介：依赖。⑤诡：违背。⑥太戊：商王名，太庚之子，传说其执政时商朝复兴。⑦圮（pǐ）：毁坏。⑧夭孽：即妖孽。⑨桑穀：古时以桑木、穀木合生于朝为不祥之兆。⑩拱：两手合围。⑪意者：大概。⑫侧身：戒慎恐惧的样子。⑬重译：辗转翻译。表示来自语言不通的极远地方。⑭儆：警诫。⑮征：征验。

【译文】

哀公问孔子："国家的存亡祸福，确实是由天命决定，而非人力左右？"孔子回答说："存亡祸福都取决于自身，天灾地妖之类是不能将其改变的。"哀公说："说得好！您说的这个道理，有具体的事例吗？"孔子说："以前商纣王的时候，有只小鸟在城墙的角落里生了一只大鸟，于是占卜吉凶，说：'凡是以小生大，那么国家必定王于天下，声名显赫。'于是纣王依赖这只小鸟带来的福佑，不再治理朝政，残暴至极，朝中大臣都不能阻止，于是外敌讨伐，殷商灭亡。这就是自己违逆天时，变福为祸的例证。纣王的先世太戊当政的时候，道德沦丧，法纪败坏，以致妖孽丛生。桑木和榖木同时生长于朝，七天就长得有两手合围那么粗，占卜的人说：'桑、榖是野生的树木，不应该生长于朝堂之上。这大概表明国家要灭亡了吧！'太戊非常害怕，从此戒慎恐惧，修养自身，学习先王善政，探明教化人民的方法。如此三年，远方的民众都倾慕太戊的仁义，通过辗转翻译来朝拜的，有十六个国家。这就是自己违逆天时，变祸为福的例证。所以天灾地妖，是用来警诫君王的；做梦时怪异的征兆，是用来警诫臣子的。灾妖不敌善政，梦兆不敌善行。能明白这个，就达到治国的最高境界了。只有圣明的君王才能达到这个境界。"哀公说："我如果不是如此鄙陋，也不会听到您的这番教诲。"

7.6 哀公问于孔子曰："智者寿乎？仁者寿乎？"孔子对曰："然，人有三死，而非其命也，行己①自取也。夫寝处不时，饮食不节，逸劳过度者，疾共杀之；居下位而上干其君，嗜欲无厌而求不止者，刑共杀之；以少犯众，以弱侮强，忿怒不类②，动不量力者，兵共杀之。此三者，死非命也，人自取之。若夫智士仁人，将身③有节，动静以义，喜怒以时，无害其性，虽④得寿焉，不亦可乎？"

【注释】

①行己：使自己。②不类：逾越常规。③将身：行事。④虽：通"唯"。语首助词。

【译文】

哀公问孔子："智者和仁者都长寿吗？"孔子回答说："是的。人有三种死亡，不是命中注定的，而是咎由自取的。不按时起居，饮食没有节制，过于安逸或过于劳累的人，会生病而死；处下位却冒犯君王，贪得无厌，欲求不止的人，会遭到律法的诛杀；以少犯多，以弱小欺侮强大，愤怒逾越常规，行动不量力而为的人，会死于刀兵之下。这三种人，他们的死亡皆非上天注定，乃是自取灭亡。至于才智之士、仁义之人，行事有节制，动静皆符合道义，喜怒适可而止，不伤害自己的本性，他们获得长寿，不是应该的吗？"

致思第八

8.1 孔子北游于农山①，子路、子贡、颜渊侍侧。孔子四望，喟然②而叹曰："于斯致思③，无所不至矣。二三子各言尔志，吾将择焉。"

子路进曰："由愿得白羽④若月，赤羽若日，钟鼓之音，上震于天，旍旗⑤缤纷，下蟠⑥于地。由当⑦一队而敌之，必也攘⑧地千里，搴旗执馘⑨，唯由能之。使二子者从我焉。"夫子曰："勇哉！"

子贡复进曰："赐愿使齐、楚合战于漭瀁⑩之野，两垒相望，尘埃相接，挺刃交兵。赐着缟衣白冠⑪，陈说其间，推论利害，释国之患，唯赐能之。使夫二子者从我焉。"夫子曰："辩哉！"

颜回退而不对。孔子曰："回，来，汝奚⑫独无愿乎？"颜回对曰："文武之事，则二子者既言之矣，回何云焉？"孔子曰："虽然，各言尔志也，小子言之。"对曰："回闻薰、莸不同器而藏⑬，尧、桀不共国而治⑭，以其类异也。回愿得明王圣主辅相之，敷其五教⑮，导之以礼乐，使民城郭不修，沟池不越，铸剑戟以为农器，放牛马于原薮⑯，室家无离旷⑰之思，千岁无战斗之患。则由无所施其勇，而赐无所用其辩矣。"夫子凛然⑱曰："美哉德也！"

子路抗手⑲而对曰："夫子何选焉？"孔子曰："不伤财，不害民，不繁词⑳，则颜氏之子有矣。"

【注释】

①农山：山名，位于鲁国北部。②喟（kuì）然：叹息的样子。③致思：集中思于某一方面。④白羽：军中统帅的指挥旗。羽，旌旗。⑤旌（jīng）旗：旌旗。⑥蟠：逶迤的样子。⑦当：率领。⑧攘：夺去。⑨搴（qiān）旗执馘（guó）：古代战争，以拔取敌人军旗、斩获敌人左耳计功。搴，拔取。馘，左耳。⑩漭（mǎng）瀁（yǎng）：辽阔。⑪缟（gǎo）衣白冠：兵凶战危，所以着白衣白帽，以示慎重。缟，白色的丝织品。⑫奚：为什么。⑬薰：香草。莸（yóu）：臭草。⑭尧：上古圣君。桀：夏代暴君。⑮五教：五种教化，指父义、母慈、兄友、弟恭、子孝。⑯原薮（sǒu）：原野，沼泽。⑰离旷：流离失所。⑱凛然：严肃的样子。⑲抗手：举手行礼。⑳繁词：说太多的话，意指治国太过烦琐。

【译文】

孔子到鲁国北部的农山游览，子路、子贡和颜渊在一旁侍奉。孔子远望四周，喟然叹息说："在这个地方专心思考，可以有很多收获。你们几位年轻人各自说说自己的志向，我会有所选择。"

子路上前一步回答说："我愿意挥舞像月亮一样洁白和像太阳一样赤红的各色军旗，擂响战斗的钟鼓，声音直冲云霄，旌旗缤纷，逶迤于地。

我亲率一军杀敌，一定能够夺取敌人千里的土地，拔取敌人的旗帜，割取敌人的左耳。这一点只有我能做到，子贡和颜渊只能跟着我。"孔子说："真是勇敢啊！"

子贡也上前一步说："我愿意让齐、楚两国在广阔的原野上交战，两军壁垒相望，激扬起的尘埃遮天蔽日，两军短兵相接。我穿戴着白衣白冠，在两国之间做说客，陈说利害，消解国家的外患。这一点只有我能做到，子路和颜渊只能跟着我。"孔子说："真是好口才啊！"

颜回在一旁不说话。孔子说："颜回，你过来！你为什么没有自己的志向呢？"颜回回答说："文武之事，子路和子贡都已经说了，我还有什么好说的呢？"孔子说："虽然如此，今天是各自说自己的志向，年轻人你还是说说吧。"颜回回答说："我听说香草和臭草不能放在一起，尧这样的圣君和桀这样的暴君不能共同治理一个国家，因为他们不同类。我愿意辅佐一个明王圣主，帮助他推广五类教化，用礼乐引导人民，使民众不用为了战争去修城墙，不用越过护城河去打仗，将武器铸为农具，让牛马脱离军队在原野上生息，家庭没有分离之苦，国家千年没有战争的忧患。那么子路就没有施展勇的余地，子贡也不能发挥他的辩才了。"孔子听后严肃地说："你的道德真是太好了！"

子路听后向孔子举手行礼，并且问："夫子赞赏谁的志向？"孔子说："治国能够做到不耗费钱财，不伤害百姓，不用说太多的话，只有颜氏的年轻人啊！"

8.2 鲁有俭啬①者，瓦鬲②煮食，食之，自谓其美，盛之土型之器，以进孔子。孔子受之，欢然而悦，如受大牢③之馈。子路曰："瓦甄④，陋器也；煮食，薄膳也。夫子何喜之如此乎？"子曰："夫好谏者思其君，食美者念其亲。吾非以馔具⑤之为厚，以其食厚而我思⑥焉。"

【注释】

①俭啬：节俭，吝啬。②瓦鬲（lì）：陶制炊具。③太牢：即"太牢"。祭祀或宴会时，牛、羊、豕三牲具备为太牢。④瓦甂（biān）：盛食品的瓦盆。⑤馔（zhuàn）具：盛饭食的器具。⑥我思：即思我，想起了我。

【译文】

鲁国有一个节俭的人，用瓦鬲煮好了食物，自己尝了尝，认为味道很好，于是盛在瓦罐之中，进献给孔子。孔子接受了，非常高兴，就如同接受了太牢一般的馈赠。子路说："瓦甂，是很简陋的器具；煮的食物，也并不贵重。老师您为何如此高兴？"孔子说："喜欢进谏的人心中挂念着君主，吃到美味的人总想着父母。我并不在乎食具的好坏，而是为他吃到美味就想起我而高兴。"

8.3 孔子之楚，而有渔者而献鱼焉，孔子不受。渔者曰："天暑市远，无所鬻①也。思虑弃之粪壤②，不如献之君子，故敢以进焉。"于是夫子再拜受之，使弟子扫地，将以享祭③。门人曰："彼将弃之，而夫子以祭之，何也？"孔子曰："吾闻诸，惜其腐馂④，而欲以务施者，仁人之偶⑤也。恶⑥有受仁人之馈，而无祭者乎？"

【注释】

①鬻（yù）：卖，出售。②粪壤：粪土。③享祭：祭祀。④腐馂：变质腐坏的食物。⑤偶：同类。⑥恶（wū）：哪里。

【译文】

孔子到楚国，有渔夫向其献鱼，孔子不接受。渔夫说："天气太热不能保存，市场又离得远，没有地方卖掉。想到把鱼扔到粪土里，不如献给君子，所以冒昧献给您。"于是孔子向渔夫拜了两拜，接受了送来的鱼。命令弟子洒扫，准备用鱼祭祀。弟子问："他要扔掉的东西，您却用来祭祀，这是为什么？"孔子回答说："我听说，惋惜食物会变得腐烂而将其送人的人，是仁者的同类。哪里有接受仁人的馈赠而不用来祭祀的呢？"

8.4 季羔为卫之士师①，刖②人之足。俄而③，卫有蒯聩④之乱，季羔逃之，走郭门⑤。刖者守门焉。谓季羔曰："彼有缺⑥。"季羔曰："君子不逾。"又曰："彼有窦⑦。"季羔曰："君子不隧⑧。"又曰："于此有室。"季羔乃入焉。既而追者罢，季羔将去，谓刖者："吾不能亏主之法而亲刖子之足矣。今吾在难，此正子之报怨之时，而逃我者三，何故哉？"刖者曰："断足，固我之罪，无可奈何。曩者⑨君治臣以法，令先人后臣，欲臣之免也，臣知；狱决罪定，临当论刑，君愀然不乐，见君颜色，臣又知之。君岂私臣哉？天生君子，其道固然，此臣之所以悦君也。"孔子闻之曰："善哉为吏，其用法一也。思仁恕则树德，加严暴则树怨，公以行之，其子羔乎？"

【注释】

①季羔：字子羔，孔子弟子。士师：掌刑罚之官。②刖（yuè）：砍掉（双脚或脚趾）。③俄而：不一会儿。④蒯（kuǎi）聩（kuì）：卫灵公太子，曾因卫国动乱出奔晋国，后又自晋袭卫。⑤走郭门：走，奔跑。郭

门，城门。⑥缺：城墙有缺口。⑦窦：洞孔。⑧隧：此处用作动词，指从洞孔通过。⑨曩（nǎng）者：以前。

【译文】

季羔在卫国担任刑狱之官，砍掉了一个犯人的双脚。没多久，卫国发生了蒯聩之乱，季羔出逃，跑到城门口。守门人正是那个曾被季羔砍掉双脚的犯人，他对季羔说："城墙有缺口。"季羔说："君子不能逾墙而走。"那人又说："城墙下有个洞孔。"季羔说："君子不能爬洞逃走。"那人继续说："这里有间房子。"季羔于是进去躲藏。不一会儿追捕的人回去了，季羔准备离开，他对那个犯人说："我不能破坏君王的法令，所以亲自砍掉了你的双脚。如今我落难，这正是你发泄仇怨的时候，但是你却告诉我三种逃脱的方法，这是为什么？"那人说："被砍脚，是因为我有罪，这是无可奈何的事情。以前您依据法律治我之罪，先办别人的案子，后办我的案子，希望有时间仔细审理，让我尽量免于惩罚，这我是知道的；定谳后临到行刑时，您非常不高兴，我看了您的脸色，知道您不想对我施以残酷的处罚，您难道是想私下宽赦我吗？天生君子，他们的道都是如此宽仁。这就是我欣赏您的原因。"孔子听说了这件事，他说："季羔做官真是称职啊，量刑统一尺度。心中想着仁恕之道就会树立恩德，而用严刑酷法则会结下怨仇。大公无私地执法，这不就是子羔吗！"

8.5 孔子曰："季孙之赐我粟千钟①也，而交益亲；自南宫敬叔之乘我车也②，而道加行。故道虽贵，必有时而后重，有势而后行。微夫二子之贶财③，则丘之道，殆将废矣。"

【注释】

①钟：古代容量单位，六斛四斗为一钟。②"自南宫敬叔"句：南宫

敬叔，名阅，鲁国大夫。据传孔子欲拜会老聃，并到周地游览，南宫敬叔将此事报告鲁君，鲁君为孔子提供车马。③贶（kuàng）财：赠送的财物。

【译文】

孔子说："季孙赠送我千钟的粟，我把它转赠给需要的朋友，我和朋友们的关系愈加亲密；自从南宫敬叔为我争取了车马，使我得以周游，我的道更加流行了。所以道虽然很尊贵，必须具备时运才能更加获得看重，有了利的条件才能更好地传播。如果没有两位赠送的财物，那么我的道，几乎就被废弃了。"

8.6 孔子曰："王者有似乎春秋，文王以王季为父，以太任为母，以太姒为妃，以武王、周公为子，以太颠、闳夭为臣，其本美矣①。武王正其身以正其国，正其国以正天下，伐无道，刑有罪，一动而天下正，其事成矣。春秋致其时②而万物皆及，王者致其道而万民皆治，周公载己行化③，而天下顺之，其诚至矣。"

【注释】

①文王：即周文王姬昌。王季：文王之父，名季历。太任：王季之妃，文王之母。太姒（sì）：文王之妃，武王、周公之母。武王：即周武王姬发。周公：文王之子，武王之弟，名旦，武王死后，辅佐成王摄政。太颠、闳夭：均为辅佐文王之贤臣。②致其时：按时节规律转换。③载己行化：意为以身作则，教化他人。载，行。

【译文】

孔子说："王者就如同春秋更迭一般符合天道，文王有王季做父亲，太任做母亲，太姒做妻子，生了武王和周公，身边有太颠和闳夭这样的贤臣辅佐。文王的根本真是太好了。武王端正自身以垂范其国，端正其国以垂范天下。讨伐无道，惩治有罪的暴君，自身一发动则天下归于正道，他的事业可成。春夏秋冬按时节转换，万物就会自然生长；王者施行正道，那么万民得到治理。至于周公，他以身作则，垂范天下，天下都真心地顺服于他，这真是最高境界的诚啊！"

8.7 曾子曰："入是国也，言信于群臣，而留可也；行忠于卿大夫，则仕可也；泽施于百姓，则富可也。"孔子曰："参之言此，可谓善安身矣。"

【译文】

曾子说："到了一个国家，如果你的言论能够取信于群臣，那么就可以留下；如果你的行为称心于该国的卿大夫，那么你就可以做官；如果你能够施恩惠于百姓，那么你就能致富。"孔子说："曾参能说出这番话，可以说他能够妥善地立身了。"

8.8 子路为蒲宰①，为水备，与其民修沟渎②。以民之劳烦苦也，人与之一箪食、一壶浆③。孔子闻之，使子贡止之。子路忿然不悦，往见孔子，曰："由也以暴雨将至，恐有水灾，故与民修沟洫以备之。而民多匮饿者，是以箪食壶浆而与之。夫子使赐止之，是夫子止由之行仁也。夫子以仁教而禁其行，由不受也。"孔子曰："汝以民为饿也，何不白于君，发仓廪④以赈之，而私以尔食馈之，是汝明君之无惠，而见己之德美矣。汝速已则可，不则汝之见罪必矣。"

【注释】

①蒲：古地名，在今河南长垣境内。宰：地方长官。②沟渎：水渠。③箪：盛饭的圆形竹器。浆：浓汁饮料。④仓廪：粮仓。

【译文】

子路做蒲地的长官，为了防止水患，就率领民众修筑沟渠。因为民众劳苦，所以就给每个人发了一箪饭食、一壶饮料。孔子听说后，让子贡去阻止子路。子路很不高兴，前来见孔子，说："我是因为暴雨季节将至，恐怕有水灾，所以与百姓修沟渠以防患。民众中很多人因为缺乏粮食而饥饿，所以赠予他们吃的与喝的。老师让子贡制止我，这是老师阻止我行仁啊。老师教导我们仁道却禁止我们实践，这是我不能接受的。"孔子说："你认为百姓饥饿，为何不向君王禀报，让君王开仓济民？你私下用自己的粮食赠予民众，这是你向民众表明君王没有恩惠，而凸显自己的美德。你迅速停止这样做就罢了，否则你一定会被治罪的。"

8.9 子路问于孔子曰："管仲①之为人何如？"子曰："仁也。"子路曰："昔管仲说襄公②，公不受，是不辩也；欲立公子纠③而不能，是不智也；家残于齐④而无忧色，是不慈也；桎梏而居槛车⑤，无惭心，是无丑也；事所射之君⑥，是不贞也；召忽死之⑦，管仲不死，是不忠也。仁人之道，固若是乎？"孔子曰："管仲说襄公，襄公不受，公之暗也；欲立子纠而不能，不遇时也；家残于齐而无忧色，是知权⑧命也；桎梏而无惭心，自裁审也；事所射之君，通于变也；不死子纠，量轻重也。夫子纠未成君，管仲未成臣。管仲才度义，管仲不死束缚而立功名，未可非也。召忽虽死，过与取仁⑨，未足多也。"

【注释】

①管仲：名夷吾，春秋时齐国政治家，辅佐齐桓公成就霸业。②襄公：齐襄公，名诸儿，有名的昏君。③公子纠：齐襄公之弟，桓公之兄。④家残于齐：管仲离开齐国求仕时，其父母在国内被杀。⑤桎梏：原指拘系犯人的刑具，此处用作动词，戴上刑具。槛（jiàn）车：囚车。⑥事所射之君：管仲曾为拥立公子纠而刺杀小白（即桓公），公子纠事败后，管仲辅佐小白。⑦召忽死之：召忽，与管仲一同拥立公子纠，事败殉难。⑧权：通变。⑨过与取仁：追求仁道而太过。

【译文】

子路问孔子："管仲是个什么样的人？"孔子说："仁者。"子路说："以前管仲劝谏齐襄公，襄公不纳谏，这是没有辩才；想拥立公子纠而失败，是缺乏智慧；父母死于齐国而脸无忧色，是不孝；戴上刑具，拘于囚车，而心无愧疚，是不知羞耻；侍奉曾经刺杀过的君主，是不专贞；召忽殉难而管仲苟活，是对主人不忠。难道仁者的处世之道，就是这样的吗？"孔子说："管仲劝谏襄公，襄公不接受，是襄公昏庸；想拥立公子纠而失败，是缺乏时运；父母在齐国被杀而脸无忧色，是知道权变和命运；戴上刑具而心无愧疚，是自己善于裁断明辨；侍奉曾经刺杀过的君主，是善于通变；不为公子纠殉难，是知道轻重。公子纠未曾成为君主，管仲也没有成为他的臣子。管仲的才能超越了节义，管仲没有被虚名束缚而死并且建立了功业，是无须被指责的。召忽虽然殉难，但追求仁道太过，不值得称赞。"

8.10 孔子适①齐，中路闻哭者之声，其音甚哀。孔子谓其仆曰："此哭哀则哀矣，然非丧者之哀矣。"驱而前，少进，见有异人焉，拥镰带素，哭者不哀。孔子下车，追而问曰："子何人也？"对曰："吾，丘吾子也。"曰："子今非丧之所，奚②哭之悲也？"丘吾子曰："吾有三失，晚而自觉，悔之何及？"曰："三失可得闻乎？愿子告吾，无隐也。"丘吾子曰："吾少时好学，周遍天下，后还，丧吾亲，是一失也；长事齐君，君骄奢失士，臣节不遂，是二失也；吾平生厚交，而今皆离绝，是三失也。夫树欲静而风不停，子欲养而亲不待。往而不来者，年也；不可再见者，亲也。请从此辞。"遂投水而死。孔子曰："小子识之，斯足为戒矣！"自是弟子辞归养亲者十有三。

【注释】

①适：到，往。②奚：为什么。

【译文】

孔子到齐国，中途听到有哭声，哭声非常悲哀。孔子对他的侍从说："这个哭声确实悲哀，但不是服丧之人的哀伤。"驱车向前，走了一段距离，见到一个奇特的人，手里拿着镰刀，身上披着孝服，哭个不停。孔子下车，追上此人问道："您是何人啊？"那人回答说："我，是丘吾子。"孔子说："您并非在丧礼的场合，为何哭得如此悲伤？"丘吾子说："我平生有三大过失，到了晚年有所觉察，哪里还来得及？"孔子说："三个过失可以说给我听吗？希望您告诉我，不要隐瞒。"丘吾子说："我少年时好学，游历天下，后来回家，发现父母都去世了，这是第一个过失；学成后侍奉齐君，齐君骄奢，失去士人的支持，我也不能尽一个臣子的义务，这是第二个过失；我平生重视交朋友，如今朋友们都离开了我，这是第三个过失。树想静下来，但风却吹个不停；儿子想厚养双亲，但他们却已辞世。一去不再回来的，是岁月；失去了就再也见不到的，是父母。我们从此告别吧。"于是投水而死。孔子说："年轻人听好了，丘吾子的事足可引以为戒了！"从这以后，弟子拜别孔子回家奉养父母的有十三人。

8.11 孔子谓伯鱼①曰："鲤乎，吾闻可以与人终日不倦者，其唯学焉！其容体不足观也②，其勇力不足惮也，其先祖不足称也，其族姓不足道也。终而有大名，以显闻四方、流声后裔者，岂非学之效③也？故君子不可以不学，其容不可以不饬④，不饬无类，无类失亲，失亲不忠，不忠失礼，失礼不立。夫远而有光者，饬也；近而愈明者，学也。譬之污池，水潦⑤注焉，萑苇⑥生焉，虽或以观之，孰知其源乎？"

【注释】

①伯鱼：孔子之子，名鲤，字伯鱼。②容体：形体外貌。观：炫耀。③效：功效。④饬（chì）：修饰。⑤水潦（lǎo）：积水。⑥萑（huán）苇：两种不同的芦苇。

【译文】

孔子对伯鱼说："孔鲤啊，我听说与人终日相伴而不使人疲倦的，只有学习吧！有的人容貌不值得炫耀，勇力也不足以使别人畏惧，先祖不值得夸耀，宗族的姓氏不值得谈论。最终却获得大名，流播四方，传至后世的，难道不是学习的功效吗？所以君子不能不学习，他的容貌不能不修饰，不修饰就会疏离于众人，疏离于众人就会无人亲近，无人亲近就会失去忠信，失去忠信就会失去礼，失去礼就会无法自立其身。让人远观而有光彩的，是修饰的功效；让人近交感觉聪明智慧的，是学习的效果。就如同一个蓄水池，各种水注入，芦苇丛生，虽有人前来观看，可谁又能知道水的源头呢？"

8.12 子路见于孔子曰："负重涉远，不择地而休；家贫亲老，不择禄而仕。昔者由也事二亲之时，常食藜藿①之实，为亲负米百里之外。亲殁之后，南游于楚，从车百乘，积粟万钟，累茵②而坐，列鼎③而食，愿欲食藜藿，为亲负米，不可复得也。枯鱼衔索④，几何不蠹⑤？二亲之寿，忽若过隙。"孔子曰："由也事亲，可谓生事尽力，死事尽思者也。"

【注释】

①藜藿：藜草和豆叶，泛指粗劣的食物。②累茵：多层坐垫。茵，坐垫。③鼎：盛食物的容器。④枯鱼衔索：用绳索将鱼干串起来。⑤蠹（dù）：因虫蛀而腐烂。

【译文】

子路去见孔子，说："如果背着沉重的东西跋涉，休息时就不会选择地方的好坏；如果家里贫穷，父母衰老，做官时就不会挑肥拣瘦。以前我侍奉父母的时候，经常吃藜藿这样粗劣的饭食，为了父母到百里之外去运米。父母去世后，我南游来到楚国做官，随从车辆百乘，积蓄的粮食有万钟之多，座位上有多层的坐垫，吃饭时面前摆满了盛着美味的鼎。此时我再想吃藜藿，为父母去运米，是不可能了。把鱼干串在绳索上，离被虫子腐蚀还会远吗？父母的寿命，快得如白驹过隙一般。"孔子说："子路侍奉父母，真可谓父母在世时竭尽全力，父母去世后竭尽哀思。"

8.13 孔子之郯①，遭程子于涂②，倾盖③而语，终日，甚相亲。顾④谓子路曰："取束帛以赠先生。"子路屑然⑤对曰："由闻之，士不中间⑥见，女嫁无媒，君子不以交，礼也。"有间，又顾谓子路。子路又对如初。孔子曰："由，《诗》不云乎：'有美一人，清扬宛兮。邂逅相遇，适我愿兮。'⑦今程子，天下贤士也。于斯不赠，则终身弗能见也。小子行之！"

【注释】

①郯（tán）：国名，在今山东郯城一带。②程子：具体事迹不详，当时贤人。涂：通"途"，道路。③倾盖：停车。④顾：回头。⑤屑然：介意的样子。⑥中间：介绍。⑦"《诗》"句：所引诗见《诗经·郑风·野有蔓草》。清扬，眉目清秀。宛，美好。

【译文】

孔子到郯国去，在路上遇到程子，停下车与其交谈，谈了一天，非常亲密。孔子回头对子路说："拿出一束帛赠给先生。"子路介意地说："士人之间没有介绍就相见，女子没有媒人就出嫁，君子是不和这种人交往的，这是礼制的规定。"过了一会儿，孔子再次吩咐子路将一束帛赠予程子，子路还是那样回答。孔子说："子路啊，《诗经》上不是这样说吗：'有一位美丽的女子，眉目清秀，身段美好。与她邂逅，正遂了我的愿。'程子是天下的贤士。如果此时不赠予他礼物，恐怕我终身再难和他相见。年轻人，你还是按我的吩咐做吧！"

8.14 孔子自卫反①鲁，息驾于河梁而观焉②。有悬水三十仞③，圜流④九十里，鱼鳖不能导⑤，鼋鼍⑥不能居。有一丈夫，方将厉⑦之。孔子使人并⑧涯止之曰："此悬水三十仞，圜流九十里，鱼鳖鼋鼍不能居也，意者⑨难可济也。"丈夫不以措意⑩，遂渡而出。孔子问之，曰："子巧乎？有道术乎？所以能入而出者，何也？"丈夫对曰："始吾之入也，先以忠信；及吾之出也，又从以忠信。忠信措⑪吾躯于波流，而吾不敢以用私，所以能入而复出也。"孔子谓弟子曰："二三子识之，水且犹可以忠信成身亲之，而况于人乎！"

【注释】

①反：通"返"。②"息驾"句：息驾，停车。河梁，河上的桥梁。③悬水：瀑布。仞：古代长度单位，八尺或七尺为一仞。④圜（yuán）流：回旋湍急的河水。⑤导：行进。⑥鼋（yuán）鼍（tuó）：大鳖和鳄鱼。⑦厉：渡。⑧并：到。⑨意者：推想。⑩措意：放在心上。⑪措：安置。

【译文】

孔子从卫国返回鲁国，在一处河堤上停车观赏。此处有瀑布三十仞，瀑布三十仞,圜流九十里,鱼鳖不能游近,鼋鼍不能存身。有一个男子,正要渡河。孔子命人到岸边制止,说:"这里瀑布三十仞,圜流九十里,鱼鳖鼋鼍不能存身,应该是不能游泳过去的。"这个男子并没有将这话放在心上,并且游了过去。孔子问他,说:"您是技巧高超吗?是有什么法术吗?能跳进这水里并安全出来,这是为什么呢?"男子回答说:"开始我进水的时候,凭借的是忠信;我能安全出来,还是依靠忠信。是忠信将我的身躯置于波流之中,而我不敢有一点私心,所以能够进去并安全出来。"孔子对学生说:"你们几位要记着,水尚且可以让人凭借着忠信而亲近,何况是人呢!"

8.15 孔子将行,雨而无盖①。门人曰:"商②也有之。"孔子曰:"商之为人也,甚吝于财。吾闻与人交,推其长者,违其短者,故能久也。"

【注释】

①盖:车上的伞盖。②商:即子夏,姓卜名商。

【译文】

孔子要出门,下雨了,车上没有遮雨的伞盖。门人说:"卜商有。"孔子说:"子夏这个人,对于财物非常吝惜。我听说与人交往,要推重他的长处,而规避他的短处,这样才能长久交往。"

8.16 楚王渡江,江中有物大如斗,圆而赤,直触①王舟。舟人取之,王大怪之,遍问群臣,莫之能识。王使使聘②于鲁,问于孔子。子曰:"此所谓萍实③者也,可剖而食之,吉祥也,唯霸者为能获焉。"使者反,王遂食之,大美。久之,使来,以告鲁大夫。大夫因子游问曰④:"夫子何以知其然乎?"曰:"吾昔之郑,过乎陈之野,闻童谣曰:'楚王渡江得萍实,大如斗,赤如日,剖而食之甜如蜜。'此是楚王之应也,吾是以知之。"

【注释】

①触:冲撞。②聘:访问。③萍实:萍草的果实。④因:通过。子游:姓言名偃,孔子弟子。

【译文】

楚王渡江时,发现江中有个物体大如斗,圆形,红色,径直向楚王乘坐的船撞过来。船夫将这个物体捞了上来。楚王非常惊恐,遍问群臣,但是没有人认识。楚王派使节到鲁国访问,向孔子请教。孔子说:"这就是所谓的萍草的果实,可以剖开食用,这是吉祥的象征,只有称霸者才能获得。"使者回国复命,楚王于是吃了它,味道非常好。过了很久,楚国的使者又来鲁国,把这件事告诉了鲁大夫。大夫通过子游问孔子:"夫子何以知道这个东西的原委?"孔子说:"我以前到郑国,经过陈国乡间,听到当地童谣说:'楚王渡江获得萍草的果实,其大如斗,红得像太阳,剖开食用甜如蜜。'这是在楚王身上应验的征兆,我所以知道这件事。"

8.17 子贡问于孔子曰:"死者有知乎?将①无知乎?"子曰:"吾欲言死之有知,将恐孝子顺孙妨生以送死;吾欲言死之无知,将恐不孝之子弃其亲而不葬。赐欲知死者有知与无知,非今之急,后自知之。"

子贡问治民于孔子。子曰:"懔懔焉若持腐索之扞马②。"子贡曰:"何其畏也?"孔子曰:"夫通达御皆人也,以道导之,则吾畜也③;不以道导之,则吾仇也。如之何其无畏也?"

鲁国之法,赎人臣妾于诸侯者,皆取金于府。子贡赎之,辞而不取金。孔子闻之曰:"赐失之矣。夫圣人之举事也,可以移风易俗,而教导可以施之于百姓,非独适身④之行也。今鲁国富者寡而贫者众,赎人受金则为不廉,则何以相赎乎?自今以后,鲁人不复赎人于诸侯。"

【注释】

①将:或者。②懔懔:谨慎恐惧的样子。腐索:腐烂的缰绳。扞:驾驭。③"夫通达"三句:意为驾车驭马能否顺畅通达皆由人掌握,若能以正确的方法驾驭,那么车驾就跟随自己的意愿。④适身:适合自己。

【译文】

子贡问孔子:"已死的人有知觉吗?还是没有知觉?"孔子回答说:"我如果说死者有知觉,恐怕会导致孝顺的子孙因过于重视丧葬而妨碍生者;我如果说死者没有知觉,又恐怕不孝之子抛弃父母,不好好给父母下葬。你想知道死者究竟有无知觉,这不是今天的急务,以后你自然会知道。"

子贡向孔子请教治民的道理。孔子说:"治民应该谨慎恐惧,就如同提着腐烂的缰绳来驾驭车马一般。"子贡说:"为什么如此戒惧?"孔子说:"驾车驭马能否顺畅通达皆由人掌握,若能以正确的方法驾驭,那么车驾就听自己的;如果不用正确的方法驾驭,那么它们就会变成我们的仇敌。如果这样的话,哪能不戒惧呢?"

按照鲁国的规定,从其他诸侯国赎回奴仆,赎金都从国家府库支取。子贡赎回了奴仆,却推辞不从国库领赎金。孔子听说后说:"子贡做得不对。圣人做事,要起到移风易俗的表率作用,行事要教导百姓,并在百姓中推广,不仅仅是适合自身就可以了。如今鲁国富人少而贫穷的人多,如果从国库取钱去赎人就是不廉的话,那么穷人如何去赎人呢?恐怕从今往后,鲁国人再也不能从他国赎人了。"

8.18 子路治蒲,请见于孔子曰:"由愿受教于夫子。"子曰:"蒲其如何?"对曰:"邑多壮士,又难治也。"子曰:"然,吾语尔,恭而敬,可以摄①勇;宽而正,可以怀强;爱而恕,可以容困;温而断,可以抑奸。如此而加②之,则正不难矣。"

【注释】

①摄:通"慑",威慑。②加:推行。

【译文】

子路治理蒲地,求见孔子说:"我愿向老师请教治理一方的道理。"孔子说:"蒲地是什么情况?"子路说:"这个地方壮勇之人很多,难于治理。"孔子说:"如果这样的话,那么我告诉你,对人恭敬,就可以威慑勇士;宽仁公正,就可以怀柔豪强;仁爱悲悯,就可以容纳困窘的人;温和善断,就可以抑制奸猾。你若能如此推行,那么要使蒲地得到治理就不难了。"

三恕第九

9.1 孔子曰:"君子有三恕①。有君不能事,有臣而求其使,非恕也;有亲不能孝,有子而求其报,非恕也;有兄不能敬,有弟而求其顺,非恕也。士能明于三恕之本,则可谓端身②矣。"孔子曰:"君子有三思③,不可不察也。少而不学,长无能也;老而不教,死莫之思④也;有而不施,穷莫之救也。故君子少思其长则务学,老思其死则务教,有思其穷则务施。"

【注释】

①恕:孔子及儒家提倡的一种道德标准和行为准则,大致含义是推己及人,仁爱待物。在不同语境下含义略有差异。②端身:正身。③思:思虑。④死莫之思:死后无人怀念。

【译文】

孔子说:"君子有三种恕道。有君上不能侍奉,有臣下却要役使他们,这不是恕道;有父母不能孝敬,有子女却指望他们报答,这不是恕道;有兄长不能尊敬,有弟弟却要求他顺从自己,这不是恕道。士如果能明白这三种恕道的根本意义,就可以说端正了自身。"孔子说:"君子有三种思虑,不能不明察。年少时不学习,长大后无能;年老时不教导后辈,死后无人怀念;富有时不施予,穷困时无人相救。所以君子少年时若能想到年岁的增长,就要致力于学习;年老时若能想到身后之事,就要致力于教导后辈；富裕时若能想到日后穷困，就要致力于施舍。"

9.2 伯常骞①问于孔子曰："骞固周国之贱吏也，不自以不肖，将北面②以事君子。敢问正道宜行③，不容于世；隐道宜行④，然亦不忍。今欲身亦不穷，道亦不隐，为之有道乎？"孔子曰："善哉子之问也。自丘之闻，未有若吾子所问辩且说⑤也。丘尝闻君子之言道矣，听者无察，则道不入；奇伟不稽⑥，则道不信。又尝闻君子之言事矣，制无度量，则事不成；其政晓察，则民不保。又尝闻君子之言志矣，罡折⑦者不终，径易⑧者则数伤，浩倨⑨者则不亲，就利者则无不弊。又尝闻养世之君子矣，从轻勿为先，从重勿为后，见像而勿强⑩，陈道而勿怫⑪。此四者，丘之所闻也。"

【注释】

①伯常骞：春秋时齐人。②北面：面向北。古时以面向南为尊，面向北则指臣子侍奉君王。③正道宜行：此故事在《晏子春秋·内篇问下》的记载中作"正道直行"，义较胜，译文采用此说。④隐道宜行：《晏子春秋·内篇问下》的记载中作"隐道危行"，义较胜，译文采用此说。⑤辩且说：善于辩论且说得有道理。⑥稽：考核。⑦罡折：刚正不阿。罡，同"刚"。⑧径易：轻易改变。⑨浩倨：简慢不恭。⑩见：昭示。像：法则。⑪怫：违背。

【译文】

伯常骞问孔子："我固然是周室的低级官吏，但我不认为自己不贤，想去侍奉有为的君王。但是我若正道直行，就会不容于世；若背弃道义，胡作非为，自己又于心不忍。如今我想见容于世，而又不违背道义，有什么好办法吗？"孔子说："你问得真好啊！有很多人向我提问，从没有像你问得这样既有条理又有道理的。我曾经听君子讲'道'的问题，如果听的人不理解，道就不会被接受；如果所论都是没有经过考证的奇谈怪论，则无人相信。我又听君子讲过如何做事，制度如果没有标准，那么事情就不会成功；政策过于苛刻，则民众不得安宁。我又听君子谈论过人的志向，刚正而不知变通的人都不能善终，轻易改变自己原则的人又屡屡伤害道义，为人简慢不恭则无人亲近，一味追求利益则无不失败。我又曾听说善于处世的君子，做容易的事情不争先，做困难的事情不退缩，昭示法令但不勉强人，陈说道义但不违背常理。这四个方面，是我所听到的。"

9.3 孔子观于鲁桓公①之庙，有欹器②焉。夫子问于守庙者曰："此谓何器？"对曰："此盖为宥坐之器③。"孔子曰："吾闻宥坐之器，虚则欹，中则正，满则覆，明君以为至诚，故常置之于坐侧。"顾谓弟子曰："试注水焉。"乃注之，水中则正，满则覆。夫子喟然叹曰："呜呼！夫物恶有而不覆哉？"子路进曰："敢问持满有道乎？"子曰："聪明睿智，守之以愚；功被④天下，守之以让；勇力振世，守之以怯；富有四海，守之以谦。此所谓损⑤之又损之之道也。"

【注释】

①鲁桓公：春秋时鲁国国君，名轨，惠公之子，隐公之弟，公元前711～公元前694年在位。②欹（qī）器：倾斜不平稳的器物。③宥（yòu）坐之器：放在座位右边以警诫自身的器具。宥，同"右"。④被：

遍及。⑤损：减少。

【译文】

　　孔子到鲁桓公的庙中观礼，见到一个倾斜的器物。孔子问守庙人："这是什么器物？"守庙人回答说："这应该是放在座位右边以警诫自身的器具。"孔子说："我听说过这种器具，里面无水时容易倾斜，水量适中时就很平正，水注满则会倾覆。圣明的君主把它用作对自身最好的警诫，所以常把它放在身边。"回过头对学生说："你们尝试往里面注水试试。"于是学生们往里面注水，水量适中时就很平正，注满就倾覆了。孔子叹息说："唉！世间万物哪有自满而不倾覆的呢？"子路走上前去问道："如果既要保持丰盈，又不倾覆，有办法吗？"孔子说："聪明睿智，就用愚笨来持守；功盖天下，就用谦让来持守；勇力名震天下，就用怯懦来持守；富有四海，就用谦抑来持守。这就是所谓的减损再减损的方法。"

　　9.4 孔子观于东流之水。子贡问曰："君子所见大水必观焉，何也？"孔子对曰："以其不息，且遍与诸生①而不为也。夫水似乎德：其流也则卑下，倨邑必修其理②，此似义；浩浩乎无屈尽之期③，此似道；流行赴百仞之溪而不惧，此似勇；至量必平之，此似法；盛而不求概④，此似正；绰约微达⑤，此似察；发源必东，此似志；以出以入，万物就以化洁，此似善化也。水之德有若此，是故君子见必观焉。"

【注释】

　　①诸生：万物。②倨邑：弯曲。修：遵循。③屈尽：穷尽。④概：量

粮食时用以刮平斗斛的器具，此处用作动词，用概刮去。⑤绰约：柔弱的样子。微达：极细微的地方都能到达。

【译文】

　　孔子观览东流的河水。子贡问："君子对于所见到的大河必定要观览一番，这是为什么？"孔子回答说："因为它从不停息，泽及万物但似乎又无所作为。水很像德：当它流动时，一直流向地势低洼的地方，即使弯弯曲曲也必定遵循一定的道理，这就像'义'；浩浩荡荡没有穷尽的时候，这就像'道'；流动到百仞深的溪谷也不畏惧，这就像'勇'；用水来测量必定是平的，这就像'法'；水量丰盈时无须刮去，会自己溢出，这就像'正'；本性柔弱但无所不达，这就像'察'；从源头出来必定东流，这就像'志'；流出流入，流经的万物都变得干干净净，这就像'善化'。水的德行有这些，所以君子见到必定要观览。"

　　9.5 子贡观于鲁庙之北堂，出而问于孔子曰："向①也赐观于太庙之堂，未既辍②，还瞻北盖③，皆断焉，彼将有说④耶？匠过之也？"孔子曰："太庙之堂，官致良工之匠，匠致良材，尽其功巧，盖贵久矣，尚有说⑤也。"

【注释】

　　①向：以前。②辍：停止。③盖：指两扇门。④说：道理。⑤尚有说：必有道理。

【译文】

　　子贡参观鲁国宗庙的北堂，出来问孔子："以前我参观太庙的大堂，还未看完,回头看了看北面的门,发现都是用断开的木头做成的,这是有特定的道理吗?是工匠的过失吗?"孔子说:"修建太庙的厅堂,主事的官员一定选用最好的工匠,工匠也选用最好的材料,极尽辛劳和技巧,是因为太庙要长久保存。这其中必定有一定的道理。"

9.6 孔子曰:"吾有所耻①,有所鄙,有所殆②。夫幼而不能强学,老而无以教,吾耻之;去其乡,事君而达,卒③遇故人,曾无旧言④,吾鄙之;与小人处而不能亲贤,吾殆之。"

【注释】

①耻:原作"齿",据四库本改。②殆:危险,此处用作动词,以为危险。③卒:同"猝",突然。④旧言:叙旧的话。

【译文】

孔子说:"在我心里,有引以为耻之事,有所鄙夷之事,有危险之事。年少时不能努力学习,年老后不能教导后辈,这是我引以为耻的事情;离开故乡,侍奉国君并因此发达,突然遇到故人,却没有一句叙旧的话,这是我所鄙夷的事情;与小人亲近却疏远贤人,这是我认为很危险的事情。"

9.7 子路见于孔子。孔子曰:"智者若何?仁者若何?"子路对曰:"智者使人知己,仁者使人爱己。"子曰:"可谓士矣。"子路出,子贡入,问亦如之。子贡对曰:"智者知人,仁者爱人。"子曰:"可谓士矣。"子贡出,颜回入,问亦如之。对曰:"智者自知,仁者自爱。"子曰:"可谓士君子矣。"

【译文】

　　子路见孔子。孔子问："智者是什么样子的？仁者是什么样子的？"子路回答说："智者使别人了解自己，仁者使别人爱戴自己。"孔子说："你可称得上是士了。"子路出来，子贡进去，孔子也问了他同样的问题。子贡回答说："智者了解别人，仁者爱护别人。"孔子说："你可称得上是士了。"子贡出来，颜回进去，孔子也问了他同样的问题。颜回回答说："智者了解自己，仁者爱护自己。"孔子说："你可称得上是士中的君子了。"

　　9.8 子贡问于孔子曰："子从父命，孝乎？臣从君命，贞乎？奚疑焉？"孔子曰："鄙哉赐，汝不识也。昔者明王万乘之国①，有争臣②七人，则主无过举；千乘之国，有争臣五人，则社稷不危也；百乘之家，有争臣三人，禄位不替③；父有争子，不陷无礼；士有争友，不行不义。故子从父命，奚讵④为孝？臣从君命，奚讵为贞？夫能审其所从，之谓孝，之谓贞矣。"

【注释】

　　①万乘之国：拥有万辆兵车的国家。指天子。下文千乘之国指诸侯，百乘之家指大夫。②争臣：即"诤臣"，敢于犯颜直谏的臣子。③替：废弃，代替。④奚讵：岂能。

【译文】

　　子贡问孔子："儿子听从父命，是孝顺吗？臣子听从君命，是忠贞吗？这有什么可以怀疑的吗？"孔子说："子贡你真是见识浅陋啊！你不明白啊。以前圣明的天子统治万乘之国，他有七个敢犯颜直谏的臣子，自己就不会有过分的行为；拥有千辆兵车的诸侯，他有五个敢犯颜直谏的臣子，那么社稷就没有危险；拥有百辆兵车的大夫，他有三个敢犯颜直谏的臣子，那么他的禄位就不会丧失；父亲有个敢说实话的儿子，就不会陷于无礼的境地；士人有个诤友，就不会做无义之事。所以儿子一味听从父命，怎能就是孝顺呢？臣子一味听从君命，怎能就是忠贞呢？只有能辨别哪些该听从，哪些不该听从，这才是孝，这才是忠啊。"

9.9 子路盛服见于孔子。子曰："由，是倨倨①者，何也？夫江始出于岷山②，其源可以滥觞③；及其至于江津④，不舫舟⑤，不避风，则不可以涉。非唯下流水多耶。今尔衣服既盛，颜色充盈⑥，天下且孰肯以非告汝乎？"子路趋⑦而出，改服而入，盖自若⑧也。子曰："由，志之，吾告汝：奋于言者华⑨，奋于行者伐⑩，夫色智而有能⑪者，小人也。故君子知之曰知，言之要也；不能曰不能，行之至也。言要则智，行至则仁。既仁且智，恶不足哉！"

【注释】

①倨倨：神态傲慢的样子。②江：长江，先秦文献中单提"江"字皆指长江。岷山：山名，在今四川省中北部，绵延川、甘两省边境，古人认为是长江发源地。③滥觞：原指江河源头水浅，只可浮起酒杯，后泛指事物的起源。④江津：江边渡口。⑤舫舟：两船相并之称，后泛指船。⑥颜色充盈：志得意满的样子。⑦趋：疾走。⑧自若：自如。⑨奋于言者华：夸夸其谈的人华而不实。⑩奋于行者伐：爱表现的人喜欢自夸。⑪色智而有能：外表看起来聪明而又有能力。

【译文】

子路穿着华丽的衣服来见孔子。孔子说:"子路啊,你神态如此傲慢,是为什么呢?长江发源于岷山,它的源头仅可浮起酒杯;到了后面有渡口的地方,如果不乘船,不避开大风,就不可以渡江。这不只是下游水多啊。如今你衣服华美,神态傲慢,那么天下有谁愿意指出你的错误呢?"子路听后迅速走出去,换了一身衣服又进来,神态自若。孔子说:"子路啊,你要记住!我告诉你:夸夸其谈的人华而不实,爱表现的人喜欢自夸,那些外表看起来聪明而又能干的,都是小人。所以君子知道就是知道,这是言谈的要领;不能就是不能,这是行为的准则。言谈抓住要领就是智,行为符合准则就是仁。如果做到又仁又智,哪还有不足呢?"

9.10 子路问于孔子曰:"有人于此,披褐而怀玉①,何如?"子曰:"国无道,隐之可也;国有道,则衮冕而执玉②。"

【注释】

①披褐而怀玉:身着粗布衣服而怀抱美玉,比喻地位卑贱但具备美德。褐,粗布衣服。②衮(gǔn)冕而执玉:喻指做官。衮冕,礼服和官帽。玉,玉制的笏板。

【译文】

子路问孔子:"有个人,地位卑贱但身怀美德,他该怎么办?"孔子说:"国家无道,隐居即可;国家有道,就去做官。"

好生第十

10.1 鲁哀公问于孔子曰:"昔者舜冠何冠乎?"孔子不对。公曰:"寡人有问于子,而子无言,何也?"对曰:"以君之问不先其大者,故方思所以为对。"公曰:"其大何乎?"孔子曰:"舜之为君也,其政好生而恶杀,其任授贤而替不肖,德若天地而静虚,化若四时而变物,是以四海承风①,畅于异类②,凤翔麟至③,鸟兽驯④德,无他也,好生故也。君舍此道而冠冕是问,是以缓对。"

【注释】

①承风:接受教化。②异类:据王肃注,是指四方的夷狄。③凤翔麟至:凤凰和麒麟聚集,被认为是太平的象征。④驯:顺服。

【译文】

鲁哀公问孔子:"以前舜戴什么样的帽子啊?"孔子不回答。哀公继续问:"我向您请教,而您不说话,请问这是为什么?"孔子回答说:"因为您没有首先问重要的问题,所以刚才正在考虑怎么回答您。"哀公问:"请问什么问题重要?"孔子说:"舜做君主的时候,他的政风是爱惜生命,厌恶刑杀。他任用贤者做官,废黜那些不肖之徒。他的德行如同天地一般广大且包容,他的教化如四时交替般成就万物。所以四海之内都接受他的教化,遍及四方夷狄,凤凰和麒麟都来聚集,鸟兽都顺服于他的德行。这没有其他的原因,只是因为他爱惜生命的缘故。您舍弃这个大道而只问戴何种帽子这类问题,所以我没有立即回答。"

10.2 孔子读史,至楚复陈①,喟然叹曰:"贤哉楚王!轻千乘之国,而重一言之信,匪申叔之信②,不能达其义;匪庄王之贤,不能受其训。"

【注释】

①楚复陈:据《左传·宣公十年》载,陈国的夏征舒该年杀掉了陈灵公。次年楚庄王灭陈,后在楚国大夫申叔时的劝说下恢复陈国。②匪:如果没有。申叔之信:申叔即申叔时,申叔时劝谏楚王,认为楚王讨伐夏征舒是对的,但就此灭陈乃是贪婪的表现,楚王纳谏而复陈。信:忠信。

【译文】

孔子读史书,读到楚国恢复陈国的记载,感叹地说:"楚王真是贤君啊!他看轻拥有千辆兵车的国家而重视一番话中包含的忠信。如果没有申叔时的忠信,就不能阐说其中的大义;如果不是楚王贤明,他也不会接受这样的劝谏。"

10.3 孔子常①自筮其卦,得《贲》②焉,愀然有不平之状。子张③进曰:"师闻卜者得《贲》卦,吉也。而夫子之色有不平,何也?"孔子对曰:"以其离④耶。在《周易》,山下有火⑤谓之《贲》,非正色之卦也。夫质也,黑白宜正焉。今得《贲》,非吾兆也。吾闻丹漆⑥不文,白玉不雕,何也?质有余,不受饰故也。"

【注释】

①常：通"尝"，曾经。②《贲》：《周易》六十四卦之一，卦象离下艮上。③子张：孔子弟子。姓颛孙，名师。④离：八卦之一，八卦两两相重，构成六十四卦。⑤山下有火：八卦各有象征，艮象征山，离象征火，《贲》卦离下艮上，就是所谓的"山下有火"。⑥丹漆：颜色纯红的漆。

【译文】

孔子曾经自己筮卦，得到《贲》卦，脸上露出不平之色。子张上前问道："我听说卜者如果得到《贲》卦，这是吉利的象征。而您的脸色似乎很不平，这是为什么？"孔子回答说："因为卦中有离。在《周易》中，筮得山下有火的卦象谓之《贲》卦，这不是颜色纯正的卦。就本质而言，黑色和白色应该是较为纯正的。如今得到《贲》卦，这不是我想要的征兆。我听说丹漆无须纹饰，纯白的玉不用雕饰。为什么？这是因为它本质很好，无须雕饰的缘故。"

10.4 孔子曰："吾于《甘棠》①，见宗庙之敬甚矣。思其人，必爱其树；尊其人，必敬其位，道也。"

【注释】

①《甘棠》：即《诗经·召南·甘棠》。甘棠是一种树，多种植于处理公务的社前，又称社木。据说召伯曾在社前断狱听讼，教化民众，民众感念其德，作《甘棠》以怀念之。

【译文】

孔子说："我从《甘棠》这首诗中，看出人们对宗庙中供奉的祖先的尊敬之情。思念这个人，一定会爱护曾陪伴他的树木；尊重这个人，一定会尊敬他的神位。这是符合道理的。"

10.5 子路戎服见于孔子，拔剑而舞之，曰："古之君子，以剑自卫乎？"孔子曰："古之君子，忠以为质，仁以为卫，不出环堵①之室，而知千里之外，有不善则以忠化之，侵暴则以仁固之，何持剑乎？"子路曰："由乃今闻此言，请摄齐②以受教。"

【注释】

①堵：墙壁。②摄齐：表示恭敬有礼。摄，提起。齐，衣服的下摆。

【译文】

子路身穿戎装拜见孔子，拔剑而舞。他对孔子说："古代的君子，用剑来自卫吗？"孔子说："古代的君子，以忠诚作为自己的本质，以仁爱来护卫自身，不出家门就知道千里之外的事情。如果有邪恶的人前来挑战就用忠诚感化他，如果发现有暴力凌虐的事情就用仁爱来制止他，哪里用得着剑？"子路说："我今天听到这番话，请让我恭敬行礼，再接受您的教诲。"

10.6 楚王出游，亡弓，左右请求之。王曰："止，楚王失弓，楚人得之，又何求之！"孔子闻之，惜乎其不大也，不曰"人遗弓，人得之而已"，何必楚也！

【译文】

楚王外出打猎，丢失了弓，他的侍从请求去找回来。楚王说："不用了，楚王丢掉的弓，肯定有楚人捡回去用，又何必去找！"孔子听说后，叹惜楚王的心胸不够广大，认为他没有说"有人丢了弓，别人捡到就可以了"，何必是楚国人呢？

10.7 孔子为鲁司寇，断狱讼①，皆进众议者而问之，曰："子以为奚若？某以为何若？"皆曰云云如是，然后夫子曰："当从某子，几是。"

【注释】

①断狱讼：判决案件和纷争。

【译文】

孔子做了鲁国的司寇，在判决案件和纷争的时候，都要征求众人的意见，问："您认为怎么样？某某以为怎么样？"大家都发表了意见，然后孔子说："我应当听从某某的意见，大概是没错的。"

10.8 孔子问漆雕凭①曰："子事臧文仲、武仲及孺子容②，此三大夫孰贤？"对曰："臧氏家有守龟③焉，名曰蔡。文仲三年而为一兆④，武仲三年而为二兆，孺子容三年而为三兆。凭从此之见。若问三人之贤与不贤，所未敢识也。"孔子曰："君子哉，漆雕氏之子。其言人之美也，隐而显；言人之过也，微而著。智而不能及，明而不能见，孰克如此？"

【注释】

①漆雕凭：人名，生平事迹不详。②臧文仲、武仲及孺子容：三人皆为鲁国大夫。③守龟：天子、诸侯用来占卜的龟。④三年而为一兆：三年占卜一次。

【译文】

孔子问漆雕凭："你曾经侍奉臧文仲、武仲及孺子容三人，他们三人谁更贤明呢？"漆雕凭回答说："臧家有占卜用的守龟，名字叫蔡。文仲三年占卜一次，武仲三年占卜两次，孺子容三年竟然占卜三次。我只是从这里看到了他们三人的作为。如果您问他们三人谁贤谁不贤，我是不敢判断的。"孔子说："漆雕氏家的这个年轻人真是君子啊！他赞美人的优点，语言含蓄但意思明显；他述说人的过失，语言细微但意思彰明。那些智慧达不到，眼光不及的人，谁能这样呢？"

10.9 鲁公索氏将祭而亡①其牲。孔子闻之，曰："公索氏不及二年将亡。"后一年而亡。门人问曰："昔公索氏亡其祭牲，而夫子曰不及二年必亡。今过期而亡，夫子何以知其然？"孔子曰："夫祭者，孝子所以自尽于其亲。将祭而亡其牲，则其余所亡者多矣。若此而不亡者，未之有也。"

【注释】

①亡：丢失。

【译文】

鲁国的公索氏将要祭祀的时候，用来祭祀的牲畜却丢了。孔子听说了，说："公索氏不到两年将灭亡。"过了一年公索氏灭亡了。弟子问："以前公索氏丢失了祭祀用的牲畜，老师您说他们不到两年就会灭亡。如今到了时间果然灭亡了，您是怎么知道会这样的呢？"孔子说："祭祀，是孝子竭尽所能来供奉祖先的。临近祭祀而丢失牲畜，那么丢的其他东西也一定很多。如果这样还不灭亡，是从来没有的。"

10.10 虞、芮①二国争田而讼，连年不决。乃相谓曰："西伯②仁也，盍往质之③？"入其境，则耕者让畔④，行者让路；入其朝，士让为大夫，大夫让为卿。虞、芮之君曰："嘻！吾侪⑤小人也，不可以入君子之朝。"遂自相与而退，咸以所争之田为闲田也。孔子曰："以此观之，文王之道，其不可加焉。不令而从，不教而听，至矣哉！"

【注释】

①虞、芮：皆为商周交替时期的诸侯国。②西伯：即周文王。③盍：何不。质：对质。④畔：田界。⑤侪：同辈。

【译文】

虞国和芮国因争夺田地而发生纠纷，多年未能解决。他们互相约定："西伯是仁者，何不前往对质？"到了西伯统治的地方，看见耕地的人相互推让田界，行路的人相互礼让道路；进入朝廷，发现士人相互推让做大夫，大夫相互推让做卿。两国的国君说："唉！我等都是小人啊，是不能来到君子的朝中的。"于是他们一起离开西伯的属地，把所争夺的田地搁置起来作为闲田。孔子说："以此观之，周文王所秉持的道，是不可复加的。不下命令，不用教导，但是众人都服从。真是无以复加啊！"

10.11 曾子曰："狎①甚则相简②，庄甚则不亲。是故君子之狎足以交欢，其庄足以成礼。"孔子闻斯言也，曰："二三子志之，孰谓参也不知礼乎！"

【注释】

①狎：接近，亲昵。②简：怠慢。

【译文】

曾参说："过分亲近就会导致怠慢，过分庄重就会导致疏远。所以君子之间的亲近只要能交接朋友就足够，君子之间的庄重只要能保持礼仪就足够。"孔子听说了这番话，说："你们几个年轻人记住这番话，谁说曾参不知礼呢！"

10.12 哀公问曰："绅委章甫①，有益于仁乎？"孔子作色②而对曰："君胡然焉③？衰麻苴杖者④，志不存乎乐，非耳弗闻，服使然也；黼黻衮冕者，容不亵慢⑤，非性矜庄，服使然也；介胄⑥执戈者，无退懦之气，非体纯猛，服使然也。且臣闻之，好肆不守折⑦，而长者不为市。窃⑧夫其有益与无益，君子所以知。"

【注释】

①绅：士大夫束在腰间的大带子。委：带子拖下来的样子。章甫：礼帽，儒者常戴。②作色：变色。③胡然焉：怎么这样问。④衰麻：粗麻制成的丧服。苴杖：孝子居父丧时所执的丧棒。⑤亵慢：轻佻，不庄重。⑥介胄：铠甲和头盔。⑦好肆：喜欢经商（者）。肆，商铺。折：亏本，赔钱。⑧窃：据王肃注，是察看的意思。

【译文】

鲁哀公问："腰间束着绅带，头上戴着礼帽，这样的装束有益于仁的培养吗？"孔子脸上变色回答说："您为什么这样问？身着丧服，手执丧棒的人，他的心思不在音乐上，并非耳朵听不见，是他身着的丧服使然；身穿礼服头戴礼冠的人，他的容貌庄重，并非本性如此，是他的服饰使然；身披铠甲、手执干戈的人，身上没有退却的怯懦之气，并非他体格勇猛，是他的戎装使然。并且臣听说，喜欢经商的人不会做亏本的事，所以忠厚长者不会去做买卖。仔细考察服饰对仁的培养是有益还是无益，君子应该心中了然。"

10.13 孔子谓子路曰："见长者而不尽其辞，虽有风雨，吾不能入其门矣。故君子以其所能敬人，小人反是。"

【译文】

孔子对子路说："若有人见到长者而不能把该说的话说完，那么我即使遇上风雨，也不会进他的家门。所以君子尽自己的努力来尊敬别人，小人正好相反。"

10.14 孔子谓子路曰："君子以心导耳目，立义以为勇；小人以耳目导心，不逊①以为勇。故曰：退之而不怨，先之②斯可从己。"

【注释】

①逊：谦恭，退让。②先之：别人重视自己，把自己排在前面。

【译文】

孔子对子路说："君子用内心来引导耳目，把宣扬道义作为勇；小人用耳目来引导内心，以不退让为勇。所以说别人轻视自己的时候不要抱怨，别人重视自己的时候要做好自己，使得别人能够跟从自己。"

10.15 孔子曰："君子三患：未之闻，患不得闻；既得闻之，患弗得学；既得学之，患弗能行。有其德而无其言，君子耻之；有其言而无其行，君子耻之；既得之而又失之，君子耻之；地有余民不足，君子耻之；众寡均而人功倍己焉，君子耻之。"

【译文】

孔子说："君子有三种担忧：没有听说的，担心无法听到；听到之后，担心无法学到；学到之后，担心不能实行。有良好的品德但是没有合适的语言表达，这是君子觉得耻辱的；有言论但是没有行动，这是君子觉得耻辱的；得到之后又失去，这是君子觉得耻辱的；土地有余而人民不足，这是君子觉得耻辱的；人口同样多，但是他国取得的成绩是自己的数倍，这是君子觉得耻辱的。"

10.16 鲁人有独处室者，邻之嫠妇^①亦独处一室。夜，暴风雨至，嫠妇室坏，趋而托^②焉。鲁人闭户而不纳，嫠妇自牖^③与之言："何不仁而不纳我乎？"鲁人曰："吾闻男女不六十不同居，今子幼，吾亦幼，是以不敢纳尔也。"妇人曰："子何不如柳下惠^④然？妪不逮门之女^⑤，国人不称其乱。"鲁人曰："柳下惠则可，吾固不可。吾将以吾之不可，学柳下惠之可。"孔子闻之曰："善哉！欲学柳下惠者，未有似于此者。期于至善而不袭其为，可谓智乎！"

【注释】

①嫠妇：寡妇。嫠，通"嫠"。②托：请求寄托，此指寄宿。③牖：窗户。④柳下惠：春秋时鲁国大夫展禽。相传柳下惠夜宿城门，遇到一无家女子。柳下惠恐她冻死，叫她坐在怀里，解开外衣把她裹紧，同坐一夜，未曾非礼。⑤妪不逮门之女：妪，以体相温。逮，赶得上，原作"建"，据四库本改。

【译文】

鲁国有个人独处一室，邻居有个寡妇也是一样。夜里，狂风暴雨，寡妇家的房子坏了，便跑去要求寄宿。那个鲁国人关起门不接纳她，寡妇从窗户处对他说："你为何如此不仁而不接纳我？"鲁人说："我听说男女不到六十岁不能同处一室，现今你还年轻，我也年轻，所以不敢让你进来。"寡妇说："你为何不能像柳下惠一般？他用身体温暖没能出城的女子，国人都赞赏他不淫乱。"鲁人说："柳下惠能做到，我确实做不到。我将用我的做不到，向柳下惠学习。"孔子听说后说："真是好啊！想学柳下惠的人很多，没有像这个鲁人学得如此好的。期望做到最好，但是不模仿柳下惠的行为，真可以说是智慧啊！"

10.17 孔子曰："小辩①害义，小言②破道。《关雎》③兴于鸟，而君子美之，取其雄雌之有别；《鹿鸣》④兴于兽，而君子大之，取其得食而相呼。若以鸟兽之名嫌之，固不可行也。"

【注释】

①小辩：辩说琐碎小事。②小言：不合乎大道的言论。③《关雎》：《诗经·周南》的第一篇。④《鹿鸣》：《诗经·小雅》的第一篇。

【译文】

孔子说："辩说琐碎小事会妨害大义，偏离正轨的语言会破坏大道。《关雎》以水鸟起兴，君子赞美它，是因为这表示雌雄有别；《鹿鸣》以野兽起兴，君子认为它非常重要，是因为它表示获得食物而相互呼唤。如果因为鸟兽的名称而嫌弃它们，一定是不对的。"

10.18 孔子谓子路曰："君子而强气①，而不得其死；小人而强气，则刑戮荐蓁②。《豳》诗曰：'殆天之未阴雨，彻彼桑土，绸缪牖户，今汝下民，或敢侮余。'③"孔子曰："能治国家之如此，虽欲侮之，岂可得乎？周自后稷④，积行累功，以有爵土，公刘⑤重之以仁，及至大王亶甫⑥，敦以德让，其树根置本，备豫远矣。初，大王都豳⑦，翟人⑧侵之。事之以皮币⑨，不得免焉；事之以珠玉，不得免焉。于是属耆老而告之⑩：'所欲吾土地。吾闻之，君子不以所养而害人。二三子何患乎无君？'遂独与大姜⑪去之，逾梁山⑫，邑于岐山⑬之下。豳人曰：'仁人之君，不可失也。'从之如归市焉。天之与周，民之去殷，久矣，若此而不能天下，未之有也。武庚⑭恶能侮？《鄁》诗曰：'执辔如组，两骖如舞。'⑮"孔子曰："为此诗者，其知政乎！夫为组者，总纰⑯于此，成文于彼。言其动于近，行于远也。执此法以御民，岂不化乎？《竿旄》之忠告⑰，至矣哉！"

【注释】

①强气：恃强用气。②荐臻：即"荐臻"，接连来到。③"《豳》诗"句：所引诗见《诗经·豳风·鸱鸮》。殆，趁着。彻彼桑土（dù），剥下桑树根。土，通"杜"，根。绸缪，紧密缠绕。牖户，门窗。④后稷：周民族始祖。⑤公刘：周民族领袖，后稷之曾孙。⑥大王亶甫：即古公亶父，周文王之祖父。⑦豳：古邑名，在今陕西旬邑西。⑧翟（dí）人：即狄人，其时北方的少数民族。⑨皮币：毛皮和丝织品。⑩属：嘱咐。耆老：年老而德高望重者。⑪大姜：即太姜，古公亶父之妻。⑫梁山：山名，在今陕西乾县西北。⑬岐山：山名，在今陕西岐山东北部。⑭武庚：商纣王之子。⑮"《鄁》诗"句：所引诗见《诗经·郑风·大叔于田》。鄁，即邶。辔，缰绳。组，丝织的带子。骖，驾车时位于两边的马。⑯总纰（pī）：编织。⑰《竿旄》之忠告：《竿旄》，《诗经·鄘风》中的一篇。竿，又作"干"。据王肃注："《竿旄》之诗者，乐乎善道告人，取喻于素丝良马，如组纰之义。"

【译文】

孔子对子路说:"君子恃强而用气,将不能善终;小人恃强而用气,则会接连遭到刑杀之祸。《豳》诗说:'趁着天还没有阴雨,剥下桑树根,将门窗紧密缠绕。如今树下的人们,谁还敢来欺负我。'"孔子说:"治理国家能做到这样,别人虽然想欺负你,哪能得逞呢?周从后稷开始,一直在积累德行和功业,所以有了爵位和土地。到了公刘,又以仁德来巩固。到了古公亶父,继续以德行和谦让来敦厚自身,他的做法是在培植根本,为长远做准备。当初,古公亶父定都于豳地,狄人入侵。向狄人供奉毛皮和丝织品,不能避免侵略;供奉珠宝美玉,不能避免侵略。于是嘱咐族中耆老:'狄人想要的是我的土地。我听说,君子不能用供养他的事物来害人。你们几位何必担心没有君主?'于是自己和太姜一起离开了豳地,越过梁山,在岐山脚下建城定居。豳人说:'真是仁君啊,我们不能失去他。'纷纷前去投奔,如同去赶集一般。上天要扶持周人,老百姓放弃殷人,已经很久了。如果这样还不能拥有天下,是从来没有的事。武庚怎么能欺侮周人呢?《鄁》诗说:'手握缰绳如同编织丝带,指挥两旁的马匹跑动得如舞蹈一般。'"孔子说:"作这首诗的人,他应该知道如何理政吧!编织带子的人,在此处编织,随后却在彼处显现出编织的花纹。说的是在近处行动,功效达于远方。用这个方法来治理人民,怎能不感化天下?《竿旄》这首诗的忠告,真是太好了!"

观周第十一

11.1 孔子谓南宫敬叔①曰:"吾闻老聃②博古知今,通礼乐之原，明道德之归，则吾师也，今将往矣。"对曰："谨受命。"遂言于鲁君曰："臣受先臣③之命，云：'孔子，圣人之后④也，灭于宋，其祖弗父何始有国而授厉公⑤，及正考父⑥，佐戴、武、宣⑦，三命⑧兹益恭。故其鼎铭⑨曰："一命而偻，再命而伛，三命而俯⑩，循墙而走，亦莫余敢侮。饘⑪于是，粥于是，以糊其口。"其恭俭也若此。臧孙纥⑫有言："圣人之后，则必有明德⑬而达者焉。"孔子少而好礼，其将在矣。'属臣曰：'汝必师之。'今孔子将适周，观先王之遗制，考礼乐之所极，斯大业也，君盍以乘资之，臣请与往。"公曰："诺。"与孔子车一乘，马二匹，竖子⑭侍御。敬叔与俱至周。

问礼于老聃，访乐于苌弘⑮，历郊社之所⑯，考明堂⑰之则，察庙朝之度⑱。于是喟然曰："吾乃今知周公之圣，与周之所以王也。"及去周，老子送之，曰："吾闻富贵者送人以财，仁者送人以言。吾虽不能富贵，而窃仁者之号，请送子以言乎：凡当今之士，聪明深察而近于死者，好讥议人者也；博辩闳达⑲而危其身，好发人之恶者也。无以有己为人子者⑳，无以恶己为人臣者㉑。"孔子曰："敬奉教。"自周反鲁，道弥尊矣。远方弟子之进，盖三千焉。

【注释】

①南宫敬叔：鲁国大夫，孟僖子之子。②老聃（dān）：即老子。③先臣：南宫敬叔之父孟僖子。④圣人之后：圣人指商汤，宋国乃是商汤之后，孔子先祖为宋国公族，故曰圣人之后。⑤"其祖"句：他的先祖弗父何辞君位不受，让与其弟厉公。弗父何，孔子先祖，宋湣公之子，宋厉公之兄。⑥正考父：弗父何的曾孙。⑦戴、武、宣：宋国的三位君主。

⑧三命：正考父先后被任命为士、大夫、卿，是谓三命。⑨鼎铭：鼎上之铭文，用来记载功德。⑩偻、伛（yǔ）、俯：都是弯腰弓身的意思。⑪饘（zhān）：稠粥。⑫臧孙纥：鲁国大夫，弗父何之后。⑬德：原作"君"，据四库本改。⑭竖子：童仆。子，原作"其"，据四库本、备要本改。⑮苌弘：周敬王大夫，通音乐。⑯郊社之所：祭天地的地方。⑰明堂：古代帝王宣扬政教的地方。⑱庙朝之度：宗庙、朝廷的法度。⑲闳达：宽宏通达。⑳无以有己为人子者：做儿子的不应使父母经常担忧自己。㉑无以恶己为人臣者：做臣子的不应使君王厌恶自己。

【译文】

孔子对南宫敬叔说："我听说老聃博古通今，知道礼乐的根本，明白道德的宗旨，我想向他学习。现在我想前去。"南宫敬叔回答说："谨从您的吩咐。"于是对鲁君说："先父曾经对我说：'孔子是圣人之后，他的家族在宋国灭绝了。他的祖先弗父何本可继承君位，但是让给了他的弟弟厉公。到了正考父，先后辅佐戴公、武公和宣公，得到三次任命，愈发恭谨。所以他的鼎上铭文说："得到第一次任命俯身，得到第二次任命还是俯身，得到第三次任命还是俯身，沿着墙小跑，也没有人敢欺侮我。无论是稠粥还是稀粥，都在这鼎里烧煮，无非糊口而已。"他的谦恭俭朴就是如此。臧孙纥曾经这样说："圣人的后代（如果不做国君），那么必定会有因明德而显达四方的。"孔子从小就好礼，那个显达的人就是他吧。'叮嘱我说：'你一定要跟从他学习。'如今孔子将要到周地，观摩先王遗留的制度，考察礼乐的至高境界，这是伟大的事业，您何不用车乘来资助他呢？我请求和他一同前去。"鲁君说："好的。"鲁君给了孔子车一乘，马两匹，以及童仆和驾车之人。南宫敬叔与孔子一同到周朝去。

孔子向老聃请教礼制的问题，就音乐的问题访问苌弘，游历了郊社，考察了明堂制度、宗庙制度和朝廷礼制。于是孔子叹息道:"我今天才知道周公为什么是圣人,以及周为何能够王天下。"到了离开周地的时候,老子前来送孔子,他说:"我听说富贵者以财富来送别,仁者则用良言来送别。我虽然并不富贵,但是窃居仁者的名号,请允许我送你几句话:当今的士人,那些聪明而见解深刻却濒临死地的,都是好讥讽议论他人的人;善于辩论、拥有雄才大略但是使自己处于危险之地的,都是喜欢揭露他人过错的人。儿子不能让父母担心,臣子不能让君王厌恶。"孔子说:"谨遵您的教诲。"从周返回鲁国后,孔子的学说更加被推崇。不畏遥远前来求学的弟子大约有三千人。

11.2 孔子观乎明堂,睹四门墉①有尧舜之容、桀纣之象,而各有善恶之状,兴废之诫焉。又有周公相成王,抱之负斧扆②,南面以朝诸侯之图焉。孔子徘徊而望之,谓从者曰:"此周之所以盛也。夫明镜所以察形,往古者所以知今。人主不务袭迹于其所以安存,而忽怠所以危亡,是犹未有以异于却走,而欲求及前人也,岂不惑哉!"

孔子观周,遂入太祖后稷之庙。庙堂右阶之前,有金人③焉,三缄④其口,而铭其背曰:"古之慎言人也,戒之哉!无多言,多言多败;无多事,多事多患。安乐必戒,无所行悔⑤。勿谓何伤,其祸将长;勿谓何害,其祸将大;勿谓不闻,神将伺人。焰焰不灭,炎炎若何?涓涓不壅⑥,终为江河;绵绵不绝,或成网罗;毫末不札⑦,将寻斧柯。诚能慎之,福之根也。口是何伤?祸之门也。强梁⑧者不得其死,好胜者必遇其敌。盗憎主人,民怨其上,君子知天下之不可上也,故下之;知众人之不可先也,故后之。温恭慎德，使人慕之；执雌持下，人莫逾之。人皆趋彼，我独守此；人皆或之⑨，我独不徙。内藏我智，不示人技。我虽尊高，人弗我害，谁能于此？江海虽左，长于百川，以其卑也⑩。天道无亲，而能下人，戒之哉！"

孔子既读斯文也，顾谓弟子曰："小子识之，此言实而中，情而信。《诗》曰：'战战兢兢，如临深渊，如履薄冰。'⑪行身如此，岂以口过患哉？"

【注释】

①墉（yōng）：墙壁。②负：背对。斧扆：古代帝王朝堂所用的状如屏风的器具。③金人：青铜人像。④三缄（jiān）：多重封闭。⑤无所行悔：后悔的事情不要再做。⑥壅（yōng）：堵塞。⑦毫末：指处于初始状态的事物。札：拔。⑧强梁：强横凶暴之人。⑨或之：到某处去。⑩"江海"三句：此三句意为江海虽然处于下游，但是其他水流都要汇入，是因为江海地势低下。左，处于下游。⑪"《诗》曰"句：所引诗见《诗经·小雅·小旻》。

【译文】

孔子参观明堂，看到四门的墙上有尧、舜和桀、纣的画像，并且记载了他们或善或恶的行为，以及兴亡存废的教训。还有周公辅佐周成王，抱着年幼的成王，背对屏风，向南接受诸侯朝拜的画像。孔子徘徊观看，对随从的人说："这就是周朝兴盛的原因了。明亮的镜子可以照出形貌，古代的东西可以被今天借鉴。君主不致力于学习古代圣王的行为以求安身立命，却因轻慢、荒怠而陷入危亡的境地，就如同往后退步却想赶上前人，岂不让人困惑！"

　　孔子在周参观，进入周代祖先后稷的祖庙。庙堂右侧台阶的前面，有一个青铜制成的人像，嘴巴被封了多层，它的背后刻有铭文："这是古代说话谨慎的人啊，要引以为戒！不要多说话，说得越多，错误越多；不要多做事，做得越多，祸患越多。居于安乐时一定要有所戒备，后悔的事情不要再做。不要以为话多无害，它的祸患是长远的；不要以为事多无害，它的祸患一天天增长；不要说没人知道，神明一直在窥伺着你。火苗初起的时候不去扑灭，那么烧成大火时该怎么办？涓涓细流如果不堵塞，最终会汇为江河；细长的线如果不剪断，也许会变为罗网；细小的枝条不折断，日后终将要用斧头来砍。如果真的能谨慎行事，这是福的根本。人的嘴巴会造成什么伤害？它是祸患的大门。强横凶暴的人都死于非命，争强好胜的人终会遇到劲敌。盗贼憎恶财物的主人，民众怨恨统治者。君子知道天下的事情不可力争上游，所以甘居卑下；知道不可总是居于众人之先，所以宁愿落后。温厚、谦恭、谨慎、立德，使人仰慕；守住柔弱，保持卑下，没有人能超越它。人们都奔向彼处，我独独守在此处；人人都往某处迁徙，我岿然不动。收敛智慧，不向人炫耀我的才能。我虽然地位尊崇，但没人陷害我，谁能做到这一点呢？江海虽然处于下游，但是其他水流都要汇入，是因为江海地势低下。天道循环，不会亲近任何人，却能使人们都处于它的下面。要以此为戒啊！"

　　孔子读完这段话，回头对学生们说："年轻人要记住啊！这段话平实而符合道，切近人情而可信。《诗经》说：'要战战兢兢，就如同面临很深的水潭，就如同走在很薄的冰面上。'立身如能做到这点，怎么会因言语惹祸呢？"

11.3 孔子见老聃而问焉，曰："甚矣，道之于今难行也，吾比执道①，而今委质②以求当世之君而弗受也，道于今难行也。"老子曰："夫说者流③于辩，听者乱于辞，如此二者，则道不可以忘也。"

【注释】

①比：近来。执道：推行道。②委质：向君主献礼，表示献身。③流：沉溺。

【译文】

孔子拜见老聃，向他请教，说："大道在今天太难以推行了！我近来推行大道，却要拜求当世君主采纳，他们居然不接受。大道在今天难以推行啊！"老子回答说："游说的人沉溺于浮华的言辞，而接受的人又被浮华的言辞扰乱。在这种情况下，道就更加须臾不可离了。"

弟子行第十二

12.1 卫将军文子①问于子贡曰："吾闻孔子之施教也，先之以《诗》《书》，而道②之以孝悌，说之以仁义，观之以礼乐，然后成之以文德。盖入室升堂③者，七十有余人。其孰为贤？"子贡对以不知。文子曰："以吾子常与④学，贤者也，不知何谓？"子贡对曰："贤人无妄⑤，知贤即⑥难，故君子之言曰：'智莫难于知人。'是以难对也。"文子曰："若夫知贤，莫不难。今吾子亲游焉，是以敢问。"子贡曰："夫子之门人，盖有三千就焉。赐有逮及焉，未逮及焉，故不得遍知以告也。"文子曰："吾子所及者，请问其行。"

【注释】

①文子：卫国公卿，名弥年。②道：即"导"，引导。③入室升堂：比喻人的学识技艺等方面有较深的造诣。④与：和……一起。⑤妄：妄言。⑥即：乃。

【译文】

卫国将军文子问子贡："我听说孔子教育学生，先传授《诗经》和《尚书》，然后用孝悌来引导，用仁义来说服，用礼乐来演示，最后使学生在学问和道德上有所成就。其中学术道德造诣较为精深者，有七十余人。他们当中哪些人更为优秀？"子贡回答说不知道。文子说："我以为您和他们一起学习，是一位贤者，不知道是什么意思呢？"子贡回答说："贤人不能妄言，了解一个人是否贤良是很难的，所以君子说：'最难的智慧就是了解别人。'所以我很难回答你。"文子说："了解贤人，没有不困难的。但是今天您在孔子门下和他们一同学习，所以我才斗胆来问。"子贡回答说："老师的学生有三千之众。有的是我接触过的，有的是我没接触过的，所以不能遍知而相告。"文子说："请说说您所接触的人，我想知道他们的品行。"

12.2 子贡对曰："夫能夙兴夜寐，讽诵崇礼，行不贰过①，称言不苟②，是颜回之行也。孔子说之以《诗》曰：'媚兹一人，应侯慎德'，'永言孝思，孝思惟则'。③若逢有德之君，世受显命④，不失厥⑤名，以御于天子。则王者之相也。

【注释】

①行不贰过：做事不会犯第二次同样的错误。②称言不苟：说法不随便。③"孔子说之以《诗》"句：所引诗见《诗经·大雅·下武》。媚，爱。一人，据王肃注，指天子。应，当。侯，惟。永，长。言，语助词，无义。则，法则。④显命：显赫的王命。⑤厥：代词，他的。

【译文】

子贡回答说："能够晚睡早起，诵读诗书，崇尚礼仪，做事不犯第二次同样的错误，说话不随便，这是颜回的行事。孔子用《诗经》中的话来评价他：'他获得天子的喜欢，是因为只有他能慎德'，'永远保持孝道，他的行为可做后世准则'。如果能够遇到一个有德的君王，他就会世代享有显赫的王命，不会失去他的名号，以为天子所用。颜回真是王者的好帮手。

"在贫如客①，使其臣如借②，不迁怒，不深怨，不录③旧罪，是冉雍④之行也。孔子论其材曰：'有土之君子也，有众使也，有刑用也，然后称怒焉。'孔子告之以《诗》曰：'靡不有初，鲜克有终。'⑤匹夫不怒，唯以亡其身。

【注释】

①在贫如客：身处贫困却能自矜身份，如同贵宾。②借：借用。③录：记恨。④冉雍：孔子弟子，字仲弓。⑤"孔子告之以《诗》"句：所引诗见《诗经·大雅·荡》。靡，没有。鲜，很少。克，能够。

【译文】

"身处贫困却能自矜身份,如同贵宾;使用他的下属如同借用一般;不迁怒于人,不深深地抱怨人,不记恨以前的仇怨。这是冉雍的品行。孔子评论他的材质说:'做一个拥有土地的君子,有民众可以役使,有刑罚可以施用,然后可以发怒。'孔子用《诗经》中的话告诉他:'万事都有开端,但是很少能够善终。'普通人不会发怒,发怒会伤害自身。

"不畏强御①,不侮矜寡②,其言循性,其都③以富,材任治戎④,是仲由⑤之行也。孔子和之以文,说之以《诗》曰:'受小拱大拱,而为下国骏庞,荷天子之龙','不戁不悚,敷奏其勇'。⑥强乎武哉!文不胜其质。

【注释】

①强御:强暴。②矜寡:即"鳏寡",丧失配偶的男女。③都:居住并治理的地方。④材任:材质。治戎:统领军队。⑤仲由:即孔子弟子子路。⑥"说之以《诗》"句:所引诗见《诗经·商颂·长发》。拱,法则。骏庞,笃厚。龙,通"宠"。戁(nǎn)、悚,都是恐惧的意思。敷奏,表现。

【译文】

"不畏强暴,不欺负鳏寡,说话遵循本性,将地方治理得富庶,其才华能够统领军队,这是仲由的品行。孔子用艺文来丰富他的学养,用《诗经》中的话来赞美他:'接受那大小法则,对下国笃厚,承担着天下的荣誉','不畏惧惊恐,充分表现自己的勇武'。真是勇武啊,文饰不能掩饰他的本质。

"恭老恤①幼,不忘宾旅②,好学博艺③,省物④而勤也,是冉求⑤之行也。孔子因而语之曰:'好学则智,恤孤则惠⑥,恭则近礼,勤则有继⑦,尧舜笃⑧恭,以王天下。'其称之也曰:'宜为国老⑨。'

【注释】

①恤:怜爱。②宾旅:旅客。③艺:才能。④省物:观察事物。⑤冉求:即冉有,孔子弟子,字子有。⑥惠:仁爱。⑦继:接连不断的收获。⑧笃:忠厚。⑨国老:掌教化的官。

【译文】

"尊老爱幼,关心外来的宾客,好学而多能,勤于观察事物,这是冉求的品行。孔子因此评论他说:'好学说明他具有智慧,爱护孤幼说明他仁爱,恭敬就差不多能够达到礼的要求,勤勉就会有接连不断的收获。尧舜忠厚恭敬,所以能够王天下。'孔子称赞冉求:'他适合担任国老。'

"齐庄①而能肃,志通而好礼,摈相②两君之事,笃雅有节,是公西赤③之行也。子曰:'礼经④三百,可勉能也;威仪⑤三千,则难也。'公西赤问曰:'何谓也?'子曰:'貌以摈礼,礼以摈辞⑥,是谓难焉。'众人闻之,以为成也。孔子语人曰:'当宾客之事,则达矣。'谓门人曰:'二三子之欲学宾客之礼者,其于赤也。'

【注释】

①齐庄：恭敬。②摈相：即"傧相"。意指替主人接引宾客和赞礼的人。此处用作动词，做摈相。③公西赤：孔子弟子，字子华。④礼经：礼仪的原则。⑤威仪：礼仪中具体的仪节。⑥貌以摈礼，礼以摈辞：根据不同人的容貌来行礼，根据礼仪的具体要求来组织辞令。

【译文】

"恭敬严肃，情志通畅而喜好礼仪，为两君之事做傧相，忠厚典雅，遵守礼节，这是公西赤的品行。孔子说：'礼仪的大原则有三百，可勉强掌握；礼仪的具体形式有三千，是很难全面贯通的。'公西赤问：'这是什么意思？'孔子说：'要根据不同人的容貌来行礼，根据礼仪的具体要求来组织辞令。'众人听孔子这么说，以为公西赤已经有所成就。孔子对别人说：'如果只是迎送宾客，那么公西赤是可以胜任的。'对弟子说：'你们如果想学习迎送宾客的礼仪，就跟公西赤学习吧。'

"满而不盈，实而如虚，过之如不及，先王难之；博无不学，其貌恭，其德敦；其言于人也，无所不信；其骄大人也，常以浩浩①，是以眉寿②。是曾参之行也。孔子曰：'孝，德之始也；悌，德之序也；信，德之厚也；忠，德之正也。参中③夫四德者也。'以此称之。

【注释】

①浩浩：胸怀开阔坦荡。②眉寿：长寿。③中：符合，能够做到。

【译文】

"充盈却不外溢,实在却如同虚空,已经超过却像还没有达到,这是先王们都认为难以做到的;无所不学,外貌恭谨,德行敦厚;对人说话,言而有信;藐视权贵,心胸坦荡,所以能够长寿。这是曾参的品行。孔子说:'孝,是德行的起点;悌,是维持德行的次序;信,是用来敦厚德行的;忠,是德行的准则。曾参符合这四个标准。'孔子以此来称赞他。

"美功不伐①,贵位不善②,不悔不佚③,不傲无告④,是颛孙师⑤之行也。孔子言之曰:'其不伐,则犹可能也;其不弊⑥百姓,则仁也。'《诗》云:'恺悌君子,民之父母。'⑦夫子以其仁为大。

【注释】

①美功:大功劳。伐:夸耀。②善:高兴。③佚:放荡。④傲:欺侮。无告:无依无靠之人。⑤颛孙师:孔子弟子,字子张。⑥弊:愚弄。⑦"《诗》云"句:所引诗见《诗经·大雅·泂酌》。恺悌,和乐平易。《诗经》原作"岂弟"。

【译文】

"有大功劳而不夸耀,身处高位却面无喜色,不轻慢,不放荡,不欺侮无所依靠之人,这是颛孙师的品行。孔子这样评价他:'不夸耀自己,这是别人也能做到的;他不愚弄百姓,这是仁爱。'《诗经》说:'和乐平易的君子,是百姓的父母。'老师最为看重他的仁爱。

"学之深，送迎必敬，上交下接若截①焉，是卜商②之行也。孔子说之以《诗》曰：'式夷式已，无小人殆。'③若商也，其可谓不险矣。

【注释】

①截：界限分明。②卜商：孔子弟子，字子夏。③"孔子说之以《诗》"句：所引诗见《诗经·小雅·节南山》。式，用。夷，平。殆，危险。意为用平和的态度处事，不要因为小人而使自己处于危险的境地。

【译文】

"学养湛深，迎送宾客毕恭毕敬，与上下交往界限分明，这是卜商的品行。孔子用《诗经》里的话评价说：'用平和的态度处事，不要因为小人而使自己处于危险的境地。'像卜商这样的人，可以说不至于有危险了。

"贵之不喜，贱之不怒，苟利于民矣，廉于行己，其事上也以佑其下，是澹台灭明①之行也。孔子曰：'独贵独富，君子耻之，夫也中之矣。'

【注释】

①澹台灭明：孔子弟子，字子羽。

【译文】

"富贵不欣喜，贫贱不恼怒，只要有利于民众，他宁愿自身节俭，侍奉君王是为了造福民众，这是澹台灭明的品行。孔子说：'君子认为只有

自己一个人富贵是可耻的,澹台灭明就是这样的人。'

"先成其虑,及事而用之,故动则不妄,是言偃①之行也。孔子曰:'欲能则学,欲知则问,欲善则详②,欲给则豫③,当是而行,偃也得之矣。'

【注释】

①言偃:孔子弟子,字子游。②欲善则详:想要把事情做好就要事先考虑周详。③欲给则豫:想要成功就要事先准备。

【译文】

"事先做好准备,有事时就按计划执行,所以就不会妄动,这是言偃的品行。孔子说:'想要有才能就要学习,想要有智慧就要多问,想要把事情做好就要事先考虑周详,想要成功就要事先准备。应当这样来做事,言偃是做到这一点了。'

"独居思仁,公言言①义。其于《诗》也,则一日三覆'白圭之玷'②,是宫縚③之行也。孔子信其能仁,以为异士。

【注释】

①言:原作"仁",据四库本改。②"其于《诗》也"二句:所引诗见《诗经·大雅·抑》。覆,重复。白圭之玷,白玉礼器上的缺口。比喻小过错要及时弥补。③宫縚(tāo):即南宫縚,又作南宫韬,又名南宫适,孔子弟子。

【译文】

"独处时想着仁,做官时讲的话符合义。对于《诗经》,一天数次重复吟咏'白圭之玷',这是南宫绍的品行。孔子相信他能够依仁而行,以为他是与众不同的人。

"自见孔子,出入于户,未尝越礼;往来过之,足不履影①;启蛰不杀②,方长不折③;执亲之丧,未尝见齿④。是高柴⑤之行也。孔子曰:'柴于亲丧,则难能也;启蛰不杀,则顺人道;方长不折,则恕仁也。成汤恭而以恕,是以日跻⑥。'

【注释】

①足不履影:走路时脚不踩到别人的影子。喻为人恭谨。②启蛰不杀:惊蛰时节不杀刚结束冬眠的虫豸。③方长不折:不折断正在生长的草木。④见齿:露出牙齿。指笑容。⑤高柴:孔子弟子,字子羔。⑥跻(jī):升。

【译文】

"自从见到孔子,进门出门,从来没有违反礼节;走路来往,从来不踩到别人的影子;惊蛰时节不杀刚结束冬眠的虫豸,不折断正在生长的草木;为父母守丧期间,从来没有看到他的笑容。这是高柴的品行。孔子说:'高柴为父母守丧的行为,是别人难以做到的;惊蛰时节不杀刚结束冬眠的虫豸,是顺应人道;不折断正在生长的草木,这是恕道和仁道的表现。成汤恭谨而遵从恕道,所以事业蒸蒸日上。'

"凡此诸子，赐之所亲睹者也，吾子有命而讯①赐，赐也固②，不足以知贤。"

文子曰："吾闻之也，国有道则贤人兴焉，中人③用焉，乃百姓归之。若吾子之论，既富茂④矣。壹⑤诸侯之相也，抑⑥世未有明君，所以不遇也。"

【注释】

①讯：问。②固：鄙陋。③中人：普通人。④富茂：丰富详细。⑤壹：皆。⑥抑：然而。

【译文】

"这些人都是我亲眼见到的。您向我询问，我很鄙陋，其实不足以知道谁是贤人。"

文子说："我听说，国家有道，那么贤人就会大量涌现，一般人也会得到任用，百姓都会来投靠。像您刚才向我介绍的人，已经非常丰富详细了。都是诸侯的辅佐之才，然而没有遇到明君，所以怀才不遇啊。"

12.3 子贡既与卫将军文子言，适①鲁，见孔子曰："卫将军文子问二三子之于赐，不壹而三②焉，赐也辞不获命，以所见者对矣，未知中否，请以告。"孔子曰："言之乎。"子贡以其辞状③告孔子。子闻而笑曰："赐，汝次为人矣④。"子贡对曰："赐也何敢知人，此以赐之所睹也。"孔子曰："然。吾亦语汝耳之所未闻，目之所未见者，岂⑤思之所不至，智之所未及哉！"子贡曰："赐愿得闻之。"孔子曰："不克不忌⑥，不念旧怨，盖伯夷、叔齐⑦之行也；思天而敬人，服义而行信，孝于父母，恭于兄弟，从善而不教，盖赵文子⑧之行也；其事君也，不敢爱其死，然亦不敢忘其身，谋其身不遗其友，君陈⑨则进而用之，不陈则行而退，盖随武子⑩之行也；其为人之渊源⑪也，多闻而难诞⑫，内植⑬足以没其世，国家有道，其言足以治，无道，其默足以生，盖铜鞮伯华⑭之行也；外宽而内正，自极于隐括之中⑮，直己而不直人，汲汲⑯于仁，以善自终，盖蘧伯玉⑰之行也；孝恭慈仁，允⑱德图义，约货去怨⑲，轻财不匮，盖柳下惠之行也；其言曰君虽不量于其身⑳，臣不可以不忠于其君，是故君择臣而任之，臣亦择君而事之，有道顺命，无道衡命㉑，盖晏平仲㉒之行也；蹈㉓忠而行信，终日言不在尤㉔之内，国无道，处贱不闷，贫而能乐，盖老子之行也；易行以俟天命㉕，居下不援㉖其上，其观于四方也，不忘其亲，不尽其乐，以不能则学，不为己终身之忧，盖介子山㉗之行也。"

【注释】

①适：到，往。②不壹而三：再三请求。③状：情形。④汝次为人矣：你知道品评人的高下次序。为，原作"焉"，据四库本改。⑤岂：也许。⑥克：与人争胜。忌：遭人厌恨。⑦伯夷、叔齐：商末孤竹君的两个儿子，后因不食周粟，均饿死于首阳山。两人是品德高洁的代表。⑧赵文子：春秋时晋国大夫赵武。⑨陈：王肃注："陈谓陈列于君，为君之使用也。"⑩随武子：春秋时晋国大夫士会。⑪渊源：思虑深邃。⑫诞：欺骗。⑬植：修养内心。⑭铜鞮（dī）伯华：春秋时晋国大夫羊舌赤。⑮极：约束。隐括：即檃栝，用以矫正邪曲的工具。⑯汲汲：急切追求。⑰蘧（qú）伯玉：春秋时卫国大夫。⑱允：诚信。⑲约：少。货：货物财利。去：去除。

⑳君虽不量于其身：君王即使不量度臣子的才能德行。㉑衡命：抗命。㉒晏平仲：春秋时齐国卿相晏婴。㉓蹈：实践。㉔尤：过错。㉕易：修养。俟：等候。㉖援：攀援。㉗介子山：春秋时晋国大夫介之推。

【译文】

子贡与卫将军文子交谈完之后，到了鲁国，谒见孔子，说："卫将军文子向我问起同门诸子的情况，并且是再三请求。我推辞不得，只好把看到的一些情况告诉了他，不知说得对不对，请让我向您讲述。"孔子说："你说吧。"子贡将他对卫将军文子说的话告诉了孔子。孔子听后笑着说："子贡啊，你现在知道品评人的高下次序了。"子贡回答说："我哪里敢说了解别人，这些都是我亲眼看到的。"孔子说："是的。我还要告诉你一些从来没有听到，从来没有看到的，这些也许是你的思维和智慧所无法达到的呀！"子贡说："我盼望听到。"孔子说："不与人争胜，不遭人忌恨，不记着以前的仇恨，这大概是伯夷和叔齐的品行；心存上天，尊重他人，服从仁义而做事讲信用，孝顺父母，恭爱兄弟，遵从善道而无须别人教化，这是赵文子的品行；侍奉君主，不贪生怕死，同时也不会轻生赴死，为自己考虑同时也不忘记朋友，君主需要就为之效力，不需要则自行隐退，这是随武子的品行；为人思虑深邃，博闻强识并且难于被欺骗，终其一生都能自我修养，国家有道的时候，他的话足以用来治理国家，国家无道的时候，他的沉默足以保全自身，这是铜鞮伯华的品行；外在宽厚而内心刚正，把自己纳入正轨之中，严格要求自己，但并不苛求他人，急切地去追求仁，终身服膺善道，这是蘧伯玉的品行；孝顺恭敬且仁慈，修德行义，节省财货，消除怨恨，轻视钱财却从不匮乏，这是柳下惠的品行；曾经说即使君主不能对臣下量才使用，臣下却不能不忠于君主，所以君主对臣子选择使用，臣子也要选择合适的君主去侍奉，君王有道就听从他的命令，君王无道就不听从他的命令，这是晏平仲的品行；实践忠义，行而有信，每天的言语不会有过错，国家无道的时候，处于卑贱的地位而不感到委屈，贫贱而感到快乐，这是老子的品行；修养德行以等候天命，处于下位却不攀援权贵，在四方游历时，不忘父母，不尽情享乐，不会的就去学习，不使它成为终身的遗憾，这是介子山的品行。"

子贡曰："敢问夫子之所知者，盖尽于此而已乎？"孔子曰："何谓其然？亦略举耳目之所及而矣。昔晋平公①问祁奚②曰：'羊舌大夫③，晋之良大夫也，其行如何？'祁奚辞以不知。公曰：'吾闻子少长乎其所④，今子掩之，何也？'祁奚对曰：'其少也恭而顺，心有耻而不使其过宿⑤；其为大夫，悉善而谦其端⑥；其为舆尉⑦也，信而好直其功⑧；至于其为容也，温良而好礼，博闻而时出其志⑨。'公曰：'曩者问子，子奚曰不知也？'祁奚曰：'每位改变，未知所止，是以不敢得知也。此又羊舌大夫之行也。'"子贡跪曰："请退而记之。"

【注释】

①晋平公：姬姓，名彪，晋悼公之子，春秋时期晋国国君，公元前557年~公元前532年在位。②祁奚：晋国大夫。③羊舌大夫：晋国大夫，叔向祖父。④所：家。⑤过宿：过夜。⑥悉善而谦其端：王肃注："尽善道而谦让，是其正也。"悉，全部。端，正。⑦舆尉：武官名，主持征役。⑧直其功：直言自己的军功。⑨时出其志：时时显示自己的志向。

【译文】

子贡说："请问老师，您所知道的，是不是都已经说出来了？"孔子说:"怎么能这样说?我不过是大略地说了说所见所闻罢了。以前晋平公问祁奚:'羊舌大夫是晋国的良臣,他的品行如何呢?'祁奚以不知道而拒绝回答。晋平公说:'我听说您从小在他家长大,如今却掩饰不说,这是为什么?'祁奚回答说:'他小时候十分恭顺,内心如果有感到羞耻的过错,就一定改正,而绝不拖到第二天;他作为大夫,尽善而谦让,这是他正直的表现;作为舆尉,诚实而直言自己的军功;至于他的仪表,温厚善良,遵从礼仪,见闻广博,经常表达自己的志向。'晋平公说:'刚才问您,您为什么说不知道?'祁奚说:'他的身份经常改变,不知您问的是他哪一阶段的品行,所以不敢说知道。这就是羊舌大夫的品行。'"子贡向孔子跪拜,说:"请允许我退下,并记录您的教诲。"

贤君第十三

13.1 哀公问于孔子曰:"当今之君,孰为最贤?"孔子对曰:"丘未之见也,抑有卫灵公①乎?"公曰:"吾闻其闺门②之内无别,而子次③之贤,何也?"孔子曰:"臣语其朝廷行事,不论其私家之际也。"公曰:"其事何如?"孔子对曰:"灵公之弟曰公子④渠牟,其智足以治千乘,其信足以守之。灵公爱而任之。又有士曰⑤林国者,见贤必进之,而退⑥与分其禄,是以灵公无游放之士。灵公贤而尊之。又有士曰庆足者,卫国有大事则必起而治之,国无事则退而容贤。灵公悦而敬之。又有大夫史䲡,以道去卫,而灵公郊舍⑦三日,琴瑟不御⑧,必待史䲡之入,而后敢入。臣以此取之,虽次之贤,不亦可乎?"

【注释】

①卫灵公：姬姓，名元。春秋时卫国国君，公元前534年~公元前493年在位。②闺门：宫苑、内室的门。此处借指家庭。③次：排列。④公子：原作"灵公弟子"，据四库本改。⑤曰：原无，据四库本补。⑥退：辞官或致仕。⑦郊舍：在郊外住宿。⑧御：享用。

【译文】

鲁哀公问孔子："当今各国的君主，谁最为贤明？"孔子回答说："我没有见过非常贤明的君主，大概卫灵公可以算一个吧。"哀公说："我听说他的家庭内部没有伦常之别，而您把他列为贤君，这是为什么？"孔子说："我说的是朝廷的事情，不评价他家庭内部的事情。"哀公问："他处理国事有什么表现呢？"孔子回答说："灵公的弟弟叫渠牟，他的智慧足以治理拥有千辆兵车的国家，他的诚信足以守国。灵公喜爱并信任他。国中有个叫林国的士人，见到贤人一定要推荐其做官，被推荐的人辞官后，林国又把自己的俸禄和他分享，所以灵公治下没有落魄乡野的士人。灵公认为林国是贤人并且尊敬他。还有一个叫庆足的士人，卫国有大事的时候就一定会出来治理，国家无事时就让位与贤人。灵公喜欢且尊敬他。还有大夫史䲡，因为道义而离开卫国，灵公在郊外住了三天，不享用琴瑟的娱乐，一直等到史䲡回来他才敢回宫。我就是根据这些行为来赞赏他，即使把他列为贤人，不也可以吗？"

13.2 子贡问于孔子曰："今之人臣，孰为贤？"子曰："吾未识也。往者齐有鲍叔①，郑有子皮②，则贤者矣。"子贡曰："齐无管仲，郑无子产？"子曰："赐，汝徒知其一，未知其二也。汝闻用力为贤乎？进贤为贤乎？"子贡曰："进贤贤哉。"子曰："然。吾闻鲍叔达③管仲，子皮达子产，未闻二子之达贤己之才者也。"

【注释】

①鲍叔：春秋时齐国大夫鲍叔牙。②子皮：春秋时郑国大夫罕虎。③达：使……显达。

【译文】

子贡问孔子："当今各国的臣子，谁最为贤良？"孔子说："我不知道。以前齐国有鲍叔，郑国有子皮，都是贤者。"子贡说："齐国管仲和郑国的子产都不算贤者吗？"孔子说："子贡，你只知其一，不知其二。你听说是尽心做事的人是贤者还是举荐贤良的人是贤者呢？"子贡说："举荐贤良的人是贤者。"孔子说："是的。我听说鲍叔使管仲显达，子皮使子产显达，但没听说管仲和子产举荐过比自己贤良的人。"

13.3 哀公问于孔子曰："寡人闻忘之甚者，徙①而忘其妻，有诸？"孔子对曰："此犹未甚者也。甚者乃忘其身。"公曰："可得而闻乎？"孔子曰："昔者夏桀，贵为天子，富有四海，忘其圣祖之道，坏其典法，废其世祀，荒②于淫乐，耽湎③于酒；佞臣谄谀，窥导其心；忠士折口④，逃罪不言；天下诛桀而有其国。此谓忘其身之甚矣。"

【注释】

①徙：搬家。②荒：放纵。③耽湎：沉溺。④折口：闭口。

【译文】

哀公问孔子:"我听说忘性特别大的人,搬家的时候居然忘记带上自己的妻子,有这样的事情吗?"孔子回答说:"这还不是最严重的。最严重的是把自己也忘记了。"哀公问:"能说给我听听吗?"孔子说:"以前夏桀贵为天子,富有四海,却忘记了圣明祖先的治国之道,破坏遗留下来的典章制度,废除世代沿袭的祭祀,放纵于淫乐,沉溺于饮酒;佞臣谄媚阿谀,窥伺他的内心而引向邪路;忠臣都因害怕降罪而闭口不言。天下人诛杀夏桀而占有了他的国家。这就是严重地忘记自身。"

13.4 颜渊将西游于宋,问于孔子曰:"何以为身①?"子曰:"恭敬忠信而已矣。恭则远于患,敬则人爱之,忠则和于众,信则人任之。勤斯四者,可以政②国,岂特③一身者哉?故夫不比于数而比于疏④,不亦远乎?不修其中,而修外者,不亦反乎?虑不先定,临事而谋,不亦晚乎?"

【注释】

①为身:立身处世。②政:治理。③岂特:不仅。④比:亲近。数(cù):密,代指贤者,后文"疏"代指不贤者。

【译文】

颜渊将向西到宋国游历,问孔子说:"如何立身处世?"孔子说:"做到恭敬忠信就可以了。恭就会远离祸患,敬则受到别人的敬爱,忠就会与众人和顺相处,信就会得到别人的任用。在这四点上多用力,就可以治理国家，不仅仅是能够使自己立身处世。所以不亲近贤者而去亲近那些不贤者，不是离正确的道路越来越远吗？不去修养内心而只关注外在，不是背道而驰吗？事先不考虑周全，遇事临时谋划，不是太晚了吗？"

13.5 孔子读《诗》于《正月》六章，惕焉如惧，曰："彼不达①之君子，岂不殆哉！从上依世则道废，违上离俗则身危。时不兴善，己独由之，则曰非妖②即妄也。故贤也既不遇天，恐不终其命焉。桀杀龙逢③，纣杀比干④，皆类是也。《诗》曰：'谓天盖高，不敢不局；谓地盖厚，不敢不蹐。'⑤此言上下畏罪，无所自容也。"

【注释】

①不达：仕途不得意。②妖：反常的事物。③龙逢（páng）：夏桀的臣子，因劝谏夏桀被杀。④比干：商纣的叔父，因劝谏商纣被杀。⑤"《诗》曰"句：所引诗就是本段开头所说的《诗经·小雅·正月》。大意为：天很高，走路不敢不弯腰；地很厚，走路不敢不小步走。局，弯腰。蹐（jí），小步走路。

【译文】

孔子读《诗经》，读到《正月》第六章时，非常警觉，如有所惧一般，说："那些仕途不顺利的君子，岂不是很危险！逢迎君上，曲从世俗，那么大道就会废弛；违背君上，背离世俗，那么自己就处于危险境地。时代不崇尚善道，自己单独实践，一定会被别人视为妖妄。所以贤人如果不遇天时，恐怕难以善终。夏桀杀了龙逢，商纣杀了比干，都是这一类情况。《诗经》说：'天很高，走路不敢不弯腰；地很厚，走路不敢不小步走。'这是说对上对下都怕得罪，不能自处。"

13.6 子路问于孔子曰："贤君治国，所先者何？"孔子曰："在于尊贤而贱不肖。"子路曰："由闻晋中行氏①尊贤而贱不肖矣，其亡何也？"孔子曰："中行氏尊贤而不能用，贱不肖而不能去。贤者知其不用而怨之，不肖者知其必己贱而仇之。怨仇并存于国，邻敌构兵②于郊，中行氏虽欲无亡，岂可得乎？"

【注释】

①中行氏：中行文子，晋国国卿。②构兵：交战。

【译文】

子路问孔子："贤君治国，首先要做的事情是什么？"孔子说："是尊重贤人，轻视不肖之人。"子路说："我听说晋国的中行文子尊重贤人，轻视不肖之人，但是他最终流亡，这是为什么？"孔子说："中行文子尊重贤人但是不能合适地任用他们，轻视不肖之人却不远离他们。贤人知道他不会重用自己而怨恨他，不肖者知道他一定轻视自己而将其视为仇人。怨仇并存于国内，邻国的敌人也来侵犯，中行文子虽然不想流亡，怎么能做得到呢？"

13.7 孔子闲处，喟然而叹曰："向使①铜鞮伯华无死，则天下其有定矣。"子路曰："由愿闻其人也。"子曰："其幼也，敏而好学；其壮也，有勇而不屈；其老也，有道而能下②人。有此三者，以定天下也，何难乎哉！"子路曰："幼而好学，壮而有勇，则可也。若夫有道下人，又谁下哉？"子曰："由不知，吾闻以众攻寡，无不克也；以贵下贱，无不得也。昔者周公居冢宰③之尊，制天下之政，而犹下白屋之士④，日见百七十人。斯岂以无道也？欲得士之用也。恶有道而无下天下君子哉？"

【注释】

①向使：假如。②下：谦让。③冢宰：周代官名，六卿之首。④白屋之士：平民。白屋，草屋。

【译文】

孔子空闲在家，长叹一声说："假如铜鞮伯华不死的话，那么天下就能安定了。"子路说："我愿意听您说一说这个人。"孔子说："他年少的时候，聪敏而好学；成年后，勇敢而不屈；老年时，凡事依道而行并且能谦让他人。有了这三点，用来安定天下，有什么难的呢？"子路说："年少好学，长大勇敢，这是能做到的。至于凡事依道而行并且能谦让他人，那又是谦让什么人呢？"孔子说："子路你有所不知，我听说以多数人进攻少数人，没有不胜利的；以高贵而谦让卑微的，没有不得人心的。以前周公以冢宰之尊，掌管天下的政务，尚且谦让贫寒之士，每天接见一百七十人。这样做难道其中没有道理吗？是想让天下的士人都为己所用。怎么能够凡事依道而行而不能谦让天下的君子呢？"

13.8 齐景公来适鲁，舍于公馆，使晏婴迎孔子。孔子至，景公问政焉。孔子答曰："政在节财。"公悦，又问曰："秦穆公①国小处僻而霸，何也？"孔子曰："其国虽小，其志大，处虽僻，而政其中②，其举也果③，其谋也和，法无私而令不愉④，首拔五羖，爵之大夫⑤，与语三日而授之以政。此取之，虽王可，其霸少矣。"景公曰："善哉！"

【注释】

①秦穆公：春秋时期秦国国君，嬴姓，名任好，公元前659年~公元前621年在位。②中：合适。③其举也果：行事果断。④愉：王肃注："愉，宜为偷。偷，苟且也。"⑤首拔五羖（gǔ），爵之大夫：秦穆公用五张黑公羊的皮从楚国赎回百里奚，命为大夫，是谓"首拔五羖，爵之大夫"。王肃注："首，宜为身。五羖大夫，百里奚也。"羖，黑色的公羊。

【译文】

齐景公来鲁国访问，住在公馆里，派晏婴迎接孔子过来。孔子到了之后，景公向他请教为政之道。孔子回答说："为政的关键在于节约财力。"景公很高兴，又问："秦穆公的国家很小，地处偏僻但是却成就霸业，这是为什么？"孔子回答说："他的国家虽小，但是他的志向很大。虽地处偏僻，但是施政很恰当，行事果断，谋划到位，制定的法律很公正，颁布命令不随意。用五张黑公羊的皮赎回百里奚，命为大夫，和他交谈了三天，将国政交付给他。这样看来，即使王天下也是可以的，成就霸业还是显得不够。"景公说："说得真好！"

13.9 哀公问政于孔子。孔子对曰："政之急者，莫大乎使民富且寿也。"公曰："为之奈何？"孔子曰："省力役，薄赋敛，则民富矣；敦①礼教，远罪疾，则民寿矣。"公曰："寡人欲行夫子之言,恐吾国贫矣。"孔子曰:"《诗》云:'恺悌君子,民之父母。'② 未有子富而父母贫者也。"

【注释】

①敦:敦行。②"《诗》云"句:所引诗见《诗经·大雅·泂酌》。恺悌,和乐平易。《诗经》原作"岂弟"。

【译文】

哀公向孔子请教为政之道。孔子回答说:"为政最急迫的,莫过于使人民富裕并且长寿。"哀公问:"怎样才能做到?"孔子说:"减少劳役,减轻赋税,那么人民就会富裕;敦行礼教,使他们远离犯罪和疾病,那么人民就会长寿。"哀公说:"我如果实践您的理论,恐怕国家会因此而贫穷。"孔子说:"《诗经》说:'和乐平易的君子,是百姓的父母。'从来没有子女富裕而父母贫穷的情况。"

13.10 卫灵公问于孔子曰:"有语寡人:'有国家者,计之于庙堂之上,则政治矣。'何如?"孔子曰:"其可也。爱人者则人爱之,恶人者则人恶之。知得之己者,则知得之人。所谓不出环堵之室而知天下者,知反己①之谓也。"

【注释】

①反己:反省自己。

【译文】

卫灵公问孔子:"有人对我说:'拥有国家的人,只要在朝堂之上将事情谋划好，那么政治就完善了。'您觉得这个说法对吗？"孔子说："这个说法是对的。爱别人的人，别人也会爱他；厌恶别人的人，别人也会厌恶他。知道依靠自己取得成功的人，也会知道依靠别人取得成功。所谓不出家门就知晓天下，说的就是严格反省自己的道理。"

13.11 孔子见宋君。君问孔子曰："吾欲使长有国，而列都①得之，吾欲使民无惑，吾欲使士竭力，吾欲使日月当时②，吾欲使圣人自来，吾欲使官府治理，为之奈何？"孔子对曰："千乘之君，问丘者多矣，而未有若主君③之问，问之悉④也。然主君所欲者，尽可得也。丘闻之，邻国相亲，则长有国；君惠臣忠，则列都得之；不杀无辜，无释罪人，则民不惑；士益之禄⑤，则皆竭力；尊天敬鬼，则日月当时；崇道贵德，则圣人自来；任能黜否⑥，则官府治理。"宋君曰："善哉！岂不然乎！寡人不佞⑦，不足以致之也。"孔子曰："此事非难，唯欲行之云耳。"

【注释】

①都：城邑。②日月当时：日月正常运行。③主君：对诸侯国君的称呼。④悉：全面。⑤士益之禄：增加士人的俸禄。⑥否（pǐ）：奸邪的小人。⑦不佞：不才，对自己的谦称。

【译文】

孔子来见宋国国君。宋君问孔子："我想使国家长存，保住所有的城池，我想使人民没有困惑，我想使士人竭力效劳，我想使日月正常运行，我想使圣贤之人自愿来我国，我想使官府很好地治理百姓，怎样才能做到?"孔子回答说:"拥有千乘兵车国家的国君之中,来问我这种问题的人很多,但是没有像您问得如此全面的。不过您所希望的这些,都是可以实现的。我听说,邻国之间相互亲近,那么国家就会长保;君主仁惠,臣下忠诚,那么城池都会保住;不杀无罪之人,不要释放有罪之人,那么人民就没有困惑;增加士人的俸禄,那么他们就会尽力;尊敬上天和鬼神,那么日月就会正常运行;崇尚大道和美德,那么圣人就会自动前来;任用能人,罢黜奸邪小人,那么官府就会很好地治理百姓。"宋君说:"说得真好!难道不是吗?寡人不才,恐怕不能做到这些。"孔子说:"做这些事情其实不难,只是希望您能真正开始实践。"

辩政第十四

14.1 子贡问于孔子曰:"昔者齐君问政于夫子①,夫子曰'政在节财';鲁君问政于夫子,子曰'政在谕臣②';叶公问政于夫子,夫子曰'政在悦近而来远③'。三者之问一也,而夫子应之不同,然政在异端④乎?"孔子曰:"各因其事也。齐君为国,奢乎台榭,淫于苑囿,五官伎乐⑤,不解于时,一旦而赐人以千乘之家者三,故曰'政在节财'。鲁君有臣三人⑥,内比周⑦以愚其君,外距⑧诸侯之宾以蔽其明,故曰'政在谕臣'。夫荆⑨之地广而都狭,民有离心,莫安其居,故曰'政在悦近而来远'。此三者所以为政殊矣。《诗》云:'丧乱蔑资,曾不惠我师!'⑩此伤奢侈不节以为乱者也。又曰:'匪其止共,惟王之邛⑪。'此伤奸臣蔽主以为乱也。又曰:'乱离瘼矣,奚其适归⑫?'此伤离散以为乱者也。察此三者，政之所欲，岂同乎哉？"

【注释】

①夫子：原无"夫"字，据四库本补。②谕臣：了解大臣。一说"谕"当作"论"，意为选择。③来远：原作"远来"，四库本、同文本作"来远"。据此改。④异端：不同看法。⑤五官：古代宫中女官名。伎乐：音乐舞蹈。⑥有臣三人：指孟孙、叔孙、季孙三家。⑦比周：勾结。⑧距：通"拒"，拒绝。⑨荆：楚之别称。⑩"《诗》云"句：所引诗见《诗经·大雅·板》。王肃注："蔑，无也。资，财也。"曾（zēng），竟然。⑪匪其止共，惟王之邛（qióng）：王肃注："止，止息也。邛，病也。谗人不共其所止息，故惟王之病。"共，通"恭"，指忠于职守。⑫乱离瘼（mò）矣，奚其适归：王肃注："离，忧也。瘼，病也。言离散以成忧，忆祸乱于斯，归于祸乱者也。"奚，何。

【译文】

子贡问孔子："以前齐国国君向您询问治理国家的方法，您说'治理国家的关键在于节省财用'；鲁国国君向您询问治理国家的方法，您说'治理国家的关键在于了解大臣'；楚大夫叶公向您询问治理国家的方法，您说'治理国家的关键在于使近处的百姓高兴又使远方的百姓前来归附'。他们三个人问的问题是一样的，可您的回答却各不相同，那么为政治国是有不同看法的吗？"孔子说："我这是根据各国不同的情况来回答的啊。齐君治理国家，建造很多奢侈的楼台水榭，沉迷于游乐打猎之地，歌舞声色，一刻也不消停，有时一个早上就赏赐了三个有着千辆战车的封邑，所以我说'治理国家的关键在于节省财用'。鲁君有孟孙、叔孙、季孙三位大臣，他们在国内相互勾结来愚弄他们的君主，在外交上排斥其他诸侯国的宾客以此来蒙蔽君主的圣明，所以我说'治理国家的关键在于了解大臣'。楚国地方大但都城小，百姓有离开的念头，没有愿意安心居住的，所以我说'治理国家的关键在于使近处的百姓高兴又使远方的百姓前来归附'。这就是三个国家处理政事所侧重的各不相同的原因啊。《诗经》说：'国家长期丧乱百姓穷苦，竟然不给百姓一点恩惠救济！'这是嗟叹奢侈浪费不加节制而造成的祸乱。又说：'那些谗佞小人不忠于职守，实在是君主的祸害啊。'这是嗟叹奸臣蒙蔽君主而造成的祸乱。又说：'丧乱使我忧愁困苦，何处才是我的容身之地呢？'这是嗟叹百姓四处离散而造成的祸乱。考察了这三种情况，为政治国所需要的方法，哪里会是一样的呢？"

14.2 孔子曰："忠臣之谏君，有五义焉：一曰谲谏①，二曰戆谏②，三曰降谏③，四曰直谏，五曰风谏④。唯度主而行之，吾从其风谏乎！"

【注释】

①谲（jué）谏：委婉地规劝。②戆（zhuàng）谏：鲁莽而刚直地规劝。③降谏：低声下气地规劝。④风谏：以婉言隐语规劝。风，通"讽"。

【译文】

孔子说："忠臣规劝君主，有五种方式：一是委婉地规劝，二是鲁莽而刚直地规劝，三是低声下气地规劝，四是直言规劝，五是以婉言隐语规劝。这些方式都需要揣摩君主的不同心理来施行，我是愿意采用婉言隐语的方式来规劝啊！"

14.3 子曰:"夫道不可不贵也,中行文子倍①道失义以亡其国,而能礼贤以活其身。圣人转祸为福,此谓是与!"

【注释】

①倍:通"背",违背。

【译文】

孔子说:"大道是不能不重视的,中行文子背弃道义致使国家灭亡,但后来他能礼待贤才使他保全了性命。圣人能把祸患转化为福祉,说的就是这样的情况吧!"

14.4 楚王将游荆台①,司马子祺谏②,王怒之。令尹子西贺于殿下③,谏曰:"今荆台之观,不可失也。"王喜,拊④子西之背曰:"与子共乐之矣。"子西步马十里,引辔而止,曰:"臣愿言有道⑤,王肯听之乎?"王曰:"子其言之。"子西曰:"臣闻为人臣而忠其君者,爵禄不足以赏也;谀其君者,刑罚不足以诛也。夫子祺者,忠臣也;而臣者,谀臣也。愿王赏忠而诛谀焉。"王曰:"我今听司马之谏,是独能禁我耳。若后世游之,何也?"子西曰:"禁后世易耳。大王万岁⑥之后,起山陵于荆台之上,则子孙必不忍游于父祖之墓以为欢乐也。"王曰:"善。"乃还。孔子闻之,曰:"至哉,子西之谏也!入之于十里之上,抑之于百世之后者也。"

【注释】

①楚王:楚昭王,名壬,公元前515~公元前489年在位。荆台:地

名,在今湖北江陵北。②司马:官名。子祺:楚公子结。③令尹:春秋战国时期楚国执政官名,相当于相。子西:公子申,楚平王庶长子。④抚(fǔ):抚摸。⑤有道:治国用人的道理。⑥万岁:指去世。

【译文】

楚王将要到荆台游玩,司马子祺进言劝阻,楚王恼怒。令尹子西却在殿下恭贺楚王,进言说:"今日荆台的观赏之乐,不能错过呀。"楚王听了大喜,抚摸着子西的后背说:"我和你一起去享受游玩之乐吧。"子西牵着马步行了十里路,拉住马缰绳停了下来,说:"我想要谈一谈治国用人的道理,大王愿意听一听吗?"楚王说:"你说吧。"子西说:"我听闻做臣子而对君主忠诚的,用官爵厚禄都是不足以奖赏他的;而对君主阿谀奉承的,用各种刑罚也是不足以惩处他的。子祺,是忠臣;而我,是谀臣。希望大王赏赐忠臣而惩处谀臣。"楚王说:"我今日(就算)听从了司马的劝谏,这也只能禁止我一个人罢了。倘若后世的君主要来游玩,怎么办呢?"子西说:"禁止后人来此游玩很容易。大王去世之后,在荆台上建造陵墓,那么子孙后代必定不忍心在父祖的陵墓上游玩、享乐。"楚王说:"好。"于是就返回国都了。孔子听闻这件事,说:"子西的劝谏真是太高明了!在十里之地被采用,却抑制了百世的后人来此游玩。"

14.5 子贡问①于孔子曰:"夫子之于子产、晏子,可为至矣。敢问二大夫之所为,目②夫子之所以与之者。"孔子曰:"夫子产,于民为惠主,于学为博物。晏子,于君为忠臣,而行为恭敏。故吾皆以兄事③之,而加爱敬。"

【注释】

①问:原作"闻",据四库本改。②目:品评。③事:侍奉。

【译文】

子贡问孔子:"您对于子产和晏子,可谓推崇到极点了。我冒昧向您请问这两位大夫的所作所为,您评论一下为什么这样推崇他们。"孔子说:"子产,对于百姓来说是个仁爱的大夫,在学识上广博多知。晏子,对于君主来说是个忠臣,而且行事恭敬聪敏。所以我对他们像对兄长一样侍奉,更加爱戴和尊敬。"

14.6 齐有一足之鸟,飞集于宫朝,下止于殿前,舒翅而跳。齐侯大怪之,使使聘①鲁,问孔子。孔子曰:"此鸟名曰商羊,水祥②也。昔童儿有屈其一脚,振讯③两眉而跳且谣曰:'天将大雨,商羊鼓舞。'今齐有之,其应至矣。急告民趋治沟渠,修堤防,将有大水为灾。"顷之大霖④,雨水溢泛诸国,伤害民人,唯齐有⑤备,不败⑥。景公曰:"圣人之言,信而征矣。"

【注释】

①聘:问候致意。②祥:吉凶的征兆。③振讯:抖动。④霖:连绵不停的雨。⑤有:原无,据四库本补。⑥败:伤害。

【译文】

齐国出现了只有一只脚的鸟,它们飞来集聚在宫室上,又飞下来停在宫殿前,舒展着翅膀跳来跳去。齐侯大为惊讶,派遣使者出访鲁国,去请教孔子。孔子说:"这种鸟叫作商羊,是大水的征兆。以前有小孩蜷起一条腿,抖动双眉跳来跳去并且唱着歌谣说:'天要下大雨,商羊欢快舞动。'如今齐国有了这种鸟,歌谣就要应验了。赶快去告诉百姓让他们整治沟渠,修建堤防,将要有大水灾了。"不久之后连绵大雨下个不停,大水涨溢泛滥很多国家,危害百姓,只有齐国有所防备,没有造成损失。齐景公说:"圣人的话,确实可以相信并且经得起验证。"

14.7 孔子谓宓子贱①曰:"子治单父②,众悦,子何施而得之也?子语丘所以为之者。"对曰:"不齐之治也,父恤其子,其子恤诸孤而哀丧纪。"孔子曰:"善。小节也,小民附矣,犹未足也。"曰:"不齐所父事者三人,所兄事者五人,所友事者十一人。"孔子曰:"父事三人,可以教孝矣;兄事五人,可以教悌矣;友事十一人,可以举善矣。中节也,中人附矣,犹未足也。"曰:"此地民有贤于不齐者五人,不齐事之而禀度③焉,皆教不齐之道。"孔子叹曰:"其大者乃于此乎有矣。昔尧舜听④天下,务求贤以自辅。夫贤者,百福之宗也,神明之主也。惜乎不齐之所以⑤治者小也。"

【注释】

①宓(fú)子贱:孔子弟子,名不齐,字子贱,春秋鲁国人。②单(shàn)父(fǔ):鲁邑,在今山东单县南。③禀度:受教。④听:治理。⑤所以:原作"以所",据四库本改。

【译文】

孔子对宓子贱说:"你治理单父,百姓很悦服,你是如何施政做到的呢?请你告诉我采用的方法。"宓子贱回答说:"我治理地方的方法,就是像对待父亲一样体恤百姓,像对待子女一样照顾所有的孤儿,并且以哀痛的心情为他们办好丧事。"孔子说："好。这只是小的方面，使小民依附，但这还是不够吧。"宓子贱说："被我当作父亲一样侍奉的有三个人，当作兄长一样侍奉的有五个人，当作朋友一样交往的有十一个人。"孔子说："像对待父亲一样侍奉三个人，可以教化民众孝道；像对待兄长一样侍奉五个人，可以教化民众敬爱兄长；像对待朋友那样与十一个人交往，可以用来提倡友善。这是中等的礼节，使中等的民众依附，但这还是不够吧。"宓子贱说："这个地方比我贤能的人有五个，我侍奉他们并且接受教诲，他们都教授了我为政之道。"孔子感叹道："施政的大道理就是在这里啊。从前尧舜治理天下，必定寻求贤才来辅佐自己。贤能的人，是各种福祉的本源，是神明的主宰啊。可惜你所治理的地方太小了。"

14.8 子贡为信阳①宰，将行，辞于孔子。孔子曰："勤之慎之，奉天子之时，无夺无伐，无暴无盗。"子贡曰："赐也少而事君子，岂以盗为累②哉？"孔子曰："汝未之详也。夫以贤代贤，是谓之夺；以不肖代贤，是谓之伐；缓令急诛，是谓之暴；取善自与，是③谓之盗。盗非窃财之谓也。吾闻之：知为吏者，奉法以利民；不知为吏者，枉法以侵民。此怨之所由也。治官莫若平，临财莫如廉。廉平之守，不可改也。匿人之善，斯谓蔽贤；扬人之恶，斯为小人。内不相训而外相谤，非亲睦也。言人之善，若己有之；言人之恶，若己受之。故君子无所不慎焉。"

【注释】

①信阳：楚邑，在今河南信阳南。②累（lèi）：过失。③是：原无，据四库本补。

【译文】

子贡要去信阳为官，临行前，向孔子辞别。孔子说："要勤勉谨慎地做事，尊奉天子历法，不要夺不要伐，不要暴不要盗。"子贡说："我从小就侍奉您，难道还会犯盗窃的过失吗？"孔子说："你没明白我的意思。用贤才代替贤才，这叫作夺；用不贤能的人取代贤才，这叫作伐；下达法令缓慢却刑罚急峻，这叫作暴；把好处都给自己，这叫作盗。盗不是在说窃夺财物。我听说：懂得做官的人，奉行法律来使民众得到好处；不懂得做官的人，歪曲法律使民众受到侵害。这就是民怨的根由。办理公务没有比公平更重要的，面对财物没有比廉洁更重要的。廉洁公平的底线，是不能更改的。隐匿他人的优点，这叫蒙蔽贤才；宣扬他人的缺点，这是小人的作为。私底下不相互训诫反而在外面相互议论，这就不会亲善和睦。谈到他人的优点，就好像自己有这些优点；谈到他人的缺点，就好像自己也承受着这些缺点。所以君子时时刻刻都要谨慎。"

14.9 子路①治蒲②三年，孔子过之。入其境，曰："善哉由也！恭敬以信矣。"入其邑，曰："善哉由也！忠信而宽矣。"至廷，曰："善哉由也！明察以断矣。"子贡执辔而问曰："夫子未见由之政，而三称其善，其善可得闻乎？"孔子曰："吾见其政矣。入其境，田畴尽易③，草莱甚辟，沟洫深治，此其恭敬以信，故其民尽力也；入其邑，墙屋完固，树木甚茂，此其忠信以宽，故其民不偷④也；至其庭，庭甚清闲，诸下用命⑤，此其言明察以断，故其政不扰也。以此观之，虽三称其善，庸⑥尽其美乎？！"

【注释】

①子路：孔子弟子，名仲由，字子路或季路。②蒲：春秋卫地，在今河南长垣。③易：整治。④偷：怠惰。⑤用命：服从命令。⑥庸：难道。

【译文】

子路治理蒲地三年了，孔子经过那里。一进入他的辖区，说："仲由做得好啊！恭敬并且讲诚信。"进入了城邑，说："仲由做得好啊！忠信并且宽厚。"到了官衙，说："仲由做得好啊！明察并且判决果断。"子贡拉着马缰绳问道："您并没有看见仲由处理政事，却三次称赞他治理得好，他好的地方能说给我听听吗？"孔子说："我看见了他的政绩。进入蒲地境内，看到田地全都被整治过了，荒草都被辟除了，沟渠水道都得到了深挖，这就是他恭敬并且讲诚信，所以百姓都尽力劳作；进入城里，看到城墙房屋完好坚固，树木茂盛，这就是他忠信并且宽厚，所以百姓都不怠惰；到了他的官衙，看到庭院里清净悠闲，下人都服从命令，这就是他明察并且判决果断，所以政事不繁乱。由此看来，即使三次称赞他治理得好，难道就能说尽他的优点了吗？！"

六本第十五

15.1 孔子曰："行己①有六本焉，然后为君子也。立身有义矣，而孝为本；丧纪有礼矣，而哀为本；战阵有列矣，而勇为本；治政有理矣，而农为本；居国有道矣，而嗣②为本；生财有时矣，而力为本。置本不固，无务农桑；亲戚不悦，无务外交；事不终始，无务多业；记闻而言，无务多说；比近不安，无务求远。是故反本修迩③，君子之道也。"

【注释】

①行己：立身处世。②嗣：此处用作动词，立嗣。③反：通"返"。迩：近处。

【译文】

孔子说："人立身处世有六大根本原则，这样以后才能成为君子。立身要有道义，孝道是根本；办理丧事要有礼制，哀痛是根本；打仗对阵要有战列，勇敢是根本；处理政事要有条理，农业是根本；治理国家要有大道，立嗣是根本；创造财富要把握时机，尽力是根本。根本不牢固，就不必去务农种桑；不能使亲戚高兴，就不必与外人交往；做事不能有始有终，就不必经营多种产业；道听途说的话，就不必多说；近处不安定，就不必奢求远处。因此返回根本从近处修行，是君子之道。"

15.2 孔子曰："良药苦于口而利于病，忠言逆于耳而利于行。汤武以谔谔①而昌，桀纣以唯唯②而亡。君无争③臣，父无争子，兄无争弟，士无争友，无其过者，未之有也。故曰：君失之，臣得之；父失之，子得之；兄失之，弟得之；己失之，友得之。是以国无危亡之兆，家无悖乱之恶，父子兄弟无失，而交友无绝也。"

【注释】

①谔（è）谔：直言进谏的样子。②唯唯：随声附和的应答声。③争

(zhèng)：通"诤"，直接劝谏。

【译文】

孔子说："良药吃起来苦但对治疗疾病有好处，忠言听起来不舒服但对行事有好处。商汤和周武王因为听取直言劝谏而国家昌盛，夏桀和商纣因为只听随声附和的唯唯诺诺之辞而国破身亡。可见君主没有直言敢谏的臣子，父亲没有直言劝说的儿子，兄长没有直言敢劝的弟弟，士人没有直言规劝的朋友，不犯错误的还未有过呢。所以说：君主有过失，大臣来补救；父亲有过失，儿子来补救；兄长有过失，弟弟来补救；自己有过失，朋友来补救。这样则国家没有危亡的征兆，家庭没有悖上作乱的恶行，父子兄弟之间不会失和，而与朋友的交往也不会断绝。"

15.3 孔子见齐景公，公悦焉，请置廪丘之邑以为养①。孔子辞而不受。入谓弟子曰："吾闻君子当②功受赏，今吾言于齐君，君未之有行，而赐吾邑，其不知丘亦甚矣。"于是遂行。

【注释】

①廪丘：古邑名，在今山东郓城西北。养：提供给养，指作为食邑。②当：原作"赏"，据四库本改。

【译文】

孔子去拜见齐景公，景公很高兴，请孔子收下廪丘作为他的食邑。孔子推辞没有接受。他回到住所对弟子说："我听闻君子有了功劳才会接受赏赐，如今我向齐君进言，他还没有采取任何行动，就要赏赐给我食邑，他实在是太不了解我了。"于是马上离开了齐国。

15.4 孔子在齐，舍于外馆，景公造焉。宾主之辞既接，而左右白曰："周使适至，言先王庙灾。"景公复问："灾何王之庙也？"孔子曰："此必釐王①之庙。"公曰："何以知之？"孔子曰："《诗》云：'皇皇上天，其命不忒。天之以善，必报其德。'②祸亦如之。夫釐王变文武之制，而作玄黄华丽之饰，宫室崇峻，舆马奢侈，而弗可振③也，故天殃所宜加其庙焉。以是占④之为然。"公曰："天何不殃其身，而加罚其庙也？"孔子曰："盖以文武故也。若殃其身，则文武之嗣，无乃殄⑤乎？故当殃其庙，以彰其过。"俄顷，左右报曰："所灾者，釐王庙也。"景公惊起，再拜曰："善哉！圣人之智，过人远矣。"

【注释】

①釐（xī）王：亦作僖王，周庄王之子，名胡。公元前681～公元前677年在位。②"《诗》云"句：此诗已佚，今本《诗经》无。王肃注："此逸诗也。皇皇，美貌也。忒，差也。"皇皇，伟大美盛的样子。③振：王肃注："振，救。"④占：推测。⑤殄：断绝，灭绝。

【译文】

孔子在齐国，住在客馆里，齐景公到客馆来拜访他。宾主之间刚问候完毕，景公左右的人就报告说："周王室的使者刚到了，说先王的宗庙遭受了火灾。"景公又问："哪个先王的宗庙被烧了？"孔子说："这必定是釐王的宗庙。"景公说："你怎么知道是此庙呢？"孔子说："《诗经》说：

'伟大美盛的上天，它的命令不会有差错。上天对于做善事的人，必定会回报他们的美德。'灾祸也是如此。周釐王改变了文王和武王的制度，而制作了绚丽华美的服饰，建造了恢宏高耸的宫殿，车马奢侈，并且到了不可补救的地步，所以上天应该是将灾祸降到了他的宗庙上。因此我才这样推测。"齐景公说："上天为什么不把灾祸降到他的身上，而惩罚他的宗庙呢？"孔子说："大概是文王和武王的缘故吧。如果降祸于他本人，那么文王和武王的后代不就断绝了吗？所以降祸于他的宗庙，来彰显他的过错。"不一会儿，景公左右的人报告说："遭受火灾的是釐王的宗庙。"景公惊讶地站了起来，对孔子拜了两拜说："厉害啊！圣人的智慧，超过常人太多了。"

15.5 子夏①三年之丧毕，见于孔子。子曰："与之琴，使之弦②。"侃侃③而乐，作④而曰："先王制礼，不敢不及。"子曰："君子也！"闵子⑤三年之丧毕，见于孔子。孔子与之琴，使之弦。切切而悲，作而曰："先王制礼，弗敢过也。"子曰："君子也！"子贡曰："闵子哀未尽，夫子曰'君子也'；子夏哀已尽，又曰'君子也'。二者殊情而俱曰君子，赐也或⑥，敢问之。"孔子曰："闵子哀未忘，能断之以礼；子夏哀已尽，能引之及礼。虽均之君子，不亦可乎？"

【注释】

①子夏：原作"子贡"，据四库本改。子夏，孔子弟子，姓卜，名商，字子夏。以文学著称。②弦：此处用作动词，弹奏。古代服丧，除服之日要弹素琴，表示服丧结束，以此节制哀痛之情。③侃侃：和乐貌。

④作：起身。⑤闵子：孔子弟子，字子骞。以德行著称。⑥或：通"惑"。

【译文】

子夏三年服丧结束，来拜见孔子。孔子说："给他琴，让他弹奏。"子夏的琴声很和乐，起身对孔子说："先王制定的礼制，不敢不遵行。"孔子说："你是君子啊！"闵子骞三年服丧结束，来拜见孔子。孔子给他琴，让他弹奏。他的琴声很悲切，起身对孔子说："先王制定的礼制，不敢越过。"孔子说："你是君子啊！"子贡说："闵子骞的哀伤还未结束，您说他是'君子'；子夏已经不再哀伤，您也说他是'君子'。他们两个人的情感不同您却都称之为君子，我都迷惑了，请问这是为什么？"孔子说："闵子骞没有忘记哀伤，却能用礼制来克制情感；子夏的哀伤已经结束，却能引导情感达到礼制。即使把他们都称为君子，不也可以吗？"

15.6 孔子曰："无体之礼①，敬也；无服之丧，哀也；无声之乐，欢也。不言而信，不动而威，不施而仁。志，夫钟之音，怒而击之则武，忧而击之则悲。其志变者，声亦随之。故志诚感之，通于金石，而况人乎？"

【注释】

①无体之礼：没有按程式举行的礼仪。

【译文】

孔子说："没有完全按照程式举行的礼仪，却体现出恭敬；没有穿丧服的丧事，却透出哀痛之情；无声的音乐，却表现出欢乐。不说话就能使别人信任，不行动就能体现出威严，不施予就能表现出仁爱。记住，钟的声音，人发怒的时候敲击它就是刚武的，人忧伤的时候敲击它就是悲戚的。心志发生了变化，敲击的钟声也随之改变。所以心志诚恳有所感触时，和金石乐器都能相通，更何况人呢？"

15.7 孔子见罗雀者所得，皆黄口①小雀。夫子问之曰："大雀独不得，何也？"罗者曰："大雀善惊而难得，黄口贪食而易得。黄口从大雀则不得，大雀从黄口亦不得。"孔子顾谓弟子曰："善惊以远害，利②食而忘患，自其心矣，而以所从为祸福。故君子慎其所从。以长者之虑，则有全身之阶；随小者之戆③，而有危亡之败也。"

【注释】

①黄口：指小鸟。幼鸟嘴黄，故称之。②利：此处用作动词，贪。③戆（gàng）：傻，愚。

【译文】

孔子看到捉鸟的人所捉到的，都是黄嘴小雀。孔子就问他说："为什么唯独捉不到大雀呢？"捉鸟的人说："大雀警觉性高难以捉到，小雀贪吃所以容易捉到。小雀跟从大雀就捉不到了，大雀跟从小雀也捉不到。"孔子回过头来教育弟子说："警觉性高就能远离灾祸，贪食就会忘记灾祸，这源自内心不同的想法，且因跟从的对象不同而福祸各异。所以君子谨慎选择所跟从的对象。依从长者的考虑，就会有保全自身的凭借；跟随年轻人的愚昧无知，就会有危亡的祸患。"

15.8 孔子读《易》，至于《损》《益》，喟然而叹。子夏避席问曰："夫子何叹焉？"孔子曰："夫自损者必有益之，自益者必有决①之，吾是以叹也。"子夏②曰："然则学者不可以益乎？"子曰："非道益之谓也。道弥益而身弥损。夫学者损其自多，以虚受人，故能成其满。博哉！天道成而必变。凡持满而能久者，未尝有也。故曰：'自贤者，天下之善言不得闻于耳矣。'昔尧治天下之位，犹允恭③以持之，克④让以接下，是以千岁而益盛，迄今而逾彰。夏桀、昆吾⑤，自满而无⑥极，亢意而不节，斩刈黎民如草芥焉。天下讨之，如诛匹夫，是以千载而恶著，迄今而不灭。观此，如行则让长，不疾先；如在舆，遇三人则下之，遇二人则式⑦之。调其盈虚，不令自满，所以能久也。"子夏曰："商请志之，而终身奉行焉。"

【注释】

①决：通"缺"。②子夏：原作"子"，据四库本改。③允恭：诚信恭敬。④克：王肃注："克，能也。"⑤昆吾：夏朝的同盟部落，己姓，曾与夏桀一起作乱，后为商汤所灭。⑥无：原无，据四库本补。⑦式：通"轼"，以手扶住车前横木表示敬意。

【译文】

孔子读《易》，读到《损》《益》两卦时，感慨地叹了口气。子夏离开席位恭敬地问他："您为何叹气？"孔子说："那些认为自己不足的人必定会得到补益，那些自我满足的人必定会有所缺失，我因此而叹息啊。"子夏说："然而学习的人不可以增加学识吗？"孔子说："我说的不是道的增加。道愈是增加自身愈感到不足。学习的人认为自己不足的地方有很多，以虚心的态度接受别人的指教，所以能成就他的完满。广博啊！天道有所大成之后一定会发生改变。凡自持完满并且能够长久的，是不曾有过的。所以说：'认为自己贤能的人，天下美好的言论他都听不到。'从前尧处在治理天下的位置上，仍然诚信谦逊自我保持，用谦让的态度对待臣下，所以千百年来声名愈盛，到今天更加彰显。夏桀、昆吾自我满足至极，恣意妄为不加节制，斩杀黎民百姓如同割草。天下人讨伐他们，像诛杀独夫一样，所以千百年来恶名昭著，到今天也没有磨灭。由此观之，如果我们在路上行走就要礼让长者，不抢先；如果在车上，遇到三个人就要下车，遇到两个人就要扶着车前横木致敬。调节盈满和虚空，不要自我满足，这才是能够长久的方法。"子夏说："我请求把这些话记下来，并且终身奉行。"

15.9 子路问于孔子曰："请释①古之道，而行由之意，可乎？"子曰："不可。昔东夷之子，慕诸夏之礼，有女而寡，为内私婿②，终身不③嫁。不嫁则不嫁矣，亦非④贞节之义也。苍梧娆⑤娶妻而美，让与其兄，让则让矣，然非礼之让矣。不慎其初，而悔其后，何嗟及矣。今汝欲舍古之道，行子之意，庸知子意不以是为非，以非为是乎？后虽欲悔，难哉！"

【注释】

①释：放弃。②内：通"纳"。私婿：非正式婚配的女婿。③不：原无，据陈本、燕山本、《说苑》补。④非：原作"有"，据四库本改。

⑤苍梧娆（rǎo）：人名。与孔子同时代人。

【译文】

　　子路向孔子询问说："我请求放弃古代的道义而施行我自己的主张，可以吗？"孔子说："不可以。从前东夷的人，仰慕华夏民族的礼仪，有一个女子成了寡妇，便为她招赘了一个未正式婚配的女婿，于是这个女子就终身不再嫁。不嫁是不嫁了，但这也不是贞节的原义了。苍梧娆娶的妻子十分漂亮，他就让给了他的哥哥，让是让了，然而不是符合礼仪的让。当初不谨慎，而事后后悔，嗟叹又有什么用呢。现在你要舍弃古代的道义，按照你自己的主张行事，怎么知道你的主张不是把对当作错，把错当作对了呢？即使事后你再想要悔改，难呀！"

　　15.10 曾子耘瓜①，误斩其根。曾晳②怒，建③大杖以击其背。曾子仆地而不知人久之。有顷，乃苏，欣然而起，进于曾晳曰："向也，参得罪于大人，大人用力教参，得无疾乎？"退而就房，援琴而歌，欲令曾晳而闻之，知其体康也。孔子闻之而怒，告门弟子曰："参来，勿内。"曾参自以为无罪，使人请于孔子。子曰："汝不闻乎，昔瞽瞍④有子曰舜，舜之事瞽瞍，欲使之，未尝不在于侧；索而杀之，未尝可得。小棰则待过，大杖则逃走，故瞽瞍不犯不父之罪，而舜不失烝烝⑤之孝。今参事父，委身以待暴怒，殪⑥而不避，既身死而陷父于不义，其不孝孰大焉？汝非天子之民也？杀天子之民，其罪奚若？"曾参闻之，曰："参罪大矣。"遂造孔子而谢过。

【注释】

①曾子：孔子弟子，名参，以孝行著称。耘：锄草。②曾皙：曾参之父，也是孔子弟子。③建：拿起。④瞽（gǔ）瞍（sǒu）：舜的父亲。相传他溺爱舜的弟弟，屡次想害死舜。瞽、瞍均为瞎眼之意，因此也有一种说法是，时人认为他有目却不能分辨好恶，故称他为瞽瞍。⑤烝烝：淳厚貌。⑥殪（yì）：死。

【译文】

曾参在瓜地里锄草，不小心错斩了瓜苗的根。他的父亲曾皙大怒，拿起大棍子就击打他的背。曾参倒在地上并且很久不省人事。过了一段时间他才苏醒，他很高兴地站起来，走上前对曾皙说："刚才，我得罪了父亲大人，父亲大人用力教训了我，没有使自己受伤吧？"说完退下回到了房间里，弹琴唱起了歌，想要让曾皙听见，知道他的身体没有大碍。孔子听说这件事后很生气，告诉看门的弟子说："曾参来了，不要让他进来。"曾参认为自己没有过错，让人询问孔子。孔子说："你没有听说过吗，以前瞽瞍有个儿子叫舜，舜侍奉瞽瞍，只要瞽瞍想使唤他的时候，他没有不在身边的；但瞽瞍想要找到他把他杀掉时，却没有得手过。父亲打他用小棍子他就承受着，用大棍子他就逃走，所以瞽瞍没有犯下不行父道的罪，而舜也没有失去淳厚的孝道。如今曾参侍奉父亲，让身体承受父亲的暴怒，死也不躲避。自己死了还陷父亲于不义，还有哪种不孝比这个更严重呢？你不是天子的子民吗？杀死了天子的子民，这是什么样的罪行呢？"曾参听了之后，说："我的罪过太大了。"于是到孔子那儿去谢罪。

15.11 荆公子行年十五而摄荆相事①。孔子闻之，使人往观其为政焉。使者反，曰："视其朝，清净而少事，其堂上有五老焉，其廊下有二十壮士焉。"孔子曰："合二十五人之智，以治天下，其固免矣，况荆乎？"

【注释】

①荆：楚国的别称。行年：指当时的年龄。摄：代理。

【译文】

楚公子十五岁就代理了楚国宰相的事务。孔子听说后，派人前去楚国观察他处理政事的情况。使者回来后，（对孔子）说："看他的朝堂之上，清净而少有政事，厅堂上有五位老人，廊下有二十位壮士。"孔子说："集合二十五个人的才智，即便用来治理天下都可以免于危亡了，何况一个楚国呢？"

15.12 子夏问于孔子曰："颜回之为人奚若？"子曰："回之信贤于丘。"曰："子贡之为人奚若？"子曰："赐之敏贤于丘。"曰："子路之为人奚若？"子曰："由之勇贤于丘。"曰："子张之为人奚若？"子曰："师之庄贤于丘。"子夏避席而问曰："然则四子何为事先生？"子曰："居①，吾语汝。夫回能信而不能反②，赐能敏而不能诎③，由能勇而不能怯，师能庄而不能同。兼四子者之有以易吾，弗与也。此其所以事吾而弗贰也。"

【注释】

①居：坐下来。②反：王肃注："反，谓反信也。君子言不必信，唯

义所在耳。"③诎：通"屈"。

【译文】

子夏向孔子询问："颜回的为人怎么样？"孔子说："颜回比我诚信。"子夏问："子贡的为人怎么样？"孔子说："子贡比我机敏。"子夏问："子路的为人怎么样？"孔子说："子路比我勇敢。"子夏问："子张的为人怎么样？"孔子说："子张比我庄重。"子夏离开席位恭敬地问道："那么这四个人为什么要侍奉您呢？"孔子说："坐下来，我告诉你。颜回这个人很诚信却不知变通，子贡很机敏却不能屈服，子路很勇敢却不知退让，子张很庄重却不合群。即使把这四个人的长处加起来与我交换，我也不会同意。这就是他们侍奉我并且忠心耿耿的原因。"

15.13 孔子游于泰山，见荣声期①，行乎郕②之野，鹿③裘带索，鼓瑟而歌。孔子问曰："先生所以为乐者，何也？"期对曰："吾乐甚多，而至者三。天生万物，唯人为贵，吾既得为人，是一乐也；男女之别，男尊女卑，故人以男为贵，吾既得为男，是二乐也；人生有不见日月④，不免襁褓者，吾既以行年九十五矣，是三乐也。贫者士之常，死者人之终，处常得⑤终，当何忧哉？"孔子曰："善哉！能自宽者也。"

【注释】

①荣声期：孔子同时代人，善弹琴。②郕（chéng）：鲁邑。③鹿：简陋，粗劣。④不见日月：指胎死腹中。⑤得：王肃注："得，宜为待。"

【译文】

孔子在泰山游历时,遇到荣声期,他走在郕邑的郊外,穿着粗劣的衣服,系着绳索做的衣带,鼓着瑟唱着歌。孔子问他:"您这么快乐,所为何事啊?"荣声期回答说:"使我快乐的事情有很多,而最快乐的有三件事。天地万物,只有人是最尊贵的,我已经做了人,这是一乐;人有男女之分,男尊女卑,因此人们以男人为尊,我已经做了男人,这是二乐;有的人还未出生就胎死腹中,有的人在襁褓之中都不免夭折,而我已经经历了九十五个年岁,这是三乐。贫穷是士人的常态,死亡是人的终结,我处在常态之中等待着人生的终结,又有何事可忧愁呢?"孔子说:"好啊!真是个能自我宽慰的人。"

15.14 孔子曰:"回有君子①之道四焉:强于行义,弱于受谏,怵于待禄②,慎于治身。史鰌有君子之道三焉:不仕而敬上,不祀而敬鬼,直己而曲人。"曾子侍,曰:"参昔常闻夫子三言,而未之能行也。夫子见人之一善而忘其百非,是夫子之易事也;见人之有善,若己有之,是夫子之不争也;闻善必躬行之,然后导之,是夫子之能劳也。学夫子之三言而未能行,以自知终不及二子者也。"

【注释】

①君子:原作"男子",据四库本改。②怵于待禄:王肃注:"怵,怵惕也。待,宜为得也。"

【译文】

孔子说:"颜回具备君子的四种品德:在推行道义时很坚定,在接劝告时很虚心，在得到俸禄时很警惕，在修身行事时很谨慎。史鳅具备君子的三种品德：不做官而能敬重身居上位的人，不祭祀而能敬事鬼神，对自己要求正直而能宽容待人。"曾参在旁边陪侍，说："我以前经常听夫子的三句很宝贵的教诲，但我未能做到。夫子您看到别人的一个优点就忘记了他所有的缺点，这是您容易相处；您见到别人身上有好的地方，就如同自己也有了，这是您不与人相争；您听到善行必定亲身去做，然后引导别人去做，这是您吃苦耐劳。学习您的三句教诲却未能做到，因此我自知终究不如颜回和史鳅。"

15.15 孔子曰："吾死之后，则商①也日益，赐②也日损。"曾子曰："何谓也？"子曰："商也好与贤己者处，赐也好说不若己者。不知其子视其父，不知其人视其友，不知其君视其所使，不知其地视其草木。故曰：与善人居，如入芝兰之室③，久而不闻其香，即与之化矣；与不善人居，如入鲍鱼之肆④，久而不闻其臭，亦与之化矣。丹之所藏者赤，漆之所藏者黑。是以君子必慎其所与处者焉。"

【注释】

①商：卜商，字子夏，孔子弟子。②赐：端木赐，字子贡，孔子弟子。③芝：通"芷"，白芷。兰：兰草。这两种都是香草。④鲍鱼之肆：卖咸鱼的店铺。

【译文】

孔子说："我死之后，子夏会日益进步，子贡会日益退步。"曾参问：

"为何这样说呢?"孔子说:"子夏喜欢与比自己贤明的人交往,子贡喜欢谈论不如自己的人。不了解儿子如何看看他的父亲就知道了,不了解一个人如何看看他的朋友就知道了,不了解君主如何看看他任命的大臣就知道了,不了解土地如何看看草木生长的状况就知道了。所以说:和善人相处,就如同进入有芷兰香草的屋子,待久了而闻不到它的香气,这就是与之同化了;和不好的人相处,就如同进入卖咸鱼的店铺,待久了也闻不到它的臭味,这也是与之同化了。所用来装朱砂的容器会变成红色,用来藏漆的容器会变成黑色。所以君子必定要慎重选择与自己相处的人。"

15.16 曾子从孔子之齐,齐景公以下卿之礼聘曾子,曾子固辞。将行,晏子①送之,曰:"吾闻之君子遗人以财,不若善言。今夫兰本三年,湛②之以鹿酳③,既成,啖之,则易之匹马。非兰之本性也,所以湛者美矣。愿子详其所湛者。夫君子居必择处,游必择方,仕必择君。择君所以求仕,择方所以修道。迁风移俗者,嗜欲移性,可不慎乎?"孔子闻之,曰:"晏子之言,君子哉!依贤者固不困,依富者固不穷。马蚿④斩足而复行,何也?以其辅之者众。"

【注释】

①晏子:名婴,齐国上大夫。②湛(jiān):通"渐",浸渍。③鹿酳(yìn):鹿肉做成的肉汤。④马蚿(xián):即"马陆",一种多足、有节肢的虫。

【译文】

曾子跟随孔子到齐国去,齐景公用下等官员的礼节聘请曾子,曾子坚定地推辞了。临行前，晏子去送行，（对曾子）说："我听闻君子赠人钱财，不如赠他有益的话。现在有生长三年的兰草根，用鹿肉汤来浸泡它，做好，能吃了，就可以用它去交换马。这并非是兰草的本来性质，是因为浸泡它的鹿肉汤美味。希望你能弄清楚鹿肉汤的作用。君子栖身必定要选择处所，交游必定要选择方向，做官必定要选择君主。选择君主是为了求取官职，选择方向是为了修行道义。那些迁移风俗改变风气的人，十分喜爱改变自己的本性，能不慎重选择吗？"孔子听闻这些话后，说："晏子的言辞，实在是君子之言啊！依附贤才就不会困惑，依附富人就不会贫穷。马蚿被斩断了脚还是可以爬行，为什么？因为辅助它的脚太多了。"

15.17 孔子曰："以①富贵而下人②，何人不尊？以富贵而爱人，何人不亲？发言不逆，可谓知言矣；言而众向之，可谓知时矣。是故以富而能富人者，欲贫不可得也；以贵而能贵人者，欲贱不可得也；以达③而能达人者，欲穷不可得也。"

【注释】

①以：原作"与"，据四库本改。②下人：谦恭待人。③达：仕途通达，与"穷"对应。

【译文】

孔子说："身处富贵而能谦恭待人，什么人会不尊重你呢？身处富贵而能友爱待人，什么人会不亲附你呢？发表言论而不忤逆大家的意思，可以说是懂得说话的；说出话大家都拥护你，可以说是懂得把握时机的。所以自己富裕又能使别人富裕的人，想要贫穷都不可能；自己尊贵又能使别人尊贵的人，想要低贱都不可能；自己仕途通达又能使别人通达的人，想要困窘都不可能。"

15.18 孔子曰："中人①之情也，有余则侈，不足则俭，无禁则淫，无度则逸，从欲则败。是故鞭扑②之子，不从父之教；刑戮之民，不从君之令。此言疾之难忍，急之难行也。故君子不急断，不急制，使饮食有量，衣服有节，宫室有度，畜积有数，车器有限，所以防乱之原也。夫度量不可不明，是中人所由之令。"

【注释】

①中人：一般人。②扑：原作"朴"，据四库本改。

【译文】

孔子说："一般人的情况就是，财物有剩余就会浪费，财物不足就会节俭，没有禁令就会恣意妄为，没有限度就会放任，随心所欲就会失败。所以遭受鞭打的儿子，不听从父亲的教育；遭受刑罚杀戮的民众，不听从君主的命令。这就是说过分的责罚就会让人难以忍受，操之过急的命令就会难以施行。所以君子不急于决断，不急于定制，使饮食有定量，穿衣有节制，房屋有限度，积蓄有定数，车辆器具有限，这是用来防范祸乱的根源啊。法令限度不能不明确，这是一般人都要遵从的规定。"

15.19 孔子曰："巧而好度①必攻，勇而好问必胜，智而好谋必成。以愚者反之。是以非其人②，告之弗听；非其地，树之弗生。得其人，如聚砂而雨之；非其人，如会聋而鼓之。夫处重擅宠，专事妒贤，愚者之情也。位高则危，任重则崩，可立而待。"

【注释】

①度（duó）：揣摩，推测。②非其人：不是合适的人。

【译文】

孔子说："灵敏而又喜欢揣摩的人必然做事专精，勇敢而又好问的人必然有所胜利，聪明而又喜欢出谋划策的人必然会成大业。愚笨的人恰恰相反。因此不是合适的人，跟他说他也不会听从；不是合适的土地，栽上树也不会生长。得到合适的人，就如同雨水落在沙土上（很容易渗透）；不是合适的人，就如同把聋子聚集在一起击鼓给他们听。身居高位受到宠信，独揽朝政妒忌贤能，这就是愚蠢的人的常态。地位高则危险，责任重就容易垮台，不久就会应验。"

15.20 孔子曰："舟非水不行，水入舟则没；君非民不治，民犯上则倾。是故君子不可不严①也，小人不可不整一也。"

【注释】

①严：严谨。

【译文】

孔子说："船没有水就无法划行，但水漫入了船中船就会沉没；君主没有百姓无法治国，但百姓犯上作乱国家就会覆亡。所以君子不可以不严谨，小民不可以不整治如一。"

15.21 齐高庭问于孔子曰:"庭不旷山①,不直地②,衣穰而提贽③,精气④以问事君子之道,愿夫子告之。"孔子曰:"贞以干之,敬以辅之,施仁无倦。见君子则举之,见小人则退之。去汝恶心,而忠与之,效其行,修其礼,千里之外,亲如兄弟。行不效,礼不修,则对门不汝通⑤矣。夫终日言,不遗己之忧;终日行,不遗己之患。唯智者能之。故自修者,必恐惧以除患,恭俭以避难者也。终身为善,一言则败之,可不慎乎!"

【注释】

①不旷山:王肃注:"旷,隔也,不以山为隔,逾山而来。"②不直地:王肃注:"直宜为植,不根于地,而远来也。"意为远道而来。③穰(ráng):蒿草衣。贽:古代初次拜见尊长所送的礼物。④精气:精诚。⑤不汝通:即"不通汝",不和你来往。

【译文】

齐国有一个叫高庭的人问孔子:"我翻山越岭,远道而来,穿着蒿草衣提着礼物,精诚地向您请教侍奉君子的方法,希望您告诉我。"孔子说:"以忠直为主干,以恭敬为辅佐,不懈地施行仁义。看到君子就推举他,看到小人就斥退他。去除你心中不好的想法,而忠诚地与君子相处,效仿他的行为,修行他的礼节,即使远隔千里,也亲如兄弟。不效仿他的行为,不修行他的礼节,那么(即使)住在对门的君子也不会和你来往。终日说话,不会给自己留下隐忧;终日行事,不会给自己留下后患。只有智者才能做到。所以修行自身的人,必定要心怀畏惧来消除祸患,恭敬勤俭来避免灾难。终身行善,一句话就可能身败名裂,能不谨慎吗?"

辩物第十六

16.1 季桓子穿井①，获如玉缶②，其中有羊焉。使使问孔子曰："吾穿井于费③，而于井中得一狗，何也?"孔子曰："丘之所闻者，羊也。丘闻之，木石之怪④，夔、魍魉⑤；水之怪，龙、罔象⑥；土之怪，羵羊也⑦。"

【注释】

①季桓子：鲁国大夫。穿井：打井。②缶（fǒu）：一种大腹小口的盛酒器皿。③费（bì）：鲁国邑名，故址在今山东鱼台西南费亭。④木石之怪：山林中的精怪。⑤夔（kuí）：古代传说中的山中怪兽。魍魉（wǎng liǎng）：山精。⑥罔象：一种水怪。⑦羵（fén）羊：古代传说中的土中神怪。

【译文】

季桓子令人打井，得到一个类似玉缶的器皿，里面有只羊。他派人去请教孔子说："我在费地打井，在井中得到一只狗，这是怎么回事呢?"孔子说："就我听说的而言，应该是一只羊。我听说，山林中的精怪是夔、魍魉；水中的精怪是龙、罔象；土中的精怪是羵羊。"

16.2 吴伐越，墮会稽①，获巨骨一节，专车②焉。吴子使来聘③于鲁，且问之孔子，命使者曰："无以吾命也。"宾既将事，乃发币于大夫，及孔子④，孔子爵之⑤。既彻俎而燕⑥，客执骨而问曰："敢问骨何如为大？"孔子曰："丘闻之昔禹致⑦群臣于会稽之山，防风⑧后至，禹杀而戮⑨之，其骨专车焉，此为大矣。"客曰："敢问谁守为神？"孔子曰："山川之灵，足以纪纲天下⑩者，其守为神。诸侯，社稷之守为公侯⑪，山川之祀者为诸侯，皆属于王。"客曰："防风何守？"孔子曰："汪芒氏之君，守封嵎山者⑫，为添姓，在虞夏商为汪芒氏、于周为长瞿氏，今曰大人。"有客曰："人长之极几何？"孔子曰："焦侥氏⑬长三尺，短之至也。长者不过十，数之极也。"

【注释】

①吴伐越，隳（huī）会稽：王肃注："吴王夫差败越王勾践，栖于会稽，吴又隳之。会稽，山也。隳，毁者也。"②专车：满载一车。专，擅，引申为满。③聘：此指诸侯之间派使者问候致意。④乃发币于大夫，及孔子：王肃注："赐大夫，及孔子。"币，指作为礼物的玉、马、皮、帛等。⑤爵：酒杯，这里用作动词。王肃注："饮酒。"⑥彻：同"撤"，撤去。俎：祭祀时盛祭品的祭器。燕：通"宴"。⑦致：此处指召集。⑧防风：汪芒国之君，一说禹时候的部落首领。⑨戮：陈尸。⑩足以纪纲天下：王肃注："谓名山大川能兴云致雨以利天下也。"⑪诸侯，社稷之守为公侯：王肃注："但守社稷，无山川之祀者，直为公侯而已。"⑫汪芒氏之君，守封嵎山者：王肃注："汪芒，国名。封嵎，山名。"⑬焦侥（yáo）氏：即僬侥氏。西南少数民族的别称。

【译文】

吴国攻打越国，荡平了会稽山，获得一节巨大的骨头，骨头占满了一车。吴王派使臣去问候鲁国国君，并且向孔子请教这件事，吴王告诫使臣说："不要说是我的命令。"使臣做完该做的事后，分发礼物给鲁国大夫，到了孔子时，孔子喝了一杯酒。撤去祭祀礼器后举行宴饮，使臣拿着骨头请教孔子："请问骨头什么样算是大的呢？"孔子说："我听说，从前禹在会稽山召集群臣，防风氏迟到了，禹就杀了他陈尸，他的骨头占满了一车，这样的骨头就算大了。"使臣问："请问守护什么的是神灵？"孔子说："山川的神灵，能兴云致雨利天下的，他的守护者是神灵。诸侯中，只守护社稷不祭祀山川的是公侯，祭祀山川的是诸侯，他们都隶属于天子。"使臣说："防风氏守护的是什么？"孔子说："他是汪芒氏的君王，守护封山、嵎山，姓漆，在虞、夏、商时称为汪芒氏，周朝称为长翟氏，现在称作大人。"有客人问："人的身体最长是多少？"孔子说："焦侥氏身长三尺，这是最短的了。最长的不超过十尺，这个数已经是极限了。"

16.3 孔子在陈，陈惠公①宾之于上馆，时有隼集陈侯之庭而死②，楛③矢贯之，石砮④，其长尺有咫⑤。惠公使人持隼，如孔子馆而问焉。孔子曰："隼之来远矣，此肃慎氏⑥之矢。昔武王克商，通道于九夷百蛮⑦，使各以其方贿⑧来贡，而无忘职业，于是肃慎氏贡楛矢、石砮，其长尺有咫。先王欲昭其令德之致远物⑨也，以示后人，使永鉴⑩焉，故铭其楛曰：'肃慎氏贡楛矢，以分大姬⑪，配胡公⑫而封诸陈。'古者分同姓以珍玉，所以展亲亲也，分异姓以远方之职贡，所以无忘服⑬也，故分陈以肃慎氏贡焉。君若使有司求诸故府⑭，其可得也。"公使人求，得之金椟⑮，如之。

【注释】

①陈惠公：陈国国君，名吴，在位二十八年，卒谥惠。②隼集陈侯之

庭而死：王肃注："隼，鸟也。始集庭便死。"隼，又称鹘，一种凶猛的鸟。庭，门庭。③楛（hù）：荆类植物，茎可制箭杆。④砮（nǔ）：箭镞。⑤咫：长度单位，八寸为一咫。⑥肃慎氏：古代少数民族，主要从事狩猎。⑦九夷百蛮：王肃注："九夷，东方九种。百夷，夷狄百种。"指周边各方少数民族。⑧方贿：地方所贡的财物土产。⑨昭其令德之致远物：彰显他能令远方朝贡的美好德行。令德，美好的德行。⑩鉴：鉴观。⑪大姬：周武王之女。⑫胡公：舜的后代。⑬服：臣服，服从。⑭故府：旧府。府，指国家收藏文书或财物的地方。⑮金椟：用来收藏文献的铜柜。王肃注："椟，匮也。"

【译文】

孔子在陈国，陈惠公安排他住在上等的馆舍里，当时有隼鸟停在陈惠公的厅堂上，随即死了，射穿它的箭的箭杆是楛木制成的，箭镞是石头制的，箭长一尺八寸。惠公派人拿着隼鸟，到孔子的馆舍请教这件事。孔子说："隼鸟飞来的地方离这里很远，这是肃慎氏的箭矢。古时周武王攻克商朝，打通了通向周边各少数民族的道路，让他们带着各自的财物土产来朝贡，以使他们不要忘记自己的职分。于是肃慎氏进贡了用楛木为箭杆、石头为箭镞的箭，长有一尺八寸。武王想要彰显他能令远方朝贡的美好德行，以此来昭示后人，让他们永远鉴观，因此在箭的末端刻着：'肃慎氏贡楛矢，把它赏给了女儿大姬，大姬被许配给了胡公，而箭也随之到了陈国。'古代把珍宝玉器赐给同姓诸侯，用来强化亲属的亲密关系，把远方的贡物赐给异姓，是为了让他们不要忘记臣服于周，因为这样才将肃慎氏的贡物赐给陈国。您如果派有司到从前的府库中去找，就可以找到。"惠公派人去找，在一个铜柜里找到了这种箭矢，果然和孔子说的一样。

16.4 郯子①朝鲁，鲁人②问曰："少昊③氏以鸟名官，何也？"对曰："吾祖也，我知之。昔黄帝以云纪官，故为云师而云名④。炎帝⑤以火，共工⑥以水，大昊⑦以龙，其义一也。我高祖少昊挚之立也，凤鸟适至，是以纪之于鸟，故为鸟师而鸟名。自颛顼氏⑧以来，不能纪远，乃纪于近，为民师而命以民事，则不能故也。"孔子闻之，遂见郯子而学焉。既而告人曰："吾闻之天子失官，学在四夷⑨，犹信。"

【注释】

①郯子：郯国国君。郯，故国名，少昊后裔。②鲁人：指鲁国大夫叔孙昭子。③少昊：相传为东夷族首领，名挚，字青阳。王肃注："少昊，金天氏也。"④黄帝以云纪官，故为云师而云名：王肃注："黄帝，轩辕氏。师，长也。云记其官长而为官名者也。"⑤炎帝：王肃注："神农氏也。"⑥共工：王肃注："共工霸九州也。"⑦大（tài）昊：王肃注："包牺氏也。"⑧颛顼氏：传说中的古代帝王，号高阳氏。顼，原作"项"，据四库本改。⑨吾闻之天子失官，学在四夷：王肃注："郯，小国也。故吴伐郯，季文子叹曰：'中国不振旅，蛮夷之伐，吾亡日矣。'孔子称：'官学在四夷，疾时之废学也。'郯，少昊之后，以其世则远矣，以其国则小矣；鲁公之后，以其世则近矣，以其国则大矣，然其知礼不若郯子，故孔子发此言，疾时之不学也。"此言周、鲁俱衰，典章阙坏，而小国之君犹知古官名之沿革。

【译文】

郯国国君朝见鲁君，鲁大夫叔孙昭子问道："少昊氏用鸟名来命名官职,这是为什么?"郯子回答道:"少昊氏是我的祖先,我知道这件事。古代黄帝用云来命名官职,所以百官之长都用云来命名。炎帝用火来命名,共工用水来命名,大昊氏用龙来命名,这道理都是一样的。我的祖先少昊挚立国之时,刚好有凤鸟飞来,于是用鸟名来命名,因此称鸟师而以鸟来命名。自颛顼氏以来,不能用原来的事物命名,于是用相亲近的事物来命名,于是设立长官的职位就用民事来命名,所以就不能像原来那样做了。"孔子听说了这件事,就去拜见郯子向他学习古代官制。事后孔子告诉别人说:"我听说在天子那里失传了古代官制,官学却还保存在四周小国之中,这话是真实可信的。"

16.5 邾隐公[①]朝于鲁,子贡观焉。邾子执玉[②],高其容仰。定公受玉,卑其容俯。子贡曰:"以礼观之,二君者将有死亡焉[③]。夫礼,生死存亡之体[④],将左右周旋[⑤],进退俯仰,于是乎取之;朝祀丧戎,于是乎观之。今正月相朝,而皆不度[⑥],心以亡矣。嘉事不体[⑦],何以能久?高仰骄,卑俯替,骄近乱,替近疾。若为主,其先亡乎?"夏五月,公薨[⑧],又邾子出奔。孔子曰:"赐不幸而言中,是赐多言。"

【注释】

①邾隐公:邾国国君,名益,曹姓。②邾子执玉:邾子拿着玉制的献给鲁定公的礼品。王肃注:"玉所以聘于王。"③死:死亡。亡:逃亡,出奔。④体:根本。⑤左右:折旋揖让。周旋:仪容举止。⑥不度:王肃注:"不得其法度。"⑦嘉事不体:王肃注:"朝聘亦嘉事也。不体,不得其体。"⑧薨(hōng):古代诸侯之死称薨。

【译文】

　　邾隐公朝拜鲁国国君，子贡观看了当时的情况。邾隐公拿着玉，高高地仰着他的脸。鲁定公接受玉，低低地俯下他的脸。子贡说："根据礼制来看，两位君主将要死亡或者出奔了。礼，是生死存亡的根本，折旋揖让，进退俯仰，是从这里来选取它的；朝会祭祀、死丧征战，也是从这里来观察它的。现在在正月里朝见，而且都不合法度，两位国君心中已经没有礼制了。朝会这样的好事都不合于礼，怎么能够长久？高仰骄纵，卑俯衰废，骄纵接近动乱，衰废接近疾病。我国国君是主人，恐怕会先亡吧？"夏五月，鲁定公去世，邾隐公也逃亡到他国。孔子说："子贡说中了不幸的事情，这是子贡多言了。"

　　16.6 孔子在陈，陈侯就之燕游①焉。行路之人云："鲁司铎②灾，及宗庙。"以告孔子。子曰："所及者，其桓、僖③之庙。"陈侯曰："何以知之？"子曰："礼，祖有功而宗有德，故不毁其庙焉。今桓、僖之亲尽矣④，又功德不足以存其庙，而鲁不毁，是以天灾加之。"三日，鲁使至，问焉，则桓、僖也。陈侯谓子贡曰："吾乃今知圣人之可贵。"对曰："君之知之可矣，未若专⑤其道而行其化之善也。"

【注释】

　　①燕游：闲游。②司铎：宫城中的官署，即后世的郎署。③桓、僖：鲁桓公、鲁僖公。④今桓、僖之亲尽矣：古代礼制，"诸侯五庙"，即只立五代的神庙表示宗亲关系，而桓公为哀公的八世祖，僖公为哀公的六世

祖，均已不合"诸侯五庙"的礼制。⑤专：推行。

【译文】

孔子在陈国，陈国国君陪他一同闲游。路上的行人说："鲁国的司铎官署发生了火灾，殃及了宗庙。"有人把这话告诉了孔子。孔子说："殃及的大概是鲁桓公、鲁僖公的宗庙吧。"陈国国君问："您是凭借什么知道的呢？"孔子说："依据礼制，祖宗有功而且后代有德，就不会毁坏他们的神庙。现今桓公、僖公的宗亲关系已经结束了，而他们的功劳德行又不足以保存他们的神庙，但是鲁国没有毁坏他们，因此天灾要加在他们的神庙上面。"三日之后，鲁国的使臣到了陈国，问起这件事，毁坏的果然是桓公、僖公的神庙。陈国国君对子贡说："我现在知道圣人是值得尊敬的。"子贡回答说："您明白圣人值得尊敬的道理是不错的，但不如遵守他的学说主张，推行他的教化为好。"

16.7 阳虎①既奔齐，自齐奔晋，适赵氏②。孔子闻之，谓子路曰："赵氏其世有乱乎！"子路曰："权不在焉，岂能③为乱？"孔子曰："非汝所知。夫阳虎亲富而不亲仁，有宠于季孙，又将杀之，不克而奔，求容④于齐。齐人囚之，乃亡归晋。是齐鲁二国，已去其疾⑤。赵简子好利而多信⑥，必溺其说而从其谋。祸败所终，非一世可知也。"

【注释】

①阳虎：鲁国大夫季孙氏的家臣。②赵氏：即赵鞅。史书多称之赵简子。晋定公时执政卿。③能：原作"不"，据四库本改。④求容：求取容

孔子家语 | 155

身之地，一说博取喜悦。⑤疾：害。⑥多信：轻信。

【译文】

　　阳虎出奔齐国后，又从齐国逃到晋国，到了赵简子那里。孔子听说后，对子路说："赵简子的后代恐怕要有动乱吧？"子路说："政权不在阳虎手中，他怎么会作乱呢？"孔子说："这不是你所能明白的。阳虎依附富人而不依附仁人，得宠于季孙氏，又要杀害他，没有得逞又逃走，向齐国求取容身之处。齐国人囚禁了他，他又逃亡到了晋国。这样，齐、鲁两国都已除去了祸根。赵简子贪图利益又轻信于人，一定会迷信阳虎的话而听从他的计谋。祸患引起的最终后果，不是这一代能够知道的。"

　　16.8 季康子^①问于孔子曰："今周十二月，夏之十月，而犹有螽^②，何也？"孔子对曰："丘闻之，火伏而后蛰者毕^③。今火犹西流^④，司历^⑤过也。"季康子曰："所失者，几月也？"孔子曰："于夏十月，火既没矣。今火见，再失闰也。"

【注释】

　　①季康子：即季孙肥，鲁哀公时正卿，"康"为其谥号。②螽（zhōng）：蝗灾，多发生于周历秋八月或九月。③火伏而后蛰者毕：王肃注："火，大火，心星也。蛰，蛰虫也。"④西流：出现在西方天空，逐渐隐没。⑤司历：掌历法的官员。

【译文】

　　季康子向孔子问道："现在是周历十二月，即夏历的十月，却还有蝗虫灾害，这是为什么呢？"孔子答道："我听说，火星隐没之后昆虫也就蛰伏起来，现在火星仍然经过西方天空，这是司历的过错。"季康子说："错误了几个月呢？"孔子说："夏历十月，火星就应该隐没。现在它还出现，这是两次没有置闰的结果。"

16.9 吴王夫差将与哀公见晋侯①。子服景伯②对使者曰："王合诸侯，则伯率侯牧③以见于王；伯合诸侯④，则侯率子男以见于伯。今诸侯会，而君与寡君见晋君，则晋成为伯也。且执事以伯召诸侯，而以侯终之，何利之有焉？"吴人乃止。既而悔之，遂囚景伯。伯谓太宰嚭⑤曰："鲁将以十月上辛有事于上帝、先王⑥，季辛而毕。何⑦也世有职焉，自襄⑧已来未之改⑨。若其不会，则祝宗⑩将曰'吴实然'⑪。"嚭言于夫差，归之。子贡闻之，见于孔子曰："子服氏之子拙于说矣，以实获囚，以诈得免。"孔子曰："吴子为夷德，可欺而不可以实。是听者之蔽，非说者之拙也。"

【注释】

①吴王夫差将与哀公见晋侯：王肃注："吴子、鲁哀公十二年与晋侯会于黄池。"②子服景伯：即子服何，鲁国大夫，当时跟随鲁哀公参加会盟。③伯率侯牧：王肃注："伯，王官。侯牧，方伯名。"④伯合诸侯：王肃注："伯，侯牧也。"⑤太宰嚭（pǐ）：伯氏，名嚭，一作帛喜，吴国宰相。⑥上辛：农历每月上旬的辛日。下句"季辛"，指农历每月下旬的辛日。有事：指祭祀。王肃注："有事，祭。所以欺吴也。"⑦何：王肃注："何，景伯名。"⑧襄：王肃注："襄，鲁襄公是也。"⑨未之改：原作"之改之"，据《左传》改。⑩祝宗：古代时主持祭告的祈祷者。⑪吴

实然：是吴国造成的结果。指被囚禁不能参加祭祀。

【译文】

吴王夫差将要和鲁哀公去见晋国诸侯。子服景伯对吴国使者说："天子会合诸侯，那么伯爵就应该率侯牧等官去觐见天子；伯爵会合诸侯，那么侯爵就该率领子爵、男爵进见伯爵。如今诸侯会合，而你们吴国国君和我国国君去见晋国国君，那么晋国国君就成为伯爵了。况且吴国国君以伯爵身份召集诸侯，却以侯爵身份结束会合，又有什么好处呢？"吴人于是停止了此事。过后又后悔了，于是囚禁了景伯。景伯对太宰嚭说："鲁国将在十月上辛这天祭祀上帝、先王，季辛这天结束。我家世代都在祭祀中担任职务，从鲁襄公以来没有变过。如果我不参加祭祀，祭祀时祝宗会说：'这是吴国造成的。'"太宰嚭将这些话告诉了吴王夫差，夫差就把景伯放回了鲁国。子贡听说了这件事，见到孔子说："子服景伯不善言辞，因为说了实话而被囚禁，因为讲了假话而被释放。"孔子说："吴王实行的是夷人的德行，对他可以欺骗而不讲实话。这是听话人的鄙陋，而不是说话人的拙劣。"

16.10 叔孙氏之车士曰子鉏商①，采薪于大野②，获麟③焉，折其前左足，载以归。叔孙以为不祥，弃之于郭外④，使人告孔子曰："有麇⑤而角者，何也？"孔子往而观之，曰："麟也。胡为来哉？胡为来哉？"反袂拭面，涕泣沾衿。叔孙闻之，然后取之。子贡问曰："夫子何泣尔？"孔子曰："麟之至，为明王也，出非其时而见害⑥，吾是以伤焉。"

【注释】

①叔孙氏：鲁国大夫。车士：驾驭车子的人。王肃注："车士，持车者。子，姓也。"②采薪于大野：王肃注："《春秋经》鲁哀公十四年：'西狩获麟。'《传》曰：'西狩大野。'今此曰：'采薪于大野。'若车士子鉏商，非狩者采薪西获。麒麟，瑞物。时见狩获，故经书'西狩获麟'也。"③麟：麒麟，古人认为是仁兽，圣人将出现之祥瑞。④弃之于郭外：王肃注："《传》曰：'以赐虞人。'弃之郭外，将以赐虞人也。"⑤麇：獐子。⑥见害：原无"见"字，据四库本补。

【译文】

叔孙氏的车夫子鉏商，在大野砍柴，捉到了一只麒麟。他打折了它的左前足，用车子载了回来。叔孙氏认为是不祥之物，就把麒麟抛弃在城外，派人告诉孔子说："有一只长着角的獐子，这是什么呢？"孔子前往观看，说："这是麒麟呀。它为什么要到这儿来？它为什么要到这儿来？"他把袖子翻过来擦脸，眼泪把衣襟都弄湿了。叔孙氏听说后，就把麒麟带了回去。子贡问道："老师为什么而哭泣呢？"孔子说："麒麟的出现，是圣明的君主出现的征兆。但它现在出来的不是时候且受到了伤害，我因此而伤心呀。"

哀公问政第十七

17.1 哀公问政于孔子。孔子对曰："文武①之政，布在方策②，其人存则其政举,其人亡则其政息。天道敏③生,人道敏政,地道敏树④。夫政者,犹蒲卢⑤也,待化以成,故为政在于得人。取人以身⑥,修道以仁。仁者,人也,亲亲⑦为大;义者,宜也,尊贤为大。亲亲之杀⑧,尊贤之等,礼所以生也。礼者,政之本也。是以君子不可以不修身。思修身,不可以不事亲;思事亲,不可以不知人;思知人,不可以不知天。天下之达道⑨有五,其所以行之者三。曰:君臣也、父子也、夫妇也、昆弟也、朋友也。五者,天下之达道。智、仁、勇三者,天下之达德也。所以行之⑩者,一也。或生而知之,或学而知之,或困⑪而知之,及其知之,一也。或安而行之,或利而行之,或勉强而行之,及其成功,一也。"公曰:"子之言,美矣至矣,寡人实固,不足以成之也。"孔子曰:"好学近乎智,力行近乎仁,知耻近乎勇。知斯三者,则知所以修身;知所以修身,则知所以治人;知所以治人,则能成天下国家者矣。"

【注释】

①文武:指周文王、周武王。②布:刊载,记载。方策:典册,典籍。方,古代书写用的木板。王肃注:"方,版。"策,通"册"。古代用竹片或木片记事著书,成编的叫策。③敏:疾速,敏捷。④树:此处用作动词,生长。⑤蒲卢:王肃注:"蒲卢,螺蠃也,谓土蜂也。取螟蛉而化之以为子。为政化百姓,亦如之者也。"一说指芦苇,性柔而生长迅速。⑥取人以身:得到贤人的关键在于为政者的修身。身,指为政者的修身。⑦亲亲:前为动词,爱,亲近。后为名词,亲人。⑧杀(shài):减少,降等。⑨达道:天下古今共同遵守的道理。⑩之:代指前面的智、仁、勇。⑪困:困苦,阻塞。

【译文】

鲁哀公向孔子请教为政之道。孔子回答说:"周文王和周武王的为政之道,记载在典籍中。这样的贤人在世,他们的为政之道就能够施行;若没有他们那样的人,他们的为政之道就会被停止施行。天之道就是迅速地生成万物,人之道就是使政治迅速地昌明,地之道就是让万物迅速地生长。政治,就如同芦苇一样,如果得到雨的滋润就能迅速地长成,所以为政最重要的就是得到人才。而得到人才的关键在于强化自身的修养,修养道德在于以仁为本。仁,就是人与人之间的相互亲爱,爱亲人是最大的仁;义,就是人与人之间关系处理得当,尊重贤人是最大的义。爱亲人要有等级差别,尊敬贤人也要有等级差别,礼就在这其中产生。礼,是为政的根本。因此君子不能不加强自身的品德修养。要想加强自身的品德修养,不可以不侍奉自己的父母;要想侍奉自己的父母,不能不明辨地看待他人;要想明辨地看待他人,不能不知晓天道。天下共通的大道有五条,用来实行这些大道的德行有三种。君臣之道、父子之道、夫妇之道、兄弟之道、朋友之道,这五条是天下共通的大道。智慧、仁爱、勇敢这三种品德,是天下共通的美德。而实现这些大道与美德的方法只有诚实专一这一种方法。有的人生来就知道这些道理,有的人通过学习知道这些道理,有的人经过困苦才知道这些道理,最终都知道了,他们又都是一样的了。有的人安心地去实践这些道理,有的人为了名利去实践这些道理,有的人被迫勉强去实践这些道理,最终都实践成功了,他们又都是一样的了。"哀公说:"您说得太好了,达到了极致!但我实在鄙陋,不足以成就这些。"孔子说:"喜欢学习就近乎有智慧,努力实行就近乎有仁爱,懂得耻辱就近乎有勇气。明白了这三者,就明白了如何修身;明白了如何修身,就明白了如何管理别人;明白了如何管理别人,就能完成天下国家的大事了。"

公曰："政其尽此而已乎?"孔子曰："凡为天下国家有九经①,曰修身也、尊贤也、亲亲也、敬大臣也、体群臣也、子②庶民也、来③百工④也、柔⑤远人也、怀⑥诸侯也。夫修身则道立,尊贤则不惑,亲亲则诸父、兄弟不怨,敬大臣则不眩⑦,体群臣则士之报礼重,子庶民则百姓劝⑧,来百工则财用足,柔远人则四方归之,怀诸侯则天下畏之。"

【注释】

①经：道德，规范。②子：以……为子，爱……如子。③来：招纳，召集。④百工：指各种工匠。百工还有其他两种意思：古代官的总称；专指主管营建、制造等事务的官。⑤柔：厚待，怀柔。⑥怀：安抚。⑦不眩：不迷惑。⑧劝：勤勉，勉励。

【译文】

哀公问："为政之道到此就完了吗?"孔子说："凡是治理天下有九条原则,那就是：修养自身,尊敬贤人,亲爱亲人,敬重大臣,体恤群臣,把老百姓当作自己的子女,招纳百工,厚待边远地区的人民,安抚诸侯。修养自身就能树立正道,尊敬贤人就不会困惑,亲爱亲人就不会有叔伯、兄弟间的怨恨,敬重大臣就不会迷惑,体恤群臣就会使士人的报答加重,爱民如子就会使百姓更加勤勉,召集各种工匠就会使国家财物器用充足,厚待边远地区的人民就会使四方百姓都来归附,安抚诸侯天下人就会心存敬畏。"

公曰:"为之奈何?"孔子曰:"齐①洁盛服,非礼不动,所以修身也;去谗远色②,贱财而贵德,所以尊贤也;爵③其能,重其禄,同其好恶,所以笃④亲亲也;官盛任使⑤,所以敬大臣也;忠信重禄,所以劝士也;时使薄敛⑥,所以子百姓也;日省月考⑦,既廪称事⑧,所以来百工也;送往迎来,嘉善而矜不能,所以绥⑨远人也;继绝世⑩,举废邦,治乱持危,朝聘以时⑪,厚往而薄来⑫,所以怀诸侯也。治天下国家有九经,其所以行之者一也。凡事豫⑬则立,不豫则废。言前定则不跲⑭,事前定则不困,行前定则不疚⑮,道前定则不穷⑯。在下位不获于上⑰,民弗可得而治矣。获于上有道,不信于友,不获于上矣;信于友有道,不顺于亲,不信于友矣;顺于亲有道,反诸身不诚,不顺于亲矣;诚身有道,不明于善,不诚于身矣。诚者,天之至道也;诚之⑱者,人之道也。夫诚,弗勉而中⑲,不思而得,从容中道,圣人之所以体⑳定也;诚之者,择善而固执㉑之者也。"

【注释】

①齐(zhāi):同"斋",意为斋戒。②去谗远色:不听谗言,远离女色。去,摒除。③爵:嘉奖,给……爵位。④笃:深厚,此处用作动词,加厚,加重。⑤官盛任使:王肃注:"盛其官,委任使之也。"任用官吏多,听凭差遣。⑥时使薄敛:劳役不妨碍农时,征收赋税要轻。⑦日省月考:每天审查,每月考核。⑧既(xì)廪称事:王肃注:"既廪,食之多寡称其事也。"意为发给百工的俸禄要与他们的工作成绩相称。既廪,即饩廪,指薪水、粮食。⑨绥:安抚。⑩继:承续,延续。绝世:已经中断俸禄的家族世系。⑪朝聘以时:按时朝聘。每年一见叫小聘,三年一见叫

大聘，五年一见叫朝聘。⑫厚往而薄来：赏赐诸侯礼物要丰，接受诸侯贡赋要薄。⑬豫：准备。⑭跲（jiá）：跌倒，此处指说话不顺畅。⑮疚：惭愧。⑯穷：困阻不通。⑰不获于上：不能获得上级的信任。⑱诚之：按诚去做。⑲中：合乎，符合。⑳体：禀性，心性。㉑固执：坚持不懈。

【译文】

哀公问："要怎样才能做到呢？"孔子说："像斋戒那样穿着庄重的服装静心虔诚，不符合礼仪的事情坚决不做，这是修养自身的最好办法；摒弃谗言，远离女色，看轻钱财而重视德行，这是尊敬贤人的最好办法；给有才能的亲人加官晋爵，给以丰厚的俸禄，与他们的好恶保持一致，这是让亲人更加亲爱的最好办法；多为大臣设置属官供他们差使，这是敬重大臣的最好办法；真心诚意地任用并给以丰厚的俸禄，这是劝勉士人的最好办法；劳役不耽误农时，减少赋税征收，这是爱民如子的最好方式；每天省察，每月考核，使发放的钱粮和俸禄与他们的工作成绩相符合，这是召集各种工匠的最好办法；来时欢迎，去时欢送，嘉奖有善行的人且怜惜能力差的人，这是安抚边远地区人民的最好办法；延续绝嗣的家族，复兴已经废亡的小国，治理祸乱，扶持危局，让各地诸侯按时朝聘，赠送礼品丰厚，收受贡赋少，这是安抚诸侯的最好办法。治理天下有九条原则，实行这些原则只能真诚专一。任何事情，事前有准备就会成功，不然就会失败。讲话前有准备语言就会流畅；做事前有准备就不会出现困窘；行动前有准备就不会愧疚；做事原则决定前有准备就不会有行不通的地方。身处下位不能得到上位之人的信任，就不能治理好百姓。得到上位人的信任是有方法的，不取信于朋友就不能得到上位人的信任；得到朋友的信任是有方法的，不孝顺父母就不能得到朋友的信任；孝顺父母是有方法的，反省自己如果不真诚，就不能孝顺父母；使自己的内心真诚是有方法的，如果不彰显善行，就不能使自己真诚。真诚，是上天的原则；按照诚的要求做事，是做人的原则。只要内心真诚，不用勉强就能做到，不用思索就能领悟，从从容容符合法则，这就是圣人心境平和的原因；要做到诚就是要选择善的目标坚持不懈。"

公曰："子之教寡人备①矣，敢问行之所始。"孔子曰："立爱自亲始②，教民睦也；立敬自长始③，教民顺也。教之慈睦，而民贵有亲；教以敬，而民贵用命。民既孝于亲，又顺以听命，措诸④天下，无所不可。"公曰："寡人既得闻此言也，惧不能果⑤行而获罪咎。"

【注释】

①备：完备，详备。《诗经·周颂·有瞽》："既备乃奏。"②立爱自亲始：树立仁爱观念从"亲亲"开始。③立敬自长始：树立敬爱观念从"尊贤"开始。④措诸：用之于。⑤果：实现，完成。

【译文】

哀公说："您对我的教导已经很完备了。请问从哪方面开始实施呢？"孔子说："树立仁爱观念从亲爱自己的亲人开始，这是教民众和睦；树立恭敬的观念从尊敬长辈开始，这是教民众顺从。教人慈善和睦，民众会认为亲人是宝贵的；教人恭敬，民众会认为听从命令是重要的。民众既能孝顺父母，又能听从命令，把这种方法用之于天下，没有什么不可以的。"哀公说："我既已经听了这些教导，害怕不能把这些加以落实而招来罪责和埋怨。"

17.2 宰我①问于孔子曰:"吾闻鬼神之名,而不知所谓,敢问焉。"孔子曰:"人生有气有魄②。气者,人之盛也。夫生必死,死必归土,此谓鬼;魂气归天,此谓神,合鬼与神而享之③,教之至也。骨肉弊④于下,化为野土,其气发扬于上者,此神之著⑤也。圣人因物之精,制为之极⑥,明命鬼神,以为民之则⑦,而犹以是为未足也,故筑为宫室,设为宗祧⑧,春秋祭祀,以别亲疏,教民反古复始,不敢忘其所由生也。众人服自此,听⑨且速焉。教以二端⑩,二端既立,报以二礼⑪。建设朝事⑫,燔燎膻芗⑬,所以报气也。荐黍稷,羞肺肝,加以郁鬯⑭,所以报魄也。此教民修本,反始崇爱,上下用情,礼之至也⑮。君子反古复始,不忘其所由生,是以致其敬,发其情,竭力从事,不敢不自尽⑯也。此之谓大教。昔者文王之祭也,事死如事生,思死而不欲生,忌日则必哀,称讳则如见亲,祀之忠也。思之深,如见亲之所爱。祭欲见亲之⑰颜色者,其唯文王与!《诗》云:'明发不寐,有怀二人。'⑱则文王之谓与!祭之明日,明发不寐,有怀二人,敬而致之,又从而思之。祭之日,乐与哀半,飨之必乐,已至必哀⑲,孝子之情也。文王为能得之矣。"

【注释】

①宰我:即宰予,字子我,孔子弟子。②魄:原作"魂",据四库本、《礼记》改。③合鬼与神而享之:王肃注:"合神鬼而事之者,孝道之至。孝者,教之所由生也。"享,祭祀。《诗经·小雅·楚茨》:"以享以祀。"④弊:败坏。⑤著:显明,显出。⑥制为之极:王肃注:"极,中。制为中法。"极,标准,准则。⑦明命鬼神,以为民之则:王肃注:

"明命,犹尊名,使民事其祖祢也。"⑧宗祧(tiāo):王肃注:"宗,宗庙也。祧,远庙也。天子特有二祧,诸侯谓始祖为祧也。"⑨听:顺从,听从。⑩二端:王肃注:"二端,气与魄也。"⑪二礼:王肃注:"二礼,谓荐社稷也。"⑫建设朝事:指早晨祭祀宗庙之事。⑬燔燎膻芗:王肃注:"谓以萧光取祭脂以合膻香也。"⑭所以报气也。荐黍稷,羞肺肝,加以郁鬯(chàng):原无此十五字,据四库本、同文本、《礼记》补。羞,原为名词,指有滋味的佳肴;此处用作动词,进献食品。郁鬯,即用香草浸泡的酒,用来祭祀降神。⑮此教民修本,反始崇爱,上下用情,礼之至也:王肃注:"民能不忘其所由生,然后能相爱也。上下,谓尊卑。用情,谓亲也。"⑯自尽:自觉尽力而为。⑰之:原无,据四库本、同文本补。⑱"《诗》云"句:所引诗见《诗经·小雅·小宛》。王肃注:"假此诗以喻文王。二人,谓父母也。"明发,天将亮而晨光初露。有怀,同"又怀",又想起。⑲已至必哀:王肃注:"已至,谓祭事以毕。不知亲飨否,故哀。"

【译文】

宰我问孔子:"我听说过鬼神的名称,而不知道到底指的是什么,想请教一下先生。"孔子说:"人生来就有气有魄。气是人充盛的外在形式。众生有生必有死,死后必定回到土中,这就叫鬼;魂气归于天上,这就叫神。把鬼和神合起来祭祀,这是教化的极致。骨肉埋葬在地底下,化为野土,而它的气又往上扬,这是神的显著表现。圣人依据万物的精神,制定了标准,明确地命名为鬼神,作为民众信奉的准则。但认为还不够,便又修筑了宫室,建立了宗庙,在春秋进行祭祀,用来区别亲疏远近关系,教育民众不忘记远古和初始,不忘记自己是从哪里来的。民众的服从就从这开始,因此能够迅速听从命令。用气和魄的道理来教导民众,把气和魄命名为鬼和神两种名称的做法确定下来以后，又制定了相应的两种礼节来祭气和魄。设置朝事礼，荐献刚宰杀的牲肉和牲血，烧烤牺牲的脂肪，发出膻味、香味，这是用来祭报气即神的。再荐上黍米饭、糜子米饭，进上煮熟的肺、肝，还献上用香草浸泡的酒，这是用来祭报魄即鬼的。这些做法是为了教导民众要不忘根本，崇尚仁爱，上下尊卑都重情相亲，这是礼的极致。君子反思远古和初始，不忘记自己生命的由来，所以要向祖先表示尊敬，抒发情感，竭尽全力做事，不敢不尽心尽力。这就叫作大教化。从前文王在祭祀时，侍奉死者如同侍奉生者，思念死者而痛不欲生，每逢父母的祭日都很悲哀，提到父母的姓名就如同看到他们一样，这样可以称得上祭祀时表现得忠敬了。思念之深切，如同看见亲人对自己的爱。祭祀时想起亲人模样，恐怕只有文王了吧。《诗经》说：'天亮了还睡不着，又想起了父母。'说的就是文王吧！祭祀的第二天，天亮了还睡不着，又想起父母，恭敬地把他们的魂魄请来，接着又思念他们。祭祀当天，快乐与悲哀各半，享祭亡亲自然喜悦，敬献完毕不知父母是否享用又很哀伤，这就是孝子的感情。文王是能够做到这一点的。"

颜回第十八

18.1 鲁定公问于颜回曰："子亦闻东野毕①之善御乎？"对曰："善则善矣。虽然②，其马将必佚③。"定公色不悦，谓左右曰："君子固有诬④人也。"颜回退。后三日，牧⑤来诉之曰："东野毕之马佚，两骖曳⑥，两服入于厩⑦。"公闻之，越席而起，促驾召颜回。回至，公曰："前日寡人问吾子⑧以东野毕之御，而子曰善则善矣，其马将佚，不识吾子奚以知之？"颜回对曰："以政知之。昔者，帝舜巧于使民，造父⑨巧于使马。舜不穷其民力，造父不穷其马力，是以舜无佚民，造父无佚马。今东野毕之御也，升马执辔⑩，衔体正矣⑪；步骤驰骋⑫，朝礼毕矣⑬，历险致远，马力尽矣，然而犹乃求马不已。臣以此知之。"公曰："善！诚若吾子之言也。吾子之言，其义大矣，愿少进⑭乎。"颜回曰："臣闻之：鸟穷则啄，兽穷则攫⑮，人穷则诈，马穷则佚。自古及今，未有穷其下而能无危者也。"公悦，遂以告孔子。孔子对曰："夫其所以为颜回者，此之类也，岂足多⑯哉？"

【注释】

①东野毕：春秋时善于驾车的人，姓东野。②虽然：虽然这样。虽，虽然。然，这样。③佚：通"逸"，奔逃，逃逸。④诬：欺骗。⑤牧：掌管马的官。⑥骖（cān）：古代驾车时位于两旁的马。曳：逾越，这里指逃跑。⑦服：驾车时位于中间的马。厩（jiù）：马棚。⑧吾子：对人比较亲切的称呼。⑨造父：西周时一位善于驾车的人。父，古时对男子的美称。⑩辔：驾驭牲口的缰绳。⑪衔：马嚼子。体：事物存在的状态。⑫步：缓行。骤：疾行。驰骋：纵马疾驰。⑬朝礼：调理，旧注："'朝'与'调'古字通，《毛诗》言'调饥'即'朝饥'。此言马之驰骋皆调习也。"⑭进：进献，奉上，这里是谈谈的意思。⑮攫（jué）：夺取。⑯多：赞美。

【译文】

鲁定公问颜回："你也听说过东野毕擅长驾车的事吗？"颜回回答说："他的确擅长驾车，虽然如此，他的马将来必定会逃逸。"鲁定公露出不高兴的神色，对身边的人说："君子中原来也有诬蔑人的人。"颜回退下了。三天之后，养马的官员来报告："东野毕的马逃跑了，两旁的马逃脱，只有中间的两匹马回到马棚。"定公听后，跨过座席站了起来，催促驾车的人召颜回入朝。颜回到了后，鲁定公问："前天我问你东野毕驾车的事情，你说他擅长倒是擅长，但他的马将会逃走，不知道你是怎么知道这件事的？"颜回回答说："我是根据为政的道理知道这件事的。以前，帝舜擅长治理人民，造父擅长驾驭马。舜没有穷尽百姓的力量，造父没有穷尽马的力气，因为这样，舜没有逃亡的百姓，造父没有逃走的马匹。现在东野毕驾车，握住缰绳，上好马嚼子；或缓行或疾走或驱马奔驰，马的步伐已调理完毕；经历艰难险阻，奔向远方，马已经精疲力尽，却还要求马不停地奔跑。我是根据这些事知道马会逃走的。"定公说："好！的确像你说的那样。你的话意义重大，希望你再和我稍微谈谈。"颜回说："我听说，鸟急时就会啄人，猛兽急时就会攻击人，人困窘时就会骗人，马精疲力尽时就会逃跑。从古到今，没有使他的手下困窘而能自己幸免于难的情况。"定公很高兴，便把这件事告诉了孔子。孔子回答说："颜回之所以是颜回，就是因为这类事，这件事难道也值得赞美吗？"

18.2 孔子在卫，昧旦晨兴[①]，颜回侍侧，闻哭者之声甚哀。子曰："回，汝知此何所哭乎？"对曰："回以此哭声，非但为死者而已，又有生离别者也。"子曰："何以知之？"对曰："回闻桓山之鸟，生四子焉，羽翼既成，将分于四海，其母悲鸣而送之，哀声有似于此，谓其往而不返也。回窃以音类知之。"孔子使人问哭者，果曰："父死家贫，卖子以葬，与之长决[②]。"子曰："回也，善于识音矣。"

【注释】

①昧旦：黎明，拂晓。兴：起。②决：通"诀"，分别。

【译文】

孔子在卫国的时候，有一天黎明时就起床了，颜回在旁边侍候，这时听到有人在哭泣，声音非常凄哀。孔子问："颜回，你知道这是为什么而哭吗？"颜回回答说："我认为这哭声不但是为了死去的人，而且也是为了活着而将要分离的人。"孔子说："根据什么而知道这些的呢？"颜回回答说："我听说桓山的鸟生了四只小鸟，当小鸟羽翼丰满以后，将要飞往四面八方，它们的母亲悲伤地鸣叫，送它们远行，悲哀的鸣叫声和这种声音很相似，是说它们一去不回了。我私下根据类似的声音知道的。"孔子派人去询问哭泣的人，果真是说："家父去世，家里贫穷，只能卖掉儿子来安葬父亲，现在正与儿子长久地诀别。"孔子说："颜回真是擅长辨识声音啊。"

18.3 颜回问于孔子曰："成人①之行若何？"子曰："达于情性之理，通于物类②之变，知幽明③之故，睹游气之原。若此可谓成人矣。既能成人，而又加之以仁义礼乐，成人之行也。若乃④穷神知礼，德之盛⑤也。"

【注释】

①成人：完美无缺的人。②物类：各类的物质。③幽明：泛指有形的和无形的、可见的和不可见的事物。④若乃：至于。⑤盛：顶点，极点。

【译文】

颜回问孔子："怎样算是完美无缺的人的德行？"孔子回答说："通达人性人情的道理，精通世界万物的变化，知晓各种有形和无形事物的缘故，洞察空中云气的本原。像这样才可以称为完美无缺的人。已经成为完美的人后，再加上仁义礼乐的教化，就是完美无缺的人的德行。至于能够深究事物的精微道理，则是道德的至高点。"

18.4 颜回问于孔子曰："臧文仲、武仲孰贤①？"孔子曰："武仲贤哉！"颜回曰："武仲世称圣人，而身不免于罪②，是智不足称也；好言兵讨，而挫锐于邾③，是智不足名也。夫文仲其身虽殁，而言不朽，恶有未贤？"孔子曰："身殁言立，所以为文仲也。然犹有不仁者三，不智者三，是则不及武仲也。"回曰："可得闻乎？"孔子曰："下展禽，置六关，妾织蒲④，三不仁；设虚器⑤，纵逆祀，祠海鸟，三不智。武仲在齐，齐将有祸，不受其田，以避其难，是智之难也⑥。夫臧武仲之智而不容于鲁，抑⑦有由焉，作而不顺，施而不恕⑧也夫。《夏书》⑨曰：'念兹在兹，顺事恕施。'"

【注释】

①臧文仲：即臧孙辰，春秋时鲁国大夫，谥"文"，以立言垂世著称。武仲：即臧文纥，臧文仲之孙，亦为鲁国大夫，以料事多中、见闻广博闻名于世。时有"圣人"之誉。②武仲世称圣人，而身不免于罪：根据王肃注，武仲帮助季武子废长立幼，因而得罪了季孙公鉏，他联合孟孙氏与武仲为敌。鲁襄公二十三年（前550年），孟孙氏诬陷武仲叛乱，季

武子命攻臧氏，武仲流亡至齐。③好言兵讨，而挫锐于邾：根据王肃注，鲁襄公四年（前569年），邾、莒进犯鄫国，武仲率军攻打邾国，不料在狐骀（今山东滕州东南）惨败，鲁军伤亡严重。④蒲：草席。⑤设虚器：设立不是自己的地位应该拥有的器物。⑥不受其田，以避其难（nàn），是智之难（nán）也：臧武仲在齐国时，预感到齐国将发生动乱，没有接受齐国国君赏赐的土地，这是难得的明智啊。⑦抑：发语词。⑧恕：儒家倡导的伦理思想，以仁爱之心对待别人。⑨《夏书》：指《尚书》中的《甘誓》《五子之歌》《胤征》等。

【译文】

颜回问孔子："臧文仲和臧武仲这两人，谁更加贤明？"孔子回答说："臧武仲更加贤明些。"颜回说："臧武仲被世人称为圣人，但自身却不能免于罪行，这是因为他的才智还不足以被称赞；他喜欢谈论兵法和征战，但却在攻打邾国时惨败，挫伤了锐气，这是因为他的才智与名声不符。臧文仲，他虽然死了，但言论却流传下来，哪里有不贤明的地方呢？"孔子说："人死了，言论却流传下来，这是文仲能成为文仲的原因。但是他还做过三件不仁的事情和三件不明智的事情，这样他就比不上武仲了。"颜回问："可以让我听听是怎么回事吗？"孔子说："使柳下惠居于下位，在六关设置征税政策，让家里的妾编织草席来赚钱，这是文仲做的三件不仁爱的事情；设立不是自己的地位应该拥有的器物，纵容不合顺序的祭祀，让国人祭祀海鸟，这是文仲做的三件不明智的事情。臧武仲在齐国的时候，预感到齐国将发生动乱，没有接受齐国国君赏赐的土地，以躲避灾难，这是明智中最难做到的。臧武仲的才智不被鲁国所容纳，是有原因的，他做的事情不顺从事理，施行起来没有以仁爱之心对待别人。《夏书》说：'心里想着这里就专注在这里，还要顺着事理，施行仁爱之道。'"

18.5 颜回问①君子。孔子曰:"爱近仁,度②近智,为己不重③,为人不轻,君子也夫。"回曰:"敢问其次。"子曰:"弗学而行,弗思而得。小子④勉之。"

【注释】

①问:此字后原有"于"字,今删。②度(duó):计算,谋划。③不重:此指不看重自己。④小子:旧时老师对学生的称谓。

【译文】

颜回问什么样的人才算君子。孔子回答说:"能爱人就接近仁德了,善于谋划就接近明智了,对自己不是太看重,对别人不轻视,这样的人就算是君子了。"颜回说:"斗胆问一下,比君子稍逊一等的人是怎样的?"孔子回答说:"还没学习就能行动,还没思考就能有收获。你要好好努力啊。"

18.6 仲孙何忌①问于颜回曰:"仁者一言而必有益于仁智,可得闻乎?"回曰:"一言而有益于智,莫如预;一言而有益于仁,莫如恕。夫知其所不可由②,斯知所由矣。"

【注释】

①仲孙何忌:即孟懿子,春秋时鲁国大夫,幼时曾从孔子学礼。②由:为,从事。

【译文】

仲孙何忌问颜回:"有仁德的人说一个字必定能有益于仁德和智慧的

施行，可以说来让我听听吗？"颜回说："如果说有一个字是有益于智慧的，什么都比不上一个'预'字；如果说有一个字是有益于仁德的，什么都比不上一个'恕'字。知道什么是不应该做的，才能知道什么是应该做的。"

18.7 颜回问小人。孔子曰："毁人之善以为辩，狡讦①怀诈以为智，幸人之有过，耻学而羞不能，小人也。"

【注释】

①狡讦（jié）：诬陷。狡，狡猾。讦，攻击别人的短处或揭发别人的隐私。

【译文】

颜回问什么人算是小人。孔子说："诋毁别人的优点却自认为是善于思辨，诬陷他人心怀欺诈却自认为是聪明，别人有过错就幸灾乐祸，把学习看作耻辱的事却嘲笑没有能力的人，这样的人就是小人。"

18.8 颜回问子路曰："力猛于德而得其死者，鲜矣，盍①慎诸焉？"孔子谓颜回曰："人莫不知此道之美，而莫之御②也，莫之为也。何居为闻者，盍日思也夫？"

【注释】

①盍：何不。②御：使用，应用。王肃注"御，犹待也"，恐不确。

【译文】

颜回问子路:"勇力远较德行突出而能死得其所的人很少,何不谨慎地对待这件事呢?"孔子对颜回说:"人没有不知道这个道理的正确性的,却没有人去应用它,也没有人认真地照着做。为何做一个只听的人,何不认认真真地思考一下呢?"

18.9 颜回问于孔子曰:"小人之言有同乎君子者,不可不察也。"孔子曰:"君子以行言,小人以舌言。故君子于为义之上相疾①也,退而相爱;小人于为乱之上相爱也,退而相恶②。"

【注释】

①相疾:根据王肃注,为急欲相劝之义,相互批评劝告。②恶(wù):憎恨,中伤。

【译文】

颜回问孔子:"小人的言论有时会和君子的言论有所相同,这不可以不考察一下。"孔子说:"君子用行动来说话,小人用口舌来说话。所以君子在施行道义的方面会相互批评,在别的方面会相互敬爱;小人在制造混乱的方面会相互友爱,但在别的方面就会相互中伤。"

18.10 颜回问朋友之际如何。孔子曰:"君子之于朋友也,心必有非焉,而弗能谓'吾不知',其仁人也。不忘久①德,不思久怨,仁矣夫。"

【注释】

①久：旧，以往，原先。

【译文】

颜回问朋友之间该如何交往。孔子说："君子对于朋友，心里必定知道他有做错的地方，不能说'我不知道'，这才是有仁德的人。不忘记朋友以前对自己的恩德，也不记着以前对朋友的怨恨，这才是仁。"

18.11 叔孙武叔①见未仕于颜回，回曰："宾②之。"武叔多称人之过，而己评论之。颜回曰："固子之来辱③也，宜有得于回焉。吾闻诸孔子曰：'言人之恶④，非所以美己；言人之枉，非所以正己。'故君子攻其恶，无攻人恶。"

【注释】

①叔孙武叔：春秋时鲁国大夫，叔孙氏，名州仇。②宾：用宾客之礼招待。③辱：谦辞。④恶（è）：过失。

【译文】

叔孙武叔在没当官的时候去拜访颜回，颜回吩咐家人："请用宾客之礼来招待他。"武叔常常说别人的过失，还要自己妄加评论。颜回说："本来你是屈驾来我家做客，应该让你从我这里得到一些东西的。我听我的老师孔子说过：'谈论别人的过失，不能因此而美化完善自己；谈论别人的错误，不能因此而纠正自己的错误。'所以君子应该批评自己的过失，而不应该批评别人的过失。"

18.12 颜回谓子贡曰:"吾闻诸夫子:'身不用礼,而望①礼于人,身不用德,而望德于人,乱也。'夫子之言,不可不思也。"

【注释】

①望:希望。

【译文】

颜回对子贡说:"我听我的老师说:'自身不用礼制来规范自己,却还希望别人对自己有礼,自身不坚守道德,却希望别人对自己有道德,那样是混乱又不合理的。'老师的话,不能不思考一下啊。"

子路初见第十九

19.1 子路初见孔子。子曰:"汝何好乐①?"对曰:"好长剑。"孔子曰:"吾非此之问也,徒谓以子之所能,而加之以学问,岂可及乎?"子路曰:"学岂益哉也?"孔子曰:"夫人君而无谏臣则失正,士而无教友则失听②。御狂马不释策,操弓不反檠③。木受绳则直,人受谏则圣。受学重问,孰不顺哉?毁仁恶士,必近于刑。君子不可不学。"子路曰:"南山有竹,不柔④自直,斩而用之,达于犀革⑤。以此言之,何学之有?"孔子曰:"括⑥而羽之,镞而砺之,其入之不亦深乎?"子路再拜曰:"敬⑦而受教。"

【注释】

①好乐（lè）：爱好，喜欢。此记载又见于《说苑·建本》。②教友：给以教诲的朋友。失听：失去判断是非的能力。听，察是非。③檠（qíng）：根据王肃注，指矫正弓弩的器具。④柔：四库本改为"揉"，使曲者直、直者曲，这里指揉制、矫正。⑤达于犀革：射穿犀牛皮。⑥括：通"栝"，箭末扣弦处。⑦敬：表示尊敬的答语。

【译文】

子路初次拜见孔子，孔子问："你有什么爱好？"子路回答说："我喜欢长剑。"孔子说："我不是问的这个，只是说以你具备的才能，再加上通过学习而得到的知识，谁能赶得上你呢？"子路问："学习真的有用吗？"孔子回答说："君主如果没有进谏的臣子就会失去正道，大夫们没有给以教诲的朋友就会失去判断是非的能力。驾驭狂奔的马不能放下马鞭，操纵弓箭不能没有矫正弓弩的檠。木料用墨绳矫正就能锯直，人接受谏言就能变得圣明。接受知识，重视学问，哪有可能做事不顺利成功呢？诋毁仁者，憎恶士人，必定会触犯到刑律。君子不能不学习。"子路说："南山有竹子，不用矫正，自然就是直的。砍下来用它来做箭，能射穿犀牛皮。这样说来，哪里用得着学习？"孔子说："在箭栝上安装羽毛，把箭头磨得很锋利，那么它射得不就更加深了吗？"子路再次拜谢道："敬请允许我接受您的教诲。"

19.2 子路将行，辞于孔子。子曰："赠汝以车乎？赠汝以言乎？"子路曰："请以言。"孔子曰："不强不达①，不劳无功，不忠无亲，不信无复②，不恭失礼。慎此五者而矣。"子路曰："由请终身奉之。敢问亲交③取亲若何？言寡可行若何？长为善士而无犯若何？"孔子曰："汝所问，苞④在五者中矣。亲交取亲，其忠也；言寡可行，其信乎；长为善士而无犯，其礼也。"

【注释】

①不强不达：不努力坚持就达不到目的。②不信无复：不讲信用别人就不会再相信。③亲（xīn）交：新结交的朋友。亲，通"新"。④苞：通"包"，包容，包含。

【译文】

子路将要远行，去向孔子辞别。孔子说："我送给你车呢？还是送给你几句忠告呢？"子路说："请您送给我几句忠告吧。"孔子说："不努力坚持就达不到目的，不劳动就没有功劳，不忠诚就不能得到他人的亲近，不讲信用别人就不会再信任你，不恭敬对他人就会失礼。谨慎地不触犯这五条原则就可以了。"子路说："我会终生遵奉这几句忠告的。请问结交新朋友选择可以亲近的人怎么样？话说得少但都切实可行怎么样？一直都做个好人而不犯错误怎么样？"孔子说："你所说的全都包含在那五点中。结交新朋友选择可以亲近的人，就是忠诚；话说得少但都切实可行，就是讲信用；一直做个好人而不犯错误，就是讲礼道。"

19.3 孔子为鲁司寇，见季康子①，康子不悦。孔子又见之。宰予进曰："昔予也常闻诸夫子曰：'王公不我聘，则弗动。'今夫子之于司寇也日少，而屈节数矣②，不可以已乎？"孔子曰："然。鲁国以众相陵，以兵相暴之日久矣，而有司不治，则将乱也。其聘我者，孰大于是哉？"鲁人闻之，曰："圣人将治，何不先自远刑罚？"自此之后，国无争者。孔子谓宰予曰："违③山十里，蟪蛄之声，犹在于耳，故政事莫如应之。"

【注释】

①季康子：鲁国大夫，即季孙肥，谥"康"。②屈节数（shuò）矣：屈节，不顾面子委屈自己。数，多次，频繁。③违：距离。王肃注："违，离也。"

【译文】

孔子在鲁国担任司寇的时候，去拜见季康子，季康子很不高兴。孔子继续去拜见他。宰予劝说孔子："我以前曾经听老师说过：'王公贵族不任用我，就不亲自动身前往。'如今您担任司寇一职还没有多长时间，却已经多次委屈自己去见季孙氏，不可以不去吗？"孔子说："我确实那样说过。但是在鲁国依仗人多就欺负别人，用武力侵犯别人的日子已经存在很久了，虽有相关的官吏却不加管理，那么将来必定会发生动乱。至于任用我这件事，有什么比这更重大的呢？"鲁国人听说了这番话，说："圣贤的人将要来治理鲁国，我们为什么不首先主动避免犯错而远离刑罚呢？"从此以后，鲁国就没有出现过争斗。孔子对宰予说："距离山有十里，蟪蛄的叫声仍然在耳畔回响，所以处理政事不如主动应付，找出相应的办法。"

19.4 孔子兄子有孔篾①者，与宓子贱偕仕②。孔子往过孔篾，而问之曰："自汝之仕，何得何亡？"对曰："未有所得，而所亡者三。王事若龙③，学焉得习，是学不得明也；俸禄少，饘粥④不及亲戚，是以骨肉益疏也；公事多急，不得吊死问疾，是朋友之道阙也。其所亡者三，即谓此也。"孔子不悦，往过子贱，问如孔篾。对曰："自来仕者无所亡，其有所得者三。始诵之，今得而行之，是学益明也；俸禄所供，被及亲戚⑤，是骨肉益亲也；虽有公事，而兼以吊死问疾，是朋友笃也。"孔子喟然谓子贱曰："君子哉若人！鲁无君子者，则子贱焉取此？"

【注释】

①孔篾（miè）：孔子的侄子，名孔忠。②宓子贱：即宓不齐，孔子弟子。偕：四库本和同文本作"皆"。③王事若龙：政事一件接着一件。龙，疑作"袭"。（见于《说苑·政理》）④饘（zhān）粥：此指微薄之物。饘，稠粥。粥，稀粥。⑤亲戚：内外亲属。这里主要指父母兄弟。

【译文】

孔子的哥哥有个儿子叫孔篾，他与宓子贱一起做官。孔子去孔篾那里，问他说："自从你做了官，得到了什么失去了什么？"孔篾回答说："没有得到什么，却失去了三样东西。政事一件接着一件，学过的知识哪里有时间温习？因此知识无法理解得很明白；俸禄拿到的太少，连送微薄之物给父母兄弟都做不到，因此骨肉之亲日益疏远；公事大多都急迫，没有时间去吊唁死者和探望病人，因此朋友之间的感情渐渐缺失。我说的失去三样东西，就是这些。"孔子听了很不高兴，他来到宓子贱那里，问了和孔篾一样的问题。宓子贱回答说："自从做了官后没有什么失去的，但得到了三样东西。以前诵读的知识，如今得到了实践，因此知识更加明白清楚；所得的俸禄，被用来帮助父母兄弟，因此骨肉之间更加亲密；虽然有很多公事，还是能顺道去吊唁死者和探望病人，因此朋友之间感情更加稳定。"孔子感慨了一声，对宓子贱说："君子就是像你这样的人！鲁国如果没有君子，那么宓子贱是在哪里学到这些的呢？"

19.5 孔子侍坐于哀公，赐之桃与黍焉。哀公曰："请食。"孔子先食黍而后食桃，左右皆掩口而笑。公曰："黍者所以雪①桃，非为食之也。"孔子对曰："丘知之矣。然夫黍者，五谷之长，郊礼宗庙以为上盛②，果属有六而桃为下，祭祀不用，不登郊庙。丘闻之，君子以贱雪贵，不闻以贵雪贱。今以五谷之长，雪果之下者，是从上雪下。臣以为妨于教，害于义，故不敢。"公曰："善哉！"

【注释】

①雪：擦拭。②郊礼：帝王祭天地的大礼，因在都城南北郊举行而得名。上盛（chéng）：上等祭品。盛，祭祀时放在容器中的祭品，后引申为盛物的容器。

【译文】

孔子陪坐在哀公的旁边，哀公赏赐给他桃和黍。哀公说："请吃吧。"孔子先吃黍再吃桃，哀公身边的人都捂着嘴笑。哀公说："黍是用来擦拭桃子的，不是用来吃的。"孔子回答说："我知道的。但是黍是五谷中最好的东西，在帝王祭天地和祖先的大礼中都将它作为最上等的祭品。果品总共有六种，而桃是其中最差的一种，祭祀不用它，更不能摆到郊礼、宗庙中的祭坛上。我听说君子用低贱的物品擦拭尊贵的物品，从没听说过用尊贵的物品去擦拭低贱的物品。现在用五谷中最好的黍去擦拭果品中最差的桃,这是用上等的擦拭下等的。我认为这样做有碍于教化,有害于仁义,所以不敢那样做。"哀公说:"说得好啊。"

19.6 子贡曰:"陈灵公宣淫于朝①,泄冶正谏而杀之,是与比干谏而死同,可谓仁乎?"子曰:"比干于纣,亲则诸父,官则少师,忠报之心,在于宗庙②而已,固必以死争③之,冀身死之后,纣将悔寤,其本志情在于仁者也。泄冶之于灵公,位在大夫,无骨肉之亲,怀宠不去,仕于乱朝,以区区之一身,欲正一国之淫昏,死而无益,可谓狷④矣。《诗》云:'民之多辟,无自立辟。'⑤其泄冶之谓乎。"

【注释】

①陈灵公宣淫于朝:陈灵公,春秋时陈国国君,妫姓,在位十五年(前613~前599年)。他与孔宁、仪行父私通于大夫夏征舒之母夏姬,甚至穿着夏姬的衣服在朝廷上与人相互戏弄。②宗庙:天子、诸侯祭祀祖先的处所。这里代指国家。③争(zhèng):规劝。④狷(juàn):狷介,指性情拘谨耿直。⑤"《诗》云"句:所引诗见《诗经·大雅·板》。民之多辟,民众有很多过失。辟,过失,邪僻行为,后改写作"僻"。无自立辟,不要再妄自立法。辟,法令。

【译文】

子贡说:"陈灵公在朝廷上干淫乱的事情,泄冶直言谏言而遭到杀害,这就与比干谏言而被杀死有相同之处,这可以称得上是仁吗?"孔子说:"比干对于纣来说,从亲情的关系上说是纣的叔父,从官职的角度上说是纣的少师，忠诚报国的心都放在这个国家上，所以必定用死来规劝纣王，希望自己死后，纣王将会幡然悔悟，他原本的思想情志都出于仁。泄冶对灵公来说，官职仅仅是个大夫，且与灵公没有血缘关系，受到宠爱而不愿离去，仍在乱朝做官，想要凭借自己弱小的躯体，纠正一个国家的淫乱昏暗，就算死了也没有多大的好处，可以说是性情拘谨耿直。《诗经》说：'民众有很多邪僻行为，不要再妄自立法害自己了。'大概说的就是泄冶吧。"

19.7 孔子相①鲁。齐人患其将霸，欲败其政，乃选好女子八十人，衣以文饰而舞容玑，及文马四十驷②，以遗鲁君。陈女乐、列文马于鲁城南高门外。季桓子微服往观之再三，将受焉，告鲁君为周道③游观。观之终日，怠于政事。子路言于孔子曰："夫子可以行矣。"孔子曰："鲁今且郊，若致膰④于大夫，是则未废其常，吾犹可以止也。"桓子既受女乐，君臣淫荒，三日不听国政，郊又不致膰俎。孔子遂行，宿于郭屯⑤。师已送曰："夫子非罪也。"孔子曰："吾歌可乎？"歌曰："彼妇人之口，可以出走；彼妇人之请，可以死败。优哉游哉⑥，聊以卒岁⑦。"

【注释】

①相：辅助。此记载又见于《史记·孔子世家》。②驷：根据王肃注，古代用四马共牵一车，呼四马为驷。③周道：官道，大道。④膰（fán）：祭祀用的烤肉。⑤郭屯：城外的村庄。⑥优哉游哉：形容从容不迫、闲适自得的样子。⑦聊以卒岁：姑且这样安度岁月吧。

【译文】

孔子辅助鲁国国君治理政事。齐国害怕鲁国强大起来成为霸主，想要破坏鲁国的政治，就选了八十个漂亮的女子，让她们穿上纹饰华丽的衣服，教她们跳容玑舞，并且又挑了一百六十匹骏马，准备一同送给鲁国国君。齐国将这些女子和骏马都排列在鲁国都城南面的高门外。季桓子穿着便服去观看了多次，打算接受这些礼物，他将此报告给鲁国国君并带他到官道上去观看。这样整天观看，渐渐地荒废了朝政。子路对孔子说："您可以离开鲁国了。"孔子说："鲁国现在将要举行郊礼，如果祭祀后将烤肉分给大夫们，那么礼制还没有被废弃，我还可以待在这里。"桓子接受了那些舞女之后，君臣上下荒淫无道，甚至一连三天不理朝政，郊祭后也没有送祭肉给孔子。于是孔子离开了鲁国，留宿于城外的村庄。师已来送他，说："您没有过错。"孔子说："我唱首歌可以吗？"于是就唱道："那些妇人的口舌，可以让人出走逃奔；那些妇人的请求，可以使人失败死亡。我还是悠闲自得地生活吧，以此来安度剩下的岁月。"

19.8 澹台子羽①有君子之容，而行不胜其貌。宰我有文雅之辞，而智不充其辩。孔子曰："里语②云：'相马以舆，相士以居。'弗可废矣。以容取人，则失之子羽；以辞取人，则失之宰予。"

【注释】

①澹台子羽：即澹台灭明，孔子弟子。②里语：即俚语，民间俗语。

【译文】

澹台子羽有君子一般的相貌，而他的品行却比不上他的相貌。宰我谈吐文雅，但他的才智却比不上他的言辞。孔子说："有俚语是这样讲的：'判断马匹要看它拉车的情况，评判士人要看他平时的表现。'这个准则不能废弃啊。凭借容貌来选择人才，那么选择子羽就是个失误；凭借言辞来选择人才，那么选择宰我就是个失误。"

19.9 孔子曰："君子以其所不能畏人，小人以其所不能不信人。故君子长①人之才，小人抑人而取胜焉。"

【注释】

①长（zhǎng）：增长。

【译文】

孔子说："君子因为有他自己做不到的事情而会敬畏别人，小人因为有他自己做不到的事情而不信任别人。所以君子能增长别人的才干，小人则压制别人从而取得胜利。"

19.10 孔篾问行己①之道。子曰："知而弗为，莫如勿知；亲而弗信，莫如勿亲。乐之方至，乐而勿骄；患之将至，思而勿忧。"孔篾曰："行己乎？"子曰："攻②其所不能，补其所不备。毋以其所不能疑人，毋以其所能骄人。终日言，无遗己之忧；终日行，不遗己之患。唯智者有之。"

【注释】

①行己：为人处世。此记载又见于《说苑·杂言》。②攻：学习。

【译文】

孔篾问孔子为人处世的方法。孔子说："知道但不去做，不如不知道；

与人亲近但不信任他，不如不要去亲近。快乐的事情就要到来时，高兴但不能骄傲；祸患将要到来时，认真思考但不要忧愁。"孔篾问："为人处世就是这样的吗？"孔子说："学习自己不会做的事情，弥补自己不具备的才能。不要因为自己有不会做的事情而怀疑别人，不要因为自己有擅长的事情而骄傲。整天说话，不给自己添加忧愁；终日做事情，不给自己招致祸患。只有明智的人才能做到。"

在厄第二十

20.1 楚昭王聘孔子，孔子往拜礼焉，路出于陈、蔡。陈、蔡大夫相与谋曰："孔子圣贤，其所刺讥，皆中诸侯之病。若用于楚，则陈、蔡危矣。"遂使徒兵距①孔子。孔子不得行，绝粮七日，外无所通，藜羹②不充，从者皆病。孔子愈慷慨讲诵，弦歌不衰③。乃召子路而问焉，曰："《诗》云：'匪兕匪虎，率彼旷野。'④吾道非乎？奚为至于此？"子路愠，作色而对曰："君子无所困。意者夫子未仁与，人之弗吾信也⑤？意者夫子未智与，人之弗吾行也⑥？且由也昔者闻诸夫子：'为善者，天报之以福，为不善者，天报之以祸。'今夫子积德怀义，行之久矣，奚居之穷也？"子曰："由未之识也，吾语汝：汝以仁者为必信也，则伯夷、叔齐不饿死首阳；汝以智者为必用也，则王子比干不见剖心；汝以忠者为必报也，则关龙逄⑦不见刑；汝以谏者为必听也，则伍子胥不见杀。夫遇不遇者，时也；贤不肖者，才⑧也。君子博学深谋而不遇时者众矣，何独丘哉！且芝兰生于深林，不以无人而不芳。君子修道立德，不为穷困而改节。为之者人也，生死者命也。是以晋重耳⑨之有霸心，生于曹、卫⑩；越王勾践之有霸心，生于会稽。故居下而无忧者，则思不远；处身而常逸者，则志不广。庸知其终始乎⑪？"子路出，召子贡，告如子路。子贡曰："夫子之道至大，故天下莫能容夫子，夫子盍少贬焉？"子曰："赐，良农能稼，不必能穑⑫；良工能巧，不能为顺⑬；君子能修其道，纲而纪之⑭，不必其能容。今不修其道，而求其容，赐，尔志不广矣，思不远矣。"子贡出，颜回入，问亦如之。颜回曰："夫子之道至大，天下莫能容。虽然，夫子推而行之，世不我用，有国者之丑也，夫子何病焉？不容，然后见君子。"孔子欣然叹曰："有是哉，颜氏之子，吾亦使尔多财，吾为尔宰⑮。"

【注释】

①距：通"拒"，阻拦。②藜（lí）羹（gēng）：用嫩藜煮成的羹，指粗劣的食物。③弦歌：以琴瑟伴奏而歌。不衰：不停止。④"《诗》云"句：所引诗见《诗经·小雅·何草不黄》。意为不是犀牛不是老虎，来到旷野。率，沿着。⑤夫子未仁与，人之弗吾信也：王肃注："言人不信，岂以未仁故也？"⑥夫子未智与，人之弗吾行也：王肃注："言人不使通行而困穷者，岂以吾未智也？"⑦关龙逢（páng）：夏朝的贤臣。见夏桀暴虐荒淫无道，他屡加直谏，遂被桀囚禁杀害。⑧才：通"材"，资质，品质。⑨重耳：春秋时晋献公次子，即后来的晋文公。⑩生于曹、卫：重耳为公子时出奔，困于曹、卫而后生。⑪庸知其终始乎：王肃注："庸，用也。汝何用知其始终，或者晋文公、越王之时也。"⑫良农能稼，不必能穑：王肃注："种之为稼，敛之为穑，良农能善种之，未必能敛获

之也。"⑬良工能巧，不能为顺：王肃注："言良工能巧，不能每顺人意也。"⑭纲而纪之：抓住关键来治理。⑮宰：王肃注："宰，主财者也。为汝主财，言志同也。"

【译文】

楚昭王聘请孔子到楚国去做官，孔子便去拜见楚昭王，途中经过陈、蔡两个国家。陈国、蔡国的大夫聚在一起谋划说："孔子是一代圣贤，他所讥讽批评的，都切中各诸侯国的弊病。如果他被楚国聘用了，那我们陈国、蔡国就危险了呀。"于是他们就派步兵去阻拦孔子。孔子没有办法前行，断粮七日，无法和外界取得联系，就连粗劣的食物都吃不上，跟随他的人全都病倒了。而孔子却愈加情绪激昂地讲授学问，并且不停地弹琴伴奏唱歌。孔子还找来子路问道："《诗经》云：'不是犀牛不是老虎，却都来到旷野。'是我所主张的治国之道不正确吗？为什么会沦落到这种地步？"子路听了心中不快，一脸不高兴地说："君子是不会被什么东西困扰的。难道是老师您的仁德还不够，因而人们还不信任我们？难道是老师您的智慧还不够，因而人们不愿推行我们的为政主张？而且我以前就听老师您说过：'做善事的人，上天会降福祉给他；做坏事的人，上天会降灾祸给他。'如今老师您积累德行心怀仁义，这样做已经很久了，为什么还会处于如此穷困的处境呢？"孔子说："你还不知道啊，让我来告诉你：你认为仁义的人就一定能被信任，那么伯夷、叔齐就不会饿死在首阳山；你认为聪明的人就一定能够被任用，那么王子比干就不会被剖心；你认为忠心的人就一定能得到回报，那么关龙逢就不会被囚禁杀害；你认为忠言劝谏就一定会被听取，那么伍子胥就不会被杀。遇不遇到贤明的君主，是由时运决定的，贤与不贤，是由个人才能决定的。君子学识渊博深谋远虑却时运不济的人很多，哪里只有我一个人啊！况且芝兰生长在深林中，不因为没有人欣赏就不吐露芳香。君子修养身心树立仁德，不会因为处境穷困就改变节操。做与不做在于自己，是生是死在于命运。因此晋国重耳有称霸的雄心，产生于被困在曹、卫时；越王勾践有称霸的雄心，产生于被困在会稽之时。所以居于下位却无所忧虑的人，思虑就不会深远；长期生活在安逸的环境下的人，志向就不会广阔。哪里用得着知道他们的始终呢？"子路出去了，孔子叫来子贡，像问子路一样又问他。子贡说："老师您的道实在是太博大精深了，因此天下不能容下您，您何不把自己的标准降低一点呢？"孔子说："赐，一个好的农夫会种庄稼，但不一定会收获粮食；一个好的工匠善做精巧的东西，但不能顺遂每个人的心意；君子能修养自身的道德学问，抓住关键来治理，别人不一定都能采纳。如今不修养道德学问，却想自己能被别人接纳，赐，你的志向不广阔啊，思虑不深远啊。"子贡出去了，颜回进来，孔子又用相同的问题问他。颜回说："老师您的道博大精深，天下也不能容纳。即使这样，老师您依旧推广并实践它，世人不用您，是当权者的耻辱啊，老师您又何必忧愁呢？不被容纳，这之后才能显出您是君子。"孔子高兴地感叹："你讲得有道理呀，颜家的孩子，假如你有很多钱，我愿意为你主管钱财。"

20.2 子路问于孔子曰："君子亦有忧乎？"子曰："无也。君子之修行①也，其未得之，则乐其意；既得之，又乐其治②。是以有终身之乐，无一日之忧。小人则不然，其未得也，患弗得之；既得之，又恐失之。是以有终身之忧，无一日之乐也。"

【注释】

①修行：修身实践。②乐其治：以有所作为而高兴。

【译文】

子路问孔子:"君子也会有忧愁的时候吗?"孔子回答说:"没有。君子修身实践,他在事情还没有做成时,他会以自己有这种想法而开心;等到做成功了,他又会以自己有所作为而开心。因此终身都是快乐的,没有一天是忧愁的。小人则不是这样,他们没有得到的时候,担心得不到;等到得到之后,又害怕失去它。因此终身都是忧愁的,没有一天是快乐的。"

20.3 曾子弊衣而耕于鲁,鲁君闻之而致邑①焉。曾子固辞不受。或曰:"非子之求,君自致之,奚固辞也?"曾子曰:"吾闻受人施者常畏人,与人者常骄人。纵君有赐,不我骄也,吾岂能勿畏乎?"孔子闻之曰:"参之言,足以全其节也。"

【注释】

①致邑:赠送给封地。致,赠送,给予。

【译文】

曾子穿着破旧的衣服在鲁国种地,鲁国国君听闻这件事后就赠送封地给曾子。曾子坚决推辞不接受。有人说:"这不是你要求的,是国君主动给予你的,你为什么要坚决推辞呢?"曾子说:"我听说接受别人赠送的人常常畏惧别人,给予人东西的人常常傲视别人。纵使国君赏赐我,不傲视我,我又怎么能不畏惧呢?"孔子听说这件事后说:"曾参的话,足够保全他的气节了。"

20.4 孔子厄于陈、蔡,从者七日不食。子贡以所赍①货,窃犯围而出②,告籴③于野人,得米一石焉。颜回、仲由炊之于坏屋之下,有埃墨④堕饭中,颜回取而食之。子贡自井望见之,不悦,以为窃食也。入问孔子曰:"仁人廉士,穷改节乎?"孔子曰:"改节即何称于仁廉哉!"子贡曰:"若回也,其不改节乎?"子曰:"然。"子贡以所饭告孔子。子曰:"吾信回之为仁久矣,虽汝有云,弗以疑也,其或者必有故乎?汝止,吾将问之。"召颜回曰:"畴昔⑤予梦见先人,岂或启佑⑥我哉?子炊而进饭,吾将进焉。"对曰:"向有埃墨堕饭中,欲置之则不洁,欲弃之则可惜。回即食之,不可祭也。"孔子曰:"然乎,吾亦食之。"颜回出,孔子顾谓二三子曰:"吾之信回也,非待今日也。"二三子由此乃服之。

【注释】

①赍(jī):携带。②窃:私下,偷偷地。犯围:冲出包围。③告籴(dí):请求买米。④埃墨:烟熏的黑尘。⑤畴昔:往日,从前。畴,助词,无义。⑥启佑:开导保佑。

【译文】

孔子受困在陈国和蔡国之间,跟随的人七天没有吃东西。子贡拿着所携带的物品,偷偷地冲出包围,向农民请求买米,得到一石米。颜回、仲由在一间破屋下煮饭,有一块烟熏的黑尘掉到了饭中,颜回把脏了的饭取出来吃了。子贡从井边看见了,心里不高兴,以为颜回在偷吃。子贡进屋问孔子道:"仁人廉士,在穷困的时候会改变自己的节操吗?"孔子说:"改变节操的还能称得上仁人廉士吗!"子贡曰:"像颜回这样的人,他不会改变节操吧?"孔子说:"当然。"子贡把看见颜回偷吃的事告诉了孔子。孔子说:"我相信颜回修行仁德已经很久了,虽然你这样说,我还是不相信,这其中或许有什么原因吧?你待在这儿,我来问问他。"孔子把颜回叫进来说:"前几天我梦见了先辈,难道是他们在开导保佑我吗?你做好饭端进来,我要进献给先人。"颜回对答道:"刚才有一块烟熏的黑尘掉到了饭中,想放着不管可又觉得不干净,想要扔了它又觉得太可惜了。我就把它吃了,这饭不能用来祭祖了。"孔子说:"你这样是对的,(要是我遇见这种情况)我也会吃掉它。"颜回出去了,孔子回头看着弟子们说:"我相信颜回,并不是从今天开始的。"弟子们由此叹服颜回。

入官第二十一

21.1 子张问入官于孔子。孔子曰:"安身取誉①为难。"子张曰:"为之如何?"孔子曰:"己有善勿专②,教不能勿怠,已过勿发③,失言勿掎④,不善勿遂,行事勿留,君子入官,有此六者,则身安誉至而政从矣。且夫忿数者⑤,官狱所由生也;距⑥谏者,虑之所以塞也;慢易者,礼之所以失也;怠惰者,时之所以后也;奢侈者,财之所以不足也;专独者,事之所以不成也。君子入官,除此六者,则身安誉至而政从矣。

【注释】

①安身取誉:地位稳定,取得声誉。②己有善勿专:自己有的优点,不要独占。③已过勿发:已经犯过的错误,不要再犯。④掎(jǐ):辩护,

维护。⑤且夫忿数：且夫，再说。数，疾，憎恨。⑥距：通"拒"，拒绝。

【译文】

子张向孔子请教有关入仕做官的事。孔子说："想要地位稳定并且获得声誉是困难的。"子张说："要怎样才能做到呢?"孔子说："自己有的长处不要独占，教导拙笨之人不能松懈怠慢，已经犯过的错误不要再犯，说错了话不要为自己辩护，不好的事情不要做，正在做的事不要停滞，君子入仕做官，做到这六个方面，那么就能地位稳定声名大振，并且政事也会顺利。再说怨恨憎恶，是官司产生的原因；拒绝劝谏，是思虑阻塞的原因；傲慢轻视，是失礼的原因；做事松懈懒惰，是时机丢失的原因；奢侈浪费，是钱财不足的原因；专权独裁，是做事不能成功的原因。君子入仕做官，不犯这六方面的错误，那么就能地位稳定声名大振并且政事也会顺利。

"故君子南面①临官，大域②之中而公治之，精智而略行之，合是忠信，考是大伦③，存④是美恶，进是利而除是害，无求其报焉，而民之情可得也。夫临之无抗民⑤之恶，胜之无犯民之言⑥，量之无佼⑦民之辞，养之无扰于其时，爱之无宽于刑法。若此，则身安誉至而民得也。

【注释】

①南面：古代以南面为尊位，无论天子、诸侯、卿大夫，作为长官出现的时候，总是面南而坐。②大域：大略，梗概。③大伦：伦理道德。

④存：考察，审视。⑤抗民：悖逆天理，虐待百姓。⑥胜：以理屈之。犯：欺凌压迫。⑦佼：欺诈。

【译文】

"因此君子入仕为官，要做到大体上中正并且用公心治理，精心地思考并且推行精要的政令，做到行为忠诚言语诚信，考察伦理道德准则，审视好的与坏的，推广有利的除去有弊的，不追求别人的报答，那么就顺遂了百姓的愿望。不用悖逆天理虐待人民的行为治理百姓，不用欺凌百姓的言语说服百姓，不用欺诈之辞揣测百姓，不用违背农时的方式养护百姓，不用松弛刑法的方式爱护百姓。如果做到这样，那么就能地位稳定名声大振并且能得到民心了。

"君子以临官，所见则迩①，故明不可蔽也；所求于迩，故不劳而得也。所以治者约，故不用众而誉立。凡法象②在内，故法不远而源泉不竭，是以天下积而本不寡。短长得其量，人志治而不乱政。德贯③乎心，藏乎志④，形乎色，发乎声。若此，而身安誉至，民咸自治矣。是故临官不治则乱，乱生则争之者至，争之至，又于乱。明君必宽裕以容其民，慈爱优柔⑤之，而民自得矣。

【注释】

①迩：近。②法象：合于礼仪规范的仪表、举止。③贯：贯通。④志：心志。⑤优柔：宽舒，从容。

【译文】

"君子为官，所看见的就在自己的身边，因此心中清楚不会被蒙蔽；

所追求的是自己跟前的东西，因此不用花费太大的力气就可以得到。因此治理国家抓住了主要问题，不用劳师动众声誉就得到了。凡是礼仪规范都记在心中，那么准则就不会远离自己而像源泉不会枯竭一样，所以天下人才会积聚并且本源不会减少。人的才能长短得到考量，各得其用就不会惑乱政治。道德贯通在心中，蕴藏在心志之中，表现在表情上，透露在言语中。如果这样，那么就会地位稳定名声大振，人民都能自己治理自己。因此为官不会治理就会发生混乱，混乱发生了争夺就到来了，争夺到来了，就更加混乱了。英明的君主必定会用宽容的态度接纳人民，用慈爱之心安抚他们，那么民心自然而然就得到了。

"行者①，政之始也。说者，情之导也。善政行易②而民不怨，言调说和则民不变。法在身则民象③之，明在己则民显④之。若乃供己而不节，则财利之生者微矣；贪以不得，则善政必简矣。苟⑤以乱之，则善言必不听也；详以纳之，则规谏日至。言之善者，在所日闻；行之善者，在所能为。故君上者，民之仪也；有司执政者，民之表也；迩臣便僻者⑥，群仆之伦⑦也。故仪不正则民失，表不端则百姓乱，迩臣便僻则群臣污矣⑧。是以人主不可不敬乎三伦⑨。

【注释】

①行者：执行政令。②善政行易：好的政策容易推行。③象：效仿。④显：显扬。⑤苟：马虎，不严肃。⑥迩臣：近臣，君王身边的大臣。便僻：当作"便辟"，指君王身边受宠幸的臣子。⑦伦：纲纪。⑧便僻：逢迎谄媚。污：奸邪，贪污。⑨三伦：指君上、有司、近臣各自的表率作用。

【译文】

"执行政令，是为政的开端。言谈，是感情的先导。好的政令容易推行那么人民就不会抱怨，言辞语调恰当符合民心那么人民就不会有二心。以身作则遵循法度百姓就会效仿你，自身光明正大百姓就会显扬你。如果自己只贪图享受不加节俭，那么创造财富的人就会不努力生产；贪婪又得不到满足，那么好的政令就会简略不被推行。（对于政令）马虎并扰乱政治，那么好的意见必然听不进去；仔细听取别人的意见，那么每天都会有人进谏。好的语言，在于每天都能听取别人的意见；美好的行为，在于能够去做到。因此君主，是人民的榜样；执政的官吏，是人民的表率；近臣和宠臣，是群臣的纲纪。因此，如果榜样不端正百姓就会放荡不羁，如果表率不端正百姓就会混乱，如果近臣宠臣巧佞群臣就会奸邪。所以说为人主者不可不谨慎对待这三类情况。

"君子修身反道，察里言而服①之，则身安誉至，终始在焉。故夫女子必自择丝麻，良工必自择完材②，贤君必自择左右。劳于取人，佚于治事，君子欲誉，则必谨其左右。为上者譬如缘木焉，务高而畏下滋甚。六马之乖离③，必于四达之交衢④。万民之叛道，必于君上之失政。上者尊严而危，民者卑贱而神。爱之则存，恶之则亡。长民者必明此之要。故南面临官，贵而不骄，富而能供⑤，有本而能图末，修事而能建业，久居⑥而不滞，情近而畅乎远，察一物而贯乎多，治一物而万物不能乱者，以身本者也。

【注释】

①服：行。②完材：良好的材料。③乖离：离散，不合。④交衢：四

通八达的交通要道。⑤供：通"恭"，恭敬。⑥居：居于官位。

【译文】

"君子遵循道来修身养性，考察有道理的言论并实行它，那么地位稳定声名鹊起，自始至终一直处于官位。因此女子必定会自己选取丝麻，好的工匠必定会自己择取良好的材料，贤明的君主必定会自己选择身边的大臣。选择人才的时候劳累，等到治理国家的时候就会简单轻松点，君子想要获得好的名声，就一定要谨慎地选择身边的大臣。居于高位的人就像在爬树，爬得越高就越怕掉下来。驾车的六匹马能分散乱跑，必定是处在四通八达的交通要道。百姓的叛离正道，必定是因为君主为政上有过失。居于高位的人尊贵有威严但却是危险的，百姓虽然卑微低贱却如神一样深不可测。被百姓爱戴你的地位就能保住，被百姓痛恶你就会灭亡。统治百姓的人一定要明白这个道理的重要性。所以为官，高贵了不要骄横，富贵了还能恭敬，有了根本还要考虑细枝末节，既能修治政事还要能建功立业，长时间居于官位却不会停滞不前，近于实情又能畅达远处，观察一件事物要能联想到多种事物，治理一件事而万事都不能乱，把以身作则当作处事的根本。

"君子莅①民，不可以不知民之性，而达诸民之情。既知其性，又习其情，然后民乃从命矣。故世举②则民亲之，政均③则民无怨。故君子莅民，不临以高，不导以远，不责民之所不为，不强民之所不能。以明王之功，不因其情，则民严而不迎④；笃⑤之以累年之业，不因其力，则民引而不从⑥。若责民所不为，强民所不能，则民疾，疾则僻⑦矣。

【注释】

①莅(lì)：统治。②世举：国家安定，不废礼乐。③政均：政策公正合理。④民严而不迎：百姓表面敬畏内心却不迎合。⑤笃：坚定。⑥民引而不从：百姓退避而不服从。⑦僻：不正，邪僻。

【译文】

"君子统治百姓，不可以不知晓百姓的本性，进而了解民众的感情。既知道他们的本性，又熟悉他们的感情，然后百姓才会服从政令。因此，国家安定不废礼乐，百姓就会爱戴君主，政策公正合理百姓就不会抱怨。所以君子统治百姓，不会用高高在上的态度对待百姓，不会引导百姓做遥不可及的事，不会苛求百姓做不愿做的事，不会强求百姓做不能实现的事。为了达到先王的功业，不根据实际情况，那么百姓就会表面敬畏内心却不迎合；为了增加已有的业绩，不考虑他们的实际能力，那么百姓就会退避而不服从政令。如果强迫百姓做他们不愿做的事，强求百姓做不能实现的事，那么百姓就会憎恨，一憎恨就会做一些不当的事。

"古者圣主冕而前旒①，所以蔽明也；纩紞充耳②，所以掩聪也。水至清则无鱼，人至察则无徒。枉而直之③，使自得之；优而柔之，使自求之④；揆而度之⑤，使自索之。民有小罪，必求其善，以赦其过；民有大罪，必原⑥其故，以仁辅化；如有死罪，其使之生，则善也。是以上下亲而不离，道化流而不蕴⑦。故德者，政之始也。政不和，则民不从其教矣；不从教，则民不习；不习，则不可得而使也。

【注释】

①旒（liú）：古代帝王礼帽上前后悬垂的玉串。②纮（hóng）：系于颔下的帽带。纩（dǎn）：古代冠冕上用以系瑱的带子。③枉而直之：使弯曲的东西变直。④优而柔之，使自求之：王肃注："优，宽也。柔，和也。使自求其宜也。"⑤揆而度之：考察揣度事物。⑥原：探求根源。⑦蕴：郁结。王肃注："蕴，滞积也。"

【译文】

"古时候圣明的君主戴的帽子前面都会有玉串悬垂，是用来遮蔽目光的；两侧垂着用以系瑱的带子，是用来遮蔽听觉的。水过于清澈就没有鱼了，人过于明察就会没有跟随者。百姓做错了事就更正他们，使他们自己有所认识；宽容柔和地对待百姓，让他们自得其乐；考察揣度百姓，让他们自己摸索出适宜的法度。百姓犯了小错，一定要找出他们的长处，来赦免他们的罪过；百姓犯了大的罪行，一定要探求根源找出原因，用仁义来辅助教化他们；如果百姓犯了死罪，希望能使他们活下来，那是极好的。所以君臣百姓上下亲近而不会离散，道德教化就会流通而不会堵塞。因此，道德是政治的开始。政令不宽和，那么百姓就不会服从教化；不服从教化，那么百姓就不会学习；百姓不学习，君主就不能得到民心并且不能役使他们。

"君子欲言之见信也，莫善乎先虚其内^①；欲政之速行也，莫善乎以身先之；欲民之速服也，莫善乎以道御^②之。故虽服必强，自非忠信^③，则无可以取亲于百姓者矣。内外不相应，则无可以取信于庶民者矣。此治民之至道矣，入官之大统④矣。"

子张既闻孔子斯言，遂退而记之。

【注释】

①虚其内：王肃注："虚其内，谓直道而行，无情欲也。"②御：治理。③虽服必强，自非忠信：王肃注："言民虽服，必以威强之，非心服也。"④大统：最重要的纲领、原则。

【译文】

"君子想要言语被相信，没有比内心谦虚更好的了；想要政令能快速实行，没有比身体力行更好的了；想要百姓迅速服从，没有比用正确之道治理他们更好的了。因此（若不用正确之道治理国家）百姓即使顺服也是被迫的，心中不会忠诚信任，那么就没有办法取得百姓的亲近和信任。朝廷内外不相互呼应，那么就没有办法取信于平民百姓。这是统治百姓的最重要道理，是入仕为官的最重要准则。"

子张听了孔子的这番话，就回去把它们记录下来。

困誓第二十二

22.1 子贡问于孔子曰："赐倦于学，困于道矣，愿息而①事君，可乎？"孔子曰："《诗》云：'温恭朝夕，执事有恪。'②事君之难也，焉可息哉！"曰："然则赐愿息而事亲。"孔子曰："《诗》云：'孝子不匮，永锡尔类。'③事亲之难也，焉可以息哉！"曰："然赐请愿息于妻子。"孔子曰："《诗》云：'刑于寡妻，至于兄弟，以御于家邦。'④妻子之难也，焉可以息哉！"曰："然赐愿息于朋友。"孔子曰："《诗》云：'朋友攸摄，摄以威仪。'⑤朋友之难也，焉可以息哉！"曰："然则赐愿息于耕矣。"孔子曰："《诗》云：'昼尔于茅，宵尔索绹，亟其乘屋，其始播百谷。'⑥耕之难也，焉可以息哉！"曰："然则赐将无所息者也？"孔子曰："有焉。自望其广⑦，则睪⑧如也；视其高，则填⑨如也；察其从，则隔⑩如也。此其所以息也矣。"子贡曰："大哉乎死也！君子息焉，小人休焉，大哉乎死也！"

【注释】

①而：原作"于"，据四库本改。②"《诗》云"句：所引诗见《诗经·商颂·那》。意为侍奉君主从早到晚都要温文谦恭，行事要恭敬严谨。恪（kè），恭敬。③"《诗》云"句：所引诗见《诗经·大雅·既醉》。王肃注："匮，竭也。类，善也。孝子之道不匮竭者，能以类相传，长锡尔以善道也。"匮，缺乏。锡，通"赐"，赏赐。④"《诗》云"句：所引诗见《诗经·大雅·思齐》。王肃注："刑，法也。寡，适也。御，正也。文王以正法接其寡妻，至于同姓兄弟，以正治天下之国家者矣。"⑤"《诗》云"句：所引诗见《诗经·大雅·既醉》。意为朋友之间的相互帮助，所靠的是威仪。攸，置于动词前，相当于"所"。摄，辅助，说明。⑥"《诗》云"句：所引诗见《诗经·豳风·七月》。王肃注："宵，夜。绹，绞也。当以时治屋也。亟，疾也。当亟乘尔屋以善治之也。其复当修农播百谷，言无懈怠。"⑦广：通"圹"，坟墓。⑧睪（gāo）：通"皋"，高貌。⑨填：通"巅"，山巅。⑩隔：通"鬲"，像鼎一类的烹饪器。

【译文】

　　子贡向孔子问道:"我对学习已经厌倦了,对行道又感到困惑难解,希望停止学习去侍奉君主,可以吗?"孔子说:"《诗经》说:'侍奉君主从早到晚都要温文谦恭,行事要恭敬严谨。'侍奉君主是困难的,怎么能够停止学习呢!"子贡说:"那么我希望停止学习去侍奉父母。"孔子说:"《诗经》说:'孝子孝心没有竭尽,祖宗赐予你们善道。'侍奉父母是困难的,怎么能够停止学习呢!"子贡说:"那么我希望停止学习去照顾妻子儿女。"孔子说:"《诗经》说:'文王以礼待正妻,对待兄弟也相同,以此治国事事相通。'照顾妻儿是困难的,怎么能够停止学习呢!"子贡说:"那么我希望停止学习去结交朋友。"孔子说:"《诗经》说:'朋友之间的相互帮助,所靠的是威仪。'和朋友相处是困难的,怎么能够停止学习呢!"子贡说:"那么我希望停止学习去从事耕作。"孔子说:"《诗经》说:'白天割茅草,晚上搓绳子,急切地修理房屋,然后又开始种庄稼。'耕作是困难的,怎么能够停止学习呢!"子贡说:"那么我就没有能够停止学习的时候了吗?"孔子说:"有的。从这里看那个坟墓,高高的样子;看它很高,就像山巅一样;观察它的侧面,就像鬲一样。这就是可以休息的时候了。"子贡说:"死亡是一件多么重大的事啊!君子在此休息了,小人也在此终结了,死亡是一件多么重大的事啊!"

　　22.2 孔子自卫将入晋,至河,闻赵简子①杀窦犨鸣犊及舜华②,乃临河而叹曰:"美哉水,洋洋乎!丘之不济,此命也夫!"子贡趋而进曰:"敢问何谓也?"孔子曰:"窦犨鸣犊、舜华,晋之贤大夫也。赵简子未得志之时,须此二人而后从政。及其已得志也,而杀之。丘闻之，刳胎杀夭③，则麒麟不至其郊；竭泽而渔，则蛟龙不处其渊；覆巢破卵④，则凤凰不翔其邑。何则？君子违⑤伤其类者也。鸟兽之于不义，尚知避之，况于人乎？"遂还，息于邹，作《槃操》⑥以哀之。

【注释】

①赵简子：即赵鞅，赵武之孙。②窦犨（chōu）鸣犊及舜华：皆为春秋时晋国大夫，有贤名，二人均被赵简子所杀。窦犨鸣犊，姓窦名犨，字鸣犊。③刳（kū）胎杀夭：剖宫取胎。刳，剖挖。夭，幼小的生物。④覆巢破卵：弄翻鸟巢打破卵。⑤违：忌讳。王肃注："违，去也。违，或为讳也。"⑥《槃（pán）操》：王肃注："槃操，琴曲名也。"

【译文】

孔子将要从卫国进入晋国，行至黄河边时，听说了赵简子杀死窦犨鸣犊和舜华这件事，就面对黄河慨叹道："黄河之水是如此壮美啊，浩浩荡荡奔腾不息！我不能渡过黄河，这是命数吧！"子贡快步走上前问道："请问您为什么这样说呢？"孔子说："窦犨鸣犊和舜华是晋国的贤大夫。在赵简子还未得志的时候，需要依仗这两个人的帮助才得以从政。等到他得志之后，却将他们杀害。我听说，剖宫取胎，那么麒麟不会到他的城外；排干水捕鱼，那么蛟龙就不会居住在他那里的深渊里；捅破鸟巢打破了卵，那么凤凰也不会在他的城邑上空飞翔。为什么呢？这是因为君子是忌讳伤害他的同类的。鸟兽对于不义之事尚且能够知道躲避，更何况人呢？"于是孔子返回，在邹地停下，作《槃操》一曲来哀悼他们。

22.3 子路问于孔子曰:"有人于此,夙兴夜寐①,耕芸树艺②,手足胼胝③,以养其亲,然而名不称孝,何也?"孔子曰:"意者身不敬与?辞不顺与?色不悦与?古之人有言曰:'人与己与,不汝欺④。'今尽力养亲而无三者之阙⑤,何谓无孝之名乎?"孔子曰:"由,汝志之,吾语汝,虽有国士之力,而不能自举其身,非力之少,势不可矣。夫内行不修,身之罪也;行修而名不彰,友之罪也;行修而名自立。故君子入则笃行,出则交贤,何谓无孝名乎?"

【注释】

①夙兴夜寐:早起晚睡。夙,早晨。寐,睡觉。②耕芸树艺:耕地除草种庄稼。芸,通"耘",除草。树,栽植。艺,种植。③手足胼(pián)胝(zhī):手脚上的老茧。④人与己与,不汝欺:王肃注:"言人与己事实相通,不相欺也。"⑤阙(quē):缺点。

【译文】

子路向孔子问道:"有这样一个人,早起晚睡,耕地除草种植庄稼,手脚上都磨出了老茧,以此养活父母,然而却没有获得孝子的名声,这是为什么呢?"孔子说:"想来也许自身有不敬的行为吧?说话的言辞不恭顺吧?表情不和悦吧?古人有句话说:'人与人感同身受,是不会欺骗你的。'现在假如竭尽全力奉养父母却没有前面三种过错,怎么能没有孝子的名声呢?"孔子说:"仲由,你记住,我告诉你,一个人即使有全国闻名的勇士的力气,也不能把自己举起来,这并不是力量不够,而是情势上做不到。一个人不注重培养内在品质,这是他自己的过错;品行好而名声没有彰显,这是朋友的过错;品行好名声自然会树立。所以君子在家行为要敦厚朴实，在外要结交有道德、有才能的朋友，这样怎么会没有孝子的名声呢？"

22.4 孔子遭厄①于陈、蔡之间，绝粮七日，弟子馁病②，孔子弦歌。子路入见曰："夫子之歌，礼乎？"孔子弗应，曲终而曰："由，来，吾语汝，君子好乐，为无骄也；小人好乐，为无慑③也。其谁之子，不我知而从我者乎④？"子路悦，援戚而舞⑤，三终而出。明日，免于厄。子贡执辔曰："二三子从夫子而遭此难也，其弗忘矣！"孔子曰："善，恶何也⑥？夫陈、蔡之间，丘之幸也。二三子从丘者，皆幸也。吾闻之，君不困不成王，烈士⑦不困行不彰，庸知其非激愤厉志之始，于是乎在？"

【注释】

①厄：穷困，灾难。②馁（něi）病：饥饿困顿。馁，饥饿。病，筋疲力尽。③慑：害怕，畏惧。王肃注："慑，惧。"④其谁之子，不我知而从我者乎：王肃注："其谁之子，犹言以谁氏子，谓子路也，虽从我而不知我也。"⑤援：拿，执。戚：兵器名，形似大斧。⑥善，恶何也：王肃注："善，子贡言也。恶何，犹言是何也。"⑦烈士：刚烈之士。

【译文】

孔子被困于陈国、蔡国之间，断粮七天，弟子饥饿困顿，孔子仍在弹琴唱歌。子路进去见孔子说："老师此时唱歌，符合礼吗？"孔子没有回答，直到曲子结束之后才说："仲由，过来，我告诉你，君子喜好音乐，是为了不骄傲放纵；小人喜好音乐，是为了消除畏惧。究竟是谁家的子弟，这样不了解我却跟从我啊？"子路很高兴，拿着兵器跳起舞来，跳了几个曲子后出去了。第二天，孔子一行人摆脱了危难。子贡拉着缰绳说："我们跟随先生遭受了这场磨难，大概永远不会忘记了！"孔子说："说得好，为什么这么说呢？在陈国、蔡国之间遭受到围困，这是我的幸运啊。你们跟随我，也是你们的幸运啊。我听说，君主不遭受困厄就不能成就王业，刚烈之士不遭受困厄他们的品行就得不到彰显，怎么知道他们奋发励志的开始，不是在危难之际呢？"

22.5 孔子之宋，匡人简子以甲士围之①。子路怒，奋戟将与战。孔子止之曰："恶有修仁义而不免世俗之恶者乎？夫《诗》《书》之不讲，礼、乐之不习，是丘之过也。若以述②先王，好古法而为咎③者，则非丘之罪也，命之夫。歌，予和④汝。"子路弹琴而歌，孔子和之，曲三终，匡人解甲而罢。

【注释】

①匡：地名，春秋时属宋国。简子：身份不详，推测为匡人首领。②述：继承，遵循。③咎：灾祸。④和：应和，唱和。

【译文】

孔子到宋国去，匡地人简子派士兵将他们包围。子路大怒，举起戟准备要与他们奋战。孔子制止说："怎么会有修治仁义却不能免除世俗憎恨的人呢？不讲习《诗经》《尚书》，不练习礼、乐，这是我的过错啊。如果因为沿袭先王，喜欢古代法令制度而要遭受灾祸，那么就不是我的过错了，是命啊。你唱歌吧，我应和你。"子路边弹琴边唱起歌来，孔子也跟着唱起来，几曲过后，匡人解除武装离去了。

22.6 孔子曰："不观高崖，何以知颠①坠之患？不临深泉，何以知没溺之患？不观巨海，何以知风波之患？失之者其不在此乎②？士慎此三者，则无累③于身矣。"

【注释】

①颠：通"巅"，山巅。②失之者其不在此乎：王肃注："不在此三者之域也。"③累：忧患，危害。

【译文】

孔子说："不观看高耸的悬崖，怎能知道从崖顶坠落的灾难呢？不临近深渊，怎能知道溺水淹没的灾祸呢？不看到辽阔的大海，怎能知道波涛汹涌的灾祸呢？造成过失的原因不就在这些方面吗？世人能谨慎地对待这三个问题，就不会伤害到自身了。"

22.7 子贡问于孔子曰："赐既为人下①矣，而未知为人下之道，敢问之。"子曰："为人下者，其犹土乎。汨②之深则出泉，树其壤则百谷滋③焉，草木植焉，禽兽育焉，生则出焉，死则入焉。多其功而不意④，弘其志而无不容⑤。为人下者以此也。"

【注释】

①人下：为人谦虚。下，谦下。②汨（gǔ）：通"扣"，挖掘。③滋：生长，繁殖。④多其功而不意：王肃注："功虽多而无所意也。"多，称

赞。不意，不在意。⑤弘其志而无不容：王肃注："为人下者，当弘志如地无所不容也。"

【译文】

子贡向孔子问道："我已经做到为人谦虚了，却不知道为人谦虚应遵循的原则，想向您请教。"孔子说："为人谦虚的人，就好像泥土一样吧。挖掘深了就会冒出泉水，在土壤上种植就会长出各种庄稼，草木在土地上生长，禽兽在土地上繁育，生时在土地上活动，死后则归入土地。土地功劳虽多却毫不在意，志向宏大而无所不容。为人谦虚就应该像土地一样。"

22.8 孔子适郑，与弟子相失，独立东郭门外。或人①谓子贡曰："东门外有一人焉，其长九尺有六寸，河目隆颡②，其头似尧，其颈似皋繇③，其肩似子产，然自腰已下，不及禹者三寸，累然如丧家之狗④。"子贡以告，孔子欣然而叹曰："形状末也，如丧家之狗，然乎哉！然乎哉！"

【注释】

①或人：有人。②河目隆颡（sǎng）：王肃注："河目，上下匡平而长。颡，颊也。"隆颡，高额头。③皋（gāo）繇（yáo）：亦作"皋陶"，舜时贤臣，掌管刑狱之事。④累然如丧家之狗：王肃注："丧家狗，主人哀荒，不见饭食，故累然不得意。孔子生于乱世，道不得行，故累然，是不得意之貌也。"

【译文】

孔子到郑国，和弟子失散了，独自站在东城门外。有人对子贡说：

"东门外有一个人,身高有九尺六寸,眼睛上下眶像河一样平而长且额头突出,他的头像尧,脖子像皋繇,肩膀像子产,但是自腰以下,比禹短了三寸,不得志的样子像丧家之犬。"子贡把这话告诉了孔子,孔子欣然感叹道:"形状是不重要的,像丧家之犬,那倒是真像啊!真像啊!"

22.9 孔子适卫,路出于蒲①,会公叔氏②以蒲叛卫,而止之。孔子弟子有公良儒③者,为人贤长④,有勇力,以私车五乘从夫子行,喟然曰:"昔吾从夫子遇难于匡,又伐树于宋⑤,今遇困于此,命也夫!与其见夫子仍遇于难,宁我斗死。"挺剑而合众,将与之战。蒲人惧,曰:"苟无适卫,吾则出子。"以盟,孔子而出之东门,孔子遂适卫。子贡曰:"盟可负乎?"孔子曰:"要⑥我以盟,非义也。"卫侯闻孔子之来,喜而于郊迎之。问伐蒲,对曰:"可哉。"公曰:"吾大夫以为蒲者,卫之所以恃晋、楚也。伐之,无乃不可乎?"孔子曰:"其男子有死之志⑦,吾之所伐者,不过四五人⑧矣。"公曰:"善!"卒不果伐。他日,灵公又与夫子语,见飞雁过而仰视之,色不悦。孔子乃逝⑨。

【注释】

①蒲:春秋时卫地,在今河南长垣。②公叔氏:公孙成,卫大夫。③公良儒:字子正,陈国人,孔子弟子。④贤长:贤能而有长者风范。⑤伐树于宋:王肃注:"孔子与弟子行礼于大树之下,桓魋欲害之,故先伐其树焉。"⑥要(yāo):要挟。⑦其男子有死之志:王肃注:"公叔氏欲蒲适他国,故男子欲死之,不乐适也。"⑧四五人:王肃注:"本与公孙同畔者也。"⑨逝:离开。王肃注:"逝,行。"

【译文】

　　孔子到卫国去，路过蒲地时，正巧遇到公叔氏占领蒲地背叛卫国，不让他们通过。孔子弟子中有个叫公良儒的人，为人贤能且具长者风度，孔武有力，带着自己的五辆私车跟随孔子出行，感叹道："从前我跟随先生在匡地遭到围困，后来在宋国又遇到伐树之难，现在又在这里被困，这是命啊！与其看着先生再次遇难，我宁愿与他们拼死一战。"说完拔出剑来集合众人，将要与蒲人战斗。蒲人害怕了，说："如果你们不去卫国，我就放你们走。"于是和孔子订下了盟誓，放他们从东门出去，孔子还是去了卫国。子贡说："难道盟誓能够违背吗？"孔子说："他们要挟我订的盟誓，是不符合道义的。"卫灵公听说孔子来到卫国，高兴地到城外去迎接。询问起征伐蒲地的事情，孔子说："可以啊。"卫灵公说："我国的大夫认为，蒲地是我们卫国用来抵御晋国、楚国的屏障。讨伐它，恐怕不可以吧？"孔子说："蒲地男子有宁死不愿叛乱之志，我们所讨伐的，不过是极少数的叛乱者。"卫灵公说："好吧！"但最终还是没有讨伐。有一天，卫灵公又与孔子谈话，看见大雁飞过就仰头观看，脸上有不悦的表情。孔子于是离开了卫国。

22.10 卫蘧伯玉①贤而灵公不用，弥子瑕②不肖，反任之。史鱼③骤④谏而不从。史鱼病将卒，命其子曰："吾在卫朝，不能进蘧伯玉，退弥子瑕，是吾为臣不能正君也。生而不能正君，则死无以成礼。我死，汝置尸牖⑤下，于我毕矣。"其子从之。灵公吊焉，怪而问焉，其子以其父言告公。公愕然失容曰："是寡人之过也。"于是命之殡⑥于客位，进蘧伯玉而用之，退弥子瑕而远之。孔子闻之，曰："古之列谏⑦之者，死则已矣，未有若史鱼死而尸谏，忠感其君者也，不可谓直乎？"

【注释】

①蘧（qú）伯玉：名瑗，卫国贤大夫。②弥子瑕（xiá）：卫灵公之嬖大夫。③史鱼：即史鰌。④骤：屡次，多次。⑤牖：窗户。⑥殡：停放灵柩。⑦列谏：极力进谏。列，通"烈"，强烈，极力。

【译文】

卫国蘧伯玉贤能，但是卫灵公不任用他；弥子瑕不贤，卫灵公反而任用他。史鱼进谏多次但卫灵公不听从。史鱼生病将要死去，对他的儿子说道："我在卫国朝廷为官，不能推荐蘧伯玉、斥退弥子瑕，这是我作为臣子但不能匡正君主啊！活着不能匡正君主，那死了就不值得举办丧礼。我死后，你把我的尸体放到窗下，对于我来说就够了。"他的儿子听从了他。卫灵公来吊唁他，感到很奇怪便询问怎么回事，他的儿子把父亲的话告诉了卫灵公。卫灵公震惊失色说："这是我的错啊。"于是命令将史鱼的灵柩停放在客位，提拔了蘧伯玉且任用他，贬了弥子瑕的官且远离他。孔子听说了这件事，说："古时极力进谏的人，死后进谏也就停止了，没有像史鱼这样已经死去却还要以尸进谏的，他的一片忠心感动了君主，这样的人难道能说不是正直的吗？"

五帝德第二十三

23.1 宰我①问于孔子曰："昔者吾闻诸荣伊②曰：'黄帝③三百

年。'请问黄帝者，人也，抑非人也？何以能至三百年乎？"孔子曰："禹、汤、文、武、周公，不可胜以观也，而上世黄帝之问，将谓先生难言之故乎④？"宰我曰："上世之传，隐微之说，卒采之辩⑤，暗忽⑥之意，非君子之道者，则予之问也固⑦矣。"孔子曰："可也，吾略闻其说。黄帝者，少昊之子，曰轩辕。生而神灵，弱而能言，幼齐⑧睿⑨庄，敦敏诚信。长聪明⑩，治五气⑪，设五量⑫，抚万民，度四方⑬。服牛乘马，扰驯猛兽，以与炎帝⑭战于阪泉之野，三战而后克之。始垂衣裳，作为黼黻⑮。治民以顺天地之纪，知幽明之故，达生死存亡之说。播时百谷，尝味草木，仁厚及于鸟兽昆虫。考日月星辰，劳耳目，勤心力，用水火财物以生民。民赖其利，百年而死；民畏其神，百年而亡；民用其教，百年而移。故曰'黄帝三百年'。"

【注释】

①宰我：即宰予，字子我，孔子弟子。②荣伊：人名。③黄帝：号轩辕氏，传说中古代的帝王，华夏始祖。④禹、汤、文、武、周公，不可胜以观也，而上世黄帝之问，将谓先生难言之故乎：王肃注："言禹、汤已下，不可胜观，乃问上世黄帝，将为先生长老难言之，故问。"⑤卒采之辩：王肃注："采，事也。辩，说也。卒，终也。其事之说也。"⑥暗忽：王肃注："暗忽，久远不明。"⑦则予之问也固：王肃注："固陋不得其问。"⑧齐：疾速，敏捷。⑨睿：圣明。⑩聪明：耳目明辨。⑪五气：王肃注："五行之气。"⑫五量：王肃注："五量：权衡、升斛、尺丈、里步、十百。"⑬度四方：王肃注："商度四方而无安定。"⑭炎帝：王肃注："炎帝，神农氏之后也。"⑮黼（fǔ）黻（fú）：王肃注："白与黑谓

之黼,若斧文。黑与青谓之黻,若两已相戾。"

【译文】

宰我向孔子问道:"从前我从荣伊那里听说:'黄帝活了三百年。'请问黄帝是人呢,抑或不是人呢?为什么能活三百年呢?"孔子说:"大禹、商汤、周文王、周武王、周公旦,对他们尚且不能完全了解,而你问到上古的黄帝,难道是因为连先生都难以说清的缘故吗?"宰我说:"上古的传说,隐约微妙的说法,事过之后的争辩,久远不明的含义,这些都不是君子该说的,那么我的问题就显得固陋不合时宜了。"孔子说:"可以问,我略微听说过这方面的事情。黄帝是少昊的儿子,名叫轩辕。他生下来就神奇灵异,很早就能说话,幼时机敏圣明端庄,敦厚诚信。长大后更是耳目明辨,能治理五行之气,设置五种计量标准,安抚万民,考察四方情况,他驾驭牛马,驯服猛兽,和炎帝在阪泉之野交战,三战之后打败了炎帝。这时才制作礼服,将黼黻等纹饰绣于其上。他遵循天地的规律治理民众,了解昼夜更替的原因,通晓生死存亡的规律。按时播种百谷,鉴别良草佳木,仁德施及鸟兽昆虫。他观察日月星辰,耳目疲劳,勤勉尽心,用水火财物来养育人民。黄帝生前,人民依赖他的恩惠足有百年;黄帝死后,人民敬畏他的神灵足有百年;此后,民众沿袭黄帝的教化直到百年后才更替。因此说'黄帝活了三百年'。"

23.2 宰我曰:"请问帝颛顼①。"孔子曰:"五帝用说,三王有度②,汝欲一日遍闻远古之说,躁哉!予也。"宰我曰:"昔予也闻诸夫子曰:'小子毋或宿③。'故敢问。"

【注释】

①颛顼:黄帝之孙,号高阳氏。②五帝用说,三王有度:王肃注:

"五帝久远，故用说也。三王迩，则有成法度。"③毋或宿：王肃注："有所问当问，勿令更宿也。"

【译文】

宰我说："请问有关帝颛顼的事情。"孔子说："五帝的事情靠传说，三王的事情则有现成的法度，你想要在一天内听遍远古的传说，宰予，你太急躁了！"宰我说："从前我听夫子说：'有问题就应当及时询问，不要过夜。'所以才敢向您请教。"

孔子曰："颛顼，黄帝之孙，昌意之子，曰高阳。渊而有谋，疏通①以知远，养财以任地②，履时以象天，依鬼神而制义，治气性以教众，洁诚以祭祀，巡四海以宁民。北至幽陵③，南暨交趾④，西抵流沙⑤，东极蟠木⑥，动静之类⑦，小大之物，日月所照，莫不厎属⑧。"

【注释】

①疏通：博古通今。②任地：任土，即因地制宜。③幽陵：即幽州，古代十二州之一。④暨：到，及。交趾：古人视为南方最远处，在今越南北部。⑤流沙：指我国古代西北广大的沙漠地区。⑥蟠木：又作"扶木"，即"扶桑"，传说中的神木。⑦类：原作"神"，据四库本改。⑧厎属：王肃注："厎，平。四远皆平而来服属之也。"

【译文】

孔子说："颛顼，是黄帝的孙子，昌意的儿子，名叫高阳。他深邃而有谋略,博古通今而有远见,凭借因地制宜来创造财富,顺应时令以取法上天,依照天地鬼神的法则来制定适宜的政策,陶冶性情来教化民众,真诚地参加祭祀活动,巡行全国各地用以安定民心。北至幽陵,南达交趾,西抵流沙,东到蟠木,所有动的、静的生灵,大大小小的物体,日月所照之地,没有不归服于他的。"

23.3 宰我曰:"请问帝喾①。"孔子曰:"玄枵②之孙,乔极③之子,曰高辛。生而神异,自言其名。博施厚利,不于其身。聪以知远,明以察微。仁以威,惠而信,以顺天地之义。知民所急,修身而天下服,取地之财而节用焉,抚教万民而诲利④之,历⑤日月之生朔⑥而迎送之,明鬼神而敬事之。其色也和,其德也重,其动也时,其服⑦也哀。春夏秋冬,育护天下。日月所照,风雨所至,莫不从化。"

【注释】

①帝喾(kù):号高辛氏,传说中的古代帝王。②玄枵(xiāo):黄帝之子。③乔(jiǎo)极:黄帝之孙。④诲利:教诲而使之受益。诲,教诲。利,使……受益。⑤历:相,察。⑥日月之生朔:月球运行到太阳和地球之间,跟太阳同时出没,地球上看不到月光,这种现象叫朔。这天为农历的每月初一。⑦服:服丧。

【译文】

宰我说:"请问有关帝喾的事情。"孔子说:"他是玄枵的孙子,乔极的儿子,名叫高辛。他刚出生就神奇灵异,能够说出自己的名字。他广泛地施行厚利，却不考虑自己的利益。兼听而有远见，明敏而能体察细微。仁慈而有威望，恩惠而有诚信，以顺应天地的法则。他了解百姓急需什么，修养自身而令天下人信服，从土地中获取财富而能节约使用，安抚教化民众而使他们受益，观察日月的出没来加以迎送，了解鬼神从而恭敬地加以侍奉。他的神情温和，品德敦厚，举动符合时宜，服丧时心情哀痛。春夏秋冬，养育呵护着天下万物。日月所照之处，风雨所经之地，没有不被感化的。"

23.4 宰我曰："请问帝尧①。"孔子曰："高辛氏之子，曰陶唐。其仁如天，其智如神。就之如日，望之如云。富而不骄，贵而能降。伯夷典礼②，夔、龙典乐③，舜时而仕，趋视四时，务元民始之，流四凶而天下服④。其言不忒⑤，其德不回⑥。四海之内，舟舆所及，莫不夷说⑦。"

【注释】

①帝尧：帝喾之子，名放勋，号陶唐氏，传说中的古代帝王。②典礼：掌管礼仪的事。典，主管，执掌。③夔（kuí）、龙典乐：夔、龙都是尧舜时的乐官。王肃注："舜时夔典乐，龙作纳言；然则尧时龙亦典乐者也。"④流：流放。四凶：传说中共工、驩兜、三苗、鲧四个凶人，指不服从舜的四个部族首领。⑤忒（tè）：差错。⑥回：违背。⑦夷说：王肃注："夷，平心。说，古通以为悦字。"

【译文】

宰我说："请问有关帝尧的事情。"孔子说："他是高辛氏的儿子，名叫陶唐。他的仁厚如天般无所不覆，他的智慧似神一样无所不能。人民像渴望太阳的温暖一样渴望接近他，像久旱期待祥云一样期待去仰望他。他富裕却不骄傲，尊贵却能谦下。他让伯夷掌管礼仪，让夔、龙掌管音乐，适时地推举舜出任官职，到各地巡视四季农作物的生长状况，把人民的事放在首位，流放了四个凶恶的罪人从而使天下人归服。他说话不出差错，行事不违背道德。四海之内，车船所到之处，没有不心悦诚服的。"

23.5 宰我曰："请问帝舜①。"孔子曰："乔牛②之孙，瞽瞍③之子也，曰有虞。舜孝友闻于四方，陶渔事亲④。宽裕而温良，敦敏而知时，畏天而爱民，恤远而亲近。承受大命，依于二女⑤。睿明智通，为天下帝，命二十二臣率⑥尧旧职，躬己而已。天平地成，巡狩四海，五载一始。三十年在位，嗣帝五十载⑦，陟方岳⑧，死于苍梧之野而葬焉。"

【注释】

①帝舜：名重华，号有虞氏，传说中古代的帝王。②乔（jiǎo）牛：舜的祖父。③瞽（gǔ）瞍（sǒu）：舜的父亲。④陶渔事亲：王肃注："为陶器，躬捕鱼以养父母。"⑤依于二女：二女即娥皇、女英。王肃注："尧妻舜以二女，舜动静谋之于二女。"⑥率：遵循。⑦三十年在位，嗣帝五十载：《书·舜典》："舜三十征，庸三十，在位五十载，陟方乃死。"⑧陟方岳：登临方岳，指巡狩。陟，登高。方岳，四方高大的山。

【译文】

宰我说："请问有关帝舜的事情。"孔子说："他是乔牛的孙子，瞽瞍的儿子,号有虞。舜因孝顺父母善待兄弟而闻名四方,靠制作陶器和捕鱼来奉养父母。他宽容豁达并且温和善良,敦厚机敏并且能把握时机,敬畏上天并且爱护人民,抚恤远方的人民而亲近身边的人。他承受重任,依靠两位妻子的帮助。他圣明睿智而又通达,成为天下帝王,任命二十二位大臣遵照帝尧时的旧职,亲自以身作则而已。天下太平,土地丰收,他巡狩四方,五年一次。舜为臣三十年,为帝五十年,登高巡狩时,死在了苍梧的山野并被安葬在那里。"

23.6 宰我曰:"请问禹①。"孔子曰:"高阳②之孙,鲧③之子也,曰夏后。敏给克齐④,其德不爽⑤,其仁可亲,其言可信。声为律,身为度⑥,亹亹穆穆⑦,为纪为纲。其功为百神之主⑧,其惠为民父母。左准绳,右规矩⑨,履四时⑩,据四海。任皋繇、伯益⑪,以赞其治,兴六师以征不序⑫,四极之民,莫敢不服。"

【注释】

①禹:名文命,传说中古代的帝王。②高阳:禹的祖父颛顼。③鲧:禹的父亲。④敏给:敏捷。克:能。齐(jì):通"济",成。⑤爽:差错。⑥身为度:王肃注:"以身为法度也。"⑦亹亹(wěi wěi):勤勉不倦貌。穆穆:恭敬严肃貌。⑧其功为百神之主:王肃注:"禹治水,天下既平,然后百神得其所。"⑨左准绳,右规矩:王肃注:"左、右,言常用也。"⑩履四时:王肃注:"所行不违四时之宜。"⑪伯益:舜、禹时为臣。⑫六师:犹"六军",此处泛指军队。不序:不顺从。

【译文】

宰我说:"请问有关帝禹的事情。"孔子说:"他是高阳的孙子,鲧的儿子，称为夏后。他机敏能够成就事业，他的德行没有差错，他仁厚可亲，言语可信。他说的话成为规章，行动成为准则，勤勉不倦，恭敬严肃，成为人们的榜样。他的功绩使他成为众神之主，他的恩惠使他成为百姓父母。他的行事时刻遵循标准和规则，不违背四时之宜，治理四海之地。他任命皋陶、伯益，帮助他治理天下，调动军队去征战不顺从者，四方的民众，没有谁不臣服的。"

23.7 孔子曰："予！大者如天，小者如言，民悦至矣，予也非其人也①。"宰我曰："予也不足以戒敬承矣。"他日，宰我以语子贡，子贡以复孔子，子曰："吾欲以颜状②取人也，则于灭明改矣；吾欲以言辞取人也，则于宰我改之矣；吾欲以容貌取人也，则于子张改之矣。"宰我闻之，惧，弗敢见焉。

【注释】

①予也非其人也：王肃注："言不足以名五帝之德也。"②颜状：外表。

【译文】

孔子说："宰予啊！古代帝王的功德大得像天一样广阔，小的像我所说的，民众都非常喜欢，宰予，你并不是能够懂这些道理的人。"宰我说："我还不能够敬肃地领会您的教诲。"第二天，宰我向子贡说了有关古代帝王的事情，子贡又告诉了孔子，孔子说："我想要根据仪态判断人，灭明却使我改变了这种做法；我想根据言辞来判断人，宰我却使我改变了这种做法；我想根据容貌来判断人，子张却使我改变了这种做法。"宰我听说了这些话，很害怕，不敢去见孔子。

五帝第二十四

24.1 季康子①问于孔子曰："旧闻五帝②之名，而不知其实，请问何谓五帝？"孔子曰："昔丘也闻诸老聃曰：'天有五行，水、火、金、木、土。分时化育，以成万物③，其神谓之五帝④。'古之王者，易代而改号，取法五行。五行更王，终始相生，亦象其义⑤。故其为明王者，而死配五行。是以太皞⑥配木，炎帝⑦配火，黄帝⑧配土，少皞⑨配金，颛顼⑩配水。"

【注释】

①季康子：鲁国大夫。②五帝：传说中的古代帝王。五帝之说，至少有六种。本文指太皞、炎帝、黄帝、少皞、颛顼五人。③分时化育，以成万物：王肃注："一岁三百六十日，五行各主七十二日也。化生长育，一岁之功，万物莫敢不成。"④其神谓之五帝：王肃注："五帝，五行之神，佐生物者。而谶纬皆为之名字，亦为妖怪妄言。"⑤五行更王（wàng），终始相生，亦象其义：王肃注："法五行更王，终始相生，始以木德王天下，其次以生之行转相承。而诸说乃谓五精之帝下生王者，其为蔽祸无可言也。"⑥太皞（hào）：号伏羲氏，传说中的古代帝王。以木德王天下，死后祀于东方，以木德为帝。⑦炎帝：号烈山氏，又号神农氏，传说中的古代帝王。以火德王天下，死后祀于南方，为火德之帝。⑧黄帝：号轩辕氏，传说中的古代帝王。以土德王天下，死后托祀为中央之帝。⑨少皞：

又作"少昊",名挚,号金天氏,传说中的古代帝王。以金德王天下,死后祀于西方,为金德之帝。⑩颛顼:黄帝之孙,号高阳氏,传说中的古代帝王。以水德王天下,死后祀于北方,为水德之帝。

【译文】

季康子问孔子:"过去听说过五帝的名称,但不知道它的实际含义,请问什么叫五帝呢?"孔子说:"我过去也听老聃说:'天有五行,水、火、金、木、土。它们按不同的季节化生孕育,从而产生万事万物,那万物之神就叫作五帝。'古代的帝王,因改朝换代而更换国号、帝号,就是以五行为依据的。按五行更换帝号,循环往复,也是遵循五行更替的原则。因此那些贤明的帝王,死后也以五行相配。所以以木配太皞,以火配炎帝,以土配黄帝,以金配少皞,以水配颛顼。"

24.2 康子曰:"太皞氏其始之木何如?"孔子曰:"五行用事①,先起于木。木,东方,万物之初皆出焉。是故王者则②之,而首以木德王天下,其次则以所生之行,转相承③也。"

【注释】

①用事:运行。②则:效法。③转相承:王肃注:"木生火,火生土之属。"

【译文】

季康子问:"太皞氏为什么要从木开始呢?"孔子回答说:"五行的运行,先从木开始。木,象征东方,万物的本原都是从这里产生的。因此帝王效法它，首先以木德称王于天下，然后按照五行相生的顺序，依次转换承接。"

24.3 康子曰："吾闻勾芒①为木正②，祝融③为火正，蓐收④为金正，玄冥⑤为水正，后土⑥为土正，此五行之主而不乱，称曰帝者，何也？"孔子曰："凡五正者，五行之官名。五行佐成上帝，而称五帝。太皞之属配焉，亦云帝，从其号。⑦昔少皞氏之子有四叔⑧，曰重、曰该、曰修、曰熙，实能金、木及水。使重为勾芒，该为蓐收，修及熙为玄冥。颛顼氏之子曰黎，为祝融；共工氏⑨之子曰勾龙，为后土。此五者，各以其所能业为官职⑩。生为上公⑪，死为贵神，别称五祀，不得同帝⑫。"

【注释】

①勾芒：名重，少皞氏之后，佐木德之帝，死后为木官之神。②木正：古代五行官之一。下文之火正、金正、水正、土正亦同。③祝融：颛顼帝后，死后为火官之神。④蓐（rù）收：名该，有金德，死后为金官之神。⑤玄冥：修，死后为水官之神。⑥后土：勾龙，死后为土官之神。⑦五行佐成上帝，而称五帝。太皞之属配焉，亦云帝，从其号：王肃注："天至尊，物不可以同其号。亦兼称上帝。上天以其五行佐成天事，谓之五帝。以地有五行而其精神在上，故亦为帝、五帝。黄帝之属，故亦称帝，亦从天五帝之号。故王者虽号称帝而不或曰天帝，而曰天子者。而天子与父，其尊卑相去远矣。曰天王者，言乃天下之王也。"⑧少皞氏之子有四叔：《左传·昭公二十九年》作"少皞氏有四叔"。⑨共工氏：炎帝后，姜姓。⑩各以其所能业为官职：王肃注："各以一行之官为职业之

事。"⑪上公：百官为首。⑫别称五祀，不得同帝：王肃注："五祀，上公之神，故不得称帝也。其序则五正不及五帝，五帝不及天地。而不知者以祭社为祭地，不亦失之远矣！且土与火水俱为五行，是地之子也。以子为母，不亦颠倒失尊卑之序也。"

【译文】

季康子问："我听说勾芒是木官之神，祝融是火官之神，蓐收是金官之神，玄冥是水官之神，后土是土官之神，这些掌管五行的神没有混乱，都被称为帝，这是为什么呢？"孔子说："这五正，是五行的官名。五行辅佐天帝成就大事，所以称作五帝。太皞、炎帝等与五行相配，也叫作帝，随五帝之称。从前少皞氏有四个儿子，分别叫重、该、修、熙，他们能够管理金、木和水。派重做勾芒，该做蓐收，修和熙做玄冥。颛顼氏的儿子叫黎，做祝融；共工氏的儿子叫勾龙，做后土。这五个人，各自以自己所擅长的方面作为官职。活着时是上公，死后被尊为贵神，另称为五祀，不能等同于帝。"

24.4 康子曰："如此之言，帝王改号，于五行之德，各有所统，则其所以相变者，皆主何事？"孔子曰："所尚则各从其所王之德次焉。夏后氏以金德王，色尚黑，大事敛用昏①，戎事乘骊②，牲用玄；殷人用水德王，色尚白，大事敛用日中③，戎事乘翰④，牲用白；周人以木德王，色尚赤，大事敛用日出，戎事乘騵⑤，牲用骍⑥。此三代之所以不同。"康子曰："唐虞二帝，其所尚者何色？"孔子曰："尧以火德王，色尚黄；舜以土德王，色尚青。"

【注释】

①大事敛用昏：王肃注："大事，丧。昏，时，亦黑也。"敛，指殡殓。②骊：王肃注："黑马也。"③日中：王肃注："日中，白也。"④翰：王肃注："翰，白色马。"⑤騵（yuán）：王肃注："騵，骝马白腹。"⑥駓（xīng）：王肃注："駓，赤色也。"

【译文】

季康子问："如此说来，帝王更改年号，在五行之德中，各有所执管的一种，那么他们这样相继变化，都主何事呢？"孔子说："他们所崇尚的是遵循各自称王时所依据的德行。夏后氏以金德称王，崇尚黑色，丧葬入殓定在黄昏之时，战事时乘黑马，祭祀用的牲畜用黑毛的；殷人以水德称王，崇尚白色，丧葬入殓定在日中之时，战事时乘白马，祭祀用的牲畜用白毛的；周人以木德称王，崇尚红色，丧葬入殓定在日出之时，战事时乘红马，祭祀用的牲畜用红毛的。这是三代不同的地方。"季康子问："唐尧、虞舜二帝，他们崇尚什么颜色？"孔子说："尧以火德称王，崇尚黄色；舜以土德称王，崇尚青色。"

24.5 康子曰："陶唐①、有虞②、夏后、殷、周独不配五帝，意者德不及上古耶？将有限乎？"孔子曰："古之平治水土，及播殖百谷者众矣，唯勾龙氏兼食于社③，而弃④为稷神，易代奉之，无敢益者，明不可与等。故自太皞以降，逮于颛顼，其应五行而王，数非徒⑤五，而配五帝，是其德不可以多也。"

【注释】

①陶唐：指尧。尧初居于陶，后封于唐，所以又称陶唐。②有虞：有虞氏，指舜。③兼食于社：王肃注："兼，犹配也。"社，土地神。④弃：后稷，名弃，周始祖。⑤徒：止，仅。

【译文】

季康子问："陶唐、有虞、夏后、殷、周独不与五帝相配，想来他们的德行比不上上古的帝王呢，还是有什么限制呢？"孔子说："古时治理水土和播种百谷的人太多了，只有勾龙氏配享土地神，而弃为五谷之神，历代都供奉，不敢有增加的，表明他不可与帝对等。所以从太皞以来，直到颛顼，顺应五行而称王的数目，不止五个，而只有他们与五帝相配，是因为他们的德行到了无可复加的地步。"

执辔第二十五

25.1 闵子骞为费宰①，问政于孔子。子曰："以德以法。夫德法者，御民之具，犹御马之有衔勒也②。君者，人也；吏者，辔③也；刑者，策也。夫人君之政，执其辔策④而已。"子骞曰："敢问古之为政。"孔子曰："古者天子以内史为左右手⑤，以德法为衔勒，以百官为辔，以刑罚为策，以万民为马，故御天下数百年而不失。善御马者⑥，正衔勒，齐辔策，均马力，和马心，故口无声而马应辔，策不举而极千里。善御民者，壹其德法，正其百官，以均齐民力，和安民心。故令不再而民顺从，刑不用而天下治。是以天地德之⑦，而兆民怀之⑧。夫天地之所德，兆民之所怀，其政美，其民而众称之⑨。今人言五帝三王者，其盛无偶，威察若存⑩，其故何也？其法盛，其德厚，故思其德，必称其人，朝夕祝⑪之，升闻于天，上帝俱歆⑫，用永厥世⑬，而丰其年。

【注释】

①闵子骞：闵损，字子骞，孔子弟子，以德行著称。费：春秋鲁邑。旧址在今山东鱼台西南费亭。②衔：横在马口中以备抽勒用的铜或铁。勒：套在马头上带嚼口的笼头。③辔：驾驭牲口的缰绳。④策：马鞭子。⑤古者天子以内史为左右手：王肃注："内史，掌王八柄及叙事之法，纳以诏王听治命，孤卿大夫则策命以四方之事，书则读之。王制禄则费为之，赏则亦如之，故王以为左右手。"内史，官名，协助天子管理爵禄废置等政务。⑥善御马者：者，原无，据四库本补。下文"善御民者"同。⑦是以天地德之：王肃注："天地以为有德。"⑧兆民：众百姓，形容极多。兆，数词，百万为兆，旧时也以万亿为兆。怀：王肃注："怀，归。"⑨其民而众称之：王肃注："其民为众所称举也。"⑩其盛无偶，威察若存：王肃注："其盛以明察，帝若存。"威，声威，功德。察，清高，清白。⑪祝：祈祷。⑫歆：欣喜。指祭祀时神灵先享受到其气。⑬用：以。永：绵长。厥：其。

【译文】

闵子骞出任费地长官，前来向孔子请教治理民众的方法。孔子说："用德政和礼法。德政和礼法是治理百姓的工具，就好像驾驭马要用马嚼子和马笼头一样。君主好比驾马的人，官吏好比缰绳，刑罚就是马鞭。君主为政，只不过是掌握缰绳和鞭子罢了。"闵子骞说："冒昧地向老师请教古代为政的情况。"孔子说："古时天子把内史当作左右手，把德政和礼法当作马嚼子和马笼头，把百官当作缰绳，把刑罚当作马鞭，把百姓当作马，因此统治天下几百年而没有失误。善于驾驭马的人，安正马嚼子和马笼头，备齐缰绳马鞭，均衡地使用马力，让马齐心合力，所以不用吆喝，马就应和缰绳的松紧前进，不用扬鞭就能跑千里之路。善于治理百姓的人，统一他们的德行、礼法，端正百官，从而均衡、协调地使用民力，使民心安定平和。所以政令不用发布第二次，百姓就会服从，刑罚还没使用，天下就太平了。因此天地认为他有德行，万民也乐于归附。令天地认为其有德行，让万民归附的人，他们政治美好，民众就会交口称赞。现在人们说起五帝、三王，他们的盛德无人能比，他们的声威和清誉好像还存在，这是什么原因呢？他们的礼法昌盛，他们的德政深厚，所以一想起他们的德政，必然会称赞他们个人，早晚祈祷，上天听到了这些声音，天帝很高兴，因而让他们国运长久，年景丰收。

"不能御民者，弃其德法，专用刑辟①，譬犹御马，弃其衔勒而专用棰②策，其不制也，可必矣。夫无衔勒而用棰策，马必伤，车必败；无德法而用刑，民必流，国必亡。治国而无德法，则民无修③，民无修则迷惑失道，如此上帝必以其为乱天道也。苟乱天道，则刑罚暴，上下相谀④，莫知念患，俱无道故也。今人言恶者，必比之于桀纣，其故何也？其法不听⑤，其德不厚，故民恶其残虐，莫不吁嗟，朝夕祝之，升闻于天。上帝不蠲⑥，降之以祸罚，灾害并生，用殄⑦厥世。故曰德法者，御民之本。

【注释】

①刑辟（bì）：刑罚，刑律。②棰：鞭子。③修：循，遵循。④诙：王肃注："诒诙。"⑤听：处理，判断。⑥蠲（juān）：除去，减免。⑦殄（tiǎn）：断绝，灭绝。

【译文】

"不善于治理百姓的人，他们丢弃了德政与礼法，专用刑律，就好像驾驭马，丢掉马嚼子和马笼头而专用马鞭，他没法控制，这是必然的。没有马嚼子和马笼头，而用马鞭，马必然会受伤，车也必然毁坏；没有德政和礼法，而用刑律，百姓必然会流离，国家必然会灭亡。治理国家而没有德政和礼法，百姓就会无所依循，百姓无所依循，就会迷惑丧失道义，这样天帝必然认为这是扰乱了天道。如果天道混乱，刑罚就会变得残暴，上下相互奉承讨好，不懂得心存忧患，这都是没有道义的缘故。现在人们说到恶人，一定会把他比作夏桀、商纣，这是为什么呢？他们有礼法而不依，德行不深，所以百姓憎恨他们的残酷暴虐，没有人不哀叹的，早晚祈祷，上天听到了这些声音，天帝不会免除他们的罪过，会降下灾祸来惩罚他们，让天灾人祸一并发生，从而灭绝了他们的朝代。因此，德政和礼法是治理百姓的根本。

"古之御天下者，以六官总治焉①：冢宰之官以成道②，司徒之官以成德③，宗伯之官以成仁④，司马之官以成圣⑤，司寇之官以成义⑥，司空之官以成礼⑦。六官在手以为辔，司会均仁以为纳⑧，故曰：御四马者执六辔，御天下者正六官。是故善御马者，正身以总辔，均马力，齐马心，回旋曲折，唯其所之，故可以取长道，可赴急疾。此圣人所以御天地与人事之法则也。天子以内史为左右手，以六官为辔，已而与三公为执六官，均五教⑨，齐五法⑩，故亦唯其所引，无不如志，以之道则国治⑪，以之德则国安⑫，以之仁则国和，以之圣则国平⑬，以之礼则国安，以之义则国义⑭，此御政之术。

【注释】

①六官：指下文所讲的冢宰、司徒、宗伯、司马、司寇、司空。总：统领，统管，负责。②冢宰之官以成道：王肃注："治官所以成道。"冢宰，周官名，周代六卿之一，为百官之长。③司徒之官以成德：王肃注："教官所以成德。"司徒，官名，主管教化。④宗伯之官以成仁：王肃注："祀官所以成仁。"宗伯，官名，主管祭祀。⑤司马之官以成圣：王肃注："治官所以成圣。圣通征伐，所以通天下也。"司马，官名，主管兵事。⑥司寇之官以成义：王肃注："刑官所以成义。"司寇，主管刑狱。⑦司空之官以成礼：王肃注："事官所以成礼。礼，非事不立也。"司空，官名，主管建筑工程、制造车服器械等。⑧司会（kuài）均仁以为纳：王肃注："纳，骖马辔。辔，系轼前者。司会，掌邦之六典、八法之戒，以周知四方之治，冢宰之副。故不在其六辔，至当纳位。"司会，官名，主管财政经济及对群臣的政绩考核。⑨五教：指父义、母慈、兄友、弟恭、子孝这五种封建人伦准则。⑩五法：王肃注："仁、义、礼、智、信之法也。"⑪以之道则国治：王肃注："冢宰治官。"⑫以之德则国安：王肃注："德教成，以之仁，则国和；礼之用，和为贵，则国安。"⑬以之圣则国平：王肃注："通治远近则国平也。"⑭以之义则国义：王肃注："义，平也。刑罚当罪则国平。"

【译文】

"古代统治天下的人,用六官来统领国家:设冢宰以成道,设司徒以成德,设宗伯以成仁,设司马以成圣,设司寇以成义,设司空以成礼。把六官掌握在手就如同有了缰绳,司会使仁义均齐就如同有了内侧缰绳,所以说:驾驭马车的人要掌握好六条缰绳,治理天下的人要端正好六官。因此,善于驾驭马的人,端正身体揽好缰绳,协调马的气力,和马的心志保持一致,即使走盘旋曲折的路,也可以随心所欲,所以可以行进很远的路程,也可以急速地奔驰。这是圣人用来统治天下和治理民众的法则。天子把内史当作左右手,把六官当作缰绳,再和三公共同执掌六官,使五教均齐,使五法齐备,所以只要是君王想要引导的,没有会不如愿的,用道引导使国家稳定,用德引导使国家安宁,用仁引导使国家和睦,用圣引导使国家太平,用礼引导使国家安定,用义引导使国家正义,这就是施政的方法。

"过失,人之情莫不有焉,过而改之,是为不过。故官属不理,分职不明,法政不一,百事失纪,曰乱,乱则饬①冢宰。地而不殖,财物不蕃,万民饥寒,教训不行,风俗淫僻②,人民流散,曰危,危则饬司徒。父子不亲,长幼失序,君臣上下,乖离③异志,曰不和,不和则饬宗伯。贤能而失官爵,功劳而失赏禄,士卒疾怨,兵弱不用,曰不平,不平则饬司马。刑罚暴乱,奸邪不胜④,曰不义,不义则饬司寇。度量⑤不审,举事失理,都鄙不修,财物失所,曰贫,贫则饬司空。故御者同是车马,或以取千里,或不及数百里,其所谓进退缓急异也。夫治者同是官法,或以致平,或以致乱者,亦其所以为进退缓急异也。

【注释】

①饬：王肃注："饬，谓整摄人也。"通"敕"，告诫。②淫僻：放纵而邪恶。③乖离：相互抵触，不一致。④胜：制服。⑤度量：测量长短或多少的器具，这里指度量的标准。

【译文】

"过错和失误，是人之常情，是难以避免的，有了过错就改正，就不为过。所以官吏的归属不清，职责不明确，法令、政教不一致，各种事情失去纲纪，这叫作混乱，出现混乱应该告诫冢宰。土地得不到耕种，财物得不到增加，百姓饥饿寒冷，教化、训令得不到推行，风俗放纵而又邪恶，百姓流离失散，这叫作危险，出现危险应该告诫司徒。父子不相亲爱，长幼不讲次序，君臣上下离心离德、各有所志，这叫作不和，出现不和应该告诫宗伯。贤能的人却失掉了官职和爵位，有功劳却得不到赏赐和利禄，士卒心怀怨恨，兵力虚弱不堪使用，这叫作不平，出现不平应该告诫司马。刑罚残暴混乱，奸邪不能被制服，这叫作不义，出现不义应该告诫司寇。度量标准不详审，举事失去条理章法，都城及边邑得不到修整，财物流散，这叫作贫困，出现贫困应该告诫司空。所以驾车的人驾驭的同样是车马，有的能行进千里，有的不到数百里，这就是所谓进退缓急不同。治理天下的人用的同样是礼法，有的凭借它们实现天下太平，有的却导致天下的混乱，这也是因为进退缓急不同造成的。

"古者天子常以季冬①考德正法，以观治乱，德盛者治也，德薄者乱也。故天子考德，则天下之治乱，可坐庙堂②之上而知之。夫德盛则法修，德不盛则饬，法与政咸德而不衰③。故曰王者又以孟春④论之德及功能。能德法者为有德，能行德法者为有行，能成德法者为有功，能治德法者为有智。故天子论吏而德法行，事治而功成。夫季冬正法，孟春论吏，治国之要。"

【注释】

①季冬：冬季最后一个月，农历十二月。②庙堂：宗庙明堂，此处指朝廷。③法与政咸德而不衰：王肃注："法与政皆合于德，则不杀。"④孟春：春季第一个月，农历正月。

【译文】

"古时候天子经常在冬季的最后一个月考察德政，端正礼法，来了解天下是太平还是混乱，德行兴盛则天下太平，德行浅陋则天下混乱。所以天子考察德政，那么天下是太平还是混乱，坐在朝堂之上就能知道。德政深厚，礼法就会得到修治，德政不深厚就要整顿礼法，使它与政教都合于德而不衰败。所以天子又在春季的第一个月考论官吏的德行及功劳才干。能够遵守德政和礼法的为有德行，能够实践德政和礼法的为有品行，能够成就德政与礼法的人为有功劳，能够探究德政与礼法的为有智慧。因此天子评定官吏而德政和礼法能得到推行，政事就会得到治理从而成就功勋。在冬季的最后一个月整顿礼法，在春季的头一个月考论官吏，这是治理国家的关键。"

25.2 子夏问于孔子曰："商闻《易》之生人及万物、鸟兽、昆虫，各有奇耦，气分不同①。而凡人莫知其情，唯达德者能原其本焉。天一，地二，人三，三如九②，九九八十一。一主日，日数十，故人十月而生③；八九七十二，偶以从奇，奇主辰，辰为月，月主马，故马十二月而生④；七九六十三，三主斗⑤，斗主狗，故狗三月而生；六九五十四，四主时，时主豕，故豕四月而生；五九四十五，五为音，音主猿，故猿五月而生；四九三十六，六为律⑥，律主鹿，故鹿六月而生；三九二十七，七主星⑦，星主虎，故虎七月而生；二九一十八，八主风，风为虫，故虫八月而生⑧。其余各从其类矣。鸟、鱼生阴而属于阳，故皆卵生。鱼游于水，鸟游于云，故立冬则燕雀入海化为蛤；蚕食而不饮，蝉饮而不食，蜉蝣不饮不食，万物之所以不同。介鳞⑨夏食而冬蛰，龁吞者八窍而卵生⑩，齟嚼者九窍⑪而胎生，四足者无羽翼，戴角者无上齿，无角无前齿者膏，无角无后齿者脂⑫。昼生者类父，夜生者似母，是以至阴主牝⑬，至阳主牡。敢问其然乎？"孔子曰："然，吾昔闻老聃亦如汝之言。"

【注释】

①各有奇耦（ǒu），气分（fèn）不同：王肃注："易主天地，以生万物。言受气各有分，数不齐同。"耦，通"偶"。②九：阳数之极。下文中，其余的数字都与九相乘。③一主日，日数十，故人十月而生：王肃注："一主日，从一而生，日者，阳从奇数。日数十，从甲至癸也。"④偶以从奇，奇主辰，辰为月，月主马，故马十二月而生：王肃注："偶以承奇，阴以承阳。辰数十二，从子至亥也。"从，四库本作"承"。⑤三主斗：王肃注："斗次日月，故以主斗。"⑥六为律：古代乐律有阳律、阴律各六，阳律包括黄钟、太蔟、姑洗、蕤宾、夷则、无射。⑦七主

星：王肃注："星，二十八宿为四方，方有七度，七主星也。"⑧八主风，风为虫，故虫八月而生：王肃注："风之数，尽于八。凡虫为风，风为虫也。"⑨介鳞：甲虫和鳞虫，指鱼鳖和鱼龙之类。王肃注："介，甲虫也。"⑩龁（hé）：不用咀嚼而吞食。王肃注："八窍，鸟属。"窍：指耳、目、口、鼻等器官之孔。⑪九窍：王肃注："九窍，人及兽属。"⑫无角无前齿者膏，无角无后齿者脂：王肃注："《淮南》取此义曰：无角者膏而无前，有角者脂而无后。膏，豚属；而脂，羊属。无前后，皆谓其锐小者也。"膏、脂，指油脂，凝结者为脂，呈液态者为膏。⑬牝（pìn）：指禽兽的雌性。与牡相对。

【译文】

子夏请教孔子说："我听说《易》描述人类、万物、鸟兽、昆虫的生成，都各自有单数、双数，是由于所禀受元气的分限不同。但普通人并不了解具体情况，只有德行通达的人才能够探究其中的本原。天为一，地为二，人为三，三三得九，九九八十一。一主象天干，天干数是十，所以人胎孕十个月后出生；八九七十二，为双数承接奇数，奇数主象地支，地支主象月份，月份主象马，所以马胎孕十二个月后出生；七九六十三，三主象北斗，北斗主象狗，所以狗胎孕三个月后出生；六九五十四，四主象四时，四时主象猪，所以猪胎孕四个月后出生；五九四十五，五主象五音，五音主象猿，所以猿胎孕五个月后出生；四九三十六，六主象六律，六律主象鹿，所以鹿胎孕六个月后出生；三九二十七，七主象星宿，星宿主象虎，所以虎胎孕七个月后出生；二九一十八，八主象八风，八风主象虫，所以虫经过八个月衍化而成。其余的都各有其类属。鸟、鱼出生在阴处，但却或飞或游在阳处，所以都是卵生。鱼在水中游，鸟在云中飞，因此立冬季节燕雀入海化为蚌蛤；蚕光吃不喝，蝉光喝不吃，蜉蝣不吃不喝，这就是万物各有不同。长有鳞甲的动物夏天进食而冬天蛰伏,不用咀嚼而吞食的动物有八个器官且是卵生,用咀嚼的方法进食的动物有九个器官且是胎生,长有四只脚的动物没有羽毛和翅膀,头有角的动物没有上面的牙齿,没有角和前齿的动物长得肥,没有角和后齿的动物身上多油脂。白天出生的动物像父亲,晚上出生的动物像母亲,因此阴的极点代表雌性,阳的极点代表雄性。请问这说得对吗?"孔子说:"对,我以前听老聃讲的也和你说的一样。"

25.3 子夏曰:"商闻《山书》①曰:'地东西为纬,南北为经;山为积德,川为积刑;高者为生,下者为死;丘陵为牡,溪谷为牝;蚌蛤龟珠,与日月而盛虚②。'是故坚土之人刚,弱土之人柔,墟土之人大,沙土之人细,息土③之人美,秏土之人丑。食水者善游而耐寒,食土者无心而不息④,食木者多力而不治⑤,食草者善走而愚,食桑者有绪而蛾,食肉者勇毅而捍,食气者神明而寿⑥,食谷者智惠而巧,不食者不死而神。故曰:羽虫⑦三百有六十,而凤为之长;毛虫三百有六十,而麟为之长;甲虫三百有六十,而龟为之长;鳞虫三百有六十,而龙为之长;倮虫三百有六十,而人为之长。此乾坤⑧之美也,殊形异类之数。王者动必以道,静必顺理⑨,以奉天地之性,而不害其所主,谓之仁圣焉。"子夏言终而出,子贡进曰:"商之论也何如?"孔子曰:"汝谓何也?"对曰:"微则微矣,然则非治世之待也。"孔子曰:"然,各其所能。"

【注释】

①《山书》:记载山川地理之书。②蚌蛤龟珠,与日月而盛虚:王肃

注:"月盛则蚌蛤之属满,月亏则虚。"③息土:肥沃的土地。王肃注:"息土,细致。"④食土者无心而不息:王肃注:"蚓(原作'螾')属不气息也。"食土者,以泥土为食的动物,指蚯蚓之类。⑤食木者多力而不治:王肃注:"血气不治。《淮南子》曰:'多力而弗戾,亦不治之貌者也。'"食木者,以树木为食的动物,指熊、犀之类。治,治理,管理,这里指驯服动物。⑥食草者善走而愚,食桑者有绪而蛾,食肉者勇毅而捍,食气者神明而寿:食草者,以草为食的动物,指麋鹿之类。食桑者,以桑叶为食的动物,指桑蚕之类。绪,丝。食肉者,以肉为食的动物,指虎、狼、鹰、狐之类。捍,通"悍",勇猛,强悍。食气者,食用元气的动物,指龟之类。⑦虫:泛指动物。⑧乾坤:王肃注:"乾天,坤地。"⑨王者动必以道,静必顺理:原作"王者动必以道动,静必以道静,必顺理",据四库本改。

【译文】

子夏说:"我听说《山书》这样讲:'地的东西方向是纬,南北方向是经;山是德行积累的象征,河是刑罚积累的象征;居高象征着生,处下象征着死;丘陵代表雄性,溪谷代表雌性;蚌蛤龟珠,随日月的变化而有盈虚。'因此生长在坚硬土地上的人刚强,生长在软弱土地上的人柔弱,生长在丘陵地方的人高大,生长在沙质土地上的人瘦小,生长在肥沃土地上的人美丽,生长在贫瘠土地上的人丑陋。以水为食的动物擅长游泳又禁得住寒冷,以泥土为食的动物没有心脏也不需要呼吸,以树木为食的动物力气很大且不容易被驯服,以草为食的动物善于奔跑但很愚笨,以桑叶为食的动物能吐丝并能变成飞蛾,食肉的动物勇敢坚毅而且强悍,食用元气的动物神明且长寿,食用粮食的动物智慧而且灵巧,不吃东西的动物长生不老而且神异。所以说:有羽毛的动物有三百六十种,而凤凰居首位;有毛的动物有三百六十种，而麒麟居首位；有甲的动物有三百六十种，而龟居首位；有鳞的动物有三百六十种，而龙居首位；无羽毛鳞甲的动物有三百六十种，而人居首位。这就是天地的精妙所在，也是产生不同形貌、不同类别事物的数理所在。君王行动必须秉道，守静必须顺应理，从而遵循天地的特性，不妨害它们所主象的事物，这叫作仁圣。"子夏说完就出去了，子贡上前问："卜商说得怎么样？"孔子问："你认为怎样？"子贡回答："说得精微是够精微的了，但不是治理世事能用得上的。"孔子说："是的，各自发挥自己的才能吧。"

本命解第二十六

26.1 鲁哀公问于孔子曰："人之命与性何谓也？"孔子对曰："分于道，谓之命①；形于一，谓之性②；化于阴阳，象形而发③，谓之生；化穷数尽④，谓之死。故命者，性之始也；死者，生之终也。有始则必有终矣。人始生而有不具⑤者五焉：目无见、不能食、不能行、不能言、不能化。及生三月而微煦⑥，然后有见；八月生齿，然后能食；三年䪼合，然后能言；十有六而精通，然后能化。阴穷反阳⑦，故阴以阳变；阳穷反阴，故阳以阴化。是以男子八月生齿，八岁而龀⑧；女子七月生齿，七岁而龀，十有四而化。一阳一阴，奇偶相配，然后道合化成⑨。性命之端⑩，形于此也。"

【注释】

①分：决定。道：天地自然之理。命：指人承受上天赋予的生命和

命运。②形：形成。一：开始，最初。性：人天生具有的生理心理机能。③化：化育。象形：依据形体。发：产生。④穷：穷尽。数：天命之数。⑤具：具备。⑥微煦（xù）：眼睛微微转动。⑦穷：极。反：同"返"，返归。⑧龀（chèn）：儿童换牙。⑨成：成功。⑩端：开始。

【译文】

鲁哀公问孔子："人的命和性说的是什么呢？"孔子回答说："天地自然之理决定的，叫作命；生来形成的，叫作性；通过阴阳变化，依据形体产生的，叫作生；阴阳变化穷尽的，叫作死。所以命是性的开始，死是生的终结。有开始则一定有结束。人出生的时候有五个方面的能力不具备：眼睛看不见，不能吃饭，不能行走，不能讲话，不能生育。等到出生了三个月以后眼睛能微微转动，然后能看见东西；出生八个月后长出牙齿，然后能吃饭；三年以后腮颊长合，然后能说话；十六岁精气畅通，然后能生育。阴到了极点就会返归到阳，所以阴因为阳而变化；阳到了极点就会返归到阴，所以阳因为阴而变化。因此男子八个月长出牙齿，八岁换牙；女子七个月长出牙齿，七岁换牙，十四岁能够生育。一阴一阳，奇偶相配，然后天地之道相合化育就会成功。性命的开始，就是从这里形成的。"

26.2 公曰："男子十六精通，女子十四而化，是则可以生民矣。而礼，男子三十而有室①，女子二十而有夫也，岂不晚哉？"孔子曰："夫礼言其极，不是过②也。男子二十而冠③，有为人父之端；女子十五许嫁，有适人④之道。于此而往，则自婚矣。群生闭藏乎阴⑤，而为化育之始。故圣人因⑥时以合偶男子，穷天数也。霜降⑦而妇功成，嫁娶者行焉。冰泮而农桑起⑧，婚礼而杀⑨于此。

男子者，任天道而长万物者也⑩。知可为，知不可为；知可言，知不可言；知不可言者。是故审其伦而明其别⑪，谓之知⑫，所以效匹夫之听也⑬。女子者，顺男子之教而长其理者也⑭。是故无专制⑮之义，而有三从之道：幼从父兄，既嫁从夫，夫死从子。言无再醮⑯之端，教令不出于闺门，事在供酒食而已。无阃外之非仪也⑰，不越境而奔丧。事无擅为，行无独成⑱，参知⑲而后动，可验⑳而后言，昼不游庭㉑，夜行以火㉒，所以效匹妇之德也。"孔子遂㉓言曰："女有五不取㉔：逆家子者，乱家子者，世有刑人子者㉕，有恶疾子者，丧父长子者㉖。妇有七出、三不去㉗。七出者：不顺母父者，无子者，淫僻者，嫉妒者，恶疾者，多口舌者，窃盗者。三不去者：谓有所取无所归㉘；与共更三年之丧㉙；先贫贱，后富贵。凡此，圣人所以顺男女之际㉚，重婚姻之始也。"

【注释】

①室：家室，妻子。②不是过：即"不过是"，不超过这个极限。③冠：举行冠礼，表示成人。④适人：嫁人。⑤闭藏：潜藏。阴：冬天。⑥因：依据。⑦霜降：二十四节气之一，在阳历十月二十三日或二十四日。⑧泮：消融。起：开始。⑨杀：停止，结束。⑩任：承担。长：培养。⑪审：明察。明：明白。别：区别。⑫知：智慧。⑬效：显示。听：指品德。⑭顺：顺从。教：教导。长：增益。⑮专制：擅自做主。⑯醮（jiào）：嫁。⑰阃（kǔn）：门限，这里指闺门。非仪：女子容貌举止不符合礼仪。⑱独成：独自行动。⑲参知：参验确认。⑳可验：可以验证。㉑游庭：在庭院中游逛。㉒以火：用火照明。㉓遂：接着。㉔取：同"娶"。㉕世有刑人子者：祖上有人受过刑罚的人家的女子。㉖丧父长子者：失去

父亲的长女。㉗出：遗弃妻子。去：抛弃妻子。㉘归：指出嫁女儿返回娘家。㉙与共更三年之丧：指为公婆守三年之丧。更，经历。㉚际：会合。

【译文】

鲁哀公说："男子十六岁精气通畅，女子十四岁能够生育，这样就可以生育小孩了。而根据礼，男子要三十岁娶妻，女子要二十岁嫁人，难道不是晚了吗？"孔子回答道："礼说的是最迟的限度，不超过（这个限度）就可以了。男子二十岁举行冠礼后，就可以开始做父亲了；女子十五岁允许出嫁，就有了嫁人的道理了。自这个年龄而上，就可以自由确定结婚的年龄。众多生物在冬天潜藏，这是孕育生命的开始。因此圣人依据时令让男女结婚，是为了不超过天数的极限。霜降时妇人的家务事结束了，嫁娶的事就开始操办了。冰雪消融后农桑之事开始，嫁娶的事情就结束了。男子，是承担天道、抚养万物的人。知道什么事情可以做，什么事情不可以做；知道什么话可以说，什么话不可以说；知道什么道理行得通，什么道理行不通。因此明察人伦并明白其中的区别，这称作智慧，是用来显示男子美德的。女子，是顺从男子命令、增益其中道理的人。所以女子没有自作主张的道理，而有三从的道德准则：年幼时服从父亲兄长，嫁人后听从夫君，夫君死后听从儿子。没有再嫁的道理，家里的命令不由妇女发出，妇女做的事情在于供奉酒食。在闺门之外没有容貌举止不合礼仪的地方，不能去超过规定的地方奔赴丧事。事情不能擅自做主，外出不能独自一人，事情了解清楚后才能行动，能够验证后才能说话，白天不在庭院游逛，夜间走路要用火照明，（这是）用来显示一般妇女的美德的。"孔子接着说："有五种女子不能娶：悖逆道德的人家的女子，淫秽乱伦的人家的女子，前几代受过刑罚的人家的女子，有不治之症的人家的女子，早年丧父的人家的长女。妇人有七种情况应该被休掉，三种情况不能抛弃。七种应该被休掉的妇人：不孝顺父母的妇人，不能生儿子的妇人，淫乱邪僻的妇人，善妒狭隘的妇人，患有恶疾的妇人，挑拨是非的妇人，偷窃抢劫的妇人。三种不能被抛弃的妇人：娶时有家休弃后无家可归的妇人；为公婆守过三年之丧的妇人；夫家原本贫困，嫁过来后夫家富贵的妇人。这些都是圣人为了和顺男女关系，重视婚姻而制定的。"

26.3 孔子曰："礼之所以象五行也①，其义四时也，故丧礼有举焉，有恩有义②，有节有权③。其恩厚者其服重，故为父母斩衰④三年，以恩制者也。门内⑤之治恩掩义，门外之治义掩恩。资于事父以事君而敬同⑥。尊尊贵贵⑦，义之大也，故为君亦服衰三年，以义制者也。三日而食，三月而沐，期而练⑧，毁不灭性⑨，不以死伤生；丧不过三年，齐衰⑩不补，坟墓不修；除服之日，鼓素琴⑪，示民有终⑫也。凡此以节制者也。资于事父以事母而爱同。天无二日，国无二君，家无二尊，以治之。故父在为母齐衰期者，见⑬无二尊也。百官备，百物具，不言而事行者⑭，扶而起；言而后事行者⑮，杖而起；身自执事行者⑯，面垢而已。此以权制者也。亲始⑰死，三日不怠，三月不懈，期悲号，三年忧，哀之杀⑱也。圣人因杀以制节⑲也。"

【注释】

①象：效法。五行：仁、义、礼、智、信。②恩：恩情。义：道义。③节：节制。权：变通。④斩衰（cuī）：衰，通"缞"，古代服丧有五个等级，称为"五服"，斩衰是其中最重的一种，服期三年。⑤门内：在家族之内。下句"门外"，在家族之外。⑥资：按照。事：侍奉。敬：敬

爱。⑦尊尊贵贵：尊崇地位尊贵的人，尊敬身份高贵的人。⑧期（jī）：周年。练：古代祭名。⑨毁：非常悲痛。灭性：伤害性命。⑩齐（zī）衰：丧礼，是五服中的一种，比斩衰程度轻。⑪鼓素琴：弹不加装饰的琴。⑫终：停止。⑬见（xiàn）：同"现"，显示。⑭百官备，百物具，不言而事行者：治理丧事的百官齐备，各类物品齐全，不用发话丧事就可以办好的人。指天子诸侯。⑮言而后事行者：需要说话丧事才可以办好的人。指卿、大夫、士。⑯身自执事行者：亲自办理丧事才可以办好的人。指普通百姓。⑰始：刚，才。⑱哀之杀：悲伤逐渐减弱。⑲制节：制定丧礼的节限。

【译文】

孔子说："礼根据天地五行制定，道义效法四季制定，所以举行丧礼，要有恩情、道义，又要有节度、变通。为恩情深重的人服丧要重，所以为父母服斩衰三年，这是根据恩情制定的。家族之内恩情大于道义，家族之外道义大于恩情。按侍奉父亲的准则来侍奉国君，并且尊敬的程度相同。尊崇地位尊贵的人，尊敬身份高贵的人，这是最重要的大义，所以为国君也服斩衰三年，这是（依据礼）道义制定的。（服丧时）三天后可以吃饭，三个月后可以沐浴，一年后举行练祭，内心哀痛但不伤害性命，不因死去的人而伤害活着的人；丧期不超过三年，齐衰之服破了不缝补，坟墓也不修葺；除掉丧服的那天要弹没有装饰的琴，向人们显示三年之丧的结束。所有这些都是依据丧礼的界限制定的。按照侍奉父亲的原则侍奉母亲，并且敬爱之心相同。天上没有两个太阳，国家没有两个君主，家里没有两个地位相同的尊者，都按照一位尊者的规矩办理。所以父亲在的时候为母亲服一年丧，是为了显示没有两位尊者。治理丧事的百官齐备，各类物品齐全，不用发话丧事就可以办好的人（是天子诸侯），哭丧要十分悲痛以至由别人挽扶起来；需要说话丧事才可以办好的人（是卿、大夫、士），哭丧要十分悲痛以至扶丧杖才能起来；需要亲自办理丧事才可以办好的人（是百姓），蓬头垢面就可以了。这些都是（依据礼）权变制定的。父母刚去世，三天痛哭不懈怠，三月不松懈，周年还悲痛号哭，三年都还忧愁不乐，哀痛才渐渐减弱了。圣人们是根据哀痛渐渐减弱的过程来制定丧礼的节制程度的。"

论礼第二十七

27.1 孔子闲居，子张、子贡、言游①侍，论及于礼。孔子曰："居，汝三人者，吾语汝以礼，周流②无不遍也。"子贡越席而对曰："敢问如何？"子曰："敬而不中礼，谓之野；恭而不中礼，谓之给③；勇而不中礼，谓之逆。"子曰："给夺慈仁④。"子贡曰："敢问将何以为此中礼者？"子曰："礼乎！夫礼，所以制中也。"子贡退。

【注释】

①子张、子贡、言游：三人均为孔子弟子。子张，即颛孙师，字子张。子贡，即端木赐，字子贡。言游，即言偃，字子游。②周流：普遍流传。③给：逢迎谄媚的样子。④给夺慈仁：王肃注"巧言、足恭、捷给之人似仁非仁，故言给夺慈仁"。

【译文】

孔子在家休息，子张、子贡、言游在旁侍奉，谈到了礼。孔子说：

"坐下,你们三人,我给你们讲讲礼,礼流传到各处,没有什么地方是不涉及的。"子贡离席说:"请问礼是怎么样的?"孔子说:"虔敬而不合乎礼,叫作粗陋;谦恭而不合乎礼,叫作谄媚;勇武而不合乎礼,叫作乖逆。"孔子又说:"花言巧语、态度恭顺的人会破坏慈悲和仁爱。"子贡说:"请问怎么做才能做到合乎礼呢?"孔子说:"礼啊!礼就是用来节制行为使其恰当的。"子贡退了下来。

言游进曰:"敢问礼也,领①恶而全好者与?"子曰:"然。"子贡问:"何也?"子曰:"郊社之礼②,所以仁鬼神也;禘尝之礼③,所以仁昭穆也;馈奠之礼④,所以仁死丧也;射飨之礼⑤,所以仁乡党⑥也;食飨之礼,所以仁宾客也。明乎郊社之义,禘尝之礼,治国其如指诸掌而已。是故,居家有礼,故长幼辨;以之闺门有礼,故三族⑦和;以之朝廷有礼,故官爵序;以之田猎有礼,故戎事闲⑧;以之军旅有礼,故武功成。是以宫室得其度,鼎俎得其象,物得其时,乐得其节,车得其轼,鬼神得其享,丧纪得其哀,辩说得其党⑨,百官得其体,政事得其施。加于身而措于前,凡众之动,得其宜也。"言游退。

【注释】

①领:治理。②郊社之礼:祭天地之礼。周代在冬至日祭天于南郊称为"郊",夏至日祭地于北郊称为"社",合称"郊社"。③禘尝之礼:泛指天子、诸侯每年祭祖的大典。④馈奠之礼:指人死至葬前的馈食之祭。⑤射飨之礼:指乡射礼和乡饮酒礼。⑥乡党:泛指乡亲。⑦三族:指父子孙三代。⑧闲:通"娴",娴熟,熟练。⑨党:类。

【译文】

言游上前说:"请问礼是不是为了治理恶劣习性而保全良好品行的呢?"孔子说:"是的。"子贡问:"如何做呢?"孔子说:"祭天祭地之礼,是用来表示对鬼神的仁爱;秋尝夏禘之礼,是用来表示对祖先的仁爱;馈食祭奠之礼,是用来表示对死者的仁爱;举行乡射礼、乡饮酒礼,是用来表示对乡亲邻里的仁爱;食礼和飨礼,是用来表示对宾客的仁爱。明白了祭天祭地的礼仪,秋尝夏禘的礼仪,那么治理国家就像在手掌上指画一样容易。因此,居家处事有礼,长幼就分辨清楚了;家族内部有礼,一家三代就和睦了;在朝廷上有礼,官职爵位就井然有序了;田猎(演武)时有礼,战事就娴熟了;军队里有礼,作战时就能成功了。因为有了礼,宫室的规模符合一定的制度,祭器大小符合一定的规格,万物适时生长,音乐符合节拍,车辆有了定式,鬼神得到了该有的祭享,丧葬能够表达适度的悲哀,辩说得以拥有支持的人,官吏们得以恪守其职分,政事得以顺利施行。把礼施加于自身并身先而为表率,人们的种种行为都能够适宜得当。"言游退了下去。

子张进曰:"敢问礼何谓也?"子曰:"礼者,即事之治也。君子有其事,必有其治。治国而无礼,譬犹瞽之无相①,伥伥②乎何所之?譬犹终夜有求于幽室之中,非烛何以见?故无礼则手足无所措,耳目无所加,进退揖让无所制。是故,以其居处,长幼失其别,闺门三族失其和,朝廷官爵失其序,田猎戎事失其策,军旅武功失其势,宫室失其度,鼎俎失其象,物失其时,乐失其节,车失其轼,鬼神失其享,丧纪失其哀,辩说失其党,百官失其体,政事失其施。加于身而措于前，凡动之众失其宜，如此，则无以祖洽③四海。"

【注释】

①瞽：盲人。相：帮助，搀扶。②伥伥（chāng chāng）：茫然不知所措的样子。③祖洽：倡导和谐。祖，始。洽，合。

【译文】

子张上前问道："请问礼说的是什么？"孔子说："礼，就是对事物的治理方法。君子做事，必有相应的治理手段。治理国家假如没有礼，就好像盲人没有扶助的人，茫然不知该往哪里走。就好像整夜在暗室中找东西，没有烛光怎么能看见呢？所以说没有礼，手脚都不知道放在哪里，耳目也不知该听什么该看什么，进退、作揖、谦让都没有了尺度。这样，居家处事就会长幼无别，家族之内祖孙三辈就失去了和睦，朝廷上官爵就失去了秩序，田猎练武就失去了策略，军队作战就失去了控制，宫室规模就不符合制度，祭器大小就不符合规格，万物就错过了合适的时节生长，音乐就不符合节拍，车辆就没有了定式，鬼神得不到该有的祭享，丧葬不能够表达适度的悲哀，辩说得不到支持的人，官吏们不能恪守其职分，政事不能顺利施行。以无礼之行示范于人前，人们的种种行为都不合时宜，这样就无法协调民众一致行动了。"

子曰："慎听之，汝三人者！吾语汝，礼犹有九焉，大飨①有四焉。苟知此矣，虽在畎亩②之中，事之，圣人矣。两君③相见，揖让而入门，入门而悬兴④；揖让而升堂，升堂而乐阕⑤；下管《象》

舞⑥,《夏》籥序兴⑦;陈其荐俎⑧,序其礼乐,备其百官。如此而后,君子知仁焉。行中规,旋中矩,銮和中《采荠》⑨。客出以《雍》,彻以《振羽》⑩。是故君子无物而不在于礼焉。入门而金作,示情也;升歌《清庙》⑪,示德也;下管《象》舞,示事也。是故古之君子,不必亲相与言也,以礼乐相示而已。夫礼者,理也;乐者,节也。无礼不动,无节不作。不能《诗》,于礼谬;不能乐,于礼素;于德薄,于礼虚。"子贡作而问曰:"然则夔其穷与⑫?"子曰:"古之人与!上古之人也,达于礼而不达于乐,谓之素,达于乐而不达于礼,谓之偏。夫夔达于乐而不达于礼,是以传于此名也。古之人也。凡制度在礼,文为在礼,行之其在人乎!"三子者既得闻此论于夫子也,焕若发蒙焉⑬。

【注释】

①大飨:礼名。飨礼有多种,而以两君相飨之礼为大,故名大飨。②畎(quǎn)亩:田间。③君:原作"军",据《礼记》改。④悬:悬挂。兴:奏乐。⑤阕:停止。⑥下管:堂下吹管。《象》:武舞。⑦《夏》:文舞。籥(yuè):古代乐器。⑧荐俎:进献祭品。⑨銮和:车铃声。《采荠(jì)》:乐曲名。⑩《雍》《振羽》:皆为乐曲名。彻:同"撤",宴毕撤席。⑪《清庙》:为《诗经·周颂》篇名。⑫夔(kuí):舜时的乐官。穷:尽。⑬焕若发蒙焉:好像眼睛一下子亮了起来。焕,明。

【译文】

孔子说:"仔细听着,你们三人!我告诉你们,礼还有九件事,其中大飨礼就有四项。如果知道了这些，即使是田里的农夫，只要依礼而行，也能成为圣人了。两位君主相见，互相作揖谦让后进入大门，入门后悬挂的乐器齐奏；两人又互相作揖谦让后登上大堂，登上大堂之后乐声停止；这时在堂下奏起管乐，跳起《象》这样的武舞，《夏》之类的文舞也伴随着籥按照顺序出场；摆设笾豆与牲俎，按序安排礼乐，备齐各种执事人员。这样，来访的国君就感受到了主人的盛情。人们来往走动，周旋时步子都合乎规矩，车子的铃声也和着《采荠》乐曲的节拍。客人离开时，奏起《雍》的乐章；撤去席上食具时，奏起《振羽》的乐章。所以君子没有一件事不符合礼节。（客人）进门时敲击乐器，表示欢迎之情；登堂时演奏《清庙》，表示赞美其功德；堂下吹奏《象》的舞曲，表示崇敬祖先的功业。所以古代的君子不必亲口交谈，用礼乐就可以传达情意了。礼，就是道理；乐，就是节制。不符合道理的事不做，没有节制的事不为。不懂得赋《诗经》言志，礼节上就会出差错；不能用音乐配合，礼节就显得单调枯燥；道行浅薄，礼就会变得虚伪。"子贡站起来问道："按这么说，夔精通乐却不通礼吗？"孔子说："夔是古时代的人啊！对于上古时代的人来说，精通礼而不精通乐，叫作质朴；精通乐而不精通礼，叫作偏颇。夔大概只精通乐而不精通礼，所以传下精通音乐的名声。古代的人啊。各项制度都存在于礼中，行为修饰也在礼的规定之中，实行起来大概还是靠人吧！"三个弟子听了孔子这番话，就如同眼睛豁然明亮一般。

27.2 子夏侍坐于孔子曰："敢问《诗》云'恺悌君子，民之父母'①，何如斯可谓民之父母？"孔子曰："夫民之父母，必达于礼乐之源，以致五至而行三无，以横于天下。四方有败②，必先知之。此之谓民之父母。"子夏曰："敢问何谓五至？"孔子曰："志之所至，诗亦至焉；诗之所至，礼亦至焉；礼之所至，乐亦至焉；乐之所至，哀亦至焉。诗礼相成，哀乐相生。是以正明目而视之，不可得而见；倾耳而听之，不可得而闻。志气塞于天地，行之充于四海。此之谓五至矣。"子夏曰："敢问何谓三无？"孔子曰："无声之乐，无体之礼，无服之丧，此之谓三无。"子夏曰："敢问三无何诗近之？"孔子曰："'夙夜基命宥密③'，无声之乐也；'威仪逮逮，不可选也④'，无体之礼也；'凡民有丧，扶伏救之⑤'，无服之丧也。"子夏曰："言则美矣大矣，言尽于此而已？"孔子曰："何谓其然？吾语汝，其义犹有五起焉。"子夏曰："何如？"孔子曰："无声之乐，气志不违；无体之礼，威仪迟迟⑥；无服之丧，内恕孔悲⑦。无声之乐，所愿必从；无体之礼，上下和同；无服之丧，施及万邦。既然，而又奉之以三无私而劳天下，此之谓五起。"子夏曰："何谓三无私？"孔子曰："天无私覆⑧，地无私载，日月无私照。其在《诗》曰：'帝命不违，至于汤齐。汤降不迟，圣敬日跻。昭假迟迟，上帝是祇，帝命式于九围。'⑨是汤之德也。"子夏蹶然⑩而起，负墙而立，曰："弟子敢不志之！"

【注释】

①恺悌君子，民之父母：语出《诗经·大雅·泂酌》。恺悌，和乐平易。《诗经》原作"岂弟"。②败：灾祸。③夙夜基命宥密：语出《诗经·周颂·昊天有成命》。夙夜，早晚。基，始。命，信。宥，宽。密，宁。④威仪逮（dì）逮，不可选（suàn）也：语出《诗经·邶风·柏舟》。威仪，态度容貌。逮逮，同"棣棣"，雍容娴雅。选，通"算"，计算。⑤凡民有丧，扶伏救之：语出《诗经·邶风·谷风》。扶伏，同"匍匐"，爬行，此指竭尽全力。⑥迟迟：从容不迫的样子。⑦恕：用自己的心

推想别人的心。孔：很，十分。⑧覆：掩盖。⑨"《诗》曰"句：语出《诗经·商颂·长发》。不迟，言疾。跻，升。九围，九州。⑩蹶然：快速起来的样子。

【译文】

子夏陪坐在孔子旁边说："请问《诗经》上所说的'和乐平易的君王，就好像百姓的父母'，那怎样做才能称得上'百姓的父母'呢？"孔子回答说："百姓的父母，必须通晓礼乐的本源，达到'五至'，做到'三无'，并用来施行到天下。任何地方出现了灾祸，一定要最早知道。这样才能称得上百姓的父母。"子夏说："请问什么叫作'五至'？"孔子回答说："有爱民之心至于百姓，诗歌会有所反映；有爱民的诗歌，礼就会有所反映；有爱民的礼，乐就会有所反映；乐有所反映的，哀也会随之体现。诗与礼相辅相成，哀与乐相生相成。因此，五至是瞪大眼睛看也无法看得到的，支棱起耳朵听也无法听得到的。这种志气充塞于天地之间，施行起来又遍及天下。这就叫作'五至'。"子夏说："请问什么叫作'三无'？"孔子回答说："没有声音的音乐，没有仪式的礼节，没有丧服的丧事，这就叫作'三无'。"子夏说："请问哪些诗句接近于'三无'的含义呢？"孔子回答说："'早晚恭敬，宽以待民，民得安宁'，这句诗接近没有声音的音乐；'仪态雍容娴雅，无可挑剔'，这句诗接近没有仪式的礼节；'看到他人有灾难，千方百计去支援'，这句诗接近没有丧服的丧事。"子夏说："您的这番话太伟大、太美妙了，您就言尽于此了吗？"孔子回答说："怎么能这样说呢？我告诉你，它的意义还在于'五起'呢。"子夏问道："怎么讲？"孔子回答说："没有声音的音乐，气志不违民心；没有仪式的礼仪，态度从容不迫；没有丧服的丧事，设身处地同样非常悲伤。没有声音的音乐，心愿已经满足；没有仪式的礼仪，上下融洽；没有丧服的丧事，将德行施于天下。如此，再遵照'三无私'的精神来治理天下，这就叫作'五起'。"子夏问道："什么叫作'三无私'呢？"孔子回答说："天无私地覆盖万物，地无私地承载万物，日月无私地照耀万物。（按照这三条来招徕天下百姓，就叫作'三无私'。）这种精神体现在《诗经》里：'天帝之命不可违抗，至于成汤登君位。汤王降世正适时，盛德敬慎日积累。虔诚祈祷久不息，无限崇敬事天帝，天帝命他统领九州。'这就是商汤的德行。"子夏猛然站起来，靠墙而立，说："弟子怎敢不牢记老师的教诲！"

观乡射第二十八

28.1 孔子观于乡射①，喟然叹曰："射之以礼乐也，何以射？何以听？循声而发②，而不失正鹄③者，其唯贤者乎？若夫不肖之人，则将安能以求饮④？《诗》云：'发彼有的，以祈尔爵。'⑤祈，求也。求所中，以辞爵。酒者，所以养老，所以养病也。求中以辞爵⑥，辞其养也。是故士使之射而弗能，则辞以病，悬弧之义⑦。"于是退而与门人习射于矍相之圃⑧，盖观者如堵墙焉。试射至于司马⑨，使子路执弓矢，出列延⑩，谓射之者曰："奔军之将⑪，亡国之大夫，与为人后者⑫，不得入，其余皆入。"盖去者半。又使公罔之裘、序点⑬扬觯⑭而语曰："幼壮孝悌，耆老⑮好礼，不从流俗⑯，修身以俟死者，在此位。"盖去者半。序点扬觯而语曰："好学不倦，好礼不变，旄期称道而不乱者⑰，则⑱在此位。"盖仅有存焉。射既阕⑲，子路进曰："由与二三子者之为司马，何如？"孔子曰：

"能用命⑳矣。"

【注释】

①乡射：古代的射礼之一。②循声而发：射箭时依据音乐的节奏而发射。原作"修身而发"，据四库本改。③正鹄（gǔ）：箭靶的中心。④求饮：祈求射中。饮，没也，箭深入所射之物。⑤"《诗》云"句：所引诗见《诗经·小雅·宾之初筵》。发，发射，射箭。彼，那。有，助词，无实义。的，目标，即靶心。爵，古酒器。王肃注："的，实也。祈，求也。言发中的以求饮尔爵也。胜者饮不胜者。"⑥以辞爵：别人罚酒而自己不被罚酒。⑦悬弧之义：古习俗，生男子则在门左首悬挂弓箭，表明射箭是男子从事的事情。弧，弓。⑧矍相：古地名，在今山东曲阜市阙里孔庙西。圃：种植瓜果蔬菜的园地，周围常无垣篱。⑨试：练习，演习。司马：原指官名，掌管军务和军赋。此处非官职之称，乃举行乡射时监督礼仪之人。⑩出列延：子路为司马，所以当射礼行至司马时，孔子让子路出列邀请。列，队列。延，邀请。⑪奔军之将：败军之将。奔，通"偾（fèn）"，覆败。⑫与为人后者：不顾自己身份甘愿做他人后嗣的人。王肃注："人已有后而又为人后，故曰与为人后也。"⑬公罔之裘、序点：似是孔子弟子，然皆未见于其他记载。⑭扬觯（zhì）：王肃注："先行射，乡饮酒，故二人扬觯。"扬，举起。觯，酒器。⑮耆（qí）老：年老。古时以六十岁为耆。⑯流俗：指当时流行但不符合于礼的风俗。⑰耄期称道而不乱者：说其虽年老却能陈述宣解道而合乎礼仪。八十九十岁曰耄，百岁为期。称，陈述，颂扬。道，王道。乱，不合礼仪。⑱则：原无，据四库本补。⑲阕（què）：终止，结束。⑳用命：服从命令，效命。此处为胜任的意思。

【译文】

　　孔子观看了乡射礼后,感叹地说:"射箭要配合于礼仪和音乐,射箭的人一边考虑如何射,一边聆听乐声是什么。根据音乐的节奏射出箭,而能射中靶心的,难道不是只有贤能的人才能做到吗?如果是不肖之人,那又怎能祈求射中呢?《诗经》说:'发射那箭中靶心,祈求罚你将酒饮。'祈,就是求啊。祈求射中目标来使自己免受罚酒。酒,是用来奉养老人和病人的。祈求射中而免受罚酒,是辞谢别人的奉养。所以让士人射箭而他不能去的,就要以疾病为理由推辞,因为男子生来就是应该会射箭的,这就是在家门口悬挂弓的意义。"于是孔子回来后就和弟子们在矍相之圃演习乡射礼,围观的人围得好像一堵墙。当射礼行至子路时,孔子让子路拿着弓箭出列邀请射箭的人,对射箭的人说道:"败军之将、亡国的大夫,和甘愿做别人后嗣的人,不准入内,其余的人都可以进来。"结果围观的人听后走了一半。孔子又让公罔之裘和序点举起酒杯说道:"幼年和壮年时都能孝顺父母、友爱兄弟,六七十岁时仍能爱好礼仪,不盲从流俗,修身养性以等待终年的,请留在射位。"围观的人又走掉了一半。序点举起酒杯说道:"喜爱学习而不厌倦,爱好礼仪永不改变,八九十岁甚至百岁之时仍能颂扬王道而合乎礼仪的人,才能留在射位。"结果围观的人只剩下几个了。射礼结束后,子路上前问孔子说:"我和他们几位担任司马,做得如何?"孔子说:"你们能够胜任。"

　　28.2 孔子曰:"吾观于乡①,而知王道之易易②也。主人亲速宾及介③,而众宾④从之,至于正门之外,主人拜宾及介,而众自入,贵贱之义别矣。三揖⑤至于阶,三让,以宾升⑥。拜至⑦,献⑧,酬⑨,辞让之节繁。及介升,则省矣。至于众宾,升而受爵⑩,坐祭⑪立饮，不酢⑫而降，隆杀之义辩矣⑬。工⑭入，升歌三终⑮，主人献宾。笙入三终，主又献之⑯。间歌三终⑰，合乐三阕⑱，工告乐备而遂出⑲。一人扬觯，乃立司正焉⑳，知其能和乐而不流也㉑。宾酬主人，主人酬介，介酬众宾，宾少长以齿，终于沃洗者焉㉒，知其能弟㉓长而无遗矣。降，脱屦㉔，升坐，修爵无算㉕。饮酒之节，旰不废朝，暮不废夕㉖。宾出，主人迎送，节文终遂焉㉗，知其能安燕而不乱㉘也。贵贱既明，降㉙杀既辩，和乐而不流，弟长而无遗，安燕而不乱。此五者，足以正身安国矣，彼国安而天下安矣。故曰：'吾观于乡，而知王道之易易也。'"

【注释】

①乡：乡饮酒礼。乡射时乡大夫、州长党正等于乡射前行饮酒礼。②易易：极其容易。③速：敦促，召请。宾：主宾，正宾。介：宾的副手，即陪客。④众宾：从宾，地位低于主宾及副宾。⑤揖：古代宾主相见的礼节。推手即揖，引手为厌（yì）。⑥升：登阶。⑦拜至：拜谢宾客的到来。⑧献：主人向宾客敬酒。⑨酬：主人先自己饮酒，然后劝宾客饮酒。⑩升而受爵：指众宾登上西阶接受主人献酒。⑪祭：祭酒，古礼，饮酒之前必先以酒敬神。⑫酢（zuò）：客以酒回敬主人。⑬隆：隆重。杀（shài）：减省，降等。原脱"隆"字，据《礼记·乡饮酒义》《荀子·乐论》及四库本等补。⑭工：乐正，周时乐官之长。⑮升歌：宴会时宾客登堂所奏的歌。三终：古乐章以奏《诗经》一篇为终，奏毕三章之乐谓三终，集奏升堂歌《鹿鸣》《四牡》《皇皇者华》。王肃注："记曰：'主人献之。'于义不得为宾也。下句'笙入三终，主又献之'是也。"⑯笙入三终，主又献之：王肃注："吹《南陔》《白华》《华黍》三篇终，主人

献也。"⑰间歌三终：王肃注："乃歌《鱼丽》，笙《由庚》；歌《南有嘉鱼》，笙《崇丘》；歌《南山有台》，笙《由仪》也。"间，指堂上堂下，一歌一笙，相间代而作。⑱合乐三阕：乐工与吹笙者配合演奏。王肃注："合笙声同其音，歌《周南》《召南》三篇也。"⑲工告乐备而遂出：乐正报告音乐已经演奏完毕就带领乐工退下堂去，不再上堂。⑳一人扬觯，乃立司正焉：王肃注："宾将欲去，故复使一人扬觯。乃立司正，主威仪，请安宾也。"司正，监察饮酒的人。㉑和：和谐。流：放肆失礼。也：原无，据四库本、同文本补。㉒沃：浇水以洗手。洗：指用水洗爵。㉓弟：少，年纪小。㉔屦（jù）：鞋子。多为麻、葛做成。㉕修爵：互相劝酒。无算：不计杯数。㉖旰（gàn）不废朝，暮不废夕：这里指早上饮酒不耽误早晨的事，傍晚饮酒不耽误晚上的事情。王肃注："旰，晨饮早晡。废，罢。"朝，早朝。暮，傍晚。夕，傍晚朝见君王。㉗节文：指礼仪。终遂：结束。㉘安燕而不乱：安闲而不失礼。安，安闲。燕，与"安"同义。㉙降：应作"隆"。

【译文】

孔子说："我观看了乡饮酒礼后，就知道推行王道是很容易的。行礼之前，主人亲自去主宾和副宾的家里邀请，而其他从宾则跟随而来，到了主人家的正门外，主人拜迎主宾和副宾，从宾自行入内，这样尊贵的客人和一般的客人就区别开来了。主人和主宾互相行三次揖后走到堂阶前，又互相谦让三次，然后主人先升东阶，主宾升自西阶。主人在堂上拜谢主宾的到来，主宾答拜；主人敬酒给主宾，主宾饮毕，酌酒回敬主人；然后主人再先自饮，再酌酒劝主宾饮用，彼此谢辞谦让的礼节相当繁缛。等到主人与副宾相互揖让升堂，礼节就减省了许多。至于从宾，只是登上西阶接受主人的献酒，坐着祭酒，站着喝酒，而不必酌酒回敬主人就可以下阶，这样的话礼节的隆重与减省就分得很清楚了。乐正领着乐工进来，奏登堂歌三首，主人献酒给宾客们；吹笙者在堂下演奏三首乐曲，这时主人又献酒给他们；然后堂上堂下的乐工相互交替演奏，各演出三首诗歌，最后一吹一唱相和演出三首，然后乐正报告音乐已经演奏完毕就带领乐工退下堂去。这时主人的一名管事对着宾客们举起酒杯表示可以饮酒了，大家便推举一人为司正监礼。由此可知乡饮酒礼能使人们和谐欢乐而不至于放肆失礼。主宾自饮后劝主人饮酒，主人自饮后劝副宾饮酒，副宾自饮后劝从宾饮酒，从宾按照年纪长幼依次饮酒，直至负责盥洗的人为止。由此可知乡饮酒礼无论年龄大小都不会遗漏。之后大家便都走下堂，脱掉鞋子，再就座，不计杯数地互相敬酒。饮酒的限度以早上饮酒不耽误早上的事，晚上饮酒不耽误晚上的事为准。饮酒结束宾客离去，主人要迎送，到这里礼仪便全部完成了。由此可知乡饮酒礼能够使大家安闲而不失礼。地位的尊卑贵贱能分明，礼节的隆重减省能区别，和谐欢乐而不失礼，老少俱不遗漏，安乐而不混乱。这五个方面，足够修正身心以安定国家了。国家安定，天下也就安定了。因此我说：'我观看了乡饮酒礼，就知道王道的推行是很容易的。'"

28.3 子贡观于蜡①。孔子曰："赐也，乐乎？"对曰："一国之人皆若狂，赐未知其为乐也。"孔子曰："百日之劳，一日之乐，一日之泽，非尔所知也②。张而不弛③，文武④弗能；弛而不张，文武弗为。一张一弛，文武之道也。"

【注释】

①蜡（zhà）：祭祀名称，周代每年十二月举行，祭群神。②"百日之劳"四句：王肃注："古民皆勤苦稼穑，有百日之劳，喻久也。今一日

使之饮酒焉，乐之，是君之恩泽也。"百日，概数，相当多的时间，此处泛指一年。③张：拉紧弓弦，开弓。引申为紧张。弛：放松弓弦。引申为缓和，放松。④文武：指周文王、周武王。

【译文】

子贡观看年终的蜡祭。孔子问："端木赐啊，你高兴吗？"子贡答道："全国的人都像疯了一样，我不理解这有什么好高兴的。"孔子说："他们辛苦了一年，才能享受这一天的快乐，得到一天快乐的恩泽，这不是你所能理解的。总是紧张而不是放松，便是文王、武王都做不到；总是放松而不紧张，文王、武王也不会这样做的。既要紧张又要放松，这才是文王、武王治理天下的方法啊。"

郊问第二十九

29.1 定公问于孔子曰："古之帝王，必郊祀其祖以配天①，何也？"孔子对曰："万物本于天，人本乎祖。郊之祭也，大报本反始也②，故以配上帝。天垂象③，圣人则之，郊所以明天道也④。"

【注释】

①郊祀：古代祭礼，在郊外祭天地、祖宗或鬼神。配天：祭祀时以先祖配享祭天。②大：大规模地。报：报答。反始：回返本源，反思由来。反，同"返"。③垂象：悬垂天象，即显示天象。指天文、气象等方面的现象表现，如日月星辰的运行。垂，悬垂。象，天象。④明：显明，表

明。天道：古时一般认为是神的意志的体现。

【译文】

鲁定公向孔子询问说："古代的帝王在郊外祭祀一定要以先祖配享祭天，这是为什么呢？"孔子回答说："万物来源于上天，人又来源于祖先。郊祭，就是大规模地报答根本、回返本源的活动，因此要用祖先配享上帝。上天显示天象，圣人就效法这些天象，举行郊祭就是为了显明天道的。"

公曰："寡人闻郊而莫同，何也？"孔子曰："郊之祭也，迎长日之至[1]也。大报天而主日[2]，配以月[3]，故周之始郊，其月以日至[4]，其日用上辛[5]；至于启蛰之月[6]，则又祈谷于上帝。此二者，天子之礼也。鲁无冬至大郊之事，降杀[7]于天子，是以不同也。"

【注释】

[1]迎长日之至：王肃注："周人始以日至之月，冬日至而日长。"长日，冬至日。冬至之后，白天一天比一天长。[2]主日：把日作为祭祀的主神。[3]配以月：把月作为祭祀的配享者。[4]日至：指冬至日这天。[5]上辛：农历每月上旬的辛日。辛，天干的第八位。[6]启蛰之月：启蛰，节气名，今称惊蛰。[7]降杀（shài）：鲁国为周的诸侯国，礼节上不能和周天子相同，应有所减少。降，降低。杀，降等。

【译文】

定公问："我听说郊外祭天形式各有不同，这是为什么呢？"孔子回答说:"郊外祭天,是为了迎接冬至之日的到来。这是盛大的报答上天恩赐的祭祀,把日作为祭祀的主神,把月作为祭祀的配享者。因此周代开始郊祭时,月份选择冬至之月,日期定为上辛之日。到了启蛰所在的月份,就又向上帝祭祀以祈求谷物丰收。这两种方式,都是天子祭天用的礼仪。鲁国没有冬至日盛大的郊外祭天仪式,是因为鲁国是诸侯国,礼仪上比周天子应该有所降格,所以出现了不同。"

公曰:"其言郊,何也?"孔子曰:"兆丘于南①,所以就阳位也,②于郊,故谓之郊焉。"曰:"其牲器③何如?"孔子曰:"上帝之牛角茧栗④,必在涤⑤三月,后稷之牛唯具⑥,所以别事天神与人鬼也。牲用骍⑦,尚⑧赤也;用犊,贵诚也⑨。扫地而祭,贵其质也。器用陶匏⑩,以象天地之性也⑪。万物无可称⑫之者,故因其自然之体⑬也。"

【注释】

①兆:祀神祭坛的界域。此处用作动词,划定区域设立祭坛祭祀。丘:小山,土堆。②牲器:祭祀用的牺牲和器具。③牛角茧栗:小牛出生时其角好像蚕茧和栗子。④涤(dí):古指养祭牲之室。⑤后稷之牛唯具:此处指祭祀后稷的牛形体、毛色完备。后稷,周人的始祖,名弃,舜时任稷官。具,完备。⑥骍(xīng):赤色马。此处指赤色牛。⑦尚:崇尚。⑧用犊,贵诚也:王肃注:"犊质悫,贵诚之美也。"⑨陶匏(páo):陶制的尊、簋、俎豆和壶等器皿。⑩以象天地之性也:象征天地自然的本性。王肃注:"人之作物,无可称之,故取天地之性,以自然也。"⑪称(chèn):适合,相符。⑫自然之体:自然的本性,天性。

【译文】

定公问:"把它称作郊祭,这又是为什么呢?"孔子回答说:"祭坛设在国都南郊界定区域,是为了接近阳位,在郊外举行,所以称为郊祭。"定公又问:"祭天时用的牺牲和器具又是什么样的?"孔子回答说:"祭祀上帝用的小牛其角像蚕茧和栗子一样,必须在蓄养祭牲的处所饲养三个月,祭祀后稷的牛只要形体、毛色完备就可以了,这是为了区分祭祀天神和人鬼的不同。祭牲用红色的牛,这是因为周代崇尚红色;用牛犊,是因为珍视质朴。器具用陶制的尊、簋、俎豆和壶等器皿,来象征天地的自然之性。世间万物没有什么可以与它相称的了,这是因为它们质朴的自然本性。"

公曰:"天子之郊,其礼仪可得闻乎?"孔子对曰:"臣闻天子卜郊①,则受命于祖庙,而作龟于祢宫②,尊祖亲考③之义也。卜之日,王亲立于泽宫,以听誓命,受教谏之义也④。既卜,献命库门⑤之内,所以诫⑥百官也。将郊,则天子皮弁以听报⑦,示民严上也⑧。郊之日,丧者不敢哭,凶服者⑨不敢入国门,泛扫清路⑩,行者必止,弗命而民听,敬之至也⑪。天子大裘⑫以黼之,被衮象天,乘素车⑬,贵其质也。旂十有二旒⑭,龙章而设以日月,所以法天也。既至泰坛⑮,王脱裘矣,服衮以临燔柴⑯,戴冕,璪⑰十有二旒,则天数也。臣闻之,诵《诗》三百,不足以一献⑱;一献之礼,不足以大飨⑲;大飨之礼,不足以大旅⑳;大旅具矣,不足以飨帝㉑。是以君子无敢轻议于礼者也。"

【注释】

①卜郊：用占卜的方式确定郊祭的具体时间。卜，古人用火灼龟甲取兆，以推测吉凶。②作龟于祢宫：王肃注："祢宫，父庙也。受祭天之命于祖，而作龟于父庙。"作龟，用火灼龟甲，依据裂纹，以卜吉凶。祢，亡父在宗庙中立主的称呼。③考：对死去父亲的称呼。④王肃注："泽宫，宫也。誓命，祭天所行戒仪也。王亲受之，故曰受教谏之义。"王：周天子。亲：亲自。泽宫：古代习射选士的地方。⑤库门：此处为诸侯的外门。⑥诫：警告或告诫。四库本作"戒"。⑦皮弁：古代贵族戴的一种华丽的帽子，用白鹿皮制作。皮弁服是天子的朝服。听：听取有关祭祀的汇报。王肃注："报，白也。王凤兴朝服以待白，祭事后服衮。"⑧示民：告示民众。严上：严格听从天子的命令。⑨凶服者：指穿丧服的人。⑩泛：普遍。扫：原作"埽"，据四库本改。清路：用新的土铺平地面使人不在上面行走。⑪弗命而民听，敬之至也：因为天子恭敬地祭祀上天，所以民众被教化，不用命令他们也能自觉执行。⑫大裘：天子祭天所穿的皮裘，用黑羊的皮毛制作。⑬素车：王所乘坐的丧车五乘中的一种。⑭旂（qí）：古代旗帜的一种，上面画有龙形，杆头系铜铃。旒：旌旗下面悬挂的饰品。⑮泰坛：古时祭天之坛。⑯临：来到。燔柴：古祭祀仪式之一，将玉帛、祭牲等物放置于积柴上，焚烧以祭天。⑰璪（zǎo）：彩色的丝绦。⑱一献：献，祭名。王肃注："祭群小祀。"⑲大飨：飨，祭献。王肃注："大飨，祫祭天王。"⑳大旅：王肃注："大旅，祭五帝也。"㉑飨帝：王肃注："飨帝，祭天。"

【译文】

定公问："天子郊祭，其礼仪可以说给我听听吗？"孔子回答说："我听说天子要占卜以确定郊祭的具体时间，卜者要在太庙里接受命令后，再到父庙里去灼龟甲取兆问卜，表示尊重太祖并且亲近先父的意思。占卜的这天，天子要亲自站在泽宫前面来倾听告诫之辞，表示接受教导和劝谏的意思。占卜结束后，将把要郊祭的命令在宫室的外门之内宣读，这是用来告诫百官的。临近郊祭日期，天子身穿朝服听取官员有关祭祀准备情况的报告，用来告示民众要严格听从天子的命令。郊祭的那天，有丧事的人家不敢哭泣，穿丧服的人不敢进入国都的城门，郊外的道路都打扫干净了，路面上铺平新土以禁止行人通行，以上种种规定，不等上面的命令而百姓已经自觉执行，这是因为民众受天子影响已经恭敬到极点了。天子穿着绣有黑白相间花纹的大裘衣，穿着裘衣以象征上天，乘坐没有华丽装饰的木车，是珍视其车朴素的本质。打着悬挂着十二条旒的旗帜，上面画了龙形图案还有日月的形象，这也是象征上天。到了泰坛，天子脱去大裘衣，穿着衮服走近祭坛主持燔柴仪式，天子头戴冠冕，上面悬垂着一彩色丝绦贯穿的十二条旒璪，这是象征天的十二个月的大数。我听说诵读了《诗经》三百首却没有学习礼仪，这不足以完成一献的祭祀；只学习了一献的祭祀之礼，也不能负担起大飨之礼；学习了大飨之礼，仍然不能承担大旅之礼；大旅之礼已经学完备了，还不足以承担祭祀上帝的郊祭之礼。所以君子不敢轻易地评论礼仪制度啊。"

五刑解第三十

30.1 冉有①问于孔子曰："古者三皇五帝②不用五刑③，信乎？"孔子曰："圣人之设防，贵其不犯也；制五刑而不用，所以为至治也。凡夫之为奸邪、窃盗、靡法④、妄行者，生于不足，不足生于无度,无度则小者偷盗,大者侈靡,各不知节。是以上有制度,则民知所止,民知所止,则不犯。故虽有奸邪、贼盗、靡法、妄行之狱⑤,而无陷刑之民。

【注释】

①冉有:孔子弟子。姓冉,名求,字子有。鲁国人,曾为鲁国贵族季孙氏的家臣。②三皇五帝:我国上古时期的帝王。据《史记》,三皇指天皇、地皇、泰皇,五帝指黄帝、颛顼、帝喾、唐尧、虞舜。③五刑:我国古代五种主要刑罚的概括,各个朝代都有所改革,早期五刑指墨(在犯人的额头上刺字后,染上黑色)、劓(割掉犯人的鼻子)、剕(又称刖,斩去犯人的足部)、宫(男子割去生殖器,女子幽闭宫中)、大辟(砍头,即死刑)。④靡法:无法,非法。靡,无。下文"侈靡"之"靡"是"奢侈"的意思。⑤狱:罪名。

【译文】

冉有问孔子说:"古代的三皇五帝都不使用五种刑罚,这值得相信吗?"孔子回答说:"圣人设置防范措施,注重的是让人不犯法;制定五种刑罚却不使用,这就是最好的治理。凡是出现奸诈邪恶、抢劫盗窃、无视法度、任意妄为的现象,是由于心中的不满足,贪心不满足产生于没有限度,没有限度,那么轻则偷盗,重则奢侈浪费,都不知道要节制。因此君王制定了制度,那么百姓就知道要有所节制,百姓知道有所节制,那么就不会犯法。所以虽然设置了奸诈邪恶、抢劫盗窃、无视法度、任意妄为这些罪名,却没有遭此刑罚的百姓。

"不孝者生于不仁,不仁者生于丧祭①之无礼。明丧祭之礼,所以教仁爱也。能教仁爱，则服丧思慕②，祭祀不解，人子馈养之道③。丧祭之礼明，则民孝矣。故虽有不孝之狱，而无陷刑之民。

【注释】

①丧祭：指丧礼和祭礼。②思慕：思念仰慕。③祭祀不解（xiè），人子馈养之道：王肃注："言孝子奉祭祀不敢解，与生时馈养之道同之也。"解，通"懈"，懈怠，松弛。馈养，养育。

【译文】

"不孝的行为产生于不仁，不仁产生于不讲丧祭之礼。彰明丧祭之礼，是为了教化百姓仁爱。能够教化百姓仁爱，那么为父母服丧就会思念仰慕他们，举行祭祀时毫不懈怠，如同双亲在世时对他们恪尽奉养的义务一样。丧祭之礼修明，那么百姓就会遵守孝道了。所以虽然制定了不孝的罪名，却没有遭此刑罚的百姓。

"杀①上者生于不义。义，所以别贵贱、明尊卑也。贵贱有别，尊卑有序，则民莫不尊上而敬长。朝聘之礼②者，所以明义也。义必明，则民不犯。故虽有杀上之狱，而无陷刑之民。

【注释】

①杀（shài）：贬抑，减损，不尊重，与"尊"相对。此句"杀上者生于不义"与前"不孝者生于不仁"相对，因而"杀上"应当与"不孝"对言，即不忠。②朝聘之礼：古代诸侯定期朝见天子的礼仪。春秋时诸侯自相朝见也叫朝聘。聘，问。

【译文】

"以下杀上不忠于君上的行为产生于不讲道义。道义,是用来区别贵贱、辨明尊卑的。贵贱有所区别,尊卑井然有序,那么百姓没有不尊敬上级和长辈的。诸侯定期朝见天子的朝拜聘问之礼,是用来彰明道义的。道义显明了,那么百姓就不会犯上。所以虽然设有弑上的罪名,却没有遭此刑罚的百姓。

"斗变者生于相陵①。相陵者,生于长幼无序而遗②敬让。乡饮酒之礼者,所以明长幼之序,而崇敬让也。长幼必序,民怀敬让,故虽有斗变之狱,而无陷刑之民。

【注释】

①相陵:相互侵辱。②遗:据王肃注,遗,即忘。

【译文】

"发生争斗变乱的行为产生于相互侵辱。相互侵辱,产生于长幼失序而忘记了尊敬和谦让。乡饮酒之礼,是用来明确长幼次序,而推崇尊敬谦让的。长幼上下次序井然,百姓就会怀着礼敬谦让之心,所以虽然设置了争斗变乱的罪名,却没有遭此刑罚的百姓。

"淫乱者生于男女无别。男女无别,则夫妇失义。礼聘享者①,所以别男女,明夫妇之义也。男女既别,夫妇既明,故虽有淫乱之狱,而无陷刑之民。

【注释】

①礼聘享者：婚聘宴飨的礼仪。

【译文】

"淫乱的行为产生于男女之间没有分别。男女没有分别，那么夫妇之间就失去了情义。婚聘宴飨的礼仪，是用来区分男女，显明夫妇情义的。男女之间有所分别，夫妇情义得到彰明，所以虽然制定了有关淫乱的罪名，却没有遭此刑罚的百姓。

"此五者，刑罚之所以生，各有源焉。不豫①塞其源，而辄绳之以刑，是谓为民设阱②而陷之。刑罚之源，生于嗜欲不节。夫礼度③者，所以御民之嗜欲，而明好恶，顺天之道。礼度既陈，五教④毕修，而民犹或未化，尚必明其法典，以申固之⑤。其犯奸邪、靡法、妄行之狱者，则饬⑥制量之度；有犯不孝之狱者，则饬丧祭之礼；有犯杀上之狱者，则饬朝觐之礼；有犯斗变之狱者，则饬乡饮酒之礼；有犯淫乱之狱者，则饬婚聘之礼。三皇五帝之所化民者如此，虽有五刑之用，不亦可乎？"

【注释】

①豫：通"预"，事先有所准备。②阱：为防御或猎取野兽而设置的地坑，比喻陷害人的圈套。③礼度：礼制和法度。④五教：指古代五种封建伦理道德，即父义、母慈、兄友、弟恭、子孝。⑤尚必明其法典，以申固之：尚且申明法令使效果牢固。王肃注："尚，犹也。申令固其教也。"

⑥饬（chì）：教导，劝诫。

【译文】

"这五种情况，是刑罚产生的原因，其中各有根源。不预先堵塞其产生的根源，却动辄使用刑罚来纠正，这可以说是给百姓设置圈套来陷害他们。刑罚的根源，产生于人们的嗜好和欲望没有节制。礼制和法度，就是用来控制百姓的嗜好和欲望，显明善恶，顺应上天的运行规律的。礼制和法度已经制定颁布了，五种伦理道德都推行修明了，但是有的百姓仍然顽固不化，那么一定要向他们阐明法典，来进一步申明法令使其巩固强化。有犯奸诈邪恶、无视法度、任意妄为的罪行的人，就告诫其制度标准方面的规定；有犯不孝的罪行的，就告诫其丧葬祭祀的礼仪；有犯不忠于尊上罪行的，就告诫其朝拜觐见的礼仪；有犯斗殴罪行的，就告诫其乡饮酒的礼仪；有犯淫乱罪行的，就告诫其婚聘宴飨的礼仪。三皇五帝教化民众就是这样的，即使使用了五刑，不也是可以的吗？"

孔子曰："大罪有五，而杀人为下①。逆天地者罪及②五世，诬文武者罪及四世，逆人伦者罪及三世，谋鬼神者罪及二世，手杀人者罪及其身。故曰大罪有五，而杀人为下矣。"

【注释】

①下：下等。指低一等或轻微的。②及：牵连，牵涉。

【译文】

孔子说："重大的罪行有五种，然而杀人是最低一等。违背天地之道的罪行要牵连五代，诬蔑周文王、武王的罪行牵连四代，悖逆人伦道德的罪行牵连三代，图谋鬼神的罪行牵连两代，亲手杀人的罪行只牵涉他自身。所以说重大的罪行有五种，然而杀人是最轻的。"

30.2 冉有问于孔子曰："先王制法，使刑不上于大夫，礼不下于庶人。然则大夫犯罪，不可以加刑，庶人之行事，不可以治于礼乎？"孔子曰："不然。凡治君子，以礼御其心，所以属①之以廉耻之节也。故古之大夫，其有坐②不廉污秽而退放③之者，不谓之不廉污秽而退放，则曰'簠簋不饬④'；有坐淫乱男女无别者，不谓之淫乱男女无别，则曰'帷幕不修'也⑤；有坐罔上⑥不忠者，不谓之罔上不忠，则曰'臣节未著'；有坐罢软⑦不胜任者，不谓之罢软不胜任，则曰'下官不职⑧'；有坐干⑨国之纪者，不谓之干国之纪，则曰'行事不请⑩'。此五者，大夫既自定有罪名矣，而犹不忍斥然正以呼之也。既而为之讳，所以愧耻之。是故大夫之罪，其在五刑之域者，闻而谴发⑪，则白冠厘缨⑫，盘水加剑⑬，造乎阙而自请罪，君不使有司执缚牵掣而加之⑭也。其有大罪者，闻命则北面再拜，跪而自裁⑮，君不使人捽引⑯而刑杀。曰：'子大夫自取之耳，吾遇子有礼矣。'以刑不上大夫，而大夫亦不失其罪者，教使然也。所谓礼不下庶人者，以庶人遽其事而不能充礼⑰，故不责之以备礼也。"冉有跪然免席曰⑱："言则美矣，求未之。"退而记之。

【注释】

①属（zhǔ）：通"嘱"，托付，请托。②坐：犯罪。③退放：撤职放

逐。④簠、簋：古代食器，后主要用作礼器，放黍、稷、稻、粱。不饬：不整治。⑤帷幕：帐幕，在旁的称"帷"，在上的称"幕"。不修：不修治。指男女淫乱。⑥罔上：蒙蔽君上。⑦罴（pí）软：软弱无能。罴，通"疲"。⑧下官不职：王肃注："言其下官不称，移其职，不斥其身也。"此委婉之词，不直斥本人，而是指责他的下属官吏。下官，下属官吏。不职，不称职。⑨干：犯，违犯。⑩行事不请：王肃注："言不请而擅行。"⑪谴发：即谴责揭发，暴露罪行。王肃注："谴，谴让也。发，始发露。"⑫白冠厘缨：大臣犯罪时，戴上白色帽子，以示请罪。⑬盘水加剑：大臣请罪自刎之仪。端着盛水的盘子，上面放一把剑。表示让君王公平执法，如有罪，当自刎。⑭不使有司执缚牵掣（chè）而加之：这里指不让司法人员捆绑束缚。执缚，捆绑。牵掣，牵引，拽。加，凌辱。⑮自裁：自杀。⑯捽（zuó）引：揪拉，扭。⑰庶人：平民。遽其事：即遽于其事，指忙于事务。遽，惶恐，窘急，急忙。充礼：充分地遵行礼仪。充，充实。⑱跪然：景仰之貌。免席：离开座席。

【译文】

冉有问孔子："先王制定法律制度，使刑罚对上不施行到大夫身上，礼仪不对下用到平民身上。既然这样，那么大夫犯了罪，就不能处以刑罚，平民为人处世，就不用礼仪来约束吗？"孔子说："不是这样的。凡是治理君子，用礼仪来驾驭他们的思想，是为了把懂得礼义廉耻的节操观点灌输给他们。因此古代的大夫，其中有犯了不够廉洁、行为污秽罪而被罢免放逐的，不说他们因为不够廉洁、行为污秽被罢免放逐，而说'簠簋不整齐'；有犯了淫乱、男女无别罪行的，不说他们淫乱或男女关系暧昧，而说'帐幕没有整理好'；有犯了欺骗君上、心不忠诚的罪行的，不说他们欺骗君上、心不忠诚，而说'臣子的节操不够显著'；有犯了软弱无能、不能胜任工作的罪行的，不说他们软弱无能、不能胜任工作，而说'下属官吏不称职'；有犯了违反国家纲纪的罪行的，不说他们违反了国家纲纪，而说'没有请示而擅自行事'。这五种情况，大夫自己已经确定罪名了，但仍不忍心从正面直呼这些罪名。接着为他们避讳，这是为了让他们感到羞愧和耻辱。因此大夫犯了罪，其中属于五刑范围内的，听到罪行暴露，他们就会戴上用兽毛做帽带的白帽子，端着盛水的盘子，上面放一把剑，亲自前往朝廷以示请罪，君主不让官吏捆绑牵引而凌辱他们。其中有犯了重大罪行的，听到君主的命令就面向北方下拜两次，跪下自杀，君主也不派人按着他们的身体用刑。只是说：'大夫你咎由自取，我对待你已经有礼了。'刑罚对上不施行到大夫身上，大夫也不能逃脱罪责，这是教化的结果。所说的礼仪不对下用到平民身上，是因为平民忙于生计事务而不能充分地遵行礼仪，因此不要求他们有完备的礼仪。"冉有听了孔子的这番话，激动地离开座位，崇拜地说："先生您说得太好了，冉求我从来没听过。"回去后便把孔子的这番话记了下来。

刑政第三十一

31.1 仲弓①问于孔子曰："雍闻至刑②无所用政，至政③无所用刑。至刑无所用政，桀、纣之世是也；至政无所用刑，成、康之世④是也。信乎？"孔子曰："圣人之治化⑤也，必刑政相参⑥焉，太上⑦以德教民，而以礼齐之；其次以政焉导民，以刑禁之，刑不刑⑧也。化之弗变，导之弗从，伤义以败俗，于是乎用刑矣。颛五刑必即天伦⑨。行刑罚则轻无赦⑩。刑，侀⑪也；侀，成也，壹⑫成而不可更，故君子尽心焉。"

【注释】

①仲弓：孔子弟子，姓冉名雍。②至刑：最严酷的刑罚。③至政：最完美的政治教化。④成、康之世：周成王、周康王的时代。西周的全盛时期。⑤治化：治理国家，教化百姓。⑥相参：相互配合。参，参互使用。⑦太上：最好。⑧刑不刑：惩治不遵守刑法的人。⑨颛（zhuān）：通"专"，专擅，专用。五刑：古代的五种重刑。即天伦：合乎天意。⑩行刑罚则轻无赦：执行刑罚时，即使刑罚很轻也不能赦免。⑪侀：通"形"，成形之物。⑫壹：一旦。

【译文】

仲弓问孔子："我听说有最严酷的刑罚就不需要用政教，有完善的政治教化就不需要用刑罚。有最严酷的刑罚就不施行政教，夏桀、商纣王的时代就是这样；有最完善的政教就不必用刑罚，周成王、康王的时代就是这样。这是真的吗？"孔子说："圣人治理国家，教化百姓，一定以刑罚和政治相互参照配合使用，最好的办法是用德行来教化百姓，并且用礼制来加以整治；其次是用政治来引导百姓，用刑罚来禁止他们，惩治那些不遵守刑法的人。施行教化却不改变，加以引导却不听从，损害道义以至于伤风败俗，在这种情况下只好使用刑罚。专用五刑也一定要符合天道。执行刑罚时即使刑罚很轻也不能赦免。刑，就是侀；侀，就是已成事实不可改变，一旦定刑就不可更改，所以君子审理案件要竭尽心力。"

31.2 仲弓曰："古之听讼①，尤罚丽于事②，不以其心，可得闻乎？"孔子曰："凡听五刑之讼，必原父子之情，立君臣之义，以权之；意论轻重之序，慎测浅深之量，以别之；悉其聪明，正其忠爱，以尽之。大司寇正刑明辟以察狱③，狱必三讯④焉。有指无简⑤，则不听也；附从轻，赦从重⑥；疑狱则泛与众共之⑦，疑则赦之，皆以小大之比成也。是故爵人必于朝，与众共之也；刑人必于市，与众弃之也。古者公家不畜刑人⑧，大夫弗养也⑨，士遇之涂，以弗与之言，屏诸四方，唯其所之，不及与政，弗欲生之也。"

【注释】

①听讼：审理案件。②尤：过错。丽：依靠，根据。事：事实。③大司寇：官名，掌刑狱纠察等事。正刑：正定刑法。明辟：辨明法令。察狱：审理案件。④三讯：据王肃注，三讯指讯群臣、群吏、万民。讯，询问，征求意见。⑤指：意也，指犯罪动机。简：诚也，指犯罪事实。⑥附从轻，赦从重：可轻可重的从轻，可赦免的，原判较重的先赦。王肃注："附人之罪，以轻为比；赦人之罪，以重为比。"⑦疑狱：疑难案件。泛与众共之：广泛征求意见共同审理。⑧公家：公室。不畜刑人：不收留被判刑的人。⑨大夫弗养也：大夫不供养被判刑的人。

【译文】

仲弓说："古代审理案件，对过错的处罚根据事实，不依据内心的犯罪动机，对这方面的情况能说给我听听吗？"孔子说："凡是审理关于五种罪行的案件，一定从体谅父子亲情，确立君臣大义关系的角度出发，来进行权衡；论证犯罪情节的轻重，谨慎地衡量犯罪动机的深浅，来区别对待；要充分参照他的聪明才智，考虑他是否有忠君爱民之心，来探明案情。大司寇负责正定刑律、明辨法令来审理案件，审理案件时必须听取群臣、群吏和万民的意见。有犯罪动机却没有犯罪事实的，就不判刑；施刑时依据从轻的原则，赦免时依据从重的原则；对于有疑点的案件就广泛地与众人商量共同审理，还有疑问无法裁决的就先赦免他，这些都是根据以往大小案例来制定的。因此赐予人官爵一定要在朝廷上，让众人共同见证都褒奖他；对人行刑一定要在街市上，让众人都唾弃他。古代的时候公侯之家不收留被判刑的人，大夫不供养被判刑的人，读书人在路上遇到他们，不和他们说话，各个地方都拒绝接待他们，无论他们到什么地方，都不能参与政治，这是不想让他们生活下去。"

31.3 仲弓曰："听狱，狱之成①，成何官？"孔子曰："成狱成于吏，吏以狱成告于正①。正既听之，乃告大司寇听之，乃奉于王。王命三公卿士参听棘木之下②，然后乃以狱之成疑③于王。王三宥④之，以听命而制刑焉，所以重之也。"

【注释】

①狱：讼事，罪案。成：判决定案。②三公：辅助国君的最高官员，周朝为太师、太傅、太保。卿士：官名。参听：参与审理，协助断案。棘木之下：古代判案的处所。③疑（níng）：通"凝"，汇集，聚集。④三宥：指的是三种可以从轻处理的犯罪——一是无知而犯，二是偶然而犯，三是精神错乱而犯。宥，宽恕，赦罪。

【译文】

仲弓问："审理案件，定案时，是由什么官员来负责判决定案的呢？"孔子说："判决定案先由狱官来审理，然后狱官把审理的情况报告给狱官之长。狱官之长审理之后，就报告给大司寇，大司寇审理后，就把结果汇报给君王。君王命令三公卿士在种有酸枣树的审理处参与审理，协助断案，接着才把审理结果汇集到君王那里。君王依据三种可以减刑的情况来决定是否减刑，最后根据各种审理意见，才能判定罪行，这就体现了审理判决案件过程的慎重。"

31.4 仲弓曰："其禁何禁①？"孔子曰："巧言破律②，遁名改作③，执左道④与乱政者，杀；作淫声⑤，造异服⑥，设伎⑦奇器，以荡上心者，杀；行伪而坚⑧，言诈而辩，学非而博，顺非而泽⑨，以惑众者，杀；假于鬼神、时日、卜筮，以疑众者，杀。此四诛者，不以听⑩。"

【注释】

①其禁何禁：前一个"禁"指禁令，名词。后一个"禁"指禁止，动词。②巧言：花言巧语。破律：破坏、曲解法律。③遁（xún）名：假借名目偏私徇情。遁，通"循"，曲从，偏私。改作：指擅改法度。④左道：邪道，邪术。⑤作淫声：制造淫靡之音。⑥异服：奇异的服装。⑦伎（jì）：通"技"，技巧，技艺。⑧行伪而坚：行为诈伪而顽固。⑨顺：通"训"，教导。泽：恩惠，德惠。⑩不以听：王肃注："不听棘木之下。"

【译文】

仲弓问："禁令禁止的是什么？"孔子说："花言巧语曲解法律，假借名目偏私徇情擅改法度，利用邪道扰乱国政的人，杀；创作淫靡之音，制造奇装异服，设计奇特怪异的器物，来动摇君心的人，杀；行为诡诈而又顽固不化，言辞虚伪而又好于诡辩，学习歪门邪道而又广博多识，教人不走正道而又广布恩泽，以此来蛊惑民众的人，杀；假借鬼神言祸福、凭借时日定吉凶、依靠卜筮看休咎，来使民众疑心的人，杀。犯了这四种死罪，不再审理。"

31.5 仲弓曰："其禁尽于此而已？"孔子曰："此其急者，其余禁者十有四焉：命服命车，不粥于市①；圭璋璧琮②，不粥于市；宗庙之器，不粥于市；兵车旍旗③，不粥于市；牺牲秬鬯④，不粥于市；戎器兵甲⑤，不粥于市；用器不中⑥度，不粥于市；布帛精粗不中数，广狭不中量，不粥于市；奸色⑦乱正色，不粥于市；文锦珠玉之器，雕饰靡丽，不粥于市；衣服饮食，不粥于市⑧；果实不时⑨，不粥于市；五木⑩不中伐，不粥于市；鸟兽鱼鳖不中杀，不粥于市。凡执此禁以齐众者，不赦过也⑪。"

【注释】

①命服命车：天子按官职等级赏赐的衣服和车子。粥（yù）：通"鬻"，卖。②圭璋璧琮（cóng）：圭、璋、璧、琮，是四种玉器名称，皆为礼器。③旍（jīng）旗：即"旌旗"，旗帜的总称。④牺牲：古代宗庙祭祀用牲的总称。秬（jù）鬯（chàng）：以黑黍和香草酿造的酒，用于祭祀降神。⑤戎器：军器。兵：兵器。甲：铠甲。⑥中（zhòng）：适合，恰好对上。⑦奸色：色不正者。古代以青、黄、赤、白、黑为正色，其余两色相杂者为奸色。⑧衣服饮食，不粥于市：王肃注："卖成衣服，非侈必伪，故禁之。禁卖熟食，所以厉取也。"⑨不时：不到时令。时，时令，时节。⑩五木：五类可用来取火的树木。⑪齐：整治。齐众：治理民众。

不赦过：不赦免罪过。

【译文】

仲弓问："法令禁止的就到此为止吗？"孔子说："这些是其中最迫切需要禁止的，其他要禁止的还有十四种情况：天子赐予的衣服车子，不能在集市上出售；圭、璋、璧、琮等玉制礼器，不能在集市上出售；宗庙祭祀用的礼器，不能在集市上出售；兵车旌旗，不能在集市上出售；祭祀用的牲畜和酒，不能在集市上出售；兵器铠甲，不能在集市上出售；日常器具不合规格，不能在集市上出售；麻布丝绸精粗长宽不达标准，不能在集市上出售；染色不正易混淆正色的东西，不能在集市上出售；有文采的锦缎、珠宝、玉器，雕刻修饰特别华丽的，不能在集市上出售；现成的衣服和饮食，不能在集市上出售；果实还没到成熟的时节，不能在集市上出售；五类可用来取火的树木还不到砍伐的时候，不能在集市上出售；幼小的鸟兽鱼鳖还没到宰杀的时候，不能在集市上出售。凡是利用这些禁令来治理民众，不能赦免违犯者的罪过。"

礼运第三十二

32.1 孔子为鲁司寇，与于蜡①。既宾②事毕，乃出游于观③之上，喟然而叹。言偃侍，曰："夫子何叹也？"孔子曰："昔大道④之行，与三代⑤之英，吾未之逮也，而有记焉。大道之行，天下为公，选贤与能，讲信修睦。故人不独亲其亲，不独子其子，老有所终⑥，壮有所用，矜寡孤疾，皆有所养。货恶其弃于地，不必藏于己；力恶其不出于身，不必为人。是以奸谋闭而不兴，盗窃乱贼不作。故外户而不闭，谓之大同。今大道既隐⑦，天下为家，各亲其亲，各子其子，货则为己，力则为人。大人⑧世及⑨以为常，城郭沟池以为固。禹、汤、文、武、成王、周公，由此而选⑩，未有不谨于礼。礼之所兴，与天地并。如有不由礼而在位者，则以为殃。"

【注释】

①与：参与。蜡（zhà）：一种祭祀的名称。②宾：通"傧"，引导，帮助完成礼仪。③观：宫门外的观楼。④大道：儒家理想中的最高治世原则。⑤三代：指夏、商、周，儒家理想中的美好时代。⑥终：安享天年。⑦隐：消失。⑧大人：三代之后的天子、诸侯。⑨世及：世袭。⑩由此而选：据《礼记·礼运》本句郑玄注："由，用也，用礼义以成治。"王肃注："言用礼义为之选也。"

【译文】

孔子担任鲁国司寇时，曾参与蜡祭。相礼完毕以后，他出来到楼台上观览，感慨地叹了口气。言偃跟随在孔子身边，问道："老师为什么叹气呢？"孔子说："以前大道通行的时代，及夏、商、周三代精英当政的时代，我都没有赶上，而有些文字记载还可以看到。大道行于天下时，天下为大家所公有，选举贤能的人，讲求诚信，致力友爱。所以人们不只敬爱自己的双亲，不只疼爱自己的子女，社会上的老人都能安享天年，壮年人都能发挥自己的才能，鳏夫、寡妇、孤儿和残疾人都能得到照料。人们厌恶把财物浪费不用，但不必要收藏到自己家里；人们担心自己的才智得不到发挥，但不是为了个人的利益。因此奸诈阴谋的事不会发生,盗窃财物扰乱社会的事情不会出现。所以家里的大门不必紧锁,这就叫作大同。如今大道已经消失,天下为私家所有,人们只敬爱自己的双亲,只疼爱自己的子女,财物想据为己有,出力也是为了博得名声。天子诸侯采用世袭制已经习以为常,建筑城郭沟池作为防御工事。禹、汤、文王、武王、成王、周公因为用礼治理天下而脱颖而出,他们之中没有一人不谨守礼制的。礼制的兴起,与天地同时。如有不遵循礼制而在位的,民众把他视为祸殃。"

32.2 言偃复问曰:"如此乎,礼之急也?"孔子曰:"夫礼,先王所以承天之道,以治人之情,列其鬼神,达于丧、祭、乡射、冠、婚、朝聘①。故圣人以礼示之,则天下国家可得以礼正矣。"言偃曰:"今之在位,莫知由礼,何也?"孔子曰:"呜呼,哀哉!我观周道,幽、厉②伤也。吾舍鲁何适?夫鲁之郊及禘皆非礼③,周公其已衰矣。杞之郊也禹④,宋之郊也契⑤,是天子之事守⑥也,天子以杞、宋二王之后。周公摄政致太平,而与天子同是礼也。诸侯祭社稷宗庙,上下皆奉其典,而祝嘏莫敢易其常法⑦,是谓大嘉。

【注释】

①丧、祭、乡射、冠、婚、朝聘:六种周代礼仪的名称。其中乡射是指射箭饮酒的礼仪,冠是指成人加冠礼,朝聘是指诸侯朝见天子之礼。②幽、厉:指周幽王和周厉王,都是著名的残暴昏庸之君。③郊:指郊外祭天之礼。禘:指宗庙祭祀之礼。④禹:夏朝始祖。⑤契:商朝始祖。⑥事守:职守。⑦祝:指祭祀时司礼之人。嘏:替人向鬼神祈福之人。

【译文】

言偃又问:"这样的话,礼就是很紧要的了?"孔子说:"礼是先代圣王用以顺承天道,陶冶人情的。它取法鬼神,体现在丧、祭、乡射、冠、婚、朝聘等礼仪上。所以圣人就用礼来昭示天道人情,这样国家在礼的指导下才能治理好。"言偃又问:"当今的诸侯都不知道通过礼来治理国家,这是为什么呢?"孔子说:"唉,太可悲了!我考察周代的礼制,自从幽王、厉王起就败坏了。除了鲁国,我又能到哪里去考察呢?可是鲁国的郊、禘之礼已不合乎周礼,周公开创的礼制传统已经衰微了。杞人郊祭是祭禹,宋人郊祭是祭契,这是天子的职守,天子认为杞和宋是夏、商的后裔。周公摄政而使天下太平,所以享用和天子同样的礼仪。至于诸侯祭祀社稷和祖先,上下的人都奉守同样的典章制度,祝嘏不敢更改原有的礼制,这叫作大嘉。

"今使祝嘏辞说,徒藏于宗祝巫史①,非礼也,是谓幽②国;醆斝及尸君③,非礼也,是谓僭④君;冕弁⑤兵车,藏于私家⑥,非礼也,是谓胁君;大夫具官,祭器不假⑦,声乐皆具,非礼也,是为乱国。故仕于公曰臣,仕于家曰仆。三年之丧,与新有婚者,期不使也。以衰裳⑧入朝,与家仆杂居齐齿⑨,非礼也,是谓臣与君共国;天子有田以处其子孙,诸侯有国以处其子孙,大夫有采以处其子孙,是谓制度;天子适诸侯,必舍其宗庙,而不以礼籍入⑩,是谓天子坏法乱纪;诸侯非问疾吊丧,而入诸臣之家,是谓君臣为谑。夫礼者,君之柄⑪,所以别嫌明微,傧鬼神,考制度,列仁义,立政教,安君臣上下也。故政不正则君位危,君位危则大臣倍、小臣窃；刑肃而俗弊则法无常，法无常则礼无别，礼无别则士不仕、民不归，是谓疵⑫国。

【注释】

①祝嘏辞说，徒藏于宗祝巫史：本句的大意，据王肃注："言君臣皆当知辞说之意义也。"也就是说献祭时所说的祝嘏辞说，执政者应该有真实的信仰并落实，而不能只藏在宗祝巫史那里。祝嘏辞说，指献祭时的话语。宗祝巫史，都是神职人员。②幽：暗。③醆（zhǎn）斝（jiǎ）及尸君：据王肃注："夏曰醆，殷曰斝。非王者之后，则尸与君不得用。"即醆和斝只有夏、商的后代杞和宋在祭祀时才能用，其他诸侯用之不合礼制。醆、斝，酒器的名字。尸君，祭祀时代死去的君主受祭的人。④僭：僭越。⑤冕弁（biàn）：礼帽礼服。⑥私家：大夫之家。⑦大夫具官：指大夫手下设立各种官职。祭器不假：据王肃注："大夫无田者，不为祭器。今皆不假，故非礼。"⑧衰裳：丧服。⑨齐齿：并列。⑩不以礼籍入：礼籍，指典章制度。据王肃注："所谓临诸侯，将舍宗庙，先告其鬼神以将入止也。"以，原无，据四库本补。⑪柄：根本。⑫疵：病。

【译文】

"如今祝嘏辞说只藏在宗祝巫史手中，是不符合礼制的，这叫作使国家昏暗；醆和斝是夏、商两代用的礼器，现在的诸侯用其向尸君献祭，这是不符合礼制的，这叫作僭越国君；礼帽礼服和武器装备，藏在大夫手中，这是不符合礼制的，这叫作威胁国君；大夫手下配备各种官职，祭祀用的礼器全部自备而不假借于人，各种乐器齐备，这是不符合礼制的，这叫作祸乱国家。所以在国君那里任职叫作臣，在大夫那里任职叫作仆。有三年之丧在身的人和新婚的人，在一年之内，不派给差使。如果穿着丧服入朝，与家仆杂处并列，这是不符合礼制的，这叫作臣子和国君共有国家；天子有广大的田地来安置他的子孙，诸侯有封国来安置他的子孙，大夫有采邑来安置他的子孙，这叫作制度；所以天子到诸侯那里，必定要住在诸侯的宗庙里，如果不按典章制度进入，这叫作天子带头破坏法纪；诸侯如果不是慰问疾病和吊丧而去大夫那里，这叫作君臣相戏谑。礼是君王统治的根本，用来辨别是非嫌疑，敬事鬼神，制定制度，施行仁义，确立政教，使君臣上下相安。所以施政不符合正道，君王的位置就危险，君王的位置危险，大臣就背离，小臣就会窃取权力；刑罚苛刻，风俗败坏则法令无常，如果法令无常，礼制就无法区别尊卑，无法区别尊卑，那么士人就不愿做官，人民就不来归附，这叫作使国家弊病丛生。

"是故夫政者，君之所以藏身①也，必本之天，效以降命②。命，降于社之谓效地③，降于祖庙之谓仁义，降于山川之谓兴作④，降于五祀⑤之谓制度，此圣人所以藏身之固也。圣人参于天地，并于鬼神，以治政也。处其所存，礼之序也；玩其所乐，民之治也。天生时，地生财，人其父生而师教之。四者君以政用之，所以立于无过之地。君者，人所明，非明人者也；人所养，非养人者也；人所事，非事人者也。夫君者，明人则有过，养人则不足，事人则失位。故百姓明君以自治，养君以自安，事君以自显。是以礼达而分定，人皆爱其死而患其生，是故用人之智去其诈，用人之勇去其怒，用人之仁去其贪。国有患，君死社稷为之⑥义，大夫死宗庙为之变⑦。凡圣人能以天下为一家，以中国为一人，非意之⑧，必知其情，从于其义，明于其利，达于其患，然后为之。

【注释】

①藏身：托身。②效以降命：效法天道，发布命令。③降于社之谓效地：在社祭后发布的命令是效法大地。后三句句法仿此。④兴作：兴起，创造。⑤五祀：祭祀五行之神。⑥为之：谓之。⑦变：据《礼记·礼运》郑玄注："当读为'辨'，声之误也。辨犹正也。"⑧非意之：不是凭空揣测出来的。

【译文】

"所以政治是国君安身立命的基础，必须要效仿天道，发布政令。在社祭后发布的命令是效法大地，在祭祀祖庙之后发布的命令是依据仁义，根据山川之性发布的政令是兴作，效法五行而制定的是根本制度。这是圣人托身的根本。圣人效法天地和鬼神之道来治理国家。恰当地安顿好万事万物，礼制就井然有序；体察百姓所喜欢的，人民就得到治理。上天安排四时，大地生长财货，人都是由父母生养、老师教诲。以上四点，君主利用政教加以引导，就会立于没有过错的境地。国君，是给别人学习的人，不是学习别人的人；是给别人奉养的人，不是奉养别人的人；是被别人服侍的人，不是服侍别人的人。君主学习别人就有过错，奉养别人就不足，服侍别人就失去了位置。所以百姓学习君主以自治，奉养君主以自安，服侍君主以自我显达。所以礼制得到了充分的彰显而名分也因此确定，人人都会为国君献出生命而绝不苟且偷生。因此君主要善用民众的智慧而去掉他们的虚伪，善用民众的勇气而去掉他们的戾气，善用民众的仁爱而去掉他们的贪婪。国家有难，君主为社稷而死叫作义，大夫为宗庙而死叫作正。圣人能够以天下为一家，把全部人民团结起来像一个人，这并不是凭空臆想出来的，必定是由于圣人了解人情，通晓仁义，明白利害，深知祸患,然后才能做到。

"何谓人情？喜、怒、哀、惧、爱、恶、欲七者,弗学而能；何谓人义？父慈、子孝、兄良、弟悌、夫义、妇听、长惠、幼顺、君仁、臣忠十者,谓之人义；讲信修睦,谓之人利；争夺相杀,谓之人患。圣人之所以治人七情,修十义,讲信修睦,尚辞让,去争夺,舍礼何以治之？饮食男女①,人之大欲存焉；死亡贫苦,人之大恶存焉。欲、恶者,人之大端②。人藏其心,不可测度,美、恶皆在其心,不见其色,欲一以穷之,舍礼何以哉？故人者,天地之德,阴阳③之交,鬼神之会,五行④之秀。天秉阳,垂日星；地秉阴,载于山川。播五行于四时,和四气⑤而后月生。是以三五而盈,三五而缺⑥,五行之动,共相竭也。五行、四气、十二月,还相为本⑦；五声、六律、十二管,还相为宫⑧；五味、六和、十二食⑨,还相为质；五色、六章、十二衣⑩,还相为主。故人者,天地之心,而五行之端,食味、别声、被色而生者。圣人作则,必以天地为本,以阴阳为端,以四时为柄,以日星为纪,月以为量,鬼神以为徒,五行以为质,礼义以为器,人情以为田,四灵⑪以为畜。以天地为本,故物可举；以阴阳为端,故情可睹；以四时为柄,故事可劝；以日星为纪,故业可别；月以为量,故功有艺；鬼神以为徒,故事有守；五行以为质,故事可复也；礼义以为器,故事行有考；人情以为田,故人以为奥⑫也；四灵以为畜,故饮食有由。何谓四灵？麟、凤、龟、龙谓之四灵。故龙以为畜,而鱼鲔不淰⑬；凤以为畜,而鸟不狘⑭；麟以为畜,而兽不狘⑮；龟以为畜,而人情不失⑯。先王秉蓍龟,列祭祀,瘗缯⑰,宣祝嘏辞说,设制度,故国有礼，官有御，事有职，职有序。

【注释】

①饮食男女：指食欲和性欲。②大端：根本。③阴阳：古人指贯通物质和人事的两大对立面。④五行：水、火、木、金、土五种元素，此处泛指万事万物。⑤四气：温、热、冷、寒。⑥三五而盈，三五而缺：月亮十五日一满，十五日一缺。⑦还相为本：交替运行。⑧五声、六律、十二管，还相为宫：王肃注："一月一管，阳律阴吕，其用事为宫也。"五声，指宫、商、角、徵、羽五声音阶。六律，乐律有十二，阴阳各六，阳为律，阴为吕。十二管，十二月。⑨五味：酸、甜、苦、辣、咸五种味道。六和：以滑、甘调制酸、苦、辛、咸六种滋味。十二食：十二月之食。⑩五色：青、赤、黄、白、黑。六章：五色加玄色。十二衣：十二个月里所穿的不同衣服。⑪四灵：麟、凤、龟、龙。⑫奥：通"燠"，暖。⑬鲔（wěi）：泛指鱼类。渗（shěn）：通"沊"，鱼受惊躲藏，潜藏。⑭魑（chī）：飞走的样子。⑮狘（xuè）：兽惊走的样子。⑯龟以为畜，而人情不失：因龟甲可以用来占卜，所以可见人情。⑰瘗（yì）：埋葬。缯（zēng）：布帛。

【译文】

"什么是人情？喜、怒、哀、惧、爱、恶、欲这七类情感，是不学就具备的。什么是人义？父亲慈爱、儿子孝顺、兄长善良、弟弟恭敬、丈夫仁义、妻子顺从、长辈慈爱、晚辈服从、君主仁爱、臣子忠诚，这十种，就是人义。讲求诚信，追求和睦，叫作人利。相互争夺残害，叫作人患。圣人要陶冶人的七情，涵养十义，讲信修睦，崇尚辞让，摒弃争夺，除了礼制，还能靠什么？食、色，是人最基本的欲望；死亡和贫苦，是人们最憎恶的。追求所欲和规避所恶，是人性的根本。人人都有隐藏的内心，无法揣度，美和恶都藏在心中，外表看不出来，想要用一种手段来探究它，除了礼，还能依靠什么？所以说人是天地本性的表现，阴阳之气的交汇，鬼神的荟萃，万物中的英华。天，秉承阳气，太阳星辰分布其间；地，秉持阴气，名山大川负载其上。五行分布于四时之中，四时之气和顺然后产生十二个月。所以每月前十五天月亮逐渐圆满，后十五天月亮逐渐残缺，五行运转，彼此互为终结。五行、四气、十二月交替运行，五声、六律、十二管交替为宫声，五味、六和、十二食交替为主味，五色、六章、十二衣交替为主色。所以，人是天地之心，五行的根本，是能够品尝美味，辨别声音，穿着各色衣服而生存的。所以圣人制定法则，一定以天地为根本，以阴阳为大端，以四时为依据，以日星为纲纪，以月份为衡量，以鬼神为同类，以五行为本质，以礼义为器具，以人情为田地，以四灵为家畜。以天地为根本，万物就可以兴发；以阴阳为大端，就可以洞察人情；以四时为依据，则农事可劝；以日、星的运行来纪时，就可以分理各种事务；以月为纪时单位，事务就可以以时功成；以鬼神为同类，事情就各有职守；以五行为本质，凡事就可轮替更新；以礼义为器具，事情就能追求成效；以人情为田地，人们就能感到温暖；以四灵为家畜，饮食就有了来源。什么是四灵？麟、凤、龟、龙就是四灵。以龙作为家畜，则鱼类就不会潜藏水底；以凤为家畜，则飞鸟就不会散去；以麟为家畜，则走兽就不会惊跑；以龟为家畜，就能体察人情。先王秉持蓍草和龟甲，安排祭祀，瘗埋布帛，宣读祝嘏辞说，订立制度，这样国家有礼制官府有官吏，诸事各有职属，并且很有秩序。

"先王患礼之不达于下，故禘[①]帝于郊，所以定天位也；祀社于国，所以列地利也；禘[②]祖庙，所以本仁也；旅山川，所以傧鬼神也；祭五祀，所以本事也。故宗祝在庙，三公③在朝，三老④在学，王前巫而后史，卜筮瞽侑⑤，皆在左右，王中心无为也，以守至正。是以礼行于郊，而百神受职；礼行于社，而百货可极⑥；礼行于祖庙，而孝慈服焉；礼行于五祀，而正法则焉。故郊社、宗庙、山川、五祀，义之修而礼之藏。夫礼必本于太一⑦，分而为天地，转而为阴阳，变而为四时，列而为鬼神，其降曰命，其官⑧于天也，协于分艺⑨。其居于人也曰养，所以讲信修睦，而固人之肌肤之会，筋骸之束者；所以养生送死，事鬼神之大端；所以达天道，顺人情之大窦⑩。唯圣人为知礼之不可以已也，故破国、丧家、亡人，必先去其礼。礼之于人，犹酒之有蘖⑪也，君子以厚，小人以薄。圣人修义之柄，礼之序，以治人情。人情者，圣王之田也，修礼以耕之，陈义以种之，讲学以耨⑫之，本仁以聚之，播乐以安之。故礼者，义之实也，协诸义而协则礼，虽先王未有，可以义起焉；义者，艺之分，仁之节。协于艺，讲于仁，得之者强，失之者丧；仁者，义之本，顺之体，得之者尊。故治国不以礼，犹无耜⑬而耕；为礼而不本于义，犹耕之而弗种；为义而不讲于学，犹种而弗耨；讲之以学，而不合以仁，犹耨而不获；合之以仁，而不安之以乐，犹获而弗食；安之以乐，而不达于顺，犹食而不肥。四体既正，肤革充盈，人之肥也；父子笃，兄弟睦，夫妇和，家之肥也；大臣法，小臣廉，官职相序，君臣相正，国之肥也；天子以德为车，以乐为御，诸侯以礼相与，大夫以法相序，士以信相考，百姓以睦相守，天下之肥也。是谓大顺。顺者，所以养生送死，事鬼神之常也。故事大积焉而不苑⑭，并行而不谬，细行而不失。深而通，茂而有间，连而不相及，动而不相害，此顺之至也。明于顺，然后乃能守危。夫礼之不同，不丰杀⑮，所以持情而合危也。山者不使居川，渚⑯者不使居原，用水、火、金、木，饮食必时；冬合男女，春颁爵位，必当年德，皆所顺也，用民必顺。故无水旱昆虫之灾，民无凶饥妖孽之疾。天不爱其道，地不爱其宝，人不爱其情，是以天降甘露，地出醴泉⑰，山出器车⑱，河出马图⑲，凤凰麒麟，皆在郊掫⑳，龟龙在宫沼，其余鸟兽及卵胎，皆可俯而窥也。则是无故，先王能循礼以达义，体信以达顺，此顺之实也。"

【注释】

①绘：献祭。②禘：各种大型祭祀的总称。③三公：三种最高官衔的合称，周代指太师、太傅和太保。④三老：古代掌教化之官。⑤卜箸瞽（gǔ）侑：箸，四库本作"筮"。卜、筮皆为巫，瞽为乐官，侑为君王的谏官。⑥极：负载。⑦太一：创造天地万物的元气。⑧官：效法。⑨艺：理。⑩窦：孔穴。⑪糵：酒曲，酿酒用的发酵剂。⑫耨（nòu）：除草。⑬耜（sì）：泛指农具。⑭苑：积压。⑮丰杀（shài）：增加和减少。⑯渚：水中的小块陆地。⑰醴（lǐ）泉：甘美的泉水。⑱器车：王肃注："出银瓮丹灶之器与象车也。"⑲河出马图：王肃注："龙似马，负图出。"与前面所说的"山出器车"都是太平的象征。⑳郊掫（zōu）：郊外的草泽。掫，应为"椒"，通"薮"（sǒu），草泽。

【译文】

"先王担心礼制不能在天下推广，所以祭祀上帝于郊外，以确定天的地位；在国中祭祀社神，以彰显大地涵负万物的功用；祭祀祖庙，以显示继承仁爱的品德；祭祀山川，礼敬鬼神；祭祀五行之神，以追溯事物的本原。所以宗祝在祖庙中,三公在朝廷上,三老在学校中,君王前有巫,后有史,卜筮瞽侑,都在他的左右,君王处于中心,奉行无为,以坚守至正。所以在郊外行礼,众神各司其职;在社中行礼,各种财货源源不断;在祖庙行礼,孝敬慈爱的德行就会拳拳在心;行祭祀五行之神之礼,各种制度就会端正。所以郊社、宗庙、山川、五祀,是义的表现,是礼的宝藏。因此礼必须以太一为根本。太一分离变为天地,转为阴阳,变为四时,序列而成鬼神。太一降临到人世间就叫作命,它效法天,协调各种关系。礼在人就叫养,它使人们讲信修睦,就如同使人们肌肤相会,筋骨得到联结一般;它是用来奉养生者、丧祭死者、服侍鬼神的根本原则;是用来上达天道、顺应人情的重要通道。只有圣人知道礼制是一天不可废止的,所以要是灭亡一个国家,占领一个封地,灭绝人民,必须要首先破坏他们的礼制。因此礼对于人来说,就像酿酒用的酒曲,君子用它来酿造醇厚的酒,小人用它来酿造薄酒。因此圣王加强义的手段,礼的秩序,用来治理人情。因此人情好比是圣王的田地,用加强礼来耕作,叙述义来播种,进行教化来除草,本于仁爱来凝聚人心,传播音乐来安定人心。因此,礼是义结出来的果实,只要配合义而能和谐,这种礼即使古代先王未曾有过,也可以根据义来制定;义,是对法则进行分辨,是对仁爱进行节制。用义来协调事理,讲求仁爱,做到这些就会很强大,做不到就会灭亡。仁,是义的根本,顺的主体,做到的人会受到尊重。所以如果不以礼治国,就如同没有农具而耕作;讲求礼而不以义为根本,就如同耕地却不播种;讲求义而不讲求学,就如同播种而不除草;讲求学而不符合仁,就如同除草而不收获;合于仁却不用音乐来安定人心,就如同收获了却不食用;用音乐来安定人心却不通达于顺,就如同进食了而身体不肥。四肢已经端正,肌肤充盈,这是人身体的肥;父子相亲,兄弟和睦,夫妇和顺,这是家庭的肥;大臣守法,小臣廉洁,官守不乱,君臣相互规正,这是国家的肥；天子以美德作为自己的车子，以音乐作为驾车人，诸侯以礼相互交往，大夫以法则来确定尊卑，士以诚信来相互督促，百姓以和睦各自守分，这是天下的肥。这就叫大顺。顺，就是养生送死、服侍鬼神的正常状态。因此国事成堆而无阻碍，众事并行而不悖，细小的事情也不遗漏。深积的事情能贯通，繁杂的事情有条理，事情之间连贯而不互相牵扯，行动互不妨害，这就是最大的顺。明白了什么是顺，然后才能抵御危险。礼讲究贵贱等级的不同，不能加等，也不能减等，借以维持人情，进而保持警惕之心。住在山里的人不能让他们迁居到河边，住在岛上的人不能把他们迁到原野上，使用水、火、金、木，饮食必须顺应天时；冬天男女结婚，春天颁授爵位，这些都必须和年龄德行符合，这些都是顺，役使民众必须符合顺的原则。所以没有水旱虫灾，百姓也没有凶年饥荒和意外疾病。天不隐藏它的道理，地不隐藏它的宝藏，人不隐藏自己的真情，于是天降甘露，地出甘泉，山里出现宝器宝车，黄河里出现龙马驮着宝图，凤凰麒麟来到郊外，龟龙来到宫中的池沼，其余鸟兽的卵和胎儿，随处可以俯身看到。出现这种情况没有其他原因，就是由于先王能够遵循礼制，展现仁义，体现诚信以达到顺，这就是真正的顺。"

冠颂第三十三

33.1 邾隐公①既即位，将冠②，使大夫因孟懿子③问礼于孔子。子曰："其礼如世子④之冠。冠于阼⑤者，以著⑥代也，醮⑦于客位，加⑧其有成，三加弥尊⑨，导喻其志⑩。冠而字之，敬其名也。虽天子之元子，犹士也，其礼无变，天下无生而贵者故也。行冠事必于祖庙，以裸⑪享之礼以将之，以金石之乐节之，所以自卑而尊先祖，示不敢擅。"

【注释】

①郯隐公：春秋时郯国国君。②冠：冠礼，古代男子的成人礼。③孟懿子：孔子弟子，名何忌。④世子：太子。⑤阼：东面的台阶，主人所立。⑥著：明。⑦醮（jiào）：冠礼时举行的一种仪式，即尊者为卑者酌酒，卑者接受饮尽而无须回礼。⑧加：嘉勉。⑨三加：三次加冠。弥：更加。⑩导喻：教导，晓谕。⑪裸：祭名，以香酒灌地以求神。

【译文】

郯隐公即位后，将举行冠礼，派大夫通过孟懿子向孔子问礼。孔子说："这个礼仪应当和世子的冠礼相同。世子加冠时要站在东面的台阶上，以表示他继承人的身份。加冠后，主持人在西边的客位上向他敬酒，嘉勉他的成就。三次加冠，一次比一次尊贵，教诲他要有远大志向。加冠之后要取字，以表示尊重他的名。即使是天子的嫡长子，与士的冠礼也是一样的，天下没有一出生就尊贵的人。一定要在祖庙行冠礼，用裸享之礼表示即将开始，以金石之乐加以节制，以彰显自己的卑下和祖先的尊贵，表示自己不敢逾越祖制。"

33.2 懿子曰："天子未冠即位，长亦冠也？"孔子曰："古者王世子虽幼，其即位则尊为人君。人君，治成人之事者，何冠之有？"懿子曰："然则诸侯之冠异天子与？"孔子曰："君薨而世子主丧，是亦冠也已，人君无所殊也。"懿子曰："今郯君之冠非礼也？"孔子曰："诸侯之有冠礼也，夏之末造^①也，有自来矣，今无讥焉。天子冠者，武王崩，成王年十有三而嗣立。周公居冢宰，摄政以治天下。明年夏六月，既葬，冠成王而朝于祖，以见诸侯，示^②有君也。周公命祝雍^③作颂曰：'祝王达而未幼。'祝雍辞曰：'使王近于民，远于年^④，啬于时^⑤，惠于财，亲贤而任能。'其颂曰：'令月吉日^⑥，王始加元服^⑦，去王幼志，服衮职^⑧，钦若昊命^⑨，六合是式^⑩。率尔祖考^⑪，永永无极。'此周公之制也。"

【注释】

①末造：末世。②示：原作"亦"，据四库本改。③祝雍：周大夫。④远于年：长寿。⑤啬于时：不失农时。⑥令月吉日：吉利的时间。令，美好。⑦元服：帽子。⑧衮职：华美的服装。⑨钦：敬。若：顺。昊命：天命。⑩六合是式：做六合的法式。天地四方谓之六合。⑪率尔祖考：率，发语词。尔，你们。祖考，祖先。

【译文】

孟懿子说："天子没有行冠礼就即位，长大后还要举行冠礼吗？"孔子说："古代君王的世子虽然年幼，但是一旦即位就贵为人君。人君，是治理成人事情的人，哪里还用行冠礼啊？"孟懿子说："那么诸侯的冠礼与天子的冠礼有不同吗？"孔子说："君主去世，世子主持丧礼，这已经算是行冠礼了。人君没有什么特别的。"孟懿子问："那么现在邾隐公加冠不符合礼制吗？"孔子说："诸侯有冠礼，是从夏代末期开始的，是有来历的，目前没有对这个仪式的讥评。为天子举行冠礼，始于周成王。武王去世的时候，成王年仅十三就继承了天子之位。周公作为宰辅，摄政以治理天下。第二年六月，武王下葬完毕，为成王举行了冠礼并朝拜了祖庙，接见诸侯，以表示天下有了新的君主。周公命令祝雍作颂：'祝我王一切顺利，快快成长。'祝雍接着说：'希望天子接近民众，长寿，使人民不失农时、富有财物，亲近贤人而任用能人。'颂接着说：'美好的日子，天子加冠。去掉幼稚的念头，穿上华美的礼服，敬顺天命，作天地四方的法则。列祖列宗，永远享有祭祀。'这是周公制定的。"

33.3 懿子曰："诸侯之冠，其所以为宾主，何也?"孔子曰："公冠则以卿为宾，无介，公自为主，迎宾揖，升自阼，立于席北。其醴①也则如士，飨之以三献之礼②。既醴，降自阼阶。诸侯非公而自为主者，其所以异，皆降自西阶，玄端与皮弁③异。朝服素毕④，公冠四，加玄冕祭。其酬币⑤于宾，则束帛乘马⑥。王太子、庶子之冠拟⑥焉，皆天子自为主，其礼与士无变，飨食宾也皆同。"

【注释】

①醴：甜酒。②三献之礼：祭祀时献酒三次。③玄端与皮弁：黑色礼服和白鹿皮帽子。④素：白色。毕：护膝。⑤酬币：主人献给宾客的礼物。⑥束帛：捆为一束的五匹帛。乘马：四匹马拉的车。⑥拟：仿照。

【译文】

孟懿子说："诸侯的冠礼，一定要分宾主，这是为什么呢?"孔子说："诸侯举行冠礼，以卿为宾，不需要中间人，诸侯自为主人，迎接宾客，揖让行礼，从东边的台阶上去，站在席位的北边。敬献甜酒的礼节，与士一样，三次向祖先敬酒。敬酒完毕，从东阶下来。不是公爵的诸侯而自为主人的，与此不同之处在于都是从西阶下来的，玄端和皮弁也不一样。都要穿着白色的朝服和护膝，诸侯要四次加冠，加黑色冠。在宾位上酬赠宾客，宾客则送来束帛和乘马。王太子、庶子的冠礼也仿效诸侯的冠礼，都是天子自己主持，它的礼仪与士一样，招待宾客也是一样的。"

33.4 懿子曰："始冠必加缁布之冠①，何也？"孔子曰："示不忘古。太古冠布，斋则缁之。其緌②也，吾未之闻。今则冠而币之，可也。"懿子曰："三王③之冠，其异何也？"孔子曰："周弁，殷冔④，夏收，一也。三王共皮弁素緌。委貌，周道也；章甫，殷道也；毋追，夏后氏之道也。"

【注释】

①缁布之冠：一种黑色的冠。②緌：冠上的垂带。③三王：夏、商、周三代君王。④冔（xǔ）：殷冠的名称。

【译文】

孟懿子说："冠礼开始的时候一定要加黑冠，这是为什么？"孔子说："表示不忘记古代的礼制。上古的时候人们用粗布制冠，斋戒时把它染黑。至于冠上的垂带，我没有听说过。现在举行冠礼，只要酬赠宾客就行了。"孟懿子说："夏、商、周三代君王的冠，有什么不同？"孔子说："周代的叫弁，殷代的叫冔，夏代的叫收，其实是一样的。三代都是皮冠和白色的冠带。委貌，是周代的冠；章甫，是殷代的冠；毋追，是夏代的冠。"

庙制第三十四

34.1 卫将军文子①将立先君之庙于其家②,使子羔③访于孔子。子曰:"公庙设于私家,非古礼之所及,吾弗知。"子羔曰:"敢问尊卑上下立庙之制,可得而闻乎?"孔子曰:"天下有王,分地建国,设祖宗④,乃为亲疏贵贱多少之数。是故天子立七庙,三昭三穆⑤,与太祖之庙七。太祖近庙⑥,皆月祭之。远庙为祧,有二祧⑦焉,享尝⑧乃止。诸侯立五庙,二昭二穆,与太祖之庙而五,曰祖考庙⑨,享尝乃止。大夫立三庙,一昭一穆,与太庙而三,曰皇考庙⑩,享尝乃止。士立一庙,曰考庙⑪,王考⑫无庙,合而享尝乃止。庶人无庙,四时祭于寝⑬。此自有虞⑭以至于周之所不变也。凡四代帝王之所谓郊⑮者,皆以配天;其所谓禘⑯者,皆五年大祭之所及也;应为太祖者,则其庙不毁;不及太祖,虽在禘郊,其庙则毁矣。古者祖有功而宗有德,谓之祖宗者,其庙皆不毁。"

【注释】

①文子:名弥牟,卫灵公之孙,掌管卫国军政大权。②家:古代卿大夫统治的区域。③子羔:高柴,孔子弟子。④祖:指开国创业的太祖。宗:指继承太祖事业的君王。⑤昭、穆:为古代宗庙排列次序的宗法制度。郑玄注:"父为昭,子为穆。"⑥近庙:太祖的祭庙。⑦二祧(tiāo):王肃注:"二祧者,高祖及父母祖是也。"⑧享尝:指四季用新物祭祀祖先。⑨祖考庙:始祖庙。⑩皇考庙:曾祖庙。⑪考庙:父庙。⑫王考:对

去世祖父的尊称。⑬寝：房间，寝室。⑭有虞：传说中的远古部落名，舜为首领。⑮郊：祭名，指郊天之礼。⑯禘：祭名，指地点在群庙中的祭祀，五年一次。

【译文】

　　卫国将军文子想要在他的封地上设立先代君王的祭庙，派子羔向孔子询问这件事。孔子说："国家的祭庙设立在私人封地上，这不是古代的礼制能够涉及的，我不知道（该用什么礼仪）。"子羔说："请问设立宗庙尊卑上下的相关礼制，我可以听一听吗？"孔子说："自从天下有了君王，分封土地，建立诸侯国，设立祖宗的祭庙，就区分了亲与疏、贵与贱、多与少的等级。所以天子设立七座祭庙，（其中）三座昭庙、三座穆庙，连同太祖庙一共有七座庙。太祖庙是近亲的庙，每个月都要祭祀它。远祖的庙称为'祧'，有两座祧庙，只在四季祭祀。诸侯设立五座祭庙，（其中）两座昭庙、两座穆庙，连同太祖庙一共有五座庙，叫作祖考庙，每个季节都要祭祀。大夫设立三座祭庙，（其中）一座昭庙、一座穆庙，连同太祖庙一共有三座庙，叫作曾祖庙，每个季节都要祭祀。士设立一座祭庙，叫作父庙，死去的祖父没有祭庙，父祖之庙合在一起每个季节都要祭祀。平民不设立祭庙，每个季节在寝室祭祀。这种制度从有虞到周代都未曾改变过。凡是四代帝王称为郊祭的，都要配享上天；称为禘的，是五年一次的盛大祭祀；追尊为太祖的，他的祭庙不能毁掉；功德不如太祖的，即使在禘祭、郊祭的范围，他的祭庙也可以毁掉。古代把祖有功而宗有德的称为祖宗，他们的祭庙都不能毁掉。"

34.2 子羔问曰："祭典①云：'昔有虞氏祖颛顼而宗尧，夏后氏②亦祖颛顼而宗禹，殷人祖契③而宗汤，周人祖文王而宗武王。'

此四祖四宗，或乃异代，或其考祖之有功德，其庙可也。若有虞宗尧，夏祖颛顼，皆异代之有功德者也，亦可以存其庙乎？"孔子曰："善，如汝所闻也。如殷周之祖宗，其庙可以不毁，其他祖宗者，功德不殊，虽在殊代，亦可以无疑矣。《诗》云：'蔽芾甘棠，勿翦勿伐'，'邵伯所憩'④。周人之于邵公也，爱其人，犹敬其所舍之树，况祖宗有功德而可以不尊奉其庙焉？"

【注释】

①祭典：记载祭祀的礼仪法度的书籍的总称。②夏后氏：夏朝。③契（xiè）：传说中商的始祖。④"《诗》云"句：所引诗见《诗经·召南·甘棠》。蔽芾，繁茂的样子。甘棠，棠梨树。邵伯，即召公，姓姬名奭（shì），周武王的臣子，封地在召。他在南国传播文王的教化，受百姓拥戴。

【译文】

子羔问道："祭典上说：'从前有虞氏的庙以颛顼为祖、以尧为宗，夏后氏的庙也以颛顼为祖、而以禹为宗，殷人的庙以契为祖、以汤为宗，周人的庙以周文王为祖、以周武王为宗。'这四祖四宗，有的是不同朝代的，有的是他们的祖先都有功德，他们的祭庙是可以永久保存下来的。像有虞氏的庙以尧为宗，夏后氏的庙以颛顼为祖，都是在不同时代有功德的，他们的祭庙也可以永久保存下来吗？"孔子说："是的，确实如同你所知道的那样。像殷人、周人的祖宗，他们的祭庙可以不被毁掉，其他的祖宗，功德（与他们的祖先）没有悬殊，即使在不同的时代，毫无疑问（他们的庙）也是不能毁掉的。《诗经》说：'那繁茂的甘棠树啊，不要剪也不要伐'，'这是邵伯休息过的地方'。周人热爱邵公，从而敬重他曾经在下面休息过的树。何况是祖宗有功德，怎么可以不尊奉祭祀他们的庙呢？"

辩乐解第三十五

35.1 孔子学琴于师襄子①。襄子曰："吾虽以击磬为官，然能于琴。今子于琴已习，可以益矣。"孔子曰："丘未得其数②也。"有间，曰："已习其数，可以益矣。"孔子曰："丘未得其志也。"有间，曰："已习其志，可以益矣。"孔子曰："丘未得其为人也。"有间，孔子有所谬然③思焉，有所睪然④高望而远眺，曰："丘迨⑤得其为人矣，黮⑥而黑，颀⑦然长，旷如望羊⑧，奄⑨有四方，非文王其孰能为此？"师襄子避席叶拱⑩而对曰："君子圣人也，其传曰《文王操》⑪。"

【注释】

①师襄子：春秋时期鲁国的乐官，擅击磬。②数：节奏内容。③孔子有所谬然：原于"孔子"前有"曰"字，据文义删。谬然，深思的样子。谬，通"穆"。④睪（gāo）然：高远的样子。睪，通"皋"。⑤迨：近。⑥黮（dǎn）：黑貌。此前原有"近"字，据四库本删。⑦颀：长貌。⑧旷：志向高远。望羊：远望貌。⑨奄：覆盖，包含。⑩叶拱：古人行礼的一种形式，两手环拱靠近胸口。⑪《文王操》：琴曲名，相传为周文王所作。

【译文】

孔子向师襄子学习弹琴。师襄子说:"我虽然因为击磬击得好而被任以官职,但我也擅长弹琴。现在您已经学会了弹琴,可以学习其他东西了。"孔子说:"我还没有掌握这首曲子的节奏。"过了一段时间,师襄子说:"您已经掌握它的节奏了,可以学习其他东西了。"孔子说:"我还没有领悟它的内涵。"又过了一段时间,师襄子说:"您已经领悟了它的内涵,可以学习其他东西了。"孔子说:"我还没有了解这首曲子的作者是什么样的人。"又过了一段时间,孔子穆然沉思,有志向高远、登高眺望远方的神态,说:"我知道这首曲子的作者是什么样的人了,他皮肤黝黑,身材颀长,高瞻远瞩,统领四方,不是文王还有谁能作出这样的曲子呢?"师襄子离开座席向孔子拱手行礼并对孔子说:"您真是圣人啊,这首琴曲就是流传至今的《文王操》。"

35.2 子路鼓琴,孔子闻之,谓冉有曰:"甚矣!由之不才也。夫先王之制音也,奏中声①以为节,流入于南,不归于北。夫南者,生育②之乡,北者,杀伐之城。故君子之音温柔居中,以养生育之气。忧愁之感,不加于心也;暴厉之动,不在于体也。夫然者,乃所谓治安之风也。小人之音则不然,亢丽微末③,以象杀伐之气。中和之感,不载于心;温和之动,不存于体。夫然者,乃所以为乱之风。昔者舜弹五弦之琴,造南风之诗,其诗曰:'南风之熏兮,可以解吾民之愠兮;南风之时兮,可以阜④吾民之财兮。'唯修此化,故其兴也勃焉,德如泉流,至于今,王公大人述而弗忘。殷纣好为北鄙之声⑤,其废也忽焉,至于今,王公大人举以为诫。夫舜起布衣，积德含和，而终以帝。纣为天子，荒淫暴乱，而终以亡。非各所修之致乎？由，今也匹夫之徒，曾无意于先王之制，而习亡国之声，岂能保其六七尺之体哉？"冉有以告子路，子路惧而自悔，静思不食，以至骨立⑥。夫子曰："过而能改，其进矣乎！"

【注释】

①中声：和谐的音乐。②生育：生长、养育（万物）。③亢丽微末：音调激越尖厉。亢丽，激越。微末，细微。④阜：盛。这里用作动词。⑤北鄙之声：一种十分粗俗的音乐。⑥骨立：形容人十分消瘦。

【译文】

子路弹琴，孔子听到了，对冉有说："仲由真是太不成才了！先王创制的音乐，奏和谐的音律加以节制，这种音乐流传到南方，便不再返回北方。南方，是生育万物的地方，北方，是充满杀气的地方。所以君子演奏的音乐温柔和谐、节奏居中，能够培养生育万物之气。忧愁的情绪，不在心中萌发；暴戾的举动，不在身上出现。这样的情况，就会所说的太平盛世之风。小人的音乐却不同，音调激越尖厉，用来象征着杀戮征战之气。中正和谐的感情，不存在于心中；温柔和善的行动，不表现在身上。这样的情况，就会引起社会动乱之风。从前舜弹奏五弦琴，创作了《南风》这首诗，诗里说：'多么柔和的南风啊，可以化解我百姓心中的忧愁；多么及时的南风啊，可以增加我百姓的财富。'只实施这种教化，所以他的兴起非常快，他的德政就像泉水流布，到了今日，天子诸侯们仍口口相传不敢忘记。殷纣喜欢弹奏十分粗俗的音乐，所以他的国家灭亡得很快，到了今日，天子诸侯还都以此为戒。舜本是平民百姓，积累道德内心饱含温和之气，最终成为帝王。纣本为天子，却荒淫残暴，最终国灭身亡，这不是由于他们各自的修养导致的吗？仲由，他如今只是一个平民，不在意先王的礼制，却学习亡国的音乐，怎么能保全他的性命呢？"冉有把孔子说的话告诉了子路，子路很害怕并且自悔不已，静坐反思不吃东西，以至于十分消瘦。孔子说："犯错了知道改过，这就是进步啊！"

35.3 周宾牟贾①侍坐于孔子。孔子与之言及乐，曰："夫《武》②之备诫之以久，何也？"对曰："病疾不得其众。""咏叹之，淫液③之，何也？"对曰："恐不逮事。""发扬蹈厉之已蚤④，何也？"对曰："及时事⑤。""《武》坐致右而轩左⑥，何也？"对曰："非《武》坐⑦。""声淫及商⑧，何也？"对曰："非《武》音也。"孔子曰："若非《武》音，则何音也？"对曰："有司失其传也。"孔子曰："唯⑨，丘闻诸苌弘⑩，亦若⑪吾子之言是也。若非有司失其传，则武王之志荒⑫矣。"宾牟贾起，免席而请曰："夫《武》之备诫之以久，则既闻命矣。敢问迟矣而又久立于缀⑬，何也？"子曰："居，吾语尔。夫乐者，象成⑭者也。总干而山立⑮，武王之事也。发扬蹈厉，太公⑯之志也。《武》乱⑰皆坐，周、邵之治也。且夫《武》，始成⑱而北出，再成而灭商，三成而南反，四成而南国是疆，五成而分陕，周公左、邵公右，六成而复缀⑲，以崇其天子焉。众夹振焉而四伐⑳，所以盛威于中国。分陕㉑而进，所以事蚤济。久立于缀，所以待诸侯之至也。

【注释】

①宾牟贾（gǔ）：孔子的弟子，精通音乐。②《武》：周代六舞之一，模仿武王伐纣的故事创作。③淫液：形容乐声绵延不绝。④蚤：通

"早"。⑤及时事：把握时机，准备战事。⑥轩左：左膝提起。⑦《武》坐：《武》舞的跪法。⑧商：商调，重杀伐之声。⑨唯（wěi）：应答声。⑩苌弘：春秋时周王的大夫，相传孔子曾经向他学习乐。⑪亦若：原作"若非"，据四库本改。⑫荒：迷乱。⑬迟：等待。缀：指表演者所在的位置。⑭象成：象征着成功。⑮总：统领。干：盾牌。⑯太公：即姜太公，曾辅佐武王灭商。⑰乱：指乐曲的末章。⑱成：指乐曲的一个章节或段落。⑲六成：指《武》舞的第六章节。复缀：回到原来的位置。⑳夹振：指舞队两边有人夹着表演者摇动金铎（古代传达命令的铃），表示武王伐纣鼓舞士兵。四伐：表演者依铎声的节奏向四方击刺四次，表示武王威震四方。㉑分陕：分列。

【译文】

　　周人宾牟贾陪孔子坐着。孔子和他谈话，谈到了乐舞，孔子问："《武》舞开演前长时间的击鼓警诫，这是什么意思呢？"宾牟贾回答说："这是表现周武王出征前担忧得不到士众的拥护，需要长时间的准备。"孔子问："长声咏叹，绵延不绝，这是什么意思呢？"宾牟贾回答说："这是表现武王担忧自己完不成安抚百姓的大事。"孔子问："《武》舞中的演员刚开始就激烈地手舞足蹈，这是什么意思呢？"宾牟贾回答说："这是象征周武王把握时机准备战争。"孔子问："《武》舞中的演员右膝跪下左膝提起，这是什么意思呢？"宾牟贾回答说："这不是《武》舞的跪法。"孔子问："《武》舞的声乐过多地涉及带有杀伐之气的商调，这是什么意思呢？"宾牟贾回答说："这不是《武》舞应有的音调。"孔子问："如果不是《武》舞应有的音调，这又是什么音调呢？"宾牟贾回答说："这是乐师在传授中出现的错误。"孔子说："是的，我听周大夫苌弘说的，和你说的话一样。如果这不是乐师在传授中出现的错误，那么就是武王的志向出现了迷乱。"宾牟贾起身，离开了座席向孔子请教说："《武》舞开演前击鼓警诫所象征的意义，已经由您提问过了。请问演员长时间地站在舞位上等待，这是什么意思呢？"孔子回答道："请坐下，我来告诉你。乐舞，是用来象征已经成功的事业。手持盾牌如山一般地站立，象征着武王的事业。激烈地手舞足蹈，象征着姜太公的志向。《武》舞的末章演员们都整齐跪坐，象征着周公、邵公共同辅佐君王治理好国家。再说《武》舞的章节，第一章表现武王出师北上，第二章表现武王灭商，第三章表现武王返回南方，第四章表现开拓南方的边疆，第五章表现以陕为界，周公治理东方，邵公治理西方，第六章演员都回到原位，表现诸侯都来朝拜尊崇周天子。表演中众人在演员两边摇动金铎，演员依铎声的节奏向四方击刺四次，表现武王的军队威震天下。演员接着分列前行，表示战事早已成功。开演前演员长时间地站立在舞位，表示武王等待各路诸侯的会师。

"今汝独未闻牧野之语①乎？武王克殷而反商之政，未及下车，则封黄帝之后于蓟②，封帝尧之后于祝③，封帝舜之后于陈④。下车又封夏后氏之后于杞⑤，封殷之后于宋⑥，封王子比干⑦之墓，释箕子⑧之囚，使人行商容之旧⑨，以复其位，庶民弛政⑩，庶士倍禄。既济河西，马散之华山之阳而弗复乘，牛散之桃林⑪之野而弗复服。车甲则衅⑫之而藏之诸府库，以示弗复用。倒载干戈而包之以虎皮，将率⑬之士，使为诸侯，命之曰建櫜⑭，然后天下知武王之不复用兵也。散军而修郊射，左射以《狸首》，右射以《驺虞》⑮，而贯革之射息也；裨冕搢笏，而虎贲之士脱剑⑯；郊祀后稷，而民知尊父焉；配明堂⑰而民知孝焉；朝觐，然后诸侯知所以臣；耕籍⑱，然后民知所以敬亲。六者，天下之大教也。食三老五更于太学⑲，天子祖而割牲，执酱而馈，执爵而酳⑳，冕而总干㉑，所以教诸侯之弟㉒也。如此则周道四达，礼乐交通。夫《武》之迟久，不亦宜乎？"

【注释】

①牧野之语：指关于牧野之战的传说。牧野，古地名，在今河南淇县西南。武王曾在牧野大败纣王的军队，商因之亡。②蓟（jì）：古地名，在今北京西南角，后燕国的都城就于此地建立。③祝：国名，在今山东济南西南。④陈：国名，在今河南淮阳与安徽亳州一带。⑤杞：国名，在今河南杞县。⑥宋：国名，在今河南商丘。⑦比干：殷纣王的叔父，传说因劝谏被纣王挖心而死。⑧箕（jī）子：殷纣王的叔父，官至太师，传说因劝谏遭纣王囚禁，后被武王释放留镐京。⑨行：查访，寻访。商容：传说大多认为商容是商朝的贤人。⑩庶民弛政：废除商朝所行的苛政。⑪桃林：地名，王肃注："桃林，西方塞也。"⑫衅：古代新物制成，便杀牲来祭祀该物，并用血涂抹它的缝隙。⑬率：通"帅"，主将。⑭鞬（jiān）橐（tuó）：封闭起来收藏兵甲。鞬，闭锁。橐，原指收藏衣甲或弓箭的袋子，此处指收藏。⑮左：东郊的射官。右：西郊的射官。《狸首》《驺虞》：乐章之名。⑯裨冕：臣子朝见君王所穿戴的礼服与官帽。搢（jìn）笏（hù）：插笏板于腰带间。搢，插。脱剑：解剑。⑰明堂：古代君王宣明政教的地方。⑱耕籍：古代君王实行的一种仪式，以示重农。⑲食：通"饲"，供养。三老五更：相传皆为致仕的官员，君王以父兄之礼对待他们，表明敬老。⑳酳（yìn）：以酒漱口。㉑冕而总干：头上戴着帽子，亲自手持盾牌跳舞。㉒弟（tì）：通"悌"，敬重兄长。

【译文】

"如今你难道还没有听说过牧野之战的传说吗？周武王攻克了殷商之

后又把政权归还给商的后人，还没有进商都，就把黄帝的后人分封在了蓟地，把帝尧的后人分封在了祝地，把帝舜的后人分封到了陈地。进了商都后又把夏后氏的后人分封到了杞地，把殷的后人分封到了宋地，增修了王子比干的墓，释放了被囚禁的箕子，命人寻访到商容并恢复了他的官职，废除商朝所行的苛政，成倍地增加官吏的俸禄。随后渡过黄河向西前行，将战马散放到华山的南面不再乘骑，将拉辎重的牛散放到桃林的原野上不再驱使。将战车兵甲涂上牲血封在各个府库中，表明不再使用。将盾牌和矛戈倒置包上虎皮，将率领士兵的将帅分封为诸侯，这些活动总称'韎櫜'，从此以后天下的人就知道武王不再用兵了。武王解散了军队让他们学习郊射之礼，在东郊习射的时候奏《狸首》乐章来节射，在西郊习射的时候奏《驺虞》乐章来节射，从而使贯穿盔甲的杀射停止；身穿礼服'头戴官帽'腰插笏板，从而使勇猛的将士们放下了佩剑；在南郊祭祀后稷，从而使百姓知道了尊敬父亲；在明堂祭祀祖先，从而使民众知道了孝道；让诸侯定期朝见天子，然后诸侯知道了如何做臣子；亲自参加耕籍之礼，然后百姓就知道了如何重农养亲。这六件事，是天下重大的政教。在太学中宴请三老五更，天子袒露左臂亲自切割牲肉，端着肉酱请他们享用，持爵以酒漱口，头上戴着帽子亲自手持盾牌跳舞，向他们表示慰问，这是教导诸侯懂得互相尊重。这样周朝的政教就畅达四方，礼乐四处盛行。因此《武》舞的表演时间很长，不是很适宜吗？"

问玉第三十六

36.1 子贡问于孔子曰："敢问君子贵玉而贱珉[①]，何也？为玉之寡而珉多欤？"孔子曰："非为玉之寡故贵之，珉之多故贱之。夫昔者君子比德于玉，温润而泽，仁也；缜密以栗②，智也；廉而不刿③，义也；垂之如坠，礼也；叩之，其声清越而长，其终则诎然④，乐矣；瑕不掩瑜，瑜不掩瑕⑤，忠也；孚尹旁达⑥，信也；气如白虹，天也；精神见于山川，地也；珪璋特达⑦，德也；天下莫不贵者，道也。《诗》云：'言念君子，温其如玉。'⑧故君子贵之也。"

【注释】

①珉（mín）：似玉的石头。②缜密以栗：指玉细致精密而坚实。③廉：有棱角。刿：割伤。④诎（qū）然：断绝貌。⑤瑜：玉的光彩。瑕：玉上的斑点。⑥孚尹：指玉上晶莹的光彩。旁达：发散到四方。⑦珪璋特达：古代聘享之礼有珪、璋、璧、琮，璧琮加上束帛才可送达，珪璋不用束帛，故称特达。珪璋，皆为朝会时所执的玉器。特达，直接送达。⑧"《诗》云"句：所引诗见《诗经·秦风·小戎》。言念，想念。"言"为发语词。

【译文】

子贡问孔子："请问君子以玉为尊贵而以珉为卑贱，是什么缘故？是因为玉少而珉多吗？"孔子说："并不是因为玉少就把它看得贵重，珉多就轻贱它。以前君子将美德比拟为玉，玉温润有光，像仁；细密坚实，像智；有棱角却不伤人，像义；悬垂就下坠，像礼；敲击它，声音清脆而悠长，最后戛然而止，像乐；玉上的瑕疵掩盖不住它的美好，玉的美好也遮掩不了它的瑕疵，像忠；玉色晶莹发亮，光彩四溢，像信；玉的光气如白虹，像天；玉的精气出于山川，像地；朝聘时用玉制的珪璋单独通达情意,像德;天下人没有不珍视玉的,像尊重道。《诗经》说:'想起那位君子,他温和如同美玉一般。'所以君子以玉为尊贵。"

36.2 孔子曰:"入其国,其教①可知也。其为人也,温柔敦厚,《诗》教也;疏通知远②,《书》教也;广博易良③,《乐》教也;洁静精微④,《易》教也;恭俭庄敬⑤,《礼》教也;属辞比事⑥,《春秋》教也。故《诗》之失,愚⑦;《书》之失,诬⑧;《乐》之失,奢;《易》之失,贼⑨;《礼》之失,烦;《春秋》之失,乱⑩。其为人也,温柔敦厚而不愚,则深于《诗》者矣;疏通知远而不诬,则深于《书》者矣;广博易良而不奢,则深于《乐》者矣;洁静精微而不贼,则深于《易》者矣;恭俭庄敬而不烦,则深于《礼》者矣;属辞比事而不乱,则深于《春秋》者矣。

【注释】

①教:教化。②疏通知远:博古通今而有远见。③广博易良:豁达、平易而又善良。④洁静精微:内心洁静,精察细微。⑤恭俭庄敬:恭敬、节俭而又端庄。⑥属辞比事:连缀文辞,排比史实。⑦愚:愚钝,不知变通,此处指过于提倡敦厚了。⑧诬:言过其实,此处指过于提倡对后代的指导作用了。⑨贼:怪诞,害于真理,此处指过于精微细密。⑩乱:混乱,此处指乱加褒贬。

【译文】

孔子说:"进入一个国家,就可以知道它的教化程度了。如果那里的人民辞气温柔、性情敦厚,就是以《诗》教化的结果;如果博古通今而有远见，就是以《书》教化的结果；如果豁达、平易而又善良，就是以《乐》教化的结果；如果安详沉静，推测精微，就是以《易》教化的结果；如果恭敬、节俭而又端庄，就是以《礼》教化的结果；如果善于连缀文辞，排比史实，就是以《春秋》教化的结果。所以以《诗》教化不当则愚暗不明，以《书》教化不当则夸张不实，以《乐》教化不当则奢侈铺张，以《易》教化不当则过于精微细密，以《礼》教化不当则烦苛琐细，以《春秋》教化不当则乱加褒贬。如果为人能做到温柔敦厚又不愚钝，就是深刻地理解了《诗》；通达知远又不言过其实，就是深刻地理解了《书》；豁达、平易、善良又不奢侈，就是深刻地理解了《乐》；沉静精微又不过于精微细密，就是深刻地理解了《易》；恭敬、节俭、端庄又不烦琐，就是深刻地理解了《礼》；能做到属辞比事又不乱加褒贬，就是深刻地理解了《春秋》。

"天有四时者，春夏秋冬，风雨霜露，无非教也。地载神气①，吐纳雷霆，流形庶物②，无非教也。清明在躬③，气志如神，有物将至，其兆必先④。是故天地之教，与圣人相参⑤。其在《诗》曰：'嵩高惟岳，峻极于天。惟岳降神，生甫及申。惟申及甫，惟周之翰。四国于蕃，四方于宣⑥。'此文武⑦之德。'矢其文德，协此四国⑧。'此文王⑨之德也。凡三代之王，必先其令问⑩。《诗》云：'明明天子，令问不已。'三代之德也。"

【注释】

①神气：五行之精气。②流形庶物：万物在自然的滋润下生长繁育。③清明：清新明朗之气。躬：自身。④有物将至，其兆必先：有事将至，

必先有征兆。物，事。⑤参：配合。⑥嵩高惟岳……四方于宣：语出《诗经·大雅·崧（嵩）高》。申，即申伯，周宣王的舅父。甫，即甫侯，周宣王的大臣仲山甫。翰，通"干"，骨干，栋梁。⑦文武：周文王、周武王。⑧矢其文德，协此四国：语出《诗经·大雅·江汉》。矢，四库本作"弛"，施布。文德，文治之德。协，协理。四国，四方之国。⑨文王：四库本作"太王"。⑩令问：美誉。令，美好。问，通"闻"，声誉。

【译文】

"天有春夏秋冬四季，普降风雨霜露，无不是教化。大地负载神妙之气，变化出风雷，滋润万物繁衍生长，无不是教化。圣人自身怀有清净光明之德，气志如有神助，将要有所作为，必先有一定征兆出现。所以天地的教化与圣人的教化相辅相成。如《诗经》所说：'山岳高大崔巍巍，高高直耸入云天。降下神灵和气来，甫侯、申伯生人间。正是申伯与甫侯，捍卫周朝是中坚。四方诸侯来屏卫，天子之德得以宣。'这就是周文王和周武王之德。'广布文德，协恰四国。'这是周文王之德。三代圣王，称王之前一定先有美誉。《诗经》说：'勤勉的天子，美誉不断。'这是三代圣王之德。"

36.3 子张问圣人之所以教。孔子曰："师①乎，吾语汝，圣人明于礼乐，举而措②之而已。"子张又问，孔子曰："师，尔以为必布几筵③，揖让升降，酌献酬酢④，然后谓之礼乎？尔以为必行缀兆⑤，执羽籥⑥，作钟鼓，然后谓之乐乎？言而可履，礼也；行而可乐，乐也。圣人力此二者，以躬己南面。是故天下太平，万民顺伏，百官承事，上下有礼也。夫礼之所以兴，众之所以治也；礼之所以废，众之所以乱也。目巧之室⑦，则有隩阼⑧，席则有上下，车则有左右，行则并随，立则有列序，古之义也。室而无隩阼，则乱于堂室矣；席而无上下，则乱于席次矣；车而无左右，则乱于车上矣；行而无并随，则乱于阶涂⑨矣；列而无次序，则乱于著⑩矣。昔者明王圣人，辩贵贱长幼，正男女内外，序亲疏远近，而莫敢相逾越者，皆由此涂出也。"

【注释】

①师：即子张，姓颛孙名师，孔子弟子。②措：施行。③几：案几。筵：古人席地而坐时铺的席。④酌：斟（酒）。酬：主人向客人敬酒。酢：客人向主人敬酒。⑤缀兆：舞者的行列位置。⑥羽籥：舞者所持的舞具和乐器。⑦目巧之室：用目测巧思建造的房子。⑧隩（ào）：室中的西南角，是尊贵的位置。阼：东面的台阶，主人迎接宾客的地方。⑨阶涂：台阶道路。⑩著：站立的位置。王肃注："著，所立之位也。门屏之间谓之著也。"

【译文】

子张向孔子询问圣人是怎样教化天下的。孔子说："颛孙师啊，我告诉你。圣人通晓礼乐，只不过把它们施用在政事上而已。"子张没理解，又问。孔子说："师，你以为必须摆下案几，铺下筵席，作揖谦让，上下走动，酌酒献客，相互敬酒，这才叫作礼吗？你以为必须排列舞者的位置，手拿舞具乐器，敲钟鸣鼓，这才叫作乐吗？说的话能履行，这就是礼，履行时而感到快乐，这就是乐。圣人致力于礼乐，站在面向南的天子之位。于是天下太平，万民顺服，百官尽职，上下尊卑有序。礼制兴盛，百姓得以治理；礼制废弛，社会就会混乱。目测巧思建造的房屋，则必有内室和台阶之分，座席有上下，乘车有左右，走路有先后，站立有次序，这是自古以来的道理。房屋没有内室台阶之分，堂室就会混乱；座席不分上下，座次就会混乱；乘车不分左右，上车就会混乱；走路不分先后，台阶和道路就会混乱；列队没有次序，位置就混乱了。以前贤明的帝王和圣人区分贵贱长幼，规定男女内外的礼仪，排列亲疏远近的关系，没有人敢逾规越矩，都是依据这个道理。"

屈节解第三十七

37.1 子路问于孔子曰："由闻丈夫居世，富贵不能有益于物①，处贫贱之地而不能屈节②以求伸，则不足以论乎人之域③矣。"孔子曰："君子之行己④，期于必达于己，可以屈则屈，可以伸则伸。故屈节者，所以有待⑤，求伸者所以及时⑥。是以虽受屈而不毁其节，志达而不犯于义。"

【注释】

①有益于物：对众人有利。②屈节：降低身份以服从。③域：境界。④行己：立身行事。⑤有待：等待有人了解和任用。⑥及时：等待良好的时机。

【译文】

子路问孔子："我听说大丈夫生活在世间，富贵而不能有利于世间众人，处于贫困的境地而不能暂时委曲迁就求得伸展，则不足以达到人们所说的大丈夫的境界。"孔子说："君子立身行事，希望一定要使自身通达，需要委曲迁就的时候就委曲迁就，需要伸展的时候就伸展。所以委曲迁就是因为有所期待，寻求伸展需要抓住良好的时机。因此受了委屈也不改变气节，志向实现了也不违背道义。"

37.2 孔子在卫，闻齐国田常将欲为乱，而惮鲍、晏①，因欲移其兵以伐鲁。孔子会诸弟子而告之曰："鲁，父母之国，不可不救，不忍视其受敌。今吾欲屈节于田常以救鲁，二三子谁为使？"于是子路曰："请往齐。"孔子弗许。子张请往，又弗许。子石②请往，又弗许。三子退，谓子贡曰："今夫子欲屈节以救父母之国，吾三人请使而不获往。此则吾子用辩③之时也，吾子盍④请行焉？"子贡请使，夫子许之。

【注释】

①鲍、晏：齐国的卿大夫。②子石：公孙龙，字子石，孔子的弟子。③用辩：施展口才。④盍：何不。

【译文】

孔子在卫国，听说齐国的田常将要叛乱，却惧怕鲍、晏两家的势力，因此想调遣他们的军队去攻打鲁国。孔子召集弟子对他们说："鲁国是我的父母之国，不能不救，我不忍心看到它受到敌人的侵犯。现在我想违心迁就，去游说田常以救鲁国，你们谁能担当使者？"于是子路说："让我出使齐国。"孔子没有允许。子张请求去，孔子也没有允许。子石请求去，孔子又没有允许。三个人退下以后，就对子贡说："现在老师要委屈自己去救鲁国，我等请求出使齐国都没有得到允许。这是用到你的口才的时候了，你何不请求前往呢？"子贡请求前往齐国，孔子答应了。

遂如齐，说田常曰："今子欲收功于鲁实难，不若移兵于吴则易。"田常不悦。子贡曰："夫忧在内者攻强，忧在外者攻弱，吾闻子三封而三不成①，是则大臣不听令。战胜以骄主，破国以尊臣②，而子之功不与焉，则交③日疏于主，而与大臣争。如此，则子之位危矣。"田常曰："善！然兵甲已加鲁矣，不可更，如何？"子贡曰："缓师，吾请于吴，令救鲁而伐齐，子因④以兵迎之。"田常许诺。

【注释】

①三：多次。封：帝王以爵位、土地、名号等赐人，这里指受封。②破国以尊臣：国家破灭而大臣却尊贵了。③交：交情。④因：趁机。

【译文】

于是子贡到了齐国，劝说田常道："现在你想在攻打鲁国这件事上获得成效实在困难，不如移兵攻打吴国来得容易。"田常很不高兴。子贡说："忧患在朝廷内部就去攻打强国，忧患在朝廷外部就去攻打弱国。我听说你三次受封都没有成功，这是大臣们不听号令、从中作梗的原因。打胜仗会使君主骄纵，打败仗会使其他大臣尊贵，而这其中并没有你的地位，这样你与君主的交情就会一天天疏远，而且会和那些大臣们发生争斗。像这样的话，你的处境就危险了。"田常说："好，然而军队已开赴鲁国，不可以变更军令，怎么办呢？"子贡说："延缓进军，让我请求吴国，叫吴国去救援鲁国而攻打齐国,你就趁机出兵迎击吴军。"田常同意了。

子贡遂南说吴王曰:"王者①不灭国,霸者无强敌。千钧之重,加铢两②而移。今以齐国而私③千乘④之鲁,与吴争强,甚为王患之。且夫救鲁以显名,以抚泗上⑤诸侯,诛暴齐以服晋,利莫大焉。名存亡鲁,实困强齐,智者不疑。"吴王曰:"善!然吴常困越,越王今苦身养士,有报吴之心。子待我先越,然后乃可。"子贡曰:"越之劲不过鲁,吴之强不过齐,而王置齐而伐越,则齐必私鲁矣。王方以存亡继绝之名,弃齐而伐小越,非勇也。勇而不避难,仁者不穷约⑥,智者不失时,义者不绝世。今存越,示天下以仁,救鲁伐齐,威加晋国,诸侯必相率而朝,霸业盛矣。且王必恶越,臣请见越君,令出兵以从,此则实害越而名从诸侯以伐齐。"吴王悦,乃遣子贡之越。

【注释】

①王者:施行王道的人。②铢两:古代重量单位,二十四铢为一两,十六两为一斤,三十斤为一钧,四钧为一石。铢、两,常用来表示极轻的重量。③私:把……据为私有,此处是侵占的意思。④乘:车子,春秋战国时多指战车,一车四马。按周制,天子地方千里,出兵车万乘;诸侯地方百里,出兵车千乘。⑤泗上:泗水的北面。泗水在今山东省东部。⑥穷约:穷困。

【译文】

于是子贡到了南方游说吴王:"实行王道的君主不会使别国灭亡,实行霸道的君主不会让强敌出现。千钧的重量,即使加上一铢一两也会发生变化。现在齐国凭借强盛的国势攻打只有千辆战车的鲁国,来和吴国争强,我很为您担忧。况且救助鲁国可以名声显扬,安抚泗水北岸的各国诸侯,讨伐强暴的齐国来震慑强大的晋国,没有比这利益再大的了。名义上保全了危亡的鲁国,实际上遏制了强齐的扩张,聪明的人是不会怀疑这个道理的。"吴王说:"好!可是吴国曾经围困越国,越王现在正在自我勉励,蓄养贤士,有报复我们的打算。你先等我讨伐完越国再按你说的方法去做。"子贡说:"越国的实力不如鲁国,吴国的强盛超不过齐国,大王把齐国搁置在旁,而去讨伐越国,那么齐国一定早吞并了鲁国。大王正打着使灭亡之国得以复存,使断绝之祀得以延续的旗号,却放弃强大的齐国,而攻打弱小的越国,这不是勇敢。勇敢的人不回避困难,仁慈的人不使别人陷入困境,聪明的人不会失掉时机,仁义的人不断人后嗣。现在保存越国来向天下显示您的仁义,救援鲁国,讨伐齐国,威名震慑晋国,各国诸侯一定会竞相到吴国朝见,称霸的大业就完成了。况且大王如果畏忌越国,我请求去见越王,让他派出军队追随您,这实际上是使越国受损,而名义上却是追随诸侯讨伐齐国。"吴王很高兴,就派子贡到越国去了。

越王郊迎,而自为子贡御①,曰:"此蛮夷②之国,大夫③何足俨然④辱而临之?"子贡曰:"今者吾说吴王以救鲁伐齐,其志欲之,而心畏越,曰:'待我伐越而后可。'则破越必矣。且无报人之志而令人疑之,拙矣;有报人之意而使人知之,殆乎;事未发而先闻者,危矣。三者,举事之患矣。"勾践顿首⑤曰:"孤尝不料力而兴吴难,受困会稽,痛于骨髓,日夜焦唇干舌,徒欲与吴王接踵⑥而死,孤之愿也。今大夫幸告以利害。"子贡曰:"吴王为人猛暴,群臣不堪,国家疲弊,百姓怨上,大臣内变,申胥⑦以谏死,太宰嚭⑧用事，此则报吴之时也。王诚能发卒佐之，以邀射其志⑨，而重宝以悦其心，卑辞以尊其礼，则其伐齐必矣。此圣人所谓屈节求其达者也。彼战不胜，王之福；若胜，则必以兵临晋。臣还北请见晋君共攻之，其弱吴必矣。锐兵尽于齐，重甲困于晋，而王制其弊焉。"越王顿首许诺。

【注释】

①御：驾车。②蛮夷：古代对边远少数民族的泛称，有时也专指南方少数民族，此处是指越王谦称自己的地方落后偏远。③大夫：指子贡，表示尊敬。④俨然：庄严的样子。⑤顿首：周代九礼之一，头叩地而拜。⑥接踵：足踵相接，接连不断，此处是相继、一块儿的意思。踵，脚后跟。⑦申胥：伍子胥。⑧太宰嚭（pǐ）：太宰伯嚭，因善于逢迎，得到吴王夫差宠幸。吴国亡，他向越国称臣。⑨邀射其志：投合对方的心意。

【译文】

越王到郊外迎接，并亲自为子贡驾车，说："这是偏远落后的地方，怎么值得大夫屈尊来访？"子贡回答说："现在，我劝说吴王救援鲁国讨伐齐国，他默许了，可害怕越国，说：'等我攻下越国才可以。'那么他攻破越国是一定的了。况且没有报复人的心志，却让人怀疑他有，这太拙劣了；有报复人的心志，却让人知道了，那就不安全了；事情还没开始办，就让人听到了，就更危险了。这三种情况是成事的最大祸患。"勾践听罢，磕头而拜说："我曾经不自量力，对吴国发难，被围困在会稽，恨入骨髓，日夜唇焦舌干，只想着和吴王一块儿去死，这是我的愿望。现在幸而大夫你把利害关系告诉了我。"子贡说："吴王为人凶猛残暴，大臣们都难以忍受，国家也疲惫衰败，百姓怨恨上司，大臣内部也发生变乱，伍子胥因谏诤而死，太宰伯嚭执政当权，报复吴国的时机到了。大王果真能派兵协助吴王，投合他的心意，用贵重的宝物来讨他的欢心，用谦卑的言辞来表示对他的敬重尊崇，那他一定会讨伐齐国。这就是圣人说的降低身份来求得通达。如果他战败，这是大王的福分；如果战赢，他一定会率兵逼近晋国。请让我北上拜见晋国国君，让他共同攻打吴国，一定会削弱吴国的势力。吴国的精锐部队都消耗在齐国，重兵又被晋国围困住，大王就可以趁吴国疲惫不堪的时候制服它。"越王叩首再拜，答应了子贡的计划。

子贡返五日，越使大夫文种顿首言于吴王曰："越悉境内之士三千人以事吴。"吴王告子贡曰："越王欲身从寡人，可乎？"子贡曰："悉人之率众，又从其君，非义也。"吴王乃受越王卒，谢留勾践。遂自发国内之兵以伐齐，败之。子贡遂北见晋君，令承其弊。吴、晋遂遇于黄池①。越王袭吴之国，吴王归与越战，灭焉。孔子曰："夫其乱齐存鲁，吾之始愿。若能强晋以弊吴，使吴亡而越霸者，赐之说之也。美言伤信，慎言哉！"

【注释】

①黄池：即黄亭，卫国地名，在今河南封丘西南。

【译文】

子贡返回后五天，越国派大夫文种叩首再拜，对吴王说："越国愿意派出国内所有的军队三千人，听命于吴国。"吴王对子贡说："越王要亲自跟随我去，可以吗？"子贡说："使他所有的军队都派出，再让他的国君跟从，不合道义。"吴王就接受了越王的军队，辞谢了勾践。于是自己发动国内的士兵来讨伐齐国，打败了他们。子贡就北上，拜见了晋国国君，让他迎击疲敝的吴国。吴、晋两国的军队在黄池相遇。越王趁势袭击吴国本土，吴王回国与越王交战，被消灭了。孔子说："使齐国混乱以保全鲁国，是我开始的想法。但使晋国强盛以削弱吴国，使吴国灭亡而越国成就霸业，这都是子贡游说的结果。美妙的言语会伤害道义，说话要谨慎啊！"

37.3 孔子弟子有宓子贱者，仕于鲁，为单父①宰②。恐鲁君听谗言，使己不得行其政，于是辞行，故请君之近史③二人与之俱至官。宓子戒其邑吏④，令二史书。方书辄掣其肘，书不善，则从而怒之，二史患之，辞请归鲁。宓子曰："子之书甚不善，子勉而归矣。"二史归报于君曰："宓子使臣书而掣肘，书恶而又怒臣，邑吏皆笑之，此臣所以去之而来也。"鲁君以问孔子。子曰："宓不齐，君子也。其才任霸王之佐，屈节治单父，将以自试也。意者以此为谏乎？"公寤⑤，太息而叹曰："此寡人之不肖。寡人乱宓子之政而责其善者，非矣。微⑥二史，寡人无以知其过；微夫子，寡人无以自寤。"遽发所爱之使告宓子曰："自今已往，单父非吾有也，从子之制。有便于民者，子决为之。五年一言其要。"宓子敬奉诏，遂得行其政，于是单父治焉。躬敦厚，明亲亲，尚笃敬，施至仁，加恳诚，致忠信，百姓化之。

【注释】

①单父：春秋时鲁邑，故址在今山东单县南。②宰：古代官名，一邑之长。③近史：国君身边亲近的史官。④邑吏：单父地方的小吏。⑤寤（wù）：通"悟"，觉醒。⑥微：无，如果没有。

【译文】

孔子的弟子中有一个叫宓子贱的人，在鲁国当官，担任单父的地方长官。他担心鲁国国君听信谗言，使自己无法推行政令，于是（前往单父任职）辞行时，特意请来鲁君身边的两位佐吏，让他们与自己一同到任。宓子贱在训诫邑中官吏时命令两位佐吏记录。他们刚开始写，宓子贱就牵拽他们的胳膊肘，写不好却又因此责备他们，两位佐吏很是担心，便请求辞职回鲁国国都。宓子贱说："你们写得很不好，回去后要好好努力。"两位佐吏回到国都后，报告鲁君说："宓子贱让我们写字，却在一旁牵拽我们的胳膊，写不好又责备我们，邑中官吏都笑话我们，我们不得不离开他回来。"鲁君就此事请教孔子，孔子说："宓子贱是位君子。论他的才能，足以充当霸主和王者的佐辅，此次委屈志节治理单父，目的是试试自己的实力。我猜想他是拿这件事来进行劝诫吧。"鲁君醒悟过来，深深地叹息道："这是我不好，我扰乱宓子贱推行政事却又要求他干好工作，这是不应该的。如果没有二位佐吏，我无法知道自己的过失；没有先生您，我也无法醒悟。"于是立刻派自己宠爱的使者对宓子贱说："自今以后，单父的治理不归我负责，而完全按照您的制度管理。有方便百姓的事情，您可以自己就决定下来。只需五年汇报一次为政的要点就行。"宓子贱恭敬地接受了诏令，得以顺利地推行自己的政令，于是单父境内治理得非常好。他亲自奉行淳朴敦厚的行为，阐明尊尊亲亲的道理，推崇诚笃恭敬的品行，施行至仁至义的政策，教导人们要恳切诚实，达到忠诚守信，于是百姓都得到了教化。

37.4 齐人攻鲁，道由单父。单父之老请曰："麦已熟矣，今齐寇至，不及人人自收其麦，请放民出，皆获傅郭①之麦，可以益粮，且不资于寇。"三请而宓子不听。俄而，齐寇逮于麦。季孙闻之怒，使人以让②宓子曰："民寒耕热耘，曾不得食，岂不哀哉？不知犹可，以告者而子不听，非所以为民也。"宓子蹴然③曰："今兹④无麦，明年可树。若使不耕者获，是使民乐有寇。且得单父一岁之麦，于鲁不加强，丧之不加弱。若使民有自取之心，其创必数世不息。"季孙闻之，赧然⑤而愧曰："地若可入，吾岂忍见宓子哉。"

【注释】

①傅郭：傅，靠近。郭，外城，古代在城的外围加筑的一道城墙。②让：责备。③蹴（zú）然：恭敬的样子。④兹：年，岁。⑤赧（nǎn）然：因羞愧而脸红。

【译文】

齐国攻打鲁国，途中经过单父。单父的老者向宓子贱请求说："地里的麦子已经熟了，现在齐军来侵略，来不及让每个人都收自己的麦子，请求放百姓出城，让他们都去收获靠近外城的麦子，可以借此增加粮食，而不会资助敌人。"请求了三次，但宓子贱没有听从。不久，齐国军队收获了麦子。季孙听说了这件事，大为恼怒，派人斥责宓子贱说："百姓寒天耕地暑天除草，却没有得到粮食，岂不让人痛心吗？你如果不知道这件事还可以原谅，单父老人告诉你而你却不听，这不是为民着想。"宓子贱恭敬而又诚恳地说："今年没有麦子，明年还可以种。如果让不耕种的人获得粮食，就会使民众乐于有敌寇入侵。况且得到单父一年的麦子，对于鲁国来说不会更加强大；失去一年的麦子，鲁国也不会更加弱小。如果让百姓有不劳而获之心，这样留下的弊病数世也不会消失。"季孙听后，脸红而羞愧地说："如果有个地缝可以钻进去的话，我哪还有脸见宓子呢！"

37.5 三年，孔子使巫马期①往观政焉。巫马期阴免衣②，衣弊裘，入单父界。见夜渔者，得鱼辄舍之。巫马期问焉，曰："凡渔者为得，何以得鱼即舍之？"渔者曰："鱼之大者名为鱎③，吾大夫爱之；其小者名为鱦④，吾大夫欲长之。是以得二者，辄舍之。"巫马期返，以告孔子曰："宓子之德至，使民暗行⑤若有严刑于旁。敢问宓子何行而得于是？"孔子曰："吾尝与之言曰：'诚于此者刑乎彼。'宓子行此术于单父也。"

【注释】

①巫马期：孔子的弟子。姓巫马，名施，字子期，陈国人。②阴：暗地里。免（wèn）衣：去冠括发，用布缠头。免，通"絻"。③鱎（chóu）：大鱼。④鱦（yìng）：小鱼。⑤暗行：黑夜里做事。

【译文】

过了三年，孔子让巫马期到单父视察宓子贱的执政情况。巫马期暗自用布缠起头发，披上破旧的衣服，进入单父地界。发现有人在夜间打鱼，捕到鱼后就放走。巫马期就问为什么，说："凡是打鱼的人都是为了捕到鱼，你为什么把捕到的鱼又放了呢？"打鱼人说："那些大的名叫鳟，我们的大夫很喜爱它；那些小的鱼叫鲵，我们的大夫想让它长大。因此捕到这两种鱼就将它们放生。"巫马期回来把这件事告诉了孔子，他说："宓子为政以德，致使民众在夜间劳作时也好像有严刑在旁边督促一样。请问宓子是用什么方法达到这种境界呢？"孔子说："我曾经和他说过：'这个地方如果百姓诚实守信，刑法就只能在别处施行。'宓子贱就是用这种方法治理单父的。"

37.6 孔子之旧①曰原壤，其母死，夫子将助之以沐椁②。子路曰："由也昔者闻诸夫子曰：'无友不如己者，过则勿惮改。'夫子惮矣，姑已③若何？"孔子曰："'凡民有丧，匍匐救之'④，况故旧乎？非友也，吾其往。"及为椁，原壤登木⑤曰："久矣，予之不托于音也。"遂歌曰："狸首之班然⑥，执女手之卷然⑦。"夫子为之隐，佯⑧不闻以过之。子路曰："夫子屈节而极于此，失其与矣，岂未可以已乎？"孔子曰："吾闻之，亲者不失其为亲也，故者不失其为故也。"

【注释】

①旧：旧交。②沐椁：整修棺材。③姑已：姑且停止。④凡民有丧，匍匐救之：语出《诗经·邶风·谷风》。匍匐，爬行，此指竭尽全力。⑤登木：敲打棺木。⑥狸：比狐狸小的一种动物。班然：花纹绚烂。⑦女：通"汝"，你。卷然：柔软的样子。⑧佯：假装。

【译文】

孔子有一个老朋友名叫原壤，原壤的母亲死了，孔子将要帮助他整修棺椁。子路说："我从前听您讲过：'不要和不如自己的人交朋友，有了过错不要怕改正。'看来现在您已经畏惧改过，姑且停下来如何？"孔子说："'凡百姓有丧事，要尽力去救助'，何况是老朋友呢？即使不是朋友，我也会去帮助他的。"等到安置好棺椁，原壤敲着棺木说："我不用歌声寄托我的情思已经很久了。"于是就唱道："棺木的花纹啊像狸首一样斑斓，握住你的手啊那样柔软。"孔子把这件事遮掩过去，假装没听到就从他身旁走过。子路说："您降低身份委屈自己到这种地步，已经失去与他交往的必要了，难道还不和他断绝来往吗？"孔子说："我听说，亲人之间不能失去成为亲人的感情，老朋友之间不能失去成为老朋友的友情。"

七十二弟子解第三十八

38.1 颜回，鲁人，字子渊，少孔子三十岁①。年二十九而发白，三十一早死。孔子曰："自吾有回，门人日益亲。"回以②德行著名，孔子称其仁焉。

【注释】

①少孔子三十岁：此句原无，据四库本补。②以：原作"之"，据四库本改。

【译文】

颜回，鲁国人，字子渊，比孔子小三十岁。二十九岁头发就白了，三十一岁就去世了。孔子说:"自从我收了颜回做弟子,门人之间关系日益亲密。"颜回以美德善行著称,孔子赞扬他的仁。

38.2 闵损,鲁人,字子骞,少孔子五十岁①。以德行著名,孔子称其孝焉。

【注释】

①少孔子五十岁:此句原无,据四库本补。

【译文】

闵损,鲁国人,字子骞,比孔子小五十岁。以美德善行著称,孔子赞扬他的孝。

38.3 冉耕,鲁人,字伯牛。以德行著名,有恶疾①,孔子曰:"命也夫。"

【注释】

①恶疾:难以治愈的疾病或残疾。

【译文】

冉耕,鲁国人,字伯牛。以美德善行著称,有难以治愈的疾病。孔子说:"这是命运啊!"

38.4 冉雍,字仲弓,伯牛之宗族。生于不肖①之父,以德行著名。

【注释】

①不肖：不成材，不正派。

【译文】

冉雍，字仲弓，和伯牛属同一个宗族。生养他的父亲不正派，他自己以美德善行著称。

38.5 宰予，字子我，鲁人。有口才，以言语著名。

【译文】

宰予，字子我，鲁国人。有口才，以能言善辩著称。

38.6 端木赐，字子贡，卫人，少孔子三十一岁①。有口才，著名。

【注释】

①少孔子三十一岁：原无，据四库本补。

【译文】

端木赐，字子贡，卫国人，比孔子小三十一岁。有口才，声名显著。

38.7 冉求，字子有，仲弓之族，少孔子二十九岁。有才艺，以政事著名。

【译文】

冉求，字子有，和仲弓同一宗族，比孔子小二十九岁。有才能和技艺，以擅长政事著称。

38.8 仲由，卞①人，字子路，一字季路，少孔子九岁②。有勇力才艺，以政事著名。

【注释】

①卞：原作"弁"，据四库本改。②一字季路，少孔子九岁：原无，据四库本补。

【译文】

仲由，卞地人，字子路，又字季路，比孔子小九岁。勇敢有力，具备才能和技艺，以擅长政事著名。

38.9 言偃，鲁人，字子游，少孔子三十五岁。时习于礼①，以文学②著名。

【注释】

①少孔子三十五岁。时习于礼：原无，据四库本补。②文学：泛指学术。

【译文】

言偃，鲁国人，字子游，比孔子小三十五岁。经常演习礼仪，以精通学术著称。

38.10 卜商，卫人，字子夏，少孔子四十四岁。习于《诗》，能通其义，以文学著名。为人性不弘，好论精微，时人①无以尚②之。尝返卫，见读史志③者云："晋师伐秦，三豕渡河。"子夏曰："非也，'己亥'耳。"读史志者问诸晋史，果曰"己亥"。于是卫以子夏为圣。孔子卒后，教于西河④之上。魏文侯⑤师事之，而谘⑥国政焉。

【注释】

①字子夏……时人：此段文字原无，据四库本补。②尚：超过。③史志：史书。④西河：古地名，战国时魏地。一说在今河南，一说在今山西、陕西交界处。⑤魏文侯：战国时魏国国君，公元前445～公元前396年在位。⑥谘：咨询。

【译文】

卜商，卫国人，字子夏，比孔子小四十四岁。学习《诗经》，能够通晓它的意义，以精通学术著称。为人性情不喜宏大，喜欢谈论精微的问题，当时的人无人能够超过他。曾经返回卫国，听到读史书的人说："晋师伐秦，三豕渡河。"子夏说："不对，是'己亥'。"读史书的人向晋国史官询问，果然说是"己亥"。于是卫国把子夏当作圣人。孔子去世后，子夏在西河讲学授徒。魏文侯把他当作老师来侍奉，向他咨询国家大政。

38.11 颛孙师，陈人，字子张，少孔子四十八岁。为人有容貌，宽冲博接①，从容自务②，居③不务④立于仁义之行，孔子门人友之而弗敬。

【注释】

①宽冲博接：为人谦和，结交广泛。②自务：从事于自己的事情。③居：平常。④不务：不致力。

【译文】

颛孙师，陈国人，字子张，比孔子小四十八岁。其人容貌端正，有天赋，为人谦和，结交广泛，从容地从事自己理想的事情。平时不致力于仁义之行，孔子的学生和他交往但并不尊敬他。

38.12 曾参，南武城①人，字子舆，少孔子四十六岁。志存孝道，故孔子因之以作《孝经》。齐尝聘，欲与为卿而不就，曰："吾父母老，食人之禄，则忧人之事，故吾不忍远亲而为人役。"参后母遇之无恩，而供养不衰，及其妻以藜烝②不熟，因出之。人曰："非七出也。"参曰："藜烝，小物耳。吾欲使熟，而不用吾命，况大事乎？"遂出之，终身不取妻。其子元请焉，告其子曰："高宗以后妻杀孝己③，尹吉甫以后妻放伯奇④。吾上不及高宗，中不比吉甫，庸知其得免于非乎？"

【注释】

①南武城：春秋时鲁国地名，在今山东嘉祥。②藜烝：采藜的嫩叶蒸熟为食。③高宗以后妻杀孝己：孝己是殷高宗太子，为人至孝，其母早

死。高宗惑于后妻之言，将其流放致死。④尹吉甫以后妻放伯奇：伯奇是西周大臣尹吉甫之子，其母早死，遭尹吉甫后妻陷害被放逐，后得救。

【译文】

　　曾参，南武城人，字子舆，比孔子小四十六岁。一直遵循孝道，所以孔子因他作《孝经》。齐国曾经想聘他做官，给他卿相的位置，他不去，说："我的父母年老，我若接受别人的俸禄，就要尽忠职守，我不忍心远离父母而为他人效力。"曾参的后母对他不好，但是曾参供养她从不间断。曾参的妻子没有将藜叶蒸熟，曾参就休掉她。有人说："这不在七出之内。"曾参说："蒸藜叶，是小事情。我只想能蒸熟，她居然没有听从我的话，何况大事呢？"于是休掉她，终身不娶。他的儿子曾元劝他再娶，他说："殷高宗因为后妻杀掉了儿子孝己，尹吉甫因为后妻放逐了儿子伯奇。我上比不了高宗之贤，中比不了尹吉甫的才干，哪里知道娶了后妻就能免于做错事呢？"

38.13 澹台灭明，武城①人，字子羽，少孔子四十九岁。有君子之姿。孔子尝以容貌望其才，其才不充②孔子之望。然其为人，公正无私，以取与去就，以诺③为名。仕鲁为大夫也。

【注释】

　　①武城：春秋时鲁国地名，在今山东平邑南。②充：满足。③以诺：遵守诺言。

【译文】

　　澹台灭明，武城人，字子羽，比孔子小四十九岁。有君子的风度。孔子曾经依据他的容貌来期望他的才具，但是他的才具不能符合孔子的期望。然而他的为人，公正无私，获取与给予，离去或回来，都以遵守诺言而著名。在鲁国做大夫。

38.14 高柴，齐人，高氏之别族，字子羔，少孔子四十岁。长不过六尺，状貌甚恶①。为人笃孝而有法正②。少居鲁，知名于孔子之门。仕为武城宰。

【注释】

①恶：丑陋。②法正：规范。

【译文】

高柴，齐国人，高氏的别族，字子羔，比孔子小四十岁。身高不过六尺，容貌丑陋。为人忠厚孝顺且立身规范。年轻时住在鲁国，在孔子的门人中很有名。做了武城宰。

38.15 宓不齐，鲁人，字子贱，少孔子四十九岁。仕为单父宰，有才智，对百姓仁爱，不忍欺，孔子大①之。

【注释】

①大：赞美。

【译文】

宓不齐，鲁国人，字子贱，比孔子小四十九岁。官为单父宰，有才干智慧，对百姓仁爱，不忍欺侮他们，孔子赞美他。

38.16 樊须，鲁人，字子迟，少孔子四十六岁。弱①仕于季氏。

【注释】

①弱：弱冠，二十岁。

【译文】

樊须，鲁国人，字子迟，比孔子小四十六岁。弱冠之年在季氏那里做了家臣。

38.17 有若，鲁人，字子有，少孔子三十六岁。为人强识①，好古道②也。

【注释】

①强识：博闻强记。②古道：古代的道义风尚。

【译文】

有若，鲁国人，字子有，比孔子小三十六岁。博闻强记，喜欢古代的道义风尚。

38.18 公西赤，鲁人，字子华，少孔子四十二岁。束带立朝，闲①宾主之仪。

【注释】

①闲:熟练。

【译文】

公西赤,鲁国人,字子华,比孔子小四十二岁。腰束大带立于朝廷,对宾主礼仪非常熟练。

38.19 原宪,宋人,字子思,少孔子三十六岁。清净守节,贫而乐道。孔子为鲁司寇,原宪尝为孔子宰①。孔子卒后,原宪退隐,居于卫。

【注释】

①宰:家臣。

【译文】

原宪,宋国人,字子思,比孔子小三十六岁。内心宁静,坚守气节,贫困而以得道为乐。孔子做鲁国司寇的时候,原宪曾经做过孔子的家臣。孔子去世后,原宪退隐,在卫国居住。

38.20 公冶长,鲁人,字子长。为人能忍耻,孔子以女妻之。

【译文】

公冶长,鲁国人,字子长。为人能忍受耻辱,孔子将自己的女儿嫁给他。

38.21 南宫韬，鲁人，字子容。以智自将①，世清不废，世浊不洿②，孔子以兄子③妻之。

【注释】

①将：持守。②洿（wū）：污染。③兄子：兄长的女儿。

【译文】

南宫韬，鲁国人，字子容。以智慧自我持守，世道清明的时候不遭废弃，世道污浊的时候不被污染。孔子将自己兄长的女儿嫁给他。

38.22 公析哀，齐人，字季沉。鄙天下多仕于大夫家者，是故未尝屈节人臣。孔子特叹贵之。

【译文】

公析哀，齐国人，字季沉。鄙视天下士人多在大夫家做家臣，所以没有委屈自己侍奉大夫。孔子特别赞赏他可贵。

38.23 曾点，曾参父，字子皙。疾①时礼教不行，欲修之，孔子善焉。《论语》所谓"浴乎沂，风乎舞雩之下"。

【注释】

①疾：痛恨。

【译文】

曾点,曾参的父亲,字子晳。痛恨当时礼教不能施行,想有所改变,孔子很赞同他的想法。《论语》中记载了他说的话:"浴乎沂,风乎舞雩之下。"

38.24 颜由,颜回父,字季路。孔子始教学于阙里^①而受学,少孔子六岁。

【注释】

①阙里:今山东曲阜阙里街。

【译文】

颜由,颜回的父亲,字季路。孔子开始在阙里讲学时,他便跟从学习,比孔子小六岁。

38.25 商瞿,鲁人,字子木,少孔子二十九岁。特好《易》,孔子传之,志^①焉。

【注释】

①志:记录。

【译文】

商瞿,鲁国人,字子木,比孔子小二十九岁。特别喜欢学习《易》,

孔子传授给他，他记录了下来。

38.26 漆雕开，蔡人，字子若，少孔子十一岁。习《尚书》，不乐仕。孔子曰："子之齿①可以仕矣，时将过。"子若报②其书曰："吾斯之未能信③。"孔子悦焉。

【注释】

①齿：年龄。②报：回复。③吾斯之未能信：我对出仕之道尚未研习清楚。信，清楚。

【译文】

漆雕开，蔡国人，字子若，比孔子小十一岁。学习《尚书》，不喜欢做官。孔子说："你到了这个年龄可以出来做官了，否则就错过时机了。"子若回信给孔子说："我对出仕之道尚未研习清楚。"孔子很高兴。

38.27 公良儒，陈人，字子正。贤而有勇。孔子周行①，常以家车五乘从。

【注释】

①周行：周游列国。

【译文】

公良儒，陈国人，字子正。贤良而勇敢。孔子周游列国，经常带着五乘自己家的车马随行。

38.28 秦商,鲁人,字不慈,少孔子四岁。其父堇父,与孔子父叔梁纥俱力闻。

【译文】

秦商,鲁国人,字不慈,比孔子小四岁。他的父亲堇父,与孔子的父亲叔梁纥都以勇力闻名。

38.29 颜刻,鲁人,字子骄,少孔子五十岁。孔子适卫,子骄为仆①,卫灵公与夫人南子同车出,而令宦者雍梁参乘②,使孔子为次乘③,游过市,孔子耻之。颜刻曰:"夫子何耻之?"孔子曰:"《诗》云:'觏尔新婚,以慰我心。'④"乃叹曰:"吾未见好德如好色者也。"

【注释】

①仆:驾车人。②参乘:古时乘车,尊者在左,驾车人在中,在右者为参乘。③次乘:从车。④"《诗》云"句:所引诗见《诗经·小雅·车舝》。觏(gòu),遇见。

【译文】

颜刻,鲁国人,字子骄,比孔子小五十岁。孔子到卫国去,子骄驾车,卫灵公和夫人南子一同乘车外出,令宦官雍梁为参乘,让孔子乘坐从车陪同,招摇过市,孔子感到很耻辱。颜刻说:"老师您为何感到耻辱?"孔子说:《诗经》说:'见到你们新婚美满,快乐充满我心中。'"又感叹道:"我没有见到喜欢美德像喜欢美色那样的人啊。"

38.30 司马黎耕，宋人，字子牛。牛为性躁，好言语，见兄桓魋^①行恶，牛常忧之。

【注释】

①桓魋（tuí）：春秋时宋国大夫，为人凶恶。

【译文】

司马黎耕，宋国人，字子牛。子牛性情急躁，喜欢谈论，见兄长桓魋作恶，他经常担心。

38.31 巫马施^①，陈人，字子期，少孔子三十岁。孔子将近行，命从者皆持盖^②。已而，果雨。巫马期问曰："旦^③无云，既日出，而夫子命持雨具，敢问何以知之？"孔子曰："昨暮月宿毕，《诗》不云乎：'月离于毕，俾滂沱矣。'^④以此知之。"

【注释】

①施：原作"期"，据四库本改。②盖：遮雨的用具。③旦：早晨。④"《诗》不云乎"句：所引诗见《诗经·小雅·渐渐之石》。离，通"丽"，附着。毕，星名，二十八宿之一。俾，于是。滂沱，大雨倾盆的样子。

【译文】

巫马施，陈国人，字子期，比孔子小三十岁。孔子将要出门到附近的地方，命随从者都带上雨具。不一会儿，果然下雨了。巫马期问："早上天空无云，太阳已经出来了，但您命大家都带上雨具，请问您怎么知道要下雨？"孔子说："昨天晚上月亮处于毕宿，《诗经》上不是说：'月亮靠近毕星，大雨哗哗下不停。'我是通过这个知道的。"

38.32 梁鳣，齐人，字叔鱼，少孔子三十九岁。年三十未有子，欲出其妻。商瞿谓曰："子未也。昔吾年三十八无子，吾母为吾更取①室。夫子使吾之齐，母欲请留吾。夫子曰：'无忧也，瞿过四十，当有五丈夫②。'今果然。吾恐子自晚生耳，未必妻之过。"从之，二年而有子。

【注释】

①更取：再娶。②丈夫：此处指男孩。

【译文】

梁鳣，齐国人，字叔鱼，比孔子小三十九岁。年过三十还没有子嗣，想休掉自己的妻子。商瞿对他说："您先别这样做。我到了三十八岁还没有儿子，家母为我再娶一个妻子。老师派我去齐国，家母请我留下。老师说：'不要担心。商瞿过了四十岁，会有五个儿子。'如今老师的话果然应验了。我想您也是会晚生儿子，未必是您妻子的过错。"梁鳣听从了商瞿的意见，两年后有了儿子。

38.33 琴牢，卫人，字子开，一字张。与宗鲁友。闻宗鲁死，欲往吊①焉。孔子弗许，曰："非义也。"

【注释】

①吊：吊唁。

【译文】

琴牢，卫国人，字子开，又字张。与宗鲁是朋友。听说宗鲁去世，想去吊唁。孔子不允许，说："这不符合义的原则。"

38.34 冉儒，鲁人，字子鱼，少孔子五十岁。

38.35 颜辛，鲁人，字子柳，少孔子四十六岁。

38.36 伯虔，字楷，少孔子五十岁。

38.37 公孙宠，卫人，字子石，少孔子五十三岁。

38.38 曹卹，少孔子五十岁。

38.39 陈亢，陈人，字子亢，一字子禽，少孔子四十岁。

38.40 叔仲会，鲁人，字子期，少孔子五十岁。与孔琁年相比①。每孺子②之执笔记事于夫子，二人迭侍③左右。孟武伯④见孔子而问曰："此二孺子之幼也，于学岂能识于壮哉？"孔子曰："然！少成则若性也，习惯若自然也。"

【注释】

①孔琁（xuán）：孔子弟子。比：相近。②孺子：此指学童。③迭侍：轮流侍奉。④孟武伯：春秋时鲁国大夫。

【译文】

叔仲会，鲁国人，字子期，比孔子小五十岁。与孔琁年龄相近。每当需要学童在孔子身边执笔记事的时候，他们两人轮流侍奉左右。孟武伯见孔子时问："这两个孩子年龄这么小，现在学习了，长大后还能记得吗？"孔子说："那当然！年少时学的东西就像人的本性，习惯成自然。"

38.41 秦祖，字子南。

38.42 奚葴（diǎn），字子偕。

38.43 公祖兹，字子之。

38.44 廉洁，字子曹。

38.45 公西与，字子上。

38.46 宰父黑，字子黑。

38.47 公西减，字子尚。

38.48 穰驷赤，字子从。

38.49 冉季，字子产。

38.50 薛邦，字子从。

38.51 石处，字里之。

38.52 悬亶，字子象。

38.53 左郢，字子行。

38.54 狄黑，字晢之。

38.55 商泽，字子秀。

38.56 任不齐，字子选。

38.57 荣祈，字子祺。

38.58 颜哙，字子声。

38.59 原桃，字子籍。

38.60 公肩，字子仲。

38.61 秦非，字子之。

38.62 漆雕从，字子文。

38.63 燕伋，字子思。

38.64 公夏守，字子乘。

38.65 勾井疆，字子疆。

38.66 步叔乘，字子车。

38.67 石子蜀，字子明。

38.68 邽（guī）选，字子饮。

38.69 施之常，字子常。

38.70 申绩，字子周。

38.71 乐欣，字子声。

38.72 颜之仆，字子叔。

38.73 孔弗，字子蔑。

38.74 漆雕侈，字子敛。

38.75 悬成，字子横。

38.76 颜相，字子襄。

右①夫子弟子七十二人，弟子皆升堂入室②者。

【注释】

①右：相当于"以上"。古代从右往左竖排书写。②升堂入室：指学问或技艺上已经由浅入深，达到很高的境界。

【译文】

以上是夫子的七十二位弟子（实际七十六人），他们在学问、技艺上都已经浅入深，达到很高的境界。

本姓解第三十九

39.1 孔子之先，宋之后也。微子启①，帝乙②之元子，纣之庶兄。以圻内③诸侯，入为王卿士。微，国名；子，爵。初，武王克殷，封纣之子武庚④于朝歌⑤，使奉汤祀。武王崩，而与管、蔡、霍三叔作难⑥。周公相成王，东征之。二年，罪人斯得，乃命微子于殷后，作《微子之命》⑦，由之与国于宋，徙殷之子孙。唯微子先往仕周，故封之贤。其弟曰仲思，名衍，或名泄，嗣微子后，故号微仲，生宋公稽。胄子⑧虽迁爵易位，而班级⑨不及其故者，得以故官为称。故二微虽为宋公，而犹以微之号自终，至于稽乃称公焉。宋公生丁公申，申生缗公共，及襄公熙，熙生弗父何，及厉公方祀，方祀以下，世为宋卿。

【注释】

①微子启：殷纣王的同父庶兄，封于微，纣王淫乱，数谏不从，出奔。②帝乙：殷代帝王名，微子与纣王之父。③圻内：都城千里之内的地方。④武庚：殷纣王之子，后与管、蔡等叛乱，被周公所灭。⑤朝（zhāo）歌：殷商后期的都城。故址在今河南淇县。⑥管、蔡、霍三叔作难：管叔、蔡叔、霍叔皆为周文王之子，武王、周公之弟。武王去世后作乱。周公东征，杀管叔而放蔡叔。⑦《微子之命》：《古文尚书》中的一篇，记载周公东征杀武庚以后，命微子代武庚为殷后裔之辞。⑧胄子：古帝王与贵族的长子。⑨班级：官爵的等级。

【译文】

孔子的祖先，是宋国的后裔。微子启，是殷王帝乙的长子，纣王的同父异母的哥哥。他以都城千里之内诸侯的身份，入朝做了纣王的卿士。微，是封国名；子，是爵位。当初，周武王灭殷，封纣的儿子武庚于朝歌，让他供奉商汤的祭祀。武王死后，武庚就和管叔、蔡叔、霍叔共同发动谋反。周公辅佐成王，向东讨伐他们。第二年，擒获了罪人，于是命令微子启代替武庚为殷的后裔，并作《微子之命》，由此建国于宋，又迁徙殷人的子孙到这里。唯有微子先到周朝去做官，被周朝封为贤人。他的弟弟仲思，名衍，或名泄，继承了微子的爵位，因此又号微仲，生了宋公稽。作为长子尽管变更爵位，而等级不如以前，仍然以旧的爵位称呼。所以微子和微仲虽然都是宋国的国君，但始终都用微子称号，到了稽即位才开始称公。宋公稽生下丁公申，申公生下缗公共和襄公熙，熙生下弗父何和厉公方祀，从方祀以后，孔子的祖先世代做宋国卿士。

弗父何生宋父周，周生世子胜，胜生正考甫，考甫生孔父嘉。五世亲尽，别为公族①，故后以孔为氏焉。一曰孔父者，生时所赐号也，是以子孙遂以氏族②。孔父生子木金父，金父生睪夷，睪夷生防叔，避华氏之祸③而奔鲁。防叔生伯夏，伯夏生叔梁纥。曰："虽有九女，是无子。"其妾生孟皮，孟皮一字伯尼，有足病。于是乃求婚于颜氏。颜氏有三女，其小曰征在。颜父问三女曰："陬④大夫虽父祖为士，然其先圣王之裔。今其人身长十尺，武力绝伦，吾甚贪⑤之，虽年长性严，不足为疑，三子孰能为之妻？"二女莫对，征在进曰："从父所制，将何问焉？"父曰："即尔能矣。"遂以妻之。征在既往，庙见⑥，以夫之年大，惧不时有男，而私祷尼丘之山⑦以祈焉。生孔子，故名丘，字仲尼。孔子三岁而叔梁纥卒，葬于防⑧。至十九，娶于宋之上官氏，一岁而生伯鱼。鱼之生也，鲁昭公以鲤鱼赐孔子，荣君之贶⑨，故因以名曰鲤，而字伯鱼。鱼年五十，先孔子卒。

【注释】

①公族：同祖的一族。②氏族：族之氏号。③华氏之祸：太宰华督欲夺孔父嘉之妻而杀孔父嘉。孔父嘉子孙奔鲁。④陬：春秋时鲁地，孔子的出生地。⑤贪：希望。⑥庙见：古代婚礼的一个环节。若丈夫之父母已死，则于结婚三个月后到庙中参拜，称庙见。⑦尼丘之山：即尼丘山，传为孔子的出生地。⑧防：即防山，孔子父亲下葬处。⑨荣君之贶（kuàng）：以国君的恩赐而荣耀。贶，恩赐。

【译文】

弗父何生宋父周，周生世子胜，胜生正考甫，正考甫生孔父嘉。传到五代以后出五服，与宋公的亲缘结束，不再服丧，于是别立公族，以孔为氏。还有一种说法，孔父这个名号，是他出生时君王所赐的号，所以子孙就以此为族之氏号。孔父生子木金父，金父生睪夷，睪夷生防叔，防叔因为躲避华氏的灾祸，逃亡到鲁国。防叔生伯夏，伯夏生叔梁纥。叔梁纥说："我虽生了九个女儿，但没有一个儿子。"他的妾生了个儿子孟皮，孟皮一字伯尼，脚有毛病，不能做继承人。于是叔梁纥便向颜氏求婚。颜氏有三个女儿，小女儿叫征在。颜父问三个女儿道："陬大夫的父辈祖辈虽然都是士，但他却是古圣王的后裔。他身高十尺，武力超群，我非常希望你们有人嫁给他，虽然他年纪较大，而且性情严肃，但这没有关系，你们三个，谁想嫁给他做妻子啊？"大女儿、二女儿都不做回答，小女儿征在上前对父亲说："听从您的吩咐，还有什么疑问呢？"颜父说："就是你能做他的妻子。"于是就把征在许配给了叔梁纥做妻子。征在去叔梁纥家时，先在宗庙行礼，因为丈夫年龄大，害怕不能及时生儿子，便偷偷地到尼丘山祈祷。后来生下孔子，所以给他取名丘，字仲尼。孔子三岁时，叔梁纥去世，葬在防山。孔子十九岁时，娶了宋国上官氏的女儿为妻子，一年后生了儿子伯鱼。伯鱼出生之时，鲁昭公赐给孔子鲤鱼。因为以国君的恩赐而感到荣耀，于是给儿子起名叫鲤，字伯鱼。伯鱼五十岁时去世，早于孔子。

39.2 齐太史子与适鲁，见孔子。孔子与之言道。子与悦，曰："吾鄙人也，闻子之名，不睹子之形久矣。而求知之宝贵也。乃今而后知泰山之为高，渊海之为大。惜乎，夫子之不逢明王，道德不加于民，而将垂宝以贻后世。"遂退而谓南宫敬叔①曰："今孔子先圣之嗣②，自弗父何以来，世有德让，天所祚也。成汤以武德王天下，其配在文。殷宗以下，未始有也。孔子生于衰周，先王典籍，错乱无纪，而乃论百家之遗记，考正其义，祖述③尧舜，宪章④文武，删《诗》述《书》，定《礼》理《乐》，制作《春秋》，赞明⑤《易》道，垂训后嗣，以为法式，其文德著矣。然凡所教诲，束脩⑥已上，三千余人。或者天将欲与素王⑦之乎，夫何其盛也！"敬叔曰："殆如吾子之言，夫物莫能两大，吾闻圣人之后，而非继世之统，其必有兴者焉。今夫子之道至矣，乃将施之无穷。虽欲辞天之祚，故未得耳。"子贡闻之，以二子告孔子。子曰："岂若是哉？乱而治之，滞而起之，自吾志，天何与焉？"

【注释】

①南宫敬叔：鲁国贵族孟僖子之子，孔子弟子。②今孔子先圣之嗣：意指孔子为商汤后代。③祖述：效法前人，加以陈说。④宪章：效法。⑤赞明：阐明。⑥束脩：旧时送给老师的酬劳。十条干肉称束脩。⑦素

王：指有帝王之德而无帝王之位的人。

[译文]

　　齐国的太史子与到鲁国，见到孔子。孔子和他谈论道。子与很高兴，说："我是个鄙陋的人，久闻您的大名，而没能见您一面。但求知的机会是很宝贵的。从今以后我知道了泰山的高大，大海的广阔。只可惜啊，先生没有遇到圣明的君主，道德教化不能在百姓中施行，只有把这些宝贵的东西留给后世了。"于是子与辞别孔子后对南宫敬叔说："现今的孔子是先圣的后代，从弗父何以来，孔氏世世代代都有德让的美称，这是上天所赐的福分啊。成汤依靠武德称王天下，用礼乐相配合。但自殷商以来，就没有这样的情况了。孔子生在周朝衰败的时代，先王的典籍错乱无序，孔子就整理论述百家遗留的记录，考证其正确的含义，师法和陈说尧舜的盛德，效法周文王、周武王的文功武治，删定《诗》，整理《书》，制定《礼》，理清《乐》，制作《春秋》，阐明《易》道，给后世留下训诫，以此为准则，孔子的文德是何等显著啊！他所教诲的弟子，交过微薄的拜师礼的就有三千多人。或许是上天要他成为无冕的素王吧，为什么如此兴盛呢！"南宫敬叔说："大概像你说的那样，任何事物都不会两全其美。我听说圣人的后代，如果不能继承天下大统，他们也必然会兴盛的。现在孔子之道已是至高无上的，并将长久地施行于后世。即使想推却上天赐予的福分，也不可能。"子贡听了这些话，把他们二人的谈话都告诉了孔子。孔子说："哪像他们说的这样呢？乱了就要治理，停滞就要疏导，这是我的志向，和上天赐予的福分有什么关系呢？"

终记解第四十

40.1 孔子蚤晨作①，负手曳②杖，逍遥③于门，而歌曰："泰山其颓④乎！梁木⑤其坏乎！哲人其萎乎！"既歌而入，当户而坐。子贡闻之，曰："泰山其颓，则吾将安仰？梁木其坏，吾将安杖？哲人其萎，吾将安放⑥？夫子殆将病也。"遂趋而入。夫子叹而言曰："赐，汝来何迟？予畴昔梦坐奠于两楹之间⑦。夏后氏殡于东阶之上⑧，则犹在阼；殷人殡于两楹之间，即与宾主夹之；周人殡于西阶之上，则犹宾之。而丘也即殷人。夫明王不兴，则天下其孰能宗余？余殆将死。"遂寝病，七日而终，时年七十二矣。

【注释】

①蚤（zǎo）晨作：蚤，通"早"。作，起床。②曳：拖。③逍遥：悠闲的样子。④颓：崩塌。⑤梁木：房梁。⑥放：通"仿"，效仿，效法。⑦畴昔：往日，此指昨夜。两楹之间：堂屋正中的位置。楹，厅堂前部的柱子。⑧夏后氏殡于东阶之上：夏后氏，即夏代。殡，殓而未葬。阶，台阶。

[译文]

孔子早晨起来，背着手拖着手杖，在门口悠闲地漫步，口里吟唱道："泰山要崩塌了吧！梁木要毁坏了吧！哲人要病逝了吧！"唱完回到了屋内，对着门坐着。子贡听到歌声，说："泰山要是崩塌了，我仰望什么呢？梁木要是毁坏了，我依仗什么呢？哲人要是病逝了，我将来去效仿谁呢？老师大概要生病了吧！"于是快步走了进去。孔子叹了一口气说："端木赐啊，你怎么来得这样晚？我昨夜梦见自己坐在堂屋正中的位置祭奠。夏朝人将灵柩停在对着东阶的堂上，那还是处在主位上；殷人将灵柩停在堂屋正中的位置，那是处在宾位和主位之间；周人将灵柩停在对着西阶的堂上,那就是迎接宾客的地方。而我孔丘是殷人。现今没有明王兴起,那么天下谁能尊奉我呢?我大概快要死了。"随后卧病在床,七天后就去世了,时年七十二岁。

哀公诔^①曰:"昊天不吊!不慭遗一老^②,俾屏^③余一人以在位,茕茕余在疚,於乎哀哉!尼父^④!无自律。"子贡曰:"公其不没^⑤于鲁乎?夫子有言曰:'礼失则昏,名失则愆^⑥。失志为昏,失所为愆。'生不能用,死而诔之,非礼也;称一人^⑦,非名。君两失之矣。"

【注释】

①诔（lěi）：记述死者功德以示哀悼之辞。②慭（yìn）：愿。一老：指孔子。③俾（bǐ）屏（bǐng）：俾,使。屏,通"摒",除去,放弃,放逐。④尼父：指孔子。⑤没（mò）：通"殁",死亡。⑥愆（qiān）：过失,过错。⑦称一人：王肃注："一人,天子之称也。"

【译文】

鲁哀公哀悼孔子说："上天不怜悯我,不愿留下这一位老者,让他抛下我一人居于君位,孤孤单单、忧伤成病,多么悲哀啊!尼父!失去您我就没有榜样来自律了。"子贡说："您不想在鲁国善终吗?老师曾说过:'礼仪丧失就会昏暗不清,名分丧失就会造成过错。失去志向是昏暗,失去身份是过错。'老师活着时您不重用他,死后才致祭文哀悼,这是不合礼仪的;以诸侯身份自称一人,这是不符合鲁国国君的名分的。您把礼和名都丧失了。"

40.2 既卒，门人疑所以服夫子者①。子贡曰："昔夫子之丧颜回也，若丧其子而无服，丧子路亦然，今请丧夫子如丧父而无服。"于是弟子皆吊服而加麻②，出有所之，则由绖③。子夏曰："入宜绖可居，出则不绖。"子游曰："吾闻诸夫子：丧朋友，居则绖，出则否；丧所尊，虽绖而出，可也。"

【注释】

①门人疑所以服夫子者：原脱"疑"字，据四库本补。服，穿丧服。②吊服：吊丧之服。麻：指丧服中用的麻带。③由：用。绖（dié）：古代丧服中的麻带。

【译文】

孔子去世后，弟子们犹豫不知道该为先生穿什么样的丧服。子贡说："以前先生为颜回办理丧事，像为儿子办理丧事一样但没有穿丧服，对待子路的丧事也是一样，现在请大家对待先生的丧事就像对待父亲的丧事一样，但不必穿丧服。"于是弟子们都穿上吊丧的服装系上麻带，出门无论到哪里，都系上麻带。子夏说："回到家里可以系麻带，出去就不用系。"子游说："我听老师说：对待朋友的丧事，在家里要系麻带，出门则不必系；对待自己的尊辈的丧事，即使系麻带出门，也是可以的。"

孔子之丧，公西赤掌殡葬焉。唅以疏米三贝①，袭衣十有一称②，加朝服一，冠章甫③之冠，佩象环，径五寸而綦组绶④，桐棺四寸，柏棺五寸，饬庙置翣⑤。设披⑥，周也；设崇⑦，殷也；绸练、设旐⑧，夏也。兼用三王⑨礼，所以尊师，且备古也。

【注释】

①晗（hàn）：古时以珠、玉、贝、米之类纳于死者口中。疏米：王肃注"疏，粳米"。三贝：三份。②袭衣十有一称（chèn）：袭衣，全套的衣服。称，量词，指配合齐全的一套衣服。③章甫：商代的一种礼帽，孔子是商人之后，故戴之。④綦：苍艾色。组绶：古代玉佩上系玉用的丝带。⑤翣（shà）：古代出殡时的棺饰。⑥披：古代丧具，用来阻拦棺椁，防止倾覆。⑦崇：崇牙，旌旗纹饰。⑧旐（zhào）：旧时出丧时为棺柩引路的旗子。⑨三王：夏、商、周三代君王。

【译文】

孔子的丧事，由公西赤主持办理。他在孔子口中放了三份米，给孔子穿上十一套衣服，加上朝廷官服一套，戴章甫帽，佩戴象牙环佩，环佩直径五寸并用苍艾色的丝带系着，桐木棺厚四寸，柏木棺厚五寸，装饰了遮挡棺椁的帷帐和障棺的翣扇。设置了牵挽灵车的披，这是按照周朝的礼制做的；设置旗上有齿形边饰，这是按照殷代的礼制做的；设置绸练、魂幡，这是按照夏朝的礼制做的。兼用夏、商、周三代的礼制，这是尊敬老师，而且具备了古代的礼仪。

葬于鲁城北泗水上，藏入地，不及泉而封，为偃斧之形，高四尺，树松柏为志焉。弟子皆家于墓，行心丧之礼①。既葬，有自燕来观者，舍于子夏氏。子贡谓之曰："吾亦人之葬圣人，非圣人之葬人，子奚观焉？昔夫子言曰：'见吾封若夏屋②者，见若斧矣。'从若斧者③也，马鬣封之谓④也。俗间之名。今徒一日三斩板⑤而以封,尚⑥行夫子之志而已。何观乎哉?"二三子三年丧毕,或留或去,惟子贡庐于墓六年。自后群弟子及鲁人处墓如家者,百有余家,因名其居曰孔里焉。

【注释】

①心丧之礼:指不穿孝服,只在心中哀悼。②夏屋:大屋。其形中间高,两边为漫坡。③从若斧者:我赞成那种像斧子的。④马鬣(liè)封之谓:指坟墓封土的形状像马鬣。马鬣,马鬃,马颈上的长毛。⑤三斩板:换了三次板来封土。板,筑土墙用的木板,宽二尺,长六尺。⑥尚:差不多。

【译文】

孔子被安葬在鲁城北部的泗水边,埋入地下,封土不及地下水,为偃斧的形状,高四尺,周围种植松柏作为标志。弟子们都把家建在墓地旁,行心丧的礼仪。孔子被安葬后,有人从燕国来参观,住在子夏家里。子贡对他说:"我们这是普通人安葬圣人,不是圣人安葬圣人,你何必前来观看呢?以前先生说过:'我见过坟墓建得像大屋一样的,也见过像斧子形状的。'我赞同那种像斧子形状的,叫作马鬣封的。是民间的俗称。现在我们一天之内也只换了三次板来封土,这是大致遵行我们先生的旨意罢了。有什么值得参观的呢?"弟子们守丧三年之后,有的留在鲁国,有的离开,只有子贡在墓旁筑庐而居,长达六年。自此以后孔子的弟子及鲁国人在墓旁定居的有百家之多,所以将此地定名为孔里。

正论解第四十一

41.1 孔子在齐,齐侯出田①,招虞人②以旌③,不进,公使执之。对曰:"昔先君之田也,旌以招大夫,弓以招士,皮冠以招虞人。臣不见皮冠,故不敢进。"乃舍④之。孔子闻之曰:"善哉!守道不如守官⑤,君子韪⑥之。"

【注释】

①田:田猎。②虞人:掌管山泽的官员。③旌:用旄牛尾和彩色鸟羽作杆饰的旗子。按古代礼节,君有所命,召唤大夫用旌。④舍:放。⑤守道不如守官:遵守恭敬之道,见君主召唤即出,不如遵守为官之道。道,恭敬之意。官,职位,引申为职责。⑥韪:是。

【译文】

孔子在齐国时,齐侯外出打猎,用旌旗召唤虞人前来,虞人没来晋见,齐侯派人把他抓了起来。虞人对齐侯说:"从前先君打猎的时候,用旌旗召唤大夫,用弓召唤士,用皮帽召唤虞人。我没有看到皮帽,所以不敢前来晋见。"齐侯于是放了他。孔子听说这件事后,说:"好啊!遵守恭敬之道不如遵守职责。君子认为这是对的。"

41.2 齐国书①伐鲁,季康子②使冉求率左师御之,樊迟为右。师不逾沟,樊迟曰:"非不能也,不信子③。请三刻④而逾之。"如之，众从之。师入齐军，齐军遁。冉有用戈，故能入焉。孔子闻之曰："义也。"既战，季孙谓冉有曰："子之于战，学之乎？性⑤达之乎？"对曰："学之。"季孙曰："从事孔子，恶乎学？"冉有曰："即学之孔子也。夫孔子者，大圣无不该⑥，文武并用兼通。求也适闻其战法，犹未之详也。"季孙悦。樊迟以告孔子。孔子曰："季孙于是乎可谓悦人之有能矣。"

【注释】

①国书：人名，齐国正卿。②季康子：鲁国执政贵族。③不信子：不信任季康子。王肃注："言季孙德不素著，为民所信也。"④三刻：三次申明号令。刻，限定之意，引申为命令、申令。⑤性：天赋，本性。⑥无不该：无所不通。该，通"赅"，完备。

【译文】

齐国的国书率领军队攻伐鲁国，季康子派冉求率左军抵御，樊迟率领右军。鲁国军队不肯越过壕沟迎敌，樊迟说："军队不是不能越过去，而是不信任季康子，请您三次申明号令后再带头跨越。"冉求听从了他的话，于是军队便跟随他一起越过了壕沟。鲁国军队冲进齐军阵中，齐军败逃。冉求用戈作武器，所以能冲入齐军阵中。孔子听说了这件事，说："这是合乎'义'的。"战后，季康子问冉求说："你对于战法，是学会的呢，还是天生就会的呢？"冉求回答说："是学会的。"季康子说："你跟着孔子学习，能在他那里学到什么战法呢？"冉求说："正是从孔子那里学到战法的。孔子是大圣人，是无所不通的，文武并用兼通。我只是刚好听到他讲授战法，了解得还不够详尽。"季康子听了很高兴。樊迟把这件事告诉孔子。孔子说:"通过这件事,可以说季康子是喜欢别人有才能的了。"

41.3 南容说、仲孙何忌①既除丧②,而昭公在外,未之命也③。定公即位,乃命之。辞曰:"先臣④有遗命焉,曰:'夫礼,人之干也,非礼则无以立。'嘱家老⑤,使命二臣必事孔子而学礼,以定其位。"公许之。二子学于孔子。孔子曰:"能补过者,君子也。《诗》云:'君子是则是效。'⑥孟僖子可则效矣。惩己所病,以诲其嗣。《大雅》所谓'诒厥孙谋,以燕翼子⑦',是类也夫。"

【注释】

①南容说、仲孙何忌:南容说即仲孙阅,又称南宫敬叔。仲孙何忌即孟懿子。二人皆为孟僖子之子。②除丧:除去丧服,即服丧完毕。③昭公在外,未之命也:昭公受季孙氏逼迫逃亡国外,未命二人为卿大夫。④先臣:指孟僖子。⑤家老:大夫家中的宰臣。⑥"《诗》云"句:所引诗见《诗经·小雅·鹿鸣》。是则是效,以此为典则,以此为仿效的楷模。⑦诒厥孙谋,以燕翼子:诗句见《诗经·大雅·文王有声》。诒,传给。燕,安。翼,敬。

【译文】

南容说、仲孙何忌已经为父亲服丧完毕,但昭公被驱逐在外,没有任命他们为卿大夫。定公即位后,才发布诏命。他们推辞说:"先父临终时有遗命留在这里,说:'礼,就好比人的躯干,没有礼则无以自立。'嘱咐家臣,让他命我们跟随孔子学礼,来确定自己的地位。"定公答应了他们。于是二人向孔子学习。孔子说:"能弥补自己过错的人,就是君子。

《诗经》说：'君子是效仿的楷模。'孟僖子是可以效仿的。他对自己所犯的错误引以为戒，来教育自己的子孙后代。《大雅》所说的'把好的计谋留给子孙，让他们安定并得到别人的尊重'，说的就是孟僖子这类人啊！"

41.4 卫孙文子①得罪于献公②，居戚③。公卒，未葬，文子击钟焉。延陵季子④适晋，过戚，闻之，曰："异哉！夫子之在此，犹燕子巢于幕⑤也，惧犹未⑥也，又何乐焉？君又在殡⑦，可乎？"文子于是终身不听琴瑟。孔子闻之，曰："季子能以义正人，文子能克己服义，可谓善改矣。"

【注释】

①孙文子：卫国大夫。②献公：指卫献公。③戚：卫国地名。④季子：即吴公子季札。⑤燕子巢于幕：燕子把巢筑在帷幕上，比喻极危险。幕，帷幕。⑥未：否定词，未尽，来不及。⑦殡：停柩。

【译文】

卫国大夫孙文子得罪了卫献公，居住在戚地。献公死后，还没埋葬，文子就敲钟娱乐。延陵季子去晋国时路过戚地，听说了这件事，说："奇怪啊！先生住在这里，就像是燕子把巢筑在帷幕上，害怕都来不及，又有什么好高兴的呢？况且国君的灵柩还停放着没有安葬，这样娱乐可以吗？"文子从此终身不听琴瑟之音。孔子听说了这件事后，说："季子能够用义匡正别人，文子能够克制自己来服从道义，可以说是善于改正过失了。"

41.5 孔子览《晋志》①，晋赵穿②杀灵公，赵盾③亡，未及山④

而还。史书"赵盾弑君"。盾曰："不然。"史曰："子为正卿，亡不出境，返不讨贼，非子而谁？"盾曰："呜呼！'我之怀矣，自诒伊戚⑤'，其我之谓乎！"孔子叹曰："董狐，古之良史也，书法⑥不隐。赵宣子，古之良大夫也，为法受恶。惜也越境乃免。"

【注释】

①《晋志》：晋国史书。②赵穿：晋国大夫，赵盾族弟。③赵盾：晋国正卿，曾掌国政。为避灵公杀害而出走，但还未出境，灵公就为赵穿所杀。④山：温山，晋国边境。⑤我之怀矣，自诒伊戚：见《诗经·邶风·雄雉》。意为我心中怀念祖国，却给自己带来忧愁。伊，这，此。戚，忧愁。"戚"字《诗经》原作"阻"。⑥书法：史官修史时对材料处理、史事评论、人物褒贬各有体例，谓之书法。

【译文】

孔子阅读《晋志》，看到晋国大夫赵穿杀死晋灵公，赵盾逃亡在外，还没越过国境的山就回来了。史官写下："赵盾弑君。"赵盾说："不是这样的。"史官说："你是正卿，逃亡又没越过国境，回来又不讨伐乱贼，弑君的不是你又是谁？"赵盾说："唉！'我心中怀念祖国，却给自己带来了忧愁'，说的就是我吧！"孔子感叹说："董狐，是古代的好史官啊，按照记述历史的原则记载而不隐瞒事实。赵宣子，是古代的好大夫啊，因为法度而蒙受恶名。可惜啊！如果他当时越过国境就能免去恶名了。"

41.6 郑伐陈，入之，使子产①献捷于晋。晋人问陈之罪焉，子产对曰："陈亡周之大德②，介恃③楚众，冯陵弊邑④，是以有往年之告⑤。未获命⑥，则又有东门之役⑦。当陈隧者，井堙、木刊⑧，弊邑大惧。天诱其衷⑨，启弊邑心，知其罪，授首⑩于我，用敢献功。"晋人曰："何故侵小？"对曰："先王之命，惟罪所在，各致其辟⑪。且昔天子一圻，列国一同⑫，自是以衰⑬，周之制也。今大国多数圻矣，若无侵小，何以至焉？"晋人曰："其辞顺。"孔子闻之，谓子贡曰："《志》⑭有之：'言以足志，文以足言⑮。'不言，谁知其志？言之无文，行之不远。晋为伯⑯，郑入陈，非文辞不为功。小子慎哉！"

【注释】

①子产：郑国执政大夫，善外交。②陈亡周之大德：武王曾把女儿大姬许配给胡公，封于陈，这里指陈国忘记了这份恩德。亡，通"忘"，忘记。③介恃：依仗，凭借。④冯（píng）陵：进迫，侵凌。弊邑：对自己国家的谦称。⑤往年之告：指陈国曾经攻打郑国，郑国告诉了晋国，请命攻打陈国。⑥未获命：未得到晋国平定陈国的命令。⑦东门之役：指陈国与楚国共同攻打郑国至其东门之事。⑧堙（yīn）：堵塞。刊：砍斫，削除。⑨天诱其衷：上天引导陈国人从善，使陈国人意识到自己攻打郑国不对，自愿接受惩罚。这是子产的外交辞令。诱，导。衷，善。⑩授首：指投降或被杀。⑪辟：法，这里引申为惩罚。⑫圻（qí）：地方千里为圻。同：地方百里为同。⑬自是以衰：依次递减。衰，递减，递降。⑭《志》：古时记事的书。⑮言以足志，文以足言：言语用来表达意愿，文辞使说的话更加完备。足，成。志，志向。⑯伯：通"霸"，霸主。

【译文】

郑国攻伐陈国，打进陈国境内，派子产去向晋国进献战利品。晋国质问陈国的罪状，子产回答说："陈国忘记了周王施予他的大恩德，依仗着楚国人多，侵犯我们的国家，所以有往年攻打陈国的请告。但是没有得到贵国的允许，却有了陈国攻打我国东门的战役。陈国军队经过的地方，井都被填塞，树木都被砍伐，我国民众非常害怕。上天诱导他们从善，启发了我国攻打陈国的念头。陈国知道自己的罪过，因而向我们投降，因此敢来奉献战利品。"晋人问："为什么侵犯小国？"子产回答说："按照先王的法令，只要犯下罪过，都应该得到各自相应的惩罚。而且从前天子的领土地方千里，诸侯的领地地方百里，依次递减，这是周代的制度。而现在大国的土地大多都达到了周围几千里，如果没有侵犯小国，怎么会达到现在的状况呢？"晋人说："子产的文辞顺达。"孔子听说了这件事后，对子贡说："《志》上有这样的话：'言语用来表达意愿，文辞使说的话更加完备。'不说话，谁知道你的意愿呢？而言语没有文采，就不会传播很远。晋国是霸主，郑国攻入陈国，如果不是善于辞令，就不会取得成功，你们要对此慎重啊！"

41.7 楚灵王汰侈①。右尹子革②侍坐，左史倚相③趋而过。王曰："是良史也，子善视之。是能读《三坟》《五典》《八索》《九丘》④。"对曰："夫良史者，记君之过，扬君之善。而此子以润辞为官，不可为良史。"曰："臣又乃尝闻焉，昔周穆王欲肆其心⑤，将过行天下，使皆有车辙，并马迹焉。祭公谋父作《祈昭》⑥，以止王心，王是以获殁于文宫⑦。臣问其诗焉而弗知，若问远焉，其焉能知。"王曰："子能乎？"对曰："能。其诗曰：'祈昭之愔愔乎，式昭德音⑧，思我王度，式如玉，式如金⑨。刑民之力，而无有醉饱之心⑩。'"灵王揖而入，馈不食，寝不寐，数日，则固不能胜其情，以及于难。孔子读其志，曰："古者有志：'克己复礼为仁。'信善哉！楚灵王若能如是，岂期辱于乾溪⑪？子革之非左史，所以风⑫也，称诗以谏，顺哉⑬！"

【注释】

①汰侈：骄奢。②右尹子革：右尹，官名。子革，人名，即然丹，郑穆公孙。③左史倚相：左史，史官一种，周代史官分左史和右史。倚相，人名。④《三坟》《五典》《八索》《九丘》：相传都是远古典籍。⑤肆其心：随心所欲。肆，纵恣，放肆。⑥祭公谋父作《祈昭》：据《左传》记载，穆公将征犬戎，祭公谋父谏，以为先王"耀德不观兵"，作《祈昭》之诗。⑦获殁于文宫：意谓寿终正寝，未被篡弑。殁，死。文宫，宫名，为周穆王所居。⑧祈昭之愔愔乎，式昭德音：王肃注："言祈昭乐之安和，其法足以昭其德音者也。"愔愔，和谐，安详。⑨思我王度，式如玉，式如金：王肃注："思王之法度，如金玉纯美。"⑩刑民之力，而无有醉饱之心：王肃注："刑伤民力，用之不胜不节，无有醉饱之心，言无厌足。"刑，伤害。⑪岂期辱于乾溪：灵王在乾溪筑章华之台，激起国人叛乱，最后死在那里。这里指的是这件事。期，犹"其"，助词，表疑问。⑫风：通"讽"，用含蓄的语言劝谏。⑬顺哉：此处意谓合乎道义。顺，顺理，合理。

【译文】

楚灵王骄纵奢侈。右尹子革在旁侍坐，左史倚相从他们面前快速走过。灵王说："这人是好史官，你要好好对待他。他能读懂《三坟》《五典》《八索》《九丘》这样的古书。"子革回答说："好的史官，是能够记录君主的过失，彰扬君主的善行的。但这个人只是凭借润饰文辞为官，不能算作好的史官。"又说："我又曾听说，从前周穆王想要放纵自己的私欲，准备周游天下，使天下到处都有他走过的车马的痕迹。祭公谋父就作《祈昭》，来阻止穆王，穆王因此能够在自己的文宫内善终。我问过倚相关于这首诗的事，他不知道，如果问他更久远的一些事，他又怎么能知道呢？"灵王说："先生能知道吗？"子革说："我能。这首诗是说：'祈昭之乐和谐安舒，足以昭显德者的声音。想起我们君王的风范，像金玉一般纯美。现在却滥用民力，而没有满足的意思。'"灵王听了，向子革作揖后走进房间，送来的饭不吃，躺下了也不能睡着，过了几天还是不能克制自己骄奢的性情，以至于遇上祸难。孔子读到这篇记载，说："古代有这样的记载：'克制自己的私欲回复礼制，这就是仁。'说得真好啊！楚灵王如果能像这样，怎么会有乾溪之辱呢？子革不是左史，所以只能用诗讽谏君主，这是合乎道义的。"

41.8 叔孙穆子①避难奔齐，宿于庚宗之邑。庚宗寡妇通焉，而生牛。穆子返鲁，以牛为内竖②，相家③。牛谗④叔孙二子，杀之。叔孙有病，牛不通其馈，不食而死。牛遂辅叔孙庶子昭而立之。昭子既立，朝其家众曰："竖牛祸叔孙氏，使乱大从⑤，杀嫡立庶，又被其邑⑥，以求舍⑦罪，罪莫大焉，必速杀之。"遂杀竖牛。孔子曰："叔孙昭子不劳⑧，不可能也。周任⑨有言曰：'为政者不赏私劳，不罚私怨。'《诗》云：'有觉德行，四国顺之。'⑩昭子有焉。"

【注释】

①叔孙穆子：即叔孙豹，鲁国大夫，穆子是其谥号。②内竖：宫中传达命令的小吏。③相家：辅助家政。④谗：说别人的坏话。⑤从：和顺，

安顺。指各安其位、各守其职的局面或秩序。⑥又被（pī）其邑：牛曾取三十座边邑以行贿。被，通"披"，析，分开。⑦舍：通"赦"，赦免。⑧不劳：不以立己为功。劳，功劳。⑨周任：古代的贤人。⑩"《诗》云"句：所引诗见《诗经·大雅·抑》。觉，直。四国，犹四方。

【译文】

　　叔孙穆子为避祸难奔逃到齐国，曾在庚宗这个地方住过一宿。庚宗有个寡妇和他私通，生下了一个儿子叫牛。叔孙穆子后来返回鲁国，让牛担任宫中传达命令的小吏，并辅助家政。牛在穆子面前说他两个嫡子的坏话，致使二人被杀。穆子生病后，牛不给他饭吃，穆子没有食物最终饿死。牛于是拥立叔孙穆子的庶子昭子，并辅助他。昭子被拥立后，召见家众，对他们说："竖牛祸害叔孙氏，搞乱了正常的秩序，杀嫡立庶，又分割边邑行贿，以求赦免自己的罪责，没有比这更大的罪行了，一定要立刻杀了他。"于是就杀了牛。孔子说："叔孙昭子不把牛拥立自己当成功劳，是因为不可以这样做。周任有这样的话：'当政者不奖赏只对自己有功劳的人，不惩罚只对自己有私怨的人。'《诗经》说：'有正直的德行，天下四方都会顺从。'叔孙昭子就有这样的德行。"

　　41.9 晋邢侯与雍子①争田，叔鱼摄理②，罪在雍子。雍子纳③其女于叔鱼，叔鱼弊狱邢侯④。邢侯怒，杀叔鱼与雍子于朝。韩宣子问罪于叔向⑤，叔向曰："三奸同坐，施生戮死⑥可也。雍子自知其罪，而赂以置直⑦，鲋也鬻狱⑧，邢侯专杀，其罪一也。己恶而掠美为昏⑨，贪以败官⑩为默，杀人不忌⑪为贼。《夏书》⑫曰：'昏、默、贼，杀。'皋陶⑬之刑也。请从之。"乃施邢侯，而尸雍子、叔鱼于市。孔子曰："叔向古之遗直也。治国制刑，不隐于亲。三数叔鱼之罪，不为末⑭，或曰义，可谓直矣。平丘之会，数其贿也，以宽卫国，晋不为暴⑮；归鲁季孙，称其诈也，以宽鲁国，晋不为虐⑯；邢侯之狱，言其贪也，以正刑书，晋不为颇⑰。三言而除三恶⑱，加三利，杀亲益荣，由义也夫。"

【注释】

①邢侯与雍子：二人均为晋国大夫。②叔鱼：即羊舌鲋，晋国大夫。摄理：代理狱官之职。理，狱官之名。③纳：贡献，送。④弊狱邢侯：把罪责判在邢侯身上。弊，作弊。⑤叔向：叔鱼之兄。博学多闻，以礼让为国。⑥施生戮死：对活着的人施以刑罚，对死去的人暴戮尸体。戮，陈列尸体，暴尸。⑦置直：行贿以求胜诉。置，买。直，正当，有理。⑧鬻狱：贪赃枉法。鬻，卖。⑨己恶：自己有罪恶。掠美：掠取美名。⑩败官：败坏官风。⑪忌：惮，害怕。⑫《夏书》：夏家之书。⑬咎（gāo）陶（yáo）：即皋陶。传说为舜之臣，掌刑狱之事。⑭末：轻，薄。⑮"平丘之会"四句：叔向和诸侯在平丘会盟，晋国放纵砍柴草的人在卫国胡作非为，卫国人很担心，就贿赂叔向。叔向让他们把这些礼品送给叔鱼，送礼的客人还没退出去，叔鱼就下令禁止了砍柴人的非法行为。此事见于《左传·昭公十三年》。⑯"归鲁季孙"四句：王肃注："鲁季孙见执，诉于晋，晋人归之。季孙贵礼，不肯归，叔向言叔鱼能归之。叔鱼说季孙，季孙惧，乃归也。"⑰颇：偏。⑱三恶：此处指暴、虐、颇。

【译文】

晋国大夫邢侯和雍子争夺田地，叔鱼代理狱官审理案件，他知道罪过在于雍子。雍子把女儿嫁给叔鱼，叔鱼就作弊判决邢侯有罪。邢侯十分愤怒，就在朝堂上把叔鱼和雍子杀了。韩宣子问叔向应该如何判定他们各自的罪责。叔向说："三个人罪状相同，活着的判刑，死了的暴尸就可以了。雍子知道自己有罪，却用女儿行贿以换取胜诉，叔鱼贪赃枉法，邢侯擅自杀人，他们的罪责是一样的。自己有罪而掠取美名就是昏；贪图贿赂，败坏为官风气就是默；杀人毫无忌惮就是贼。《夏书》说：'昏、默、贼，都可杀。'这是皋陶的刑法。请照此执行。"于是就把邢侯处死，把雍子、叔鱼的尸体暴露在大街上。孔子说："叔向，是具有古代正直的遗风的人。治理国家、审判案件，不包庇亲人。三次指出叔鱼的罪恶，不给他减轻，人们认为这是义，这可以称得上是正直的了。平丘之会时，指出他的贪财，从而宽免卫国，晋国就做到了不凶暴；让鲁国季孙回去，指出叔鱼欺诈，从而宽免了鲁国，晋国就做到了不凌虐；邢侯这个案件，指出了叔鱼的贪婪，因此把他判了刑，晋国就做到了不偏颇。三次说话而除掉了三次罪恶，得到了三种好处，处死亲人而更加荣耀，这是由于做事合乎道义啊！"

41.10 郑有乡校①，乡校之士，非论②执政。馺明③欲毁④乡校。子产曰："何以毁为也？夫人朝夕退而游焉，以议执政之善否⑤。其所善者，吾则行之；其所否者，吾则改之。若之何其毁也？我闻忠言以损怨，不闻立威以防怨。防怨犹防水也，大决所犯，伤人必多，吾弗克救也。不如小决使导之，不如吾所闻而药⑥之。"孔子闻是言也，曰："吾以是观之，人谓子产不仁，吾不信也。"

【注释】

①乡校：古代地方行政单位乡的学校。②非论：非议，批评。③馺（zōng）明：郑国大夫。④毁：废除，废去。⑤否（pǐ）：恶。⑥药：治疗。

【译文】

郑国有乡校,乡校里面的人非议执政者。𫘧明想要废除乡校。子产说:"为什么要废除呢?人们早晚工作结束后到这里游玩,议论政事的好坏。他们所赞赏的,我就推行下去;他们所否定的,我就改正过来。像这样为什么要废除它呢?我听说用忠言来减少怨恨,没听说过树立威权来防止怨恨。防止怨恨就像防水患,大规模地决堤伤害的人一定多,这样我就无法挽救了。不如小规模地放水加以疏导,不如用我们听到的话治疗时弊。"孔子听了这段话,说:"我从这件事上看,别人说子产不仁,我是不相信的。"

41.11 晋平公会诸侯于平丘,齐侯及盟。郑子产争贡赋之所承①,曰:"昔日天子班贡②,轻重以列尊卑。贡,周之制也。卑而贡重者,甸服③。郑伯,南④也,而使从公侯之贡,惧弗给也,敢以为请。"自日中争之,以至于昏,晋人许之。孔子曰:"子产于是行也,是以为国基也。《诗》云:'乐只君子,邦家之基。'⑤子产,君子之于乐者⑥。"且曰:"合诸侯而艺⑦贡事,礼也。"

【注释】

①所承:指承担贡赋的多少。承,承担。②班贡:进贡的标准和次序。班,次,序。③甸服:指天子附近之地。甸,古代称都城郊外的地方。④南:周制,以土地距国都远近分为五服,南方称为南服。⑤"《诗》云"句:所引诗见《诗经·小雅·南山有台》。乐只君子,即"君子乐只"。只,语气助词。基,根本。⑥君子之于乐者:君子乐于效

仿的榜样。⑦艺：分别贡献之事。

【译文】

　　晋平公在平丘会盟诸侯，齐侯到了盟会。郑国子产争论进贡物品的轻重次序，他说："从前天子确定进贡物品的次序，轻重、多少是根据地位决定的。地位尊贵的贡赋就重，这是周代的制度。地位卑微而贡赋重的是靠近天子的地方。郑伯是南服，却承担与公侯一样的贡赋，恐怕不能如数供给，我谨以此作为请求，减少郑国的赋贡。"从中午开始争论，一直争到黄昏，晋国人终于答应了他。孔子说："子产在这次大会的所作所为，是为了奠定郑国的根基。《诗经》说：'君子的快乐，在于为国家建立根基。'子产是君子乐于效仿的榜样。"又说："会合诸侯来确定分别贡赋的标准，是合乎礼的。"

　　41.12　郑子产有疾，谓子太叔①曰："我死，子必为政。唯有德者能以宽服民，其次莫如猛。夫火烈，民望而畏之，故鲜死焉；水懦弱②，民狎而玩之③，则多死焉，故宽难。"子产卒，子太叔为政，不忍猛，而宽，郑国多掠盗。太叔悔之曰："吾早从夫子，必不及此。"孔子闻之曰："善哉！政宽则民慢④，慢则纠于猛。猛则民残，民残则施之以宽。宽以济猛，猛以济宽，宽猛相济，政是以和。《诗》曰：'民亦劳止，汔可小康。惠此中国，以绥四方。'⑤施之以宽。'毋纵诡随，以谨无良。式遏寇虐，惨不畏明⑥。'纠之以猛也。'柔远能迩，以定我王⑦。'平之以和也。又曰：'不竞不絿，不刚不柔。布政优优，百禄是遒⑧。'和之至也。"子产之卒也，孔子闻之，出涕，曰："古之遗爱。"

【注释】

①子太叔：即游吉，郑国的正卿，继子产为政。②懦弱：柔弱，懦弱。③狎：亲近，习熟。玩：轻忽，戏狎。④慢：散惰。⑤"《诗》曰"句：所引诗见《诗经·大雅·民劳》。止，语助词。汔，接近，庶几。可，近。⑥"毋纵诡随"四句：见《诗经·大雅·民劳》。纵，放纵。诡随，狡诈欺骗。谨，防止。憯，曾。明，权威，威严。⑦柔远能迩，以定我王：见《诗经·大雅·民劳》。迩，近。⑧"不竞不絿"四句：见《诗经·商颂·长发》。竞，争。絿（qiú），急。优优，平和宽裕貌。遒，聚。

【译文】

郑国子产生病了，对子太叔说："我死了以后，您一定会执掌国政。只有有德行的人才能使用宽柔的政策使民服从，其次就不如实行严厉的政策。火猛烈，人们看到后就会害怕，所以少有死于火的；水柔弱，人们习熟而轻慢它，那么死于水的人就很多，所以实行宽柔的政策很困难。"子产死了之后，子太叔执掌国政，不忍心实行严厉的政策，而是施以宽柔，结果郑国出现了很多抢掠盗窃的现象。子太叔很后悔，说："如果我当初听从子产的话，情况就不会到这个地步了。"孔子听说了这件事，说："好啊！政策宽松那么百姓就会散惰，散漫就要用严厉的政策来纠正。政策严厉了就会使百姓受到伤害，这就要实行宽柔的政策。用宽柔调剂严厉，用严厉调剂宽柔，宽严相互调剂，政事因此调和。《诗经》说：'百姓已经很辛劳，稍稍休息保安康。爱护中原老百姓，可以安定国四方。'这是实行宽柔的政策。'切莫放纵欺诈小人，要防止不良行为的发生。要制止残忍凶暴，那些人不怕天理的威严。'这是用严厉来加以纠正。'安抚四方，柔服近地，来使君王的地位得到稳固。'这是用和顺来治理国家。

'不争不急，不刚不柔，坚持中和之道。施政平和宽柔，各种福禄都会聚集而来。'这是和谐的顶点。"子产死后，孔子听说了，流下泪来，说："这正是有古代遗风德行的人啊。"

41.13 孔子适齐，过泰山之侧，有妇人哭于野者而哀。夫子式①而听之，曰："此哀一②似重③有忧者。"使子贡往问之。而曰："昔舅④死于虎，吾夫又死焉，今吾子又死焉。"子贡曰："何不去乎？"妇人曰："无苛政。"子贡以告孔子。子曰："小子识之，苛政猛于暴虎。"

【注释】

①式：通"轼"，车前横木。这里用作动词，扶轼，表示敬意的一种礼节。②一：表示程度深。③重：双重，几重。④舅：公公，丈夫的父亲。

【译文】

孔子到齐国去，路过泰山旁，看见有个妇人在野外哭得十分悲伤。孔子扶着车轼倾听，说："如此哀痛，好像是有几重哀伤啊！"派子贡前去问明情况。妇人说："从前我的公公被老虎杀死，我的丈夫也被老虎杀死了，现在我的儿子又被老虎杀死了。"子贡问："为什么不离开这里呢？"妇人说："这里没有苛政。"子贡把这些话告诉了孔子。孔子说："你们记住，苛政比凶暴的老虎还要凶猛。"

41.14 晋魏献子①为政，分祁氏及羊舌氏之田②，以赏诸大夫及其子成，皆以贤举也。又将贾辛曰："今汝有力于王室，吾是以举汝。行乎，敬③之哉，毋堕乃力④。"孔子闻之曰："魏子之举也，近不失亲，远不失举⑤，可谓美矣。"又闻其命贾辛，以为忠。"《诗》云：'永言配命，自求多福。'⑥忠也。魏子之举也义，其命也忠，其长有后于晋国乎。"

【注释】

①魏献子：即魏舒，执掌晋国国政的大夫。②分祁氏及羊舌氏之田：祁氏和羊舌氏因作乱被灭族，其封地被分为十个县。③敬：谨慎，不怠慢。④堕：损，损毁。力：功，功劳。⑤亲：意谓关系亲密的人。远：意谓关系疏远的人。⑥"《诗》云"句：所引诗见《诗经·大雅·文王》。永言配命，永远与天命相配。

【译文】

晋国魏献子执掌国政，分了祁氏和羊舌氏的封地，赏赐各个大夫和自己的儿子魏成，这些人都是因为贤能被推举上来的。魏献子又对贾辛说："现在你对王室有功，因此我要提拔你。好好做吧，恭敬谨慎地做事，不要损坏你的功劳。"孔子听说了这件事后，说："魏献子举荐人才，提拔近的不忘记亲族，关系远的也不会失去被举用的机会，可以说是美德了。"又听说了他教导贾辛的话，认为他很忠诚。"《诗经》说：'永远服从天命，自己求取福禄。'这是忠诚。魏子的举动符合道义，他的教导又体现忠，恐怕他的后代会在晋国长享禄位吧。"

41.15 赵简子赋晋国一鼓钟①，以铸刑鼎，著范宣子所为刑书②。孔子曰："晋其亡乎，失其度矣！夫晋国将守唐叔③之所受法度，以经纬④其民者也。卿大夫以序⑤守之，民是以能遵其道而守其业，贵贱不愆⑥，所谓度⑦也。文公是以作执秩⑧之官，为被庐⑨之法，以为盟主。今弃此度也，而为刑鼎，铭在鼎矣，何以尊贵？何业之守⑩也？贵贱无序，何以为国？且夫宣子之刑，夷之蒐也，晋国乱制⑪，若之何其为法乎？"

【注释】

①赵简子：晋国正卿，名鞅。一鼓钟：鼓，重量单位名称，四百八十斤为一鼓。钟，制鼎的金属。②著：刻，记。范宣子：晋国大夫，长期执掌国政。③唐叔：晋国始祖，周成王之弟。④经纬：织物的纵线和横线，引申为治理。⑤序：次序。⑥愆：错乱。⑦度：法制，法度。⑧秩：官员的职位或品级。⑨被庐：地名。⑩何业之守：王肃注："民不奉上，则上无所守也。"业，社稷，基业。⑪夷之蒐（sōu）也，晋国乱制：范宣子之法于夷地阅兵时制定，而当时一次阅兵却三次撤换中军主帅，结果引起贾季等人作乱。夷，地名。蒐，检阅，阅兵。

【译文】

赵简子从晋国征收了四百八十斤金属，用来铸造刑鼎，刻上范宣子所制定的刑书。孔子说："晋国大概是要灭亡了吧，已经失掉了它的法度了。晋国应该遵守唐叔所传的法度，来治理他们的百姓。卿大夫按照次序来守护它，这样百姓才能遵守道义，保全家业，地位贵贱不错乱，这就是所谓的法度。晋文公因此设置掌管官吏职位和品级的官员，制定被庐之法，从而成为盟主。现在晋国放弃先王的法度，而铸造刑鼎，铭文公开刻在鼎上,用什么来显示地位高贵者的尊贵?还守什么基业呢?高贵与低贱都没有了次序,还用什么来治理国家呢?而且宣子的刑书,是在夷地阅兵时制定的,这是晋国的乱法,怎么能把它作为法度呢?"

41.16 楚昭王有疾,卜曰:"河神为祟①。"王弗祭,大夫请祭诸郊。王曰:"三代命祀,祭不越望②。江、汉、沮、漳,楚之望也。祸福之至,不是过乎?不穀③虽不德,河非所获罪也。"遂不祭。孔子曰:"楚昭王知大道④矣,其不失国也宜哉⑤!《夏书》曰:'维彼陶唐⑥,率彼天常⑦,在此冀⑧方。今失厥道,乱其纪纲,乃灭而亡。'又曰:'允出兹在兹⑨。'由己率常⑩,可矣。"

【注释】

①为祟:作祟,鬼怪害人。②望:古代祭祀山川的专名,望而祭之,故称望。③不穀:楚昭王自称。④知大道:懂得大道。⑤其不失国也宜哉:楚为吴所灭,昭王出奔,后复其国。见《左传·定公四年》及《左传·定公五年》。宜,应当。⑥陶唐:尧。⑦率:循。天常:天之常道。⑧冀:古称,指今中原一带地方。⑨允出兹在兹:意谓付出什么就能得到什么样的结果。允,信,确实,果真。⑩率常:率,遵循。常,法典,伦常。

【译文】

楚昭王有病,占卜的人说:"是黄河水神在作怪。"楚昭王不去祭祀,大夫们请求在郊外祭祀。楚昭王说:"按夏商周三代制定的祭祀制度,诸侯祭祀不能超过本国国境。江水、汉水、沮水和漳水,是楚国所依仰的。

祸福的发生，不应该是这几条河的河神的原因吗？我虽然没什么德行，也不会得罪境外的黄河水神。"于是不去祭祀。孔子说："楚昭王是懂得大道的人，他没有失去国家也是理所当然的。《夏书》记载：'那位君主陶唐，遵循天道纲常，拥有中原这片地方。现在失去正道，混乱了法纪纲常，于是走向灭亡。'又记载：'付出什么就收获什么。'由自己来遵循天道纲常，就可以了。"

41.17 卫孔文子使太叔疾出其妻①，而以其女妻之。疾诱其初妻之娣②，为之立宫，与文子女，如③二妻之礼。文子怒，将攻之。孔子舍蘧伯玉④之家，文子就而访焉。孔子曰："簠簋之事⑤，则尝闻学之矣。兵甲之事，未之闻也。"退而命驾而行曰："鸟则择木，木岂能择鸟乎？"文子遽自止之曰："圉也岂敢度⑥其私哉？亦访卫国之难也。"将止，会季康子问冉求之战。冉求既对之，又曰："夫子播之百姓，质⑦诸鬼神而无憾，用之则有名。"康子言于哀公，以币⑧迎孔子，曰："人之于冉求，信之矣，将大用之。"

【注释】

①孔文子：即孔圉。孔文子和太叔疾都是卫国大夫。出，休。②娣：妹妹。古时女子出嫁，常以娣随嫁。③如：按照。④蘧伯玉：孔子的友人。⑤簠簋之事：指祭祀。簠、簋，古代祭祀用的食器。⑥度：谋取。⑦质：询问。⑧币：财物，礼品。

【译文】

卫国大夫孔文子让太叔疾休掉他的妻子，而把自己的女儿嫁给他。太叔疾又引诱他前妻的妹妹，并为她建造宫室，与孔文子的女儿并列，对二人都按照妻子的礼节对待。孔文子发怒，想要攻打他。孔子住在璩伯玉家里，孔文子就去拜访孔子。孔子说："祭祀的事，我曾经听说过也学习过。打仗用兵的事，我没有听说过。"孔子退出来，叫人驾车就走，说："鸟儿可以选择树木，树木怎么能选择鸟儿呢？"文子急忙拦住他，说："我怎么敢谋取自己的私利？我是为了防止卫国发生祸患。"孔子准备留下，碰上季康子问冉求用兵的事。冉求回答完之后，又说："老师的学说散播在百姓当中，就算是让鬼神来评判也是无可挑剔的，如果运用这些学说，就会使鲁国名声大振。"季康子把这些话告诉了鲁哀公，鲁哀公用财物迎接孔子，说："人们对于冉求，是信任的，我将重用孔子。"

41.18 齐陈恒弑其君简公①，孔子闻之，三日沐浴②而适朝，告于哀公曰："陈恒弑其君，请伐之。"公弗许。三请，公曰："鲁为齐弱③久矣，子之伐也，将若之何？"对曰："陈恒弑其君，民之不与④者半。以鲁之众，加齐之半，可克也。"公曰："子告季氏。"孔子辞⑤，退而告人曰："以吾从大夫之后，吾不敢不告也。"

【注释】

①陈恒：即田常。简公：即齐简公，在位四年。②沐浴：斋戒形式，指洗发洗身。此处指孔子上朝前沐浴以示严肃慎重。③弱：削弱。④与：依附，支持。⑤辞：推辞。

【译文】

齐国陈恒杀了他的国君简公，孔子听说后，斋戒沐浴三天后上朝，对鲁哀公说："陈恒杀了他的国君，请您去讨伐他。"哀公不答应。孔子多次请求，哀公说："鲁国被齐国削弱已经很久了，你要攻打他，打算怎么做呢？"孔子回答说："陈恒杀了他的国君，齐国民众有一半不会支持他。凭借着鲁国的民众，再加上齐国的一半百姓，就可以制服陈恒了。"哀公说："你把这件事告诉季氏吧。"孔子推辞了，退下去跟别人说："因为我曾经做过大夫，所以不敢不向国君报告。"

41.19 子张问曰："《书》云：'高宗①三年不言，言乃雍②。'有诸？"孔子曰："胡为其不然也？古者天子崩，则世子委政于冢宰③三年。成汤既没，太甲听于伊尹④；武王既丧，成王听于周公。其义一也。"

【注释】

①高宗：即商王武丁。②雍：欢声貌。③冢宰：周代官名，为六卿之首。④太甲：汤孙。伊尹：商初大臣，助汤灭夏，后又历佐汤之子卜丙、中壬和汤孙太甲三王。

【译文】

子张问孔子说："《尚书》记载：'商王武丁三年不议论政事，一议论，政事就变得和谐欢顺。'有这样的事情吗？"孔子说："怎么能说没有呢？古时候天子驾崩，继位的长子就要把国家政事委托给冢宰三年。成汤死后，太甲听命于伊尹；武王死后，成王听命于周公。其中的道理是一样的。"

41.20 卫孙桓子侵齐，遇，败焉。齐人乘①之，执②。新筑③大夫仲叔于奚以其众救桓子，桓子乃免。卫人以邑赏仲叔于奚，于奚辞，请曲悬之乐④，繁缨⑤以朝。许之，书在三官⑥。子路仕卫，见其故⑦，以访孔子。孔子曰："惜也！不如多与之邑，惟器与名⑧，不可以假人，君之所司⑨。名以出信，信以守器，器以藏礼，礼以行义，义以生利，利以平民，政之大节也。若以假人，与人政也。政亡，则国家从之，不可止也。"

【注释】

①乘：追击。②执：抓捕，此处意谓俘虏。③新筑：春秋卫国地名。④曲悬之乐：诸侯坐的车三面悬挂的礼乐器。因三面悬挂，缺一面，所以称曲悬。此处仲叔于奚请曲悬之乐，是以大夫而僭用诸侯之礼。⑤繁（pán）缨：天子、诸侯所用马的带饰。仲叔请用繁缨，是越礼的行为。⑥书：书写。三官：指司徒、司马、司空。⑦故：旧典，以往的文书记录。⑧器：礼乐之器。名：尊卑之名。⑨司：掌管。

【译文】

卫国的孙桓子侵犯齐国，两军相遇，卫军被打败了。齐国人追击败军，抓了许多俘虏。新筑大夫仲叔于奚率领部众援救孙桓子，孙桓子才免于被抓。卫国人用城邑奖赏仲叔于奚，于奚推辞，请求享用曲悬之乐，驾乘繁缨装饰的马匹朝见国君。卫国国君允许了这些请求，并让三官记录了此事。子路在卫国做官，看见了这个典故，就去请教孔子。孔子说："可惜啊！还不如多给他一些城邑。只有礼器和名号是不能够给别人的，这两样东西应该是国君所掌握的。名号用来显示威信，威信用来保守礼器，礼器用来体现礼制，礼制用来推行道义，道义用来产生利益，利益用来安定百姓，这是为政的重要原则。如果把它借给了别人，就等于把政权交给了别人，政权没有了，国家也就会跟着灭亡，这种情况就不可阻止了。"

41.21 公父文伯①之母，纺绩不解②。文伯谏焉。其母曰："古者王后亲织玄紞③，公侯之夫人加之纮綖④，卿之内子⑤为大带，命妇⑥成祭服，列士之妻加之以朝服。自庶士已下，各衣其夫。社而赋事⑦，烝而献功⑧，男女纺绩⑨，愆则有辟⑩，圣王之制也。今我寡也，尔又在位，朝夕恪勤，犹恐忘先人之业，况有怠堕⑪，其何以避辟？"孔子闻之曰："弟子志之，季氏之妇，可谓不过矣。"

【注释】

①公父文伯：人名，鲁国大夫。②纺绩：把丝麻等纤维纺成纱或丝。解，通"懈"，懈怠。③玄紞（dǎn）：古代冠冕上前后的黑色织物。④纮（hóng）綖（yán）：系于颔下的帽带。⑤内子：卿之妻为内子。⑥命妇：大夫之妻为命妇。⑦社：春分祭祀土地神。赋事：从事农桑之事。⑧烝：冬祭。献功：献上五谷、布帛等。⑨男女纺绩：此处引申为建功立业。⑩愆：过错。辟：刑律。⑪堕：通"惰"，懈怠。

【译文】

公父文伯的母亲纺丝缉麻而没有懈息。文伯劝谏她休息。她母亲说："古代王后亲自编织玄紞，公侯的夫人还要编织纮綖，卿的夫人织大带，大夫的夫人缝祭服，列士的妻子们还要加缝朝服。自庶人及以下的人的妻子，各为她们的丈夫做衣服。春分祭祀土地神，从事农桑之事，冬祭献上五谷、布帛，男女都争相创立功业，有过错就要受到法律的惩罚，这是圣王的制度。现在我寡居，你又在官位，日夜恭敬勤恳，还怕遗忘先人的业绩，如果做事怠慢、懈怠，怎么能逃脱法律的惩罚呢？"孔子听说了这件事以后，说："弟子们记住，季氏的妇女可以说没有过错了。"

41.22 樊迟问于孔子曰："鲍牵①事齐君，执政不挠②，可谓忠矣，而君刖③之，其为至暗④乎？"孔子曰："古之士者，国有道则尽忠以辅之，国无道则退身以避之。今鲍庄子食⑤于淫乱之朝，不量主之明暗，以受大刑，是智之不如葵⑥，葵犹能卫其足。"

【注释】

①鲍牵：齐国大夫。②挠：曲，不正。③刖（yuè）：古代砍掉脚的刑法。④暗：愚昧不明。⑤食：指鲍牵在当朝任职。⑥葵：即葵菜，其叶随太阳转动，所以能保护自己的底部，生命力顽强。

【译文】

樊迟向孔子问道："鲍牵侍奉齐国国君，执掌政事正直无私，可以说是忠诚的了，然而齐国国君却砍掉了他的脚，国君可以说太愚昧不明了吧。"孔子说："古代的士人，如果国家政治清明就竭尽忠诚为国出力，国家政治黑暗就退身隐居。现在鲍牵在淫乱的朝廷中做官，不考虑君主是英明是昏聩，以致遭受砍去双脚的刑罚，这样的心智还不如葵菜，葵菜尚且能够保护自己的底部。"

41.23 季康子欲以一井田①出法赋②焉，使访孔子。子曰："丘弗识也。"冉有三发，卒曰："子为国老③，待子而行，若之何子之不言？"孔子不对，而私于冉有曰："求，汝来。汝弗闻乎？先王制土，藉④田以力，而底⑤其远近；赋里⑥以入，而量其有无；任力以夫⑦，而议其老幼。于是鳏、寡、孤、疾、老者，军旅之出则征之，无则已。其岁收，田一井出稯禾、秉刍、缶米⑧，不是过，先王以为之足。君子之行，必度于礼，施取其厚，事举其中，敛从其薄。若是其已，丘⑨亦足矣。不度于礼，而贪冒⑩无厌，则虽赋田，将有不足。且季孙若以行之而取法，则有周公之典在；若欲犯法，则苟行之，又何访焉？"

【注释】

①井田：古代社会的一种土地制度。以方九百亩的土地为一里，划为九区，其中公田占一，私田占八。因形如"井"字，故称井田。②法赋：法定的田赋，常赋，即田亩税。③国老：古代告老退休的卿大夫。④藉（jí）：通"籍"，税。⑤底：平，平衡。⑥里：城邑里商贾所居住之地。⑦夫：古代井田制，一夫受百亩，故称百亩为夫。⑧稯、秉、缶：都是谷物的计量单位。刍：饲料，喂牲口的干草。⑨丘：王肃注："丘，十六井。"这里指按丘征税。⑩贪冒：贪得，贪图财力。

【译文】

季康子想按照一井田的原则征收赋税，派人征求孔子的意见。孔子说："我不懂这些啊。"冉有被派去问了好几次，最后说："您是国家的元老，大家都等着您的意见办事，您为什么不说话呢？"孔子没有回答，私下对冉有说："冉有，你过来。你没有听说过吗？先王制定土地制度，按照劳力的多少收取赋税,并根据远近加以平衡调节;在市镇征收赋税,要考虑到居民财产的多少;分派劳役按照劳动力的多少,还要考虑到年龄的老幼。对于鳏、寡、孤、疾和老人,在打仗的时候就征税,在不打仗的时候就不向他们征税。在打仗的时候,一井土地,就征收一稷禾、一秉饲料、一缶米,不会超过这些,先王认为这就够了。君子的行动必须合乎礼的要求,施予要力求丰厚,做事要适中把握分寸,征收赋税要尽量微薄。如果是这样,那按丘征税就足够了。不按照礼来衡量而贪得无厌,即使是按田亩征税也还是不够。而且季孙要想行事合乎法度,则有周公的典章在;如果想违背法度做事,那么随意去做好了,又何必来请教我呢?"

41.24 子游问于孔子曰:"夫子之极言子产之惠①也,可得闻乎?"孔子曰:"惠在爱民而已矣。"子游曰:"爱民谓之德教,何翅②施惠哉?"孔子曰:"夫子产者,犹众人之母也,能食之,弗能教也。"子游曰:"其事可言乎?"孔子曰:"子产以所乘之舆③济冬涉者,是爱无教也。"

【注释】

①惠:仁爱,恩惠。②翅:通"啻",但,仅,止。③舆:车厢,泛指车。

【译文】

子游向孔子问道:"先生极力称赞子产的仁爱恩惠,可以说来听听吗?"孔子说:"他的仁爱恩惠在于爱民而已。"子游说:"爱民可以称为德治教化,岂止是施予仁惠呢?"孔子说:"子产这个人,就好像是众人的母亲,能够给他们食物,而不能教化他们。"子游说:"有这方面的事可以说说吗？"孔子说："子产把他所乘坐的车给冬天涉水过河的人坐，这只是爱护而不是教化。"

41.25 哀公问于孔子曰："二三大夫皆劝寡人，使隆敬于高年①，何也？"孔子对曰："君之及此言，将天下实赖之，岂唯鲁哉！"公曰："何也？其义可得闻乎？"孔子曰："昔者，有虞氏贵德而尚齿，夏后氏贵爵而尚齿②，殷人贵富而尚齿，周人贵亲而尚齿，虞、夏、殷、周，天下之盛王也，未有遗年者焉。年者贵于天下久矣，次于事亲。是故朝廷同爵而尚齿。七十杖于朝，君问则席；八十则不仕朝，君问则就之，而悌达乎朝廷矣。其行也，肩而不并③，不错则随④，斑白者不以其任⑤于道路，而悌达乎道路矣；居乡以齿，而老穷不匮，强不犯弱，众不暴寡，而悌达乎州巷⑥矣；古之道，五十不为甸役⑦，颁禽隆之长者，而悌达乎蒐狩⑧矣；军旅什伍⑨，同爵则尚齿，而悌达乎军旅矣。夫圣王之教，孝悌发诸朝廷，行于道路，至于州巷，放⑩于蒐狩，循于军旅，则众感以义，死之而弗敢犯。"公曰："善哉，寡人虽闻之，弗能成。"

【注释】

①隆：盛，多。高年：年纪大的人。②尚齿：敬重年纪大的人。③肩而不并：不敢与长者并肩。④不错则随：不是错开就是跟随其后。错，雁行。⑤任：负，担。⑥州巷：州闾，州与闾皆为古时地方基层行政单位，泛指乡里。⑦甸役：田猎和力役的差事。⑧蒐（sōu）狩：春猎为蒐，冬猎为狩。⑨什伍：古代军队的基层编制，五人为伍，二伍为什。⑩放：至，到。

【译文】

哀公询问孔子说:"大夫们都劝我,让我要很好地尊敬老年人,这是为什么呢?"孔子回答说:"您如果能做到他们说的那样,那么天下都会因此受益,岂止是鲁国呢?"哀公问:"这是什么道理呢?我可以听闻其中的道理吗?"孔子说:"从前有虞氏重视道德也尊重老年人,夏朝重视爵位也尊重老年人,殷商人重视富有也尊重老年人,周朝人重视亲人也尊重老年人。虞、夏、商、周这四个朝代是天下兴盛的王朝,而没有忘记老年人。年龄大的人被天下人尊重由来已久,其重要性仅次于侍奉双亲,所以在朝堂上爵位相同而更尊敬长者。七十多岁的人可以拄着拐杖上朝,国君如果有所请教就要赐以席位;八十岁以上的人则不必上朝,国君要请教就要到他家里去,这样敬老之道就到达朝廷了。行路时,不要和老年人并肩,不是错开就是跟随其后,不要让头发花白的老人挑担或负重走在路上,这样孝悌之道就通达于道路了;居住在乡里要根据年龄论尊卑和先后,那么老而穷的人生活就不会匮乏,强者不欺负弱者,人多的不欺负人少的,这样孝悌之道就通达于乡里了;按照古代的准则,年到五十就不再担任田猎和力役的差事了,分配猎物还要优先分给老年人,那么孝悌之道就通达到狩猎这件事上了;军队中爵位相同而以年长者为尊,那么孝悌之道就通达于行伍了。圣王的关于孝悌的教化从朝廷开始,推行于道路,至于乡里,传播在田猎,施行到军队,那么民众感受到敬老的道义的重要,宁死也不敢去违犯。"哀公说:"好啊!我虽然听到了这个道理,却做不到。"

41.26 哀公问于孔子曰:"寡人闻东益不祥[①],信有之乎?"孔子曰:"不祥有五,而东益不与焉。夫损人自益,身之不祥;弃老而取幼，家之不祥；释②贤而任不肖③，国之不祥；老者不教，幼者不学，俗之不祥；圣人伏匿，愚者擅权，天下不祥。不祥有五，东益不与焉。"

【注释】

①东益：在东房旁边增盖房屋。不祥：不吉利。②释：放弃。③不肖：此处意谓不贤。

【译文】

哀公向孔子询问："我听说在东房旁边增盖房屋是不吉利的，真的有这回事吗？"孔子说："不吉利的事情有五件，但东边增盖房屋的事不在其内。损人利己，是自身的不吉利；遗弃老人而只关爱子女，是家庭的不吉利；放弃贤能的人而任用小人，是国家的不吉利；年老的人不教育别人，年幼的人不学习，是风俗的不吉利；圣人隐居不出，愚蠢的人擅政专权，是天下的不吉利。不吉利的东西有这五样，在东边增盖房屋不算在这里面。"

41.27 孔子适季孙，季孙之宰①谒②曰："君使求假③于田，特与之乎？"季孙未言。孔子曰："吾闻之，君取于臣，谓之取；与于臣，谓之赐。臣取于君，谓之假；与于君，谓之献。"季孙色然④悟曰："吾诚未达此义。"遂命其宰曰："自今已往，君有取之，一切不得复言'假'也。"

【注释】

①宰：春秋时为卿大夫总管家务的家臣。②谒：禀告，陈说。③假：

借。④色然：脸色大变。

【译文】

　　孔子到季孙那里，季孙的家臣来禀告事情，说："国君派人请求借我们的马，您准备借给他吗？"季孙没有说话。孔子说："我听说，国君从臣子这里拿东西，叫作取；把东西给臣子，叫作赐。臣子从国君那里拿东西，叫作借；把东西给国君，叫作献。"季孙脸色大变，顿悟说："我确实没有懂得这个道理。"于是命令他的家臣说："从今以后，国君要来拿东西，所有的东西都不许再说'借'了。"

曲礼子贡问第四十二

42.1 子贡问于孔子曰："晋文公实召天子，而使诸侯朝焉①。夫子作《春秋》②，云'天王狩于河阳'③，何也？"孔子曰："以臣召君，不可以训④。亦书⑤其率诸侯事天子而已。"

【注释】

　　①"晋文公实召天子"二句：晋文公在温地的会盟实际上是召来天子，而让诸侯来朝见。晋文公，春秋时晋国著名国君，名重耳。天子，指周襄王。②《春秋》：原为鲁国国史，后经孔子删定。③天王：指周襄王。狩：打猎。河阳：晋邑，在今河南孟州西三十五里。④训：法则。⑤书：记载。

【译文】

子贡问孔子说:"晋文公在温地的会盟实际上是召来天子,而让诸侯来朝见。而先生您编写《春秋》时,把此事写作'周天子在河阳打猎'。这是为什么呢?"孔子说:"臣下召见君主,这是不能作为后世法则的。所以我只能将此事记载成晋文公率领诸侯来侍奉天子。"

42.2 孔子在宋,见桓魋①自为石椁②,三年而不成,工匠皆病③。夫子愀然④曰:"若是其靡⑤也,死不如速朽之愈。"冉子仆⑥,曰:"礼,凶事⑦不豫⑧,此何谓也?"夫子曰:"既死而议谥⑨,谥定而卜葬,既葬而立庙,皆臣子之事,非所豫属也,况自为之哉!"

【注释】

①桓魋:宋国的司马。②石椁:即石制的椁。椁,古代棺木有内外棺,外棺称椁。③病:疲惫,困乏。④愀然:忧戚变色的样子。⑤靡:奢侈。⑥仆:驾车。⑦凶事:丧事。⑧豫:通"预",事先有所准备。⑨谥:谥号。

【译文】

孔子在宋国,看到桓魋为自己设计制作石椁,三年还没做好,工匠都很劳苦。孔子面露忧色地说:"如果像这样奢靡,死了以后还不如快点腐烂的好。"冉有正在驾车,问道:"礼制上说,丧事无法事先预料到,您刚才的话是什么意思?"孔子说:"人死了以后才商定谥号,谥号确定了以后再占卜选择下葬的日期，安葬好后再建立祭祀的庙堂，这些都是臣子该做的事，而不是提前就准备好的，更何况是自己给自己准备丧事呢！"

42.3 南宫敬叔以富得罪于定公①，奔卫。卫侯请复②之，载其宝以朝③。夫子闻之，曰："若是其货④也，丧⑤不若速贫之愈。"子游侍，曰："敢问何谓如此？"孔子曰："富而不好礼，殃也。敬叔以富丧矣，而又弗改，吾惧其将有后患也。"敬叔闻之，骤如⑥孔氏，而后循礼施散⑦焉。

【注释】

①南宫敬叔：即仲孙阅，鲁国大夫。定公：即鲁定公。②复：迎接回来。③载其宝以朝：带着宝物上朝。④货：贿赂。⑤丧：丧失官位。⑥如：到。⑦施散：散布财物。

【译文】

南宫敬叔因为富有而得罪了鲁定公，逃到了卫国。卫国国君请求鲁定公把敬叔接回来，敬叔就带着他的宝物来朝见鲁定公。孔子听说了这件事，说："如果像这样使用财物行贿，丧失了官位还不如迅速贫穷了的好。"子游在一旁陪侍，问道："请问为什么这么说呢？"孔子说："富有而不喜欢遵循礼制，必定会招致灾祸。敬叔是因为富有才丧失官位，却仍然不知悔改，我担心他将来还会有祸患啊！"南宫敬叔听说了孔子这些话，立即赶到孔子家里，从此以后他做事遵循礼制，并把自己的财物施散给百姓。

42.4 孔子在齐,齐大旱,春饥。景公问于孔子曰:"如之何?"孔子曰:"凶年①则乘驽马②,力役③不兴,驰道④不修,祈以币玉⑤,祭祀不悬⑥,祀以下牲⑦。此贤君自贬以救民之礼也。"

【注释】

①凶年:荒年。②驽马:劣马。③力役:劳役。④驰道:国君行走的道路。⑤祈以币玉:祈请祷告的时候用钱币和玉石代替牲畜。⑥不悬:不悬挂乐器,指不奏乐。⑦祀以下牲:祭祀用牲,牛、羊、猪齐全称为太牢,只用羊、猪则称为少牢。下牲即少用牲畜,当用太牢的时候用少牢。

【译文】

孔子在齐国的时候,齐国大旱,春天发生了饥荒。齐景公向孔子请教道:"这该怎么办呢?"孔子说:"遇到荒年,国君出门就应该乘坐劣马,不兴劳役,不修建驰道,祈请祷告的时候用钱币和玉石代替牲畜,祭祀的时候不奏乐,祭祀用的牲畜也要降一等。这是贤明的君主自己降低规格以赈济百姓的制度。"

42.5 孔子适①季氏,康子昼居内寝②。孔子问其所疾,康子出见之。言终,孔子退。子贡问曰:"季孙不疾,而问诸疾,礼与?"孔子曰:"夫礼,君子不有大故③,则不宿于外。非致齐④也,非疾也,则不昼处于内。是故夜居外,虽吊之,可也。昼居于内,虽问其疾,可也。"

【注释】

①适:往,到。②康子:即季康子。内寝:内室,卧室。③大故:大

的变故,此指丧事。④齐(zhāi):通"斋",斋戒。

【译文】

孔子到季康子家去,见季康子白天还在卧室睡觉。孔子问他得了什么病,康子出来接见了孔子。谈话完毕,孔子退了出来。子贡问道:"季康子没有病,而您却问起他的病情,这合乎礼吗?"孔子说:"按照礼制要求,君子除非遇到大的变故,是不住在外室的。如果不是祭祀前的斋戒,除非生病,白天也不能在内室睡觉。所以晚上如果在外室睡觉,别人即使前往吊丧,也是可以的。白天在卧室睡觉,即使问他得了什么病,也是可以的。"

42.6 孔子为大司寇,国厩焚①。子退朝而之火所,乡人有自为火来者,则拜之,士一②,大夫再③。子贡曰:"敢问何也?"孔子曰:"其来者,亦相吊④之道也。吾为有司⑤,故拜之。"

【注释】

①国厩焚:国都的马房失火。②士一:对士拜谢一次。③大夫再:对大夫拜谢两次。④吊:慰问,帮助。⑤有司:主管的官员。

【译文】

孔子担任鲁国大司寇的时候,国都的马房失火。孔子退朝之后到失火的地方,附近的人有自发前来救火的,孔子都拜谢他们,对士拜谢一次,对大夫拜谢两次。子贡问道:"请问这么做是什么意思?"孔子说:"这些人来这里救火,体现了互助慰问帮助之道。我作为执事的官员,要感谢他们。"

42.7 子贡问曰:"管仲失①于奢,晏子失于俭。与其俱失矣,二者孰贤?"孔子曰:"管仲镂簋而朱纮②,旅树而反坫③,山节藻梲④,贤大夫也,而难为上⑤。晏平仲祀其先祖,而豚肩不揜豆⑥,一狐裘三十年,贤大夫也,而难为下⑦。君子上不僭下,下不逼上。"

【注释】

①失:过错,失误。②镂:雕刻。簋:古代食器。朱纮:朱红色的帽带。③旅:设,施。树:立屏。反坫(diàn):古代设在堂中供祭祀或宴会时放置礼器和酒具的土台。④山节:在房屋的斗拱上刻成山形或伴有云形的图案。藻梲(zhuō):画有水草花卉图案的梁上短柱。⑤上:国君。⑥豚肩:猪腿。揜:同"掩",掩盖。豆:古代食器。⑦下:下属。

【译文】

子贡问道:"管仲的过错在于奢侈,晏子的过失在于过于节俭。与其说两人都有过失,不如比较一下,二人谁相对贤明一些呢?"孔子说:"管仲吃饭的器具雕刻花纹,帽子上的带子使用朱红色,大门前竖立影屏,两楹间设置放置酒杯的土台,在房屋的斗拱刻上各色的图案,梁的短柱上画有水草花卉图案,他固然是一位贤能的大夫,但是他的起居用度却使国君为难。晏平仲祭祀他的先祖所供奉的猪腿小得甚至不能掩盖豆的上口,一件狐裘穿了三十年,他确实是一位贤明的大夫,但却使下属为难。作为君子应该对上不僭越君主,对下不使下属感到困窘。"

42.8 冉求曰:"昔文仲知鲁国之政①,立言垂法②,于今不亡,可谓知礼矣。"孔子曰:"昔臧文仲安知礼?夏父弗綦逆祀而不止③,燔柴于灶以祀④焉。夫灶者,老妇之所祭,盛于瓫⑤,尊于瓶⑥,非所柴也。故曰礼也者,由⑦体也。体不备,谓之不成人。设之不当,犹不备也。"

【注释】

①文仲:即臧文仲,鲁国大夫。知:执掌。②立言垂法:制定礼法制度。③夏父弗綦:春秋时鲁国大夫,鲁国主持礼仪的官。逆祀:不合礼仪的祭祀。④燔柴于灶以祀:在炉灶上举行燔柴之祭。⑤盛于瓫:盛放到瓫中。瓫,一种陶制的盛器。⑥尊于瓶:把酒放入瓶中。尊,即"樽",此处用作动词,置酒。⑦由:通"犹",好似。

【译文】

冉求说:"臧文仲主持鲁国国政的时候,制定的礼法制度,垂范到现在影响仍未消失,可以说是懂得礼的人吧。"孔子说:"从前的臧文仲怎么能算是懂得礼呢?礼官夏父弗綦违反祭祀制度,他却没有制止,还在炉灶上举行燔柴之祭。这祭拜灶神,是老妇们来主祭的,把祭品盛放到瓫中,把酒盛在瓶里,烧柴来祭祀是不对的。所以说礼制,就好比人的身体。肢体不完备,就称之不完整的人。礼制上的设置不妥当,就如同人的身体不完备一样。"

42.9 子路问于孔子曰:"臧武仲①率师与邾人战于狐鲐②,遇,败焉,师人多丧而无罚,古之道然与?"孔子曰:"凡谋③人之军,师败则死之；谋人之国，邑危则亡之。古之正④也。其君在焉者，有诏则无讨⑤。"

【注释】

①臧武仲：即臧孙纥，臧文仲之孙，鲁国大夫。②狐鲐（tái）：或作"狐骀"，地名，今山东滕州东南。③谋：谋划，指挥。④正：同"政"，政令，制度。⑤讨：惩治有罪者。

【译文】

子路向孔子问道："臧武仲率领军队与邾国人在狐鲐交战时，两军偶遇而战，失败了，军队伤亡惨重而臧武仲却没有受到惩罚，古代的制度就是这样吗？"孔子说："凡是指挥军队作战的人，军队战败就应当以死谢罪；掌管国家都邑的人，都邑如果出现动乱就要遭受放逐的惩罚。这才是自古以来的制度。如果国君尚在且参与了决策，有赦免的诏书就可免于惩罚。"

42.10 晋将伐宋，使人觇①之。宋阳门之介夫死②，司城子罕哭之哀③。觇者反，言于晋侯曰："阳门之介夫死，而子罕哭之哀，民咸④悦，宋殆⑤未可伐也。"孔子闻之曰："善哉，觇国乎！《诗》云：'凡民有丧，匍匐救之。'⑥子罕有焉。虽非晋国，其天下孰能当之？是以周任⑦有言曰：'民悦其爱者，弗可敌也。'"

【注释】

①觇（chān）：偷偷地观看。②阳门：宋国城门。介夫：手执兵器守

门的人。③司城：官名，即司空。子罕：名乐喜，字子罕，鲁国正卿，任司城期间，为官清廉。④咸：都，皆。⑤殆：大概，恐怕。⑥"《诗》云"句：所引诗见《诗经·邶风·谷风》。大意为凡是百姓有难，竭力去救助。⑦周任：上古史官。

【译文】

晋国将要攻打宋国，派人去刺探宋国的虚实。宋国的都城阳门守卫城门的一个士兵死了，司城子罕为此哭得十分悲痛。刺探情报的人回到晋国，对晋国国君报告说："宋国阳门有个守城门的士兵死了，子罕哭得十分悲痛，民众为此对子罕心悦诚服，现在恐怕不是攻打宋国的时机。"孔子听说了这件事，说："这个刺探情报的人真是善于观察敌情啊！《诗经》说：'凡是百姓有丧亡，竭力去救援。'子罕就具有这种品质。不仅是晋国，天下谁能和宋国对抗呢？所以周任说过：'百姓爱戴那些爱护他们的人，这样的人不可与之为敌。'"

42.11 楚伐吴，工尹①商阳与陈弃疾②追吴师。及③之，弃疾曰："王事也，子手弓④而可。"商阳手弓。弃疾曰："子射诸。"射之，毙一人，韔其弓⑤。又及，弃疾复谓之，毙二人。每毙一人，辄掩其目。止其御，曰："吾朝不坐，燕不与⑥，杀三人亦足以反命⑦矣。"孔子闻之曰："杀人之中，又有礼焉。"子路怫然⑧进曰："人臣之节，当君大事，唯力所及，死而后已。夫子何善此？"子曰："然，如汝言也，吾取其有不忍杀人之心而已。"

【注释】

①工尹：楚国官名。②陈弃疾：楚国公子。后继位为楚王，即楚平

王。③及：至，到。④手弓：以手执弓。⑤韔（chàng）其弓：把弓装进弓袋。⑥朝不坐，燕不与：朝见时没有座位，宴席不能参加。即地位低下。⑦反命：复命。⑧怫然：生气发怒的样子。

【译文】

　　楚国攻打吴国，楚国工尹商阳与陈弃疾追击吴军。追赶上以后，陈弃疾说："这是国君交给你的任务，你可以拿起弓了。"于是商阳拿起弓。陈弃疾说："你可以射箭了。"商阳射了一箭，射死了一个敌人，就把弓装入了弓袋。又追上了敌军，陈弃疾又说了这样的话，商阳于是又射死了两个人。每射死一个人，他都要把眼睛遮起来不忍观看，他让驾车的人停止追赶，说："我只是个朝见时没有座位、宴席不能参加的地位低下的士，杀了三个人，已经足够回去复命了。"孔子听说了这件事，说："就算是杀人，这里面也是有礼节的。"子路愤怒地走上前问道："作为臣子的礼节是，当君主遇上了大事，只有竭尽全力地去做，直到死才能停止。您为何要赞扬商阳的举动呢？"孔子说："是的，确实如你所说的那样，我只是赞赏他有不忍心杀人的想法。"

42.12 孔子在卫，司徒敬之①卒，夫子吊焉。主人不哀，夫子哭不尽声而退。蘧伯玉请曰："卫鄙俗，不习丧礼，烦吾子辱相焉②。"孔子许之，掘中霤而浴③，毁灶而缀足④，袭于床⑤。及葬，毁宗而躐行也⑥，出于大门。及墓，男子西面⑦，妇人东面，既封而归，殷道也。孔子行之。子游问曰："君子行礼，不求变俗，夫子变之矣。"孔子曰："非此之谓也，丧事则从其质⑧而已矣。"

【注释】

①司徒敬之：卫国大夫。②烦吾子辱相焉：烦请您担任礼相。辱，谦辞，使对方屈尊。③掘中霤（liù）而浴：即在室内挖坑，把床架在上面，为死者洗浴，使水流入坑内。中霤，屋室正中处。④毁灶而缀足：拆毁炉灶，用灶砖支撑并控制脚，以便穿鞋。⑤袭于床：即在床上以衣敛尸。袭，指以衣敛尸。⑥毁宗：毁掉宗庙门西边的墙。躐行：即灵柩经过行神之位。躐，超越，逾越。⑦面：向。⑧质：质朴无华。

【译文】

孔子在卫国的时候，恰逢司徒敬之逝世，孔子前去吊唁。主人并不怎么哀伤，孔子还没怎么哭就出来了。蘧伯玉请求道："我们卫国风俗鄙陋粗俗，不懂得丧葬之礼，烦请您来屈尊担当礼相之责。"孔子答应了，在室内挖坑，把床架在上面，为死者洗浴，使水流入坑内，拆毁炉灶，用灶砖支撑并控制脚，以便穿鞋，在床上以衣敛尸。到了出葬的时候，毁掉宗庙门西边墙，使灵柩经过行神之位，直接把灵柩拉出了大门。到了墓地，让男子面向西边，妇女面向东边，下葬后堆土成坟就回来了，这是殷朝人举行丧礼的制度。孔子就是按照这个制度来举行的。子游问孔子说："君子主持礼节，不求改变习俗，而老师您却改变了。"孔子说："我的所做并不是像你所说的那样，办丧事只要遵从简朴合乎礼制就可以了。"

42.13 宣公八年六月辛巳，有事①于太庙②，而东门襄仲③卒，壬午犹绎④。子游见其故，以问孔子曰："礼与？"孔子曰："非礼也，卿卒不绎。"

【注释】

①有事：举行禘祭。②太庙：始祖之庙。③东门襄仲：鲁国上卿，鲁庄公子遂，亦称仲遂。④壬午：壬午日。犹：又。绎：祭祀的第二日又行祭祀。

【译文】

宣公八年六月辛巳日，鲁国在太庙里举行了禘祭先祖的大礼，这时东门襄仲死了，第二天是壬午日，便又祭祀了一次。子游看到了这件事的记载，便问孔子说："这合乎礼制吗？"孔子说："这不合乎礼制，卿死不应该再举行第二天的祭祀。"

42.14 季桓子①丧，康子②练③而无衰。子游问于孔子曰："既服练服，可以除衰④乎？"孔子曰："无衰衣者，不以见宾，何以除焉？"

【注释】

①季桓子：鲁国大夫，"桓"为谥号。②康子：季桓子的儿子。③练：古代丧服名称，用白色的熟绢制成，双亲死后十一个月可以穿练服。④衰：通"缞"，披于胸前的麻布条做的丧服。

【译文】

季桓子死后的服丧期间，季康子穿着轻便的白色的熟绢制成的练服而不是穿披于胸前的麻布做的衰衣。子游问孔子说："穿了练服以后，就可以脱去衰衣了吗?"孔子说:"不披衰衣,不应该会见宾客,又怎么可以脱去呢?"

42.15 邾人以同母异父之昆弟①死,将为之服②,因颜克③而问礼于孔子。子曰:"继父同居者,则异父昆弟,从为之服;不同居,继父且犹不服,况其子乎?"

【注释】

①昆弟:兄弟。②服:用作动词,穿丧服。③颜克:孔子弟子。

【译文】

邾国有个人的同母异父的兄弟死了,准备为他穿丧服,就通过颜克来向孔子请教这方面的礼仪。孔子说:"如果与继父住在一起的,那么同母异父的兄弟也都要跟着穿丧服;如果并没有跟继父住在一起的,那么继父死了尚且不必穿丧服,何况只是他的儿子?"

42.16 齐师侵鲁,公叔务人遇人入保①,负杖而息。务人泣曰:"使之虽病②,任之虽重③,君子④弗能谋,士弗能死,不可也。我则既言之矣,敢不勉乎?"与其邻嬖⑤童汪锜乘⑥往,奔敌死焉。皆殡⑦,鲁人欲勿殇童汪锜,问于孔子。曰:"能执干戈以卫社稷,可无殇⑧乎!"

【注释】

①公叔务人:昭公的儿子。遇:见。保:同"堡",县邑小城。②使

之虽病：指徭役使百姓痛苦。③任之虽重：指赋税加重百姓负担。④君子：这里指卿大夫。⑤嬖（bì）：宠幸，宠爱。⑥乘：驾车。⑦殡：殓而未葬。⑧殇：未成年而死。为殇者举行葬礼也称殇，比成人的丧礼简略。

【译文】

齐国的军队入侵鲁国，鲁昭公的儿子公孙务人看到一个鲁国人疲惫地走进城邑休息，肩上扛着木杖。公孙务人流着泪说道："虽然徭役使百姓痛苦，赋税繁重又加重了百姓负担，但是卿大夫不能出谋划策，士人不能尽忠效命而死，这样还是不行的。我既然说出了这些话，又怎么能够自己不去尽力呢？"于是就和邻里受家人宠爱的少年汪锜一同驾车奔赴战场，都战死了。他们两个人的灵柩将要出殡的时候，鲁国人打算不用殇礼为汪锜治丧，便去请教孔子。孔子说："能够手执干戈，保卫社稷，可以不用殇礼来治丧吧！"

42.17 鲁昭公夫人吴孟子①卒，不赴②于诸侯。孔子既致仕③，而往吊焉。适④于季氏，季氏不绖⑤，孔子投⑥绖而不拜。子游问曰："礼与？"孔子曰："主人未成服，则吊者不绖焉，礼也。"

【注释】

①吴孟子：鲁昭公夫人，孟子是其称号。②赴：同"讣"，报丧。③致仕：退休，辞去官职。④适：到。⑤绖：丧服上系的带子，用麻制成的，系在头上叫作"首绖"，系在腰上叫作"尾绖"。⑥投：解下丢在地上。

【译文】

鲁昭公的夫人吴孟子死了，没有到诸侯处去报丧。这时孔子已经辞去官职，也还是前往吊丧。到了季康子家中，发现季康子没有系丧服该系的经带，于是孔子也解下经带而且不下拜。子游问道："这样做合乎礼节吗？"孔子说："主人没有穿好丧服，那么前去吊唁的人也不必系好经带，这是符合礼制要求的。"

42.18 公父穆伯①之丧，敬姜②昼哭；文伯③之丧，昼夜哭。孔子曰："季氏之妇，可谓知礼矣。爱而无私，上下有章④。"

【注释】

①公父穆伯：鲁国贵族，季康子的祖父季平子的弟弟。②敬姜：公父穆伯的妻子。③文伯：即公父文伯，公父穆伯的儿子。④上下有章：哭丈夫的时候白天哭，哭儿子的时候日夜哭，加以区别。上，指夫。下，指子。章，区别。

【译文】

公父穆伯治丧的时候，他的妻子敬姜白天哭；儿子公父文伯治丧的时候，敬姜日夜不停地哭。孔子说："季氏家的这位妇人，可以说是知晓礼节啊。她对丈夫儿子都是一样的爱，但是哀悼他们却能做到上下有别。"

42.19 南宫縚①之妻，孔子兄之女，丧其姑②，而诲之髽③，曰："尔毋从从尔，毋扈扈尔。"④盖榛以为笄⑤，长尺而总⑥八寸。

【注释】

①南宫縚：即南宫适，孔子弟子。②姑：丈夫的母亲，婆婆。③诲之

髽（zhuā）：教做丧髻的方法。诲，教导。髽，古代妇人的丧髻，即用麻和头发合梳的发髻。④从从：高。扈扈：大。都是说丧者没有容饰。⑤榛：榛木。笄：簪子。⑥总：束发。

【译文】

　　南宫绦的妻子，是孔子哥哥的女儿，她的婆婆去世了，孔子教她做丧髻的方法。孔子说："你不要做得高高的，也不要做得大大的。"用榛木做簪子，一尺长，系在发髻上的带子下垂八寸。

42.20 子张有父之丧，公明仪相焉①。问启颡②于孔子。孔子曰："拜而后启颡，颓③乎其顺；启颡而后拜，颀④乎其至也。三年之丧，吾从其至也。"

【注释】

　　①公明仪：曾子弟子，又为子张弟子，鲁国人。相：礼相，主持礼仪。②启颡：古代一种跪拜礼，居父母之丧时跪拜宾客之礼，以额触地，表示极度悲痛。③颓：恭顺的样子。④颀（kěn）：通"恳"，恳切、诚恳的样子。

【译文】

　　子张的父亲死了，公明仪是礼相。向孔子请教跪拜宾客的礼节。孔子说："先跪拜来宾然后磕头表达自己十分悲痛，这是一种恭敬而很顺便的方式；先磕头表示悲痛，再拜谢来宾的吊问，感情恳切又极为真挚。为父亲服丧三年，我认为应该遵循这种极为恳切真挚的方式。"

42.21 孔子在卫，卫之人有送葬者，而夫子观之，曰："善哉，为丧乎！足以为法①也。小子识之！"子贡问曰："夫子何善尔？"曰："其往也如慕②，其返也如疑。"子贡曰："岂若速返而虞③哉？"子曰："此情之至者也。小子识之！我未之能也。"

【注释】

①法：标准，模式。②慕：依恋，思念。③虞：丧祭名。古代既葬而祭之称。

【译文】

孔子在卫国，卫国人有人送葬，孔子在一旁观看，说道："做得好啊，这治丧的人，足够让人效法了。你们要好好记住！"子贡问道："您为什么称赞他呢？"孔子说："那孝子前往墓地送灵柩的时候，像小孩子对父母那样依依不舍，埋葬后返回时，又留恋父母而迟迟疑疑不愿回家。"子贡说："那不是还不如赶快回家准备葬后的祭奠呢？"孔子说："这是他内心真情的自然流露，你们好好记住这一点吧！我恐怕都还做不到呢。"

42.22 卞①人有母死而孺子②之泣者，孔子曰："哀则哀矣，而难继③也。夫礼，为可传也，为可继也，故哭踊有节④，而变除有期⑤。"

【注释】

①卞：鲁邑，在今山东泗水东。②孺子：幼童，后生，这里是说像小孩子一样。③继：连续，这里有效法的意思。④踊：顿足，跳跃。丧礼中

最哀恸的表示。节：节度，法度。⑤变除有期：改变礼仪，除去丧服，有一定期限。

【译文】

卞地有个人死了母亲，他像小孩子一样毫无节制地哭泣。孔子说："悲哀是够悲哀的了，不过别人很难像他这样做。礼制，是为了能够流传下去，继承下去，所以发丧时啼哭和跳跃要有节制，改变礼仪，除去丧服要有一定期限。"

42.23 孟献子禫①，悬而不乐②，可御而不处内③。子游问于孔子曰："若是则过礼也？"孔子曰："献子可谓加④于人一等矣。"

【注释】

①孟献子：即仲孙蔑，鲁国大夫。禫（dàn）：丧家除服的祭礼。②悬而不乐：将乐器悬挂起来而不奏乐。③可御而不处内：可以和妻妾同房共寝，却没有心思住进内室。④加：逾，超过。

【译文】

孟献子服丧期满举行了除服的禫祭后，将乐器悬挂起来不奏乐，可以和妻妾同房共寝，却没有心思住进内室。子游向孔子问道："像这样做是否逾越了礼制？"孔子说："献子可以说是高人一等了。"

42.24 鲁人有朝祥①而暮歌者，子路笑之。孔子曰："由，尔责于人终无已。夫三年之丧，亦以②久矣。"子路出，孔子曰："又多乎哉！逾月则其善也。"

【注释】

①祥：祥祭，祭祀名。②以：通"已"，太，甚。

【译文】

鲁国有个人（为父母服丧期满），早上举行了祥祭，晚上就唱起歌来，子路嘲笑他。孔子说："仲由，你总是不停地责备别人。他能够服丧三年，已经是足够久的了。"子路出去以后，孔子又说："守丧的时间其实也不算长啊，如果过了这个月他再唱歌就更好了。"

42.25 子路问于孔子曰："伤哉贫也！生而无以供养，死则无以为礼①也。"孔子曰："啜菽饮水②，尽其欢也，斯为之孝乎？敛手足形③，旋④葬而无椁，称⑤其财，斯为之礼，贫何伤乎？"

【注释】

①礼：指丧礼。②啜菽饮水：以豆为食，喝清水，形容生活清苦。③敛手足形：死后，以衣、棺敛尸，所用的衣被可以盖住肢体，没有外露。敛，后作"殓"，为死者加衣，将尸体装入棺材。④旋：不久。⑤称：适合，相符。

【译文】

子路向孔子问道："最让人伤心的是贫困啊！父母活着的时候不能好好奉养，去世以后又不能体面地举办葬礼。"孔子说："以豆为食，喝清水，虽然生活清苦，只要能让他们心情愉快，这就可以说是孝顺了啊。父母死后以衣、棺敛尸，所用的衣被可以盖住肢体，没有外露，随即加以安葬，即使没有椁，只要与自己的财力相称，这就可以称作礼了。贫困又有什么好悲伤的呢？"

42.26 吴延陵季子聘于上国①，适齐。于其返也，其长子死于嬴、博②之间。孔子闻之，曰："延陵季子，吴之习于礼者也。"往而观其葬焉。其敛，以时服而已；其圹揜坎③，深不至于泉；其葬无盟器④之赠。既葬，其封广轮揜坎⑤，其高可肘隐⑥也。既封，则季子乃左袒，右还⑦其封，且号者三，曰："骨肉归于土，命也！若魂气则无所不之！"而遂行。孔子曰："延陵季子之礼，其合矣。"

【注释】

①延陵季子：即吴国公子札，其居于延陵，故称。聘：古代国家之间遣使访问。上国：这里是指齐国。②嬴、博：齐国的两个城邑，后人以此为葬于异乡的代称。③圹：墓穴，坟墓。揜：掩埋。坎：坟坑。④盟器：即冥器，古代随葬的器物。⑤封：古代士以上的葬礼，堆土为坟。广轮：即广袤。⑥隐（yìn）：凭依，依据。⑦还：通"环"，环绕。

【译文】

吴国公子延陵季子去各国访问，来到齐国。在回国途中，他的长子死在了嬴、博两地之间。孔子听说此事后，说："延陵季子是吴国精通礼仪的人。"于是前往观看他主持的葬礼。他装殓时给儿子穿的仅仅是平常所穿的衣服；墓穴坑不深，还没有挖到能看见泉水的地方；埋葬时也没有用随葬的物品。下葬之后,坟头的宽度和长度正好遮盖住墓坑,高度正好能让人用手臂靠着。坟头做好后,延陵季子便袒露左臂,向右绕着坟头走,并哭喊了三次,说:"骨肉回归到土地里,这是天命啊!你的魂魄无所不在,无所不往!"说完就走了。孔子说:"延陵季子的礼仪,是合乎礼制的。"

42.27 子游问丧之具①。孔子曰:"称②家之有亡③焉。"子游曰:"有亡恶④于齐⑤?"孔子曰:"有也,则无过礼。苟亡矣,则敛手足形,还葬⑥,悬棺而封⑦。人岂有非之者哉?故夫丧亡,与其哀不足而礼有余,不若礼不足而哀有余也;祭祀,与其敬不足而礼有余,不若礼不足而敬有余也。"

【注释】

①具:器具,用具。②称:与……相称。③亡(wú):同"无"。④恶(wū):何,什么。⑤齐(jì):限度。⑥还(xuán)葬:即旋葬,随即安葬。还,同"旋",速,立刻。⑦悬棺而封:用绳子兜住棺材,悬起下放到墓坑中下葬。

【译文】

子游向孔子请教丧葬礼仪用具的问题。孔子说:"应该与家资的丰薄相称。"子游说:"所谓依据家资的丰薄,该如何把握分寸呢?"孔子说:"家资丰饶,也不要超过礼仪规定。如果家资俭薄,只需装殓时衣被能够遮盖住肢体使之不露,随即安葬,将棺材用绳子悬起下放到墓坑中。哪里会有人责备他呢?所以办理丧事时,与其哀痛不足而礼仪形式完备,不如礼仪形式不足而哀痛有余；祭祀亲人时，与其恭敬不足而礼仪形式完备，不如礼仪形式欠缺而恭敬有余。"

42.28 伯高①死于卫，赴于孔子。子曰："吾恶②乎哭诸③？兄弟，吾哭诸④庙；父之友，吾哭诸庙门之外；师，吾哭之寝；朋友，吾哭之寝门之外；所知，吾哭之诸野。今于野则已疏，于寝则已重。夫由⑤赐⑥也而见⑦我，吾哭于赐氏。"遂命子贡为之主，曰："为尔哭也来者，汝拜之；知伯高而来者，汝勿拜。"既哭，使子张往吊焉，未至，冉求在卫，摄⑧束帛⑨、乘马而以将⑩之。孔子闻之曰："异哉！徒⑪使我不成礼于伯高者，是冉求也。"

【注释】

①伯高：生平不详。②恶：哪里。③诸："之欤"的合音。④诸："之于"的合音。⑤由：通过，经过。⑥赐：指端木赐，即子贡。⑦见：会见，相识。⑧摄：代理。⑨束帛：帛五匹为一束，每匹从两端卷起，共为十卷。⑩将：将命，奉命。⑪徒：徒然，白白地。

【译文】

伯高死在卫国，他的家人讣告于孔子。孔子说："我该如何哭他呢？兄弟去世，可以到宗庙里哭他；父亲的朋友去世，可以到庙门哭他；如果是老师去世，在内寝哭他；朋友去世了，我在寝门外哭他；如果是一般认识的人去世，我到野外去哭他。如今我到野外哭他就显得太疏远，在内寝哭他又显得太隆重。他是通过端木赐结识我的，我就到端木赐的家里去哭他吧。"于是叫子贡作为主人，说："凡是因为你的关系来哭悼的，你就拜谢他；凡是认识伯高而来哭悼的，你不用拜谢他。"孔子哭过伯高之后，派子张前往卫国去吊唁。子张还没有到那里，冉求正好在卫国，于是准备一束帛、四匹马，前去吊丧。孔子听说此事，说："非常奇怪！徒然使我对不住伯高的，正是冉求。"

42.29 子路有姊之丧①，可以除②之矣，而弗除。孔子曰："何不除也？"子路曰："吾寡兄弟，而弗忍也。"孔子曰："行道③之人皆弗忍。先王制礼，过之者俯而就④之，不至者企而及⑤之。"子路闻之，遂除之。

【注释】

①有姊之丧：指为姐姐服丧。②除：除去丧服。③道：指仁义之道。④俯而就：即俯就，降格相就。⑤企而及：勉力达到，企望赶上。

【译文】

子路为姐姐服丧，到了除掉丧服的时候，却还没有除。孔子说："为什么不除掉丧服？"子路说："我兄弟少，不忍心除掉。"孔子说："遵循道义的人都不忍心。先王制定礼仪制度，对超过标准的就要使其降格，对达不到的就要勉力达到。"子路听了这番教诲，就除掉了丧服。

42.30 伯鱼①之丧母也，期②而犹哭。夫子闻之曰："谁也？"门人曰："鲤也。"孔子曰："嘻！其甚也，非礼③也。"伯鱼闻之遂除之。

【注释】

①伯鱼：即孔鲤，孔子的独子。②期（jī）：一周年。③非礼：不合乎礼。

【译文】

伯鱼为母亲服丧，周年后还在哭。孔子听到哭声问："这是谁在哭呀？"弟子回答说："是孔鲤。"孔子说："唉！这太过分了，这是逾越礼制的。"伯鱼听了，就除服不哭了。

42.31 卫公使其大夫求婚于季氏①，桓子问礼于孔子。子曰："同姓为宗，有合族②之义，故系③之以姓而弗别，缀④之以食⑤而弗殊⑥。虽百世，婚姻不得通，周道然⑦也。"桓子曰："鲁、卫之先，虽寡兄弟⑧，今已绝远矣。可乎？"孔子曰："固非礼也。夫上治祖祢⑨，以尊尊⑩之；下治子孙，以亲亲⑪之；旁治昆弟，所以教睦也。此先王不易⑫之教也。"

【注释】

①季氏：即季桓子。②合族：团结同族。③系：联系，联结。④缀：联结，拼合。⑤食：动词，给……吃。⑥殊：不同。⑦然：如是，这样。⑧寡兄弟：嫡出的兄弟。⑨祢（nǐ）：为亡父在宗庙中立主之称。⑩尊尊：前一个"尊"为动词，后一个"尊"为名词。⑪亲亲：前一个"亲"为动词，后一个"亲"为名词。⑫易：更改，改变。

【译文】

卫国国君派大夫向季氏求婚，季桓子就相关礼制向孔子请教。孔子说："同姓的人同宗，这是团结同族之人的意思，所以用同一姓氏联结起来以表示无差别，在一起吃饭以表示无特殊。即使百代之后，也不能通婚，这就是周代的婚姻礼制。"季桓子问："鲁、卫两国的先人，虽然是嫡出的亲兄弟，但如今血缘关系已经极为疏远了。可以通婚吗？"孔子说："这当然是不合乎礼制的。对上祭祀祖先，这是用来尊重尊长的；对下管教好子孙，这是用来关爱子孙后代的；从旁理顺兄弟关系，这是为了教导他们和睦相处的。这是先王留下来的不可改变的教诲。"

42.32 有若问于孔子曰："国君之于百姓①，如之何？"孔子曰："皆有宗道②焉。故虽国君之尊，犹百世不废③其亲，所以崇爱也。虽以族人之亲，而不敢戚④君，所以谦也。"

【注释】

①百姓：平民，民众。②宗道：宗族法则。③废：废弃。④戚：以亲戚关系自居。

【译文】

有若问孔子说："国君应该如何对待百姓？"孔子说："都有宗族法则。所以即使贵为国君，百代之后仍不能废止血缘亲情，这是推崇血缘之爱的缘故。即使有同族之人，也不敢自居国君的亲戚，这是为了表示谦虚。"

曲礼子夏问第四十三

43.1 子夏问于孔子曰:"居①父母之仇,如之何?"孔子曰:"寝苫枕干②,不仕,弗与共天下也。遇于朝市,不返兵而斗③。"曰:"请问居昆弟之仇,如之何?"孔子曰:"仕,弗与同国,衔君命而使④,虽遇之不斗。"曰:"请问从昆弟之仇,如之何?"曰:"不为魁⑤,主人⑥能报之,则执兵而陪其后。"

【注释】

①居:处于,此处意为对待。②苫:用禾秆编成的席子。居丧时孝子卧在其上。干:盾牌。③不返兵而斗:不回家去取兵器,即兵器不离身。④衔君命而使:奉君王的命令出使他国。衔,接受,尊奉。⑤魁:首,首领,带头人。⑥主人:此处指死者的家人。

【译文】

子夏问孔子说:"对待杀害自己父母的仇人,应该如何做?"孔子说:"睡在草垫上,枕着盾牌,不做官,和仇人不共戴天。不论在集市或官府遇见他,就要立刻拿出兵器与之决斗。"子夏又问:"请问对待杀害亲兄弟的仇人,应该如何做?"孔子说:"不和他在同一个国家里做官,如果奉君命出使他国,即使遇上他,也不要与之决斗。"子夏又问:"请问对待杀害叔伯兄弟的仇人,应该如何做?"孔子说:"自己不要带头动手,如果死者家人能去报仇,就拿着兵器陪在后面协助。"

43.2 子夏问:"三年之丧既卒哭①,金革之事②无避,礼与?初有司③为之乎?"孔子曰:"夏后氏之丧,三年既殡,而致事④,殷人既葬而致事,周人既卒哭而致事。《记》⑤曰:'君子不夺人之亲,亦不夺故⑥也。'"子夏曰:"金革之事无避,非与?"孔子曰:"吾闻诸老聃曰:'鲁公伯禽有为为之也⑦。'今以三年之丧从利者⑧,吾弗知也。"

【注释】

①三年之丧:父母之丧。卒哭:古时丧礼,百日祭后,止无时之哭为朝夕之哭,名"卒哭"。②金革之事:服兵役参战之事。金革,犹言兵甲。金,兵戈之属。革,甲胄之属。③有司:官吏。④致事:不处理朝政。⑤《记》:先秦关于《礼》的传记。⑥故:病故,此处指父母之丧。⑦鲁公伯禽有为为之也:伯禽为母守丧时,东方的有戎族作乱,伯禽当时为方伯,不得不出征。有为为之也,有原因这样子做的。⑧今:原作"公",据四库本改。从利者:指企图通过战争谋求私利。

【译文】

子夏问道:"守丧结束,到了卒哭的时候,就不回避服兵役之事,这合乎礼法吗?这是当初执事部门制定的吗?"孔子说:"夏代的时候,父母去世后要守丧三年,守丧者要在出殡之后辞职,殷人要在安葬完毕后退职守丧,周人是在卒哭之后辞官。《记》说:'君子不能剥夺别人父母,也不能剥夺为父母守丧的权利。'"子夏问道:"那么卒哭之后,就可以去参加征战,是不合乎礼制的吗?"孔子说:"我听老聃说过:'鲁公伯禽在卒哭之时就出兵征战是不得已而为之。'现在有人刚结束三年之丧，就一味追逐私利，我不知道这是为什么。"

43.3 子夏问于孔子曰："《记》云：周公相成王，教之以世子①之礼。有诸？"孔子曰："昔者成王嗣立，幼未能莅阼②。周公摄政而治，抗③世子之法于伯禽，欲王之知父子、君臣之道，所以善④成王也。夫知为人子者，然后可以为人父；知为人臣者，然后可以为人君；知事人者，然后可以使人。是故抗世子法于伯禽，使成王知父子、君臣、长幼之义焉。凡君之于世子，亲则父也，尊则君也，有父之亲，有君之尊，然后兼天下而有之，不可不慎也。行一物而三善⑤皆得，唯世子齿于学之谓也。世子齿于学⑥，则国人观之，曰：'此将君我，而与我齿让，何也？'曰：'有父在，则礼然。'然而众知父子之道矣。其二⑦曰：'此将君我，而与我齿让，何也？'曰：'有君⑧在，则礼然。'然⑨而众知君臣之义矣。其三曰：'此将君我，而与我齿让，何也？'曰：'长长⑩也，则礼然。'然而众知长幼之节矣。故父在斯为子，君在斯为臣，君子与臣之位，所以尊君而亲亲也。在学，学之为父子焉，学之为君臣焉，学之为长幼焉。父子、君臣、长幼之道得，而后国治。语⑪曰：'乐正司业⑫，父师⑬司成。一有元良，万国以贞⑭。'世子之谓。闻之曰：'为人臣者，杀其身而有益于君则为之。'况于其身⑮，以善其君乎？周公优为⑯也。"

【注释】

①世子：嫡长子。②莅阼：此指行使天子职权。莅，治理。阼，东

阶，为主人之位。③抗：举。④善：使……美好。⑤三善：指上文的父子、君臣、长幼之义。⑥齿于学：在学校按照年龄长幼而不按地位尊卑、等级为序。齿，年齿，长幼之次。⑦二：原作"一"，据四库本改。⑧君：原作"臣"，据《礼记》改。⑨然：原无，据四库本补。⑩长长：尊敬比自己年长的人。⑪语：古语。⑫乐正司业：乐正负责学业。乐正，乐官之长。⑬父师：太子的师傅。⑭一有元良，万国以贞：元良，大善，指的是太子。贞，正。⑮况于其身：指不必牺牲自身。⑯优为：做得最好。

【译文】

　　子夏向孔子问道："《记》说：周公辅佐周成王时，教给他怎样做好太子的礼。有这样的事吗？"孔子说："从前周成王继承王位时，因为年幼不能临朝亲自处理政事。周公代成王治理天下，把做太子的规则礼仪施用于伯禽，想让成王知道为父为子、为君为臣的道理，这是为了让成王更美善。懂得了如何为人子，然后才能做人父；懂得了如何为臣子，然后才能做国君；懂得了如何侍奉人，然后才能去指使人。因此，周公把如何做太子的规则礼仪施用到伯禽身上，从而使成王知道父子、君臣、长幼的道理。国君对于太子，从亲缘上讲是父亲，从尊位上讲是君主，有为父之亲，又有为君之尊，然后兼有天下，所以对教育世子就不能不慎重。做一件事而能有三种好处，说的正是太子在学校里与同学相处按年龄而不按尊卑这件事。太子在学校里按年龄而行礼让，国人看见了，就会说：'他将来要做我们的国君，却和我们按年龄大小谦恭礼让，这是为什么啊？'有人回答说：'他的父亲仍在，礼应这样。'这样大家就懂得了父子之义了。国人又议论说：'他将来要做我们的国君，却和我们按年龄大小谦恭礼让，这是为什么啊？'又有人回答说：'他的君主仍在，礼应这样。'这样大家就懂得了君臣之道了。国人再次议论道：'他将来要做我们的国君，却和我们按年龄大小谦恭礼让，这是为什么呢？'有人回答说：'他这是尊敬年长的人，礼应这样。'这样大家就懂得了长幼之序了。所以，父亲在，他是子；君主在，他是臣。他处于儿子与臣子的地位，就要尊敬国君而亲爱父母。在学校里学习为父为子、为君为臣、长幼有序的道理。父子、君臣、长幼之道掌握了，国家就能够太平了。古语说：'乐正负责学业的教习，父师掌管德行的教导。有一位大善的太子，天下就会太平了。'这就是说的太子啊。我听说：'作为臣子，有益于国君的事，即使牺牲自己的性命也要去做。'何况不死就对国君有好处呢？周公在这方面做得最好了。"

43.4 子夏问于孔子曰："居君之母与妻之丧，如之何？"孔子曰："居处、言语、饮食衎尔[①]。于丧所，则称其服[②]而已。""敢问伯母之丧，如之何？"孔子曰："伯母、叔母疏衰期[③]，而踊不绝地。姑、姊、妹之大功[④]，踊绝于地。若知此者，由文[⑤]矣哉。"

【注释】

①衎（kàn）尔：和乐、安定的样子。②称其服：穿着合适相称的衣服。称，相称，得体，合适。③疏衰期：服齐衰丧服一年。疏衰，即齐衰，丧服名，用粗麻布做成。期，一周年。④大功：丧服名，五服之一。其服用熟麻布做成，比齐衰稍细，较小功为粗，故称为大功，其服期为九个月。旧时男子为堂兄弟，未婚的堂姐妹，已婚的姑、姊妹、侄女，及众孙、众子妇、侄妇等服丧，皆服大功。已婚女为伯父、叔父、兄弟、侄、未婚姑、姊妹、侄女等服丧，也服大功。⑤由文：遵从礼文。由，从。文，礼文，礼法。

【译文】

子夏问孔子说:"遇到国君的母亲或妻子的丧事,应当如何对待?"孔子说:"生活起居、言语、饮食保持原来平和安定的样子。在治丧的地方,则只要穿合适的衣服就可以了。"子夏又问:"请问遇上伯母的丧事,应当如何对待?"孔子说:"为伯母、叔母的服丧,虽要穿齐衰服一周年,但号哭踊跳时脚不能离地。对姑妈、姐姐、妹妹的丧事,要穿大功丧服,号哭踊跳时脚要离地。如果懂得了这些,就算是遵从礼法了。"

43.5 子夏问于夫子曰:"凡丧小功已上①,虞、祔、练、祥之祭②皆沐浴?于三年之丧,子则尽其情矣?"孔子曰:"岂徒祭而已哉!三年之丧,身有疡③则浴,首有疮则沐,病则饮酒食肉。毁瘠而病④,君子不为也。毁则死者,君子为之无子⑤。则祭之沐浴,为齐洁⑥也,非为饰也。"

【注释】

①小功:古代丧服五服之一,用较粗的熟布做成,服期五个月。小功以上是大功、齐衰、斩衰等丧服。②虞、祔(fù)、练、祥之祭:均为祭名。虞祭,父母葬后,迎魂安于殡宫的祭礼。祔祭,新死者与祖先合享之祭。练祭,即小祥,父母死后十一个月祭于家庙,此日以练布为冠服,因以名祭。祥祭,父母死后十三个月而祭称祥祭。③疡(yáng):疮,痈、疽、疖等的通称,创伤。④毁瘠(jí)而病:过度哀伤憔悴而致病。毁,旧指居丧时因悲伤过度而损害健康。瘠,因疾病而憔悴瘦弱。⑤君子为之无子:君子认为如同父母没有这个儿子。为,与"谓"同义,以为,认

为。⑥齐（zhāi）洁：即斋戒。

【译文】

子夏问孔子说："居丧的时候，凡是为死者服小功以上丧服的，遇到虞祭、祔祭、练祭、祥祭的时候，都需要洗头净身。为父母服三年之丧，孝子就算尽了孝亲之情。是这样吗？"孔子说："哪里只是在祭祀的时候可以这样啊！服三年之丧的人，身上长疮就要洗澡，头上有疮可以洗头，有病可以饮酒吃肉。因哀伤憔悴而生病，君子是不会这么做的。因悲伤过度而致死，君子认为如同父母没有这个儿子。况且祭祀时沐浴，是为了斋戒，而不是为了外在的修饰。"

43.6 子夏问于孔子曰："客至无所舍，而夫子曰：'生，于我乎馆。'客死无所殡矣，夫子曰：'于我乎殡。'敢问礼与？仁者之心与？"孔子曰："吾闻诸老聃曰：'馆人，使若有之，恶有之，恶有有之①而不得殡乎？'夫仁者，制礼者也。故礼者不可不省②也。礼不同不异，不丰不杀③，称其义以为之宜。故曰：'我战则克，祭则受福。'盖得其道矣。"

【注释】

①恶有有之：原作"恶有之，恶有之"，据四库本删改。②省：省察。③不丰不杀（shài）：不增加不减少。丰，增加。杀，减少。

【译文】

子夏问孔子说："宾客来了却没有住的地方，老师您却说：'住在我家里吧。'客人死了无处殡殓，老师您说：'就在我家里殡殓吧。'请问这究竟是按礼制而行还是按您的仁爱之心而行呢？"孔子说："我听老聃说过：'招待客人，就要让他们感觉宾至如归。哪里有住在自己家里却不能殡殓的道理呢？'仁者是制定礼制的人。所以仁者对于礼制不能时时反省。礼制不能随意更改，也不可随意加减，只要合乎道义就是合适的。所以说：'我战无不克，祭则受福。'大概这是符合道的。"

43.7 孔子食于季氏，食祭①，主人不辞②。不食亦不饮而餐③。子夏问曰："礼也？"孔子曰："非礼也，从主人也。吾食于少施氏④而饱，少施氏食我以礼，吾食祭，作⑤而辞曰：'疏食，不足祭也。'吾餐，而作辞曰：'疏食，不敢以伤吾子之性。'主人不以礼，客不敢尽礼；主人尽礼，则客不敢不尽礼也。"

【注释】

①食祭：吃饭前的祭祀。②不辞：主人没有致辞，即没说一些谦让的话。③餐：此处指赞美主人的饭食。④少施氏：春秋时期鲁国贵族，鲁惠公之子施父的后代。⑤作：起。

【译文】

孔子在季孙氏家吃饭，吃饭前祭祀时，主人没有致祝辞。孔子没吃没喝就赞美主人的饭食。子夏问："您这样做合乎礼法吗？"孔子说："不合乎礼法，不过是随从主人罢了。我曾在少施氏家里吃饭，吃得很饱，是因为少施氏以礼来招待我吃饭，我饭前食祭时，他就起身辞谢说：'这些粗茶淡饭，不值得祭啊。'我称赞饭食美味时，他又起身辞谢说：'粗茶淡饭，不敢让它损伤了您的身体。'主人不遵循礼法，客人也不敢按礼法应对；而主人若依礼法而行，那么客人也不敢不按照礼法来应对。"

43.8 子夏问曰："官于大夫①，既升于公②，而反为之服③，礼与？"孔子曰："管仲遇盗，取二人焉，上④之为公臣，曰：'所以游，辟者⑤，可人⑥也。'公许。管仲卒，桓公使为之服⑦。官于大夫者为之服，自管仲始也，有君命焉。"

【注释】

①官于大夫：在大夫手下做官。②既：已经。升，进献，这里引申为推荐。公：指公家、朝廷。③服：服丧。④上：进献，推荐。⑤所以游，辟者：和他们交游的人，都是一些邪僻之人。以，同"与"。辟，原作"避"，据四库本改。⑥可人：可用之才。⑦服：原脱，据四库本补。

【译文】

子夏问道："曾经服侍过大夫，后来又服侍国君，又回过头来给大夫服丧，这合乎礼吗？"孔子说："从前管仲曾经遇到盗贼，他又从中选取了两个人推荐给国君为臣。他说：'这二人是因为和邪恶之人交游才误入歧途，他们是可用之才。'桓公答应了。管仲死后，桓公就让这二人为管仲服丧。服侍过大夫，又为大夫服丧的做法，是从管仲开始的，这是国君命令的。"

43.9 子贡问居父母丧。孔子曰："敬为上，哀次之，瘠①为下，颜色称情，戚容②称服。"曰："请问居兄弟之丧。"孔子曰："则存乎书策③已。"

【注释】

①瘠：毁瘠，因哀伤憔悴而消瘦。②戚容：哀戚的表情。③书策：书册，简策。古代用竹简记事。

【译文】

子贡问孔子如何对待父母的丧事。孔子说："敬重是首要的，其次是哀伤，再次为憔悴消瘦。脸色要与哀伤的感情相称，悲伤的表情要与丧服的等级相符。"子贡又问："请问如何对待兄弟的丧事？"孔子说："那些礼仪已经记载在书册上了。"

43.10 子贡问于孔子曰："殷人既窆①而吊于圹②，周人反③哭而吊于家，如之何？"孔子曰："反哭之吊也，丧之至也。反而亡矣，失之矣。于斯为甚，故吊之。死，人卒事也，殷以悫④，吾从周。殷人既练之明日而祔于祖，周人既卒哭之明日祔于祖。祔，祭神之始事⑤也。周以戚⑥，吾从殷。"

【注释】

①窆（biǎn）：下葬，棺椁入葬于墓穴。原作"定"，据陈本、文献集本改。②吊于圹：在墓穴旁悼念死者。吊，悼念死者，引申为慰问。圹，墓穴，亦指坟墓。③反：同"返"，自墓地返回家中。④悫（què）：朴实，谨慎。⑤始事：根本，首要大事。⑥戚：急迫，仓促。

【译文】

子贡问孔子说:"殷人在死者下葬后就在墓地悼念死者、慰问生者,周人则是在死者葬后所有人返回家痛哭时才去悼念死者、慰问孝子,这两种情况怎么样呢?"孔子说:"在孝子返回家痛哭时前去吊唁慰问,实际是在丧事中最为悲痛的时候。回来后先人不在了,永远失去了。这是孝子最为悲痛的时候,所以要慰问。死,是人最后一件事,殷人的做法太直率质朴,我赞同周人的做法。殷人在练祭的第二天在祖庙举行祔祭,周人在卒哭后的第二天在祖庙举行祔祭。祔祭,是祭祀最重要的事。周人的做法太仓促了,我还是按照殷人的做法来。"

43.11 子贡问曰:"闻诸晏子,少连、大连①善居丧,其有异称②乎?"孔子曰:"父母之丧,三日不怠,三月不解③,期④悲哀,三年忧。东夷⑤之子,达于礼者也。"

【注释】

①少连、大连:皆为人名,按下文应为东夷人。②异称:特别的名声。③解(xiè):通"懈",懈怠。④期(jī):一周年。⑤东夷:古代华夏族对东方诸民族的称呼。

【译文】

子贡问孔子说:"我听晏子说,少连和大连擅长处理丧事,他们有什么特别的名声吗?"孔子说:"他们为父母守丧,头三天沐浴、穿衣、小殓、大殓毫不懈怠;停殡的三个月期间,朝夕祭祀毫不松懈;一年后仍然很哀伤；三年后仍然忧愁满面。他们虽是东夷人的子弟，却也是精通礼仪之人。"

43.12 子游问曰："诸侯之世子，丧慈母①如母，礼与？"孔子曰："非礼也。古者男子②外有傅父③，内有慈母，君命所使教子者也。何服之有？昔鲁孝公④少丧其母，其慈母良。及其死也，公弗忍，欲丧之。有司曰：'礼，国君慈母无服。今也君为之服，是逆古之礼，而乱国法也。若终行之，则有司将书之，以示后世，无乃不可乎⑤？'公曰：'古者天子丧慈母，练冠以燕居⑥。'遂练以丧慈母。丧慈母如母，始则鲁孝公之为也。"

【注释】

①慈母：抚养自己的庶母或保姆。②男子：此处指国君之子。③傅父：古时称保育、辅导贵族子女的老年男子。④鲁孝公：鲁国国君，公元前796～公元前769年在位。⑤无乃不可乎：恐怕不行吧。⑥练冠以燕居：在日常生活中戴着练冠为亲人服丧。练冠，丧周年小祥祭之冠。燕居，即闲居。

【译文】

子游问道："诸侯世子的保姆去世了，他像对待母亲一样为她服丧，这样合乎礼吗？"孔子说："这不合乎礼。古时候，国君之子在宫外有傅父，在宫里有慈母，是国君派他们管教照顾世子的，世子们哪里需要为他们穿丧服？从前鲁孝公少年丧母，他的慈母待他很好。后来她死了，孝公不忍心，想为她穿丧服。掌管礼仪的官吏说：'根据礼制，国君不能为保姆服丧。现在您要为她穿孝服，是违反古礼而扰乱国法的。如果您一定要这样做，那么有关官吏会将此事记载下来，以揭示于后世，这恐怕不可以吧？'鲁孝公说：'古时候天子为慈母办丧事，闲居时有戴着细白布冠的。'于是，孝公就戴着细白布冠为保姆服丧。像为自己的生母一样为保姆服丧这种情况，是从鲁孝公开始的。"

43.13 孔子适①卫，遇旧馆人②之丧，入而哭之哀。出使子贡脱骖以赠之③。子贡曰："于所识④之丧，不能有所赠。赠于旧馆，不已多⑤乎？"孔子曰："吾向⑥入哭之，遇一哀而出涕⑦。吾恶夫涕而无以将⑧之。小子行焉。"

【注释】

①适：之，到。②旧馆人：旧时馆舍的主人。③脱骖（cān）以赠之：解开骖马赠送给别人。④于所识：原作"所于识"，据四库本改。所识，所认识的人。⑤多：重。⑥向：刚才。⑦遇一哀而出涕：赶上触动了哀情而流下了眼泪。⑧将：奉送。

【译文】

孔子到卫国去，遇到曾经住过的馆舍主人的丧事，孔子进去吊唁，哭得很悲伤。出来后，命子贡解下一匹骖马赠送给丧主。子贡说："对于一个普通认识的人的丧事，是不需要赠送助丧的礼物的。将马赠送给从前住过的馆舍的主人，这礼物是不是太重了？"孔子说："我刚才进去哭丧时，不由伤心而落下泪来。我不愿光哭而没有实际行动。你还是按我说的做吧。"

43.14 子路问于孔子曰:"鲁大夫练而杖①,礼也?"孔子曰:"吾不知也。"子路出,谓子贡曰:"吾以为夫子无所不知,夫子亦徒②有所不知也。"子贡曰:"子所问何哉?"子路曰:"由问:'鲁大夫练而杖,礼与?'夫子曰:'吾不知也。'"子贡曰:"止③,吾将为子问之。"遂趋④而进曰:"练而杖,礼与?"孔子曰:"非礼也。"子贡出,谓子路曰:"子谓夫子而弗知之乎?夫子徒无所不知也。子问非也。礼,居是邦,则不非⑤其大夫。"

【注释】

①练:练祭。杖:守丧时所用的丧棒。②徒:犹"乃",意为却、可是。③止:等一下。④趋:古代的一种礼节,小步快走。⑤非:非议,讥讽。

【译文】

子路问孔子说:"鲁国的大夫练祭时持着丧棒,这合乎礼吗?"孔子说:"我不知道。"子路出来,对子贡说:"我以为老师无所不知,原来老师也有不知道的。"子贡说:"你问的是什么事啊?"子路说:"我问:'鲁国的大夫练祭时持着丧棒,这合乎礼吗?'老师说:'我不知道。'"子贡说:"你等一下,我再去替你问问老师。"于是就快步走了进去,问:"练祭时持着丧棒,这合乎礼吗?"孔子说:"这不合礼。"子贡出来后对子路说:"你真的以为老师不知道吗?老师真的是无所不知啊。是你问得不对。按照礼制,居住在这个国家,就不要批评这里的大夫。"

43.15 叔孙母叔①之母死,既小敛②,举尸者出户③,武孙从之,出户，乃袒④，投其冠而括发⑤。子路叹之。孔子曰："是礼也。"子路问曰："将小敛则变服，今乃出户，而夫子以为知礼。何也？"孔子曰："由，汝问非也。君子不举人以质⑥士。"

【注释】

①叔孙母叔：名州仇，春秋末期鲁国大夫。②小敛：丧礼，指死后第二天，在室内为死者加衣衾。敛，后作"殓"。③举：抬着。户：寝门。④袒：脱去左袖，露出胳膊。⑤投其冠：扔掉丧冠。括发：在小殓之后，用麻绳束发。⑥质：质正，就正。

【译文】

叔孙母叔的母亲去世了，小殓之后，将尸体抬出寝门，叔孙母叔跟在后面，出了门将左袖脱去露出左臂，将素冠脱掉用麻绳束发。子路见了很感叹。孔子却说："这是合乎礼的啊。"子路问道："按照礼，在将要小殓的时候就应该袒臂束发，现在他出门才这样做，而您却认为他们是懂得礼的，这是为何？"孔子说："子路，你问得不对。君子不能用一般人的标准来衡量士人。"

43.16 齐晏桓子①卒，平仲粗衰斩②，苴绖、带、杖③，以菅屦④，食粥⑤，居傍庐⑥，寝苫枕草。其老⑦曰："非大夫丧父之礼也。"晏子曰："唯卿大夫。"⑧曾子以问孔子。孔子曰："晏平仲可谓能远害矣。不以已知是驳人之非，愻辞以避咎⑨，义也夫。"

【注释】

①晏桓子：晏弱，春秋时期齐国大夫，晏婴之父。②平仲：即晏婴，

字平仲。粗衰斩：粗布做的斩衰服。③苴绖（dié）、带、杖：苴绖、苴带、苴杖皆服丧时所用。苴绖，即首绖，古代丧服上的麻带，系在头上。苴带，系在腰上的麻带。苴杖，丧棒，用竹做成。④菅（jiān）屦：服丧时穿的草鞋。⑤食粥：按丧礼，未葬之前，孝子食粥。⑥傍庐：居丧时，临时搭的草棚。⑦其老：晏婴家中总管家务的家臣。⑧唯卿大夫：只有诸侯之卿才相当于天子的大夫。⑨逊（xùn）辞以避咎：用谦逊的语言来避免责难。逊辞，谦逊的言辞。

【译文】

　　齐国的晏桓子死了，他的儿子晏婴穿着粗麻布做的斩衰丧服，头扎麻带，腰系麻绳，手拿丧棒，脚穿草鞋，喝稀粥，住草棚，睡草垫，枕干草。他的家臣说："这样不合大夫为父亲守丧的礼仪。"晏婴说："只有卿才是大夫，我算不上大夫。"曾子向孔子请教这件事。孔子说："晏平仲可以说是能够远离祸患的人啊。不用自己做的正确的事情来反驳别人的错误，而是用谦逊的语言来避免责难，这是合乎义的啊。"

43.17　季平子①卒，将以君之玙璠敛②，赠以珠玉。孔子初为中都宰，闻之，历级③而救④焉，曰："送而以宝玉，是犹曝尸于中原⑤也。其示民以奸利之端，而有害于死者。安用之？且孝子不顺情以危亲，忠臣不兆奸⑥以陷君。"乃止。

【注释】

　　①季平子：季孙意如，春秋时期鲁国大夫，季桓子之父。曾逐鲁昭公，其卒于鲁定公五年。②玙璠：美玉。敛：殡殓。③历级：同"历阶"，快步登上台阶。④救：阻止，纠正。⑤曝尸于中原：尸体暴露在野

外。⑥兆奸：奸邪的征兆。

【译文】

　　季平子去世，家里准备以国君用的美玉殡殓，同时还要用很多珠宝美玉陪葬。这时孔子刚刚做了中都宰，听说后，赶到季平子家里，快步登上台阶去阻止，说："以珠宝美玉陪葬，就如同把尸体暴露在原野之中。这相当于告诉百姓可以侵占利益，对死者也无益。为什么要用呢？况且孝子不会放纵自己的感情而危害亲人，忠臣不会导致奸邪的征兆出现以陷害君主。"于是季氏家便停止了这种做法。

　　43.18 孔子之弟子琴张①，与宗鲁②友。卫齐豹见宗鲁于公子孟䙗③，孟䙗以为参乘④焉。及齐豹将杀孟䙗，告宗鲁，使行。宗鲁曰："吾由子而事之，今闻难而逃，是僭子也⑤。子行事乎，吾将死以事周⑥子，而归死于公孟⑦，可也。"齐氏用戈击公孟，宗鲁⑧以背蔽之，断肱⑨，中公孟、宗鲁，皆死。琴张闻宗鲁死，将往吊之。孔子曰："齐豹之盗，孟䙗之贼也，汝何吊焉？君不食奸⑩，不受乱⑪，不为利病于回⑫，不以回事人，不盖⑬非义，不犯非礼，汝何吊焉？"琴张乃止。

【注释】

　　①琴张：即琴牢，孔子弟子。②宗鲁：人名。鲁，原脱，据四库本补。③卫齐豹见宗鲁于公子孟䙗：齐豹把宗鲁推荐给公子孟䙗。齐豹，春秋时卫国大夫，曾为卫司寇。齐恶之子。见（xiàn），通"现"，介绍，推荐。孟䙗，又称公孟䙗、公孟。卫灵公之兄。④参乘：又作"骖乘"，

陪乘或陪乘的人。古时乘车，尊者在左，御者在中，有一人在右，称车右或骖乘，由武士充任，负责警卫。⑤是僭（jiàn）子也：是使您的话没有信用。王肃解释"僭"即不信。⑥事周：据《左传》杜预注，意为使齐豹杀公孟之事成功。⑦归死于公孟：此处指为公孟而死。归，回到。⑧鲁：原脱，据四库本、同文本补。⑨肱（gōng）：胳膊由肘到肩的部分。⑩君不食奸：君子不食用奸邪之人的俸禄。⑪受乱：允许、应和暴乱。受，应，承。⑫回：邪恶。⑬盖：掩盖，隐藏。

【译文】

孔子的弟子琴张，和宗鲁是朋友。卫国的齐豹把宗鲁推荐给公子孟絷，孟絷让他做自己的参乘。到了齐豹打算杀孟絷的时候，齐豹告诉宗鲁，让他赶快离开。宗鲁说："我是由于您才侍奉公孟，现在却要临难逃走，这是背叛您啊。您依事而行吧，我将会以死来成全您，等我回到公孟那里，为公孟而死，就行了。"齐氏用戈敲击公孟，宗鲁用背部来掩护他，胳膊被折断，公孟、宗鲁都被戈击中，双双战死。琴张听说宗鲁死了，想前往吊唁。孔子说："齐豹之乱和公孟之死，都是因为宗鲁，你为何还要去吊唁呢？君子不依靠奸人而生活，拒绝作乱，不为利益而自堕于邪恶，不以邪恶的方式待人，不掩盖不义的事，不做出违礼的行为，你为什么还要去吊唁呢？"琴张没有去。

43.19 郰①人子革卒，哭之，呼灭②。子游曰："若是哭也，其野哉！孔子恶野③哭者。"哭者闻之，遂改之。

【注释】

①郰：古邑名，在今山东宁阳东北。②呼灭：据王肃注，是革的家人

感到孤独无依，而号哭自己也要死掉了。③野：不合于礼制。

【译文】

邮人的儿子革死了，家人哭丧，号呼着自己也将要死掉。子游说："像这样的哭号，太违背礼仪了吧！孔子不喜欢这样不合礼制的哀哭。"哭者听了这番话，于是改正过来了。

43.20 公父文伯①卒，其妻妾皆行哭失声。敬姜②戒之曰："吾闻好外③者，士死之；好内④者，女死之。今吾子早殀，吾恶其以好内闻也。二三妇人之欲供先祀⑤者，请无瘠色，无挥涕，无拊膺⑥，无哀容，无加服，有降服，从礼而静，是昭⑦吾子也。"孔子闻之曰："女智无若妇，男智莫若夫⑧。公父氏之妇，智矣。剖情损礼⑨，欲以明其子为令德也。"

【注释】

①公父文伯：鲁国大夫。②敬姜：公父文伯之母。③好外：喜欢结交朋友。④好内：喜好女色。⑤供先祀：王肃解释为，想要留下来不改嫁以供奉祖先祭祀的。⑥无挥涕，无拊膺：挥涕，用手拂去眼泪。拊，抚。膺，胸。拊膺以示哀痛。⑦昭：昭明。⑧女智无若妇，男智莫若夫：幼女的智慧不如成年妇人，幼男的智慧不如成年男子。⑨剖情损礼：剖析人情世故，减损丧事礼仪。

【译文】

公父文伯死了，他的妻妾都痛哭失声。公父文伯的母亲敬姜告诫她们说："我听说喜欢在外边结交朋友的人，士愿意为他去死；喜好女色的人，女人甘愿为他去死。如今我儿子过早地死去，我很厌恶他喜好女色的恶名。你们几个如果有想留下来供奉祖先祭祀的，请不要使自己面容憔悴，不要哭泣，不要捶胸哀号，不要面有哀容，丧服不要加等，可以降等，遵从礼仪，保持安静，以显示我儿子的德行。"孔子听说这件事，说："年轻女人的智慧不如年长的妇人，年轻男子的智慧不如年长的男子啊。公父氏家的这个妇人真是个有智慧的人，剖析人情世故，减损丧事礼仪，是为了能够彰显她儿子的美德。"

43.21 子路与子羔①仕于卫，卫有蒯聩之难②。孔子在鲁，闻之，曰："柴也其来，由也死矣。"既而卫使至，曰："子路死焉③。"夫子哭之于中庭。有人吊者，而夫子拜之。已哭，进使者而问故④，使者曰："醢⑤之矣。"遂令左右皆覆醢，曰："吾何忍食此！"

【注释】

①子羔：孔子弟子，卫大夫高柴。②蒯聩之难：卫灵公太子蒯聩，因与卫灵公夫人南子有隙，逃到晋国。灵公死后，蒯聩之子辄被立为出公。后蒯聩回国与其子争夺王位。子路即死于这场政变中。③子路死焉：子路时为卫大夫孔悝邑宰。蒯聩之乱时，子路为救孔悝而入城。然其时孔悝已被蒯聩胁迫立盟，子路欲杀蒯聩及孔悝，结果被杀。④故：变故。此指当时的详情。⑤醢（hǎi）：肉酱，此处用作动词。

【译文】

子路和子羔都在卫国做官，卫国发生了蒯聩之难。孔子在鲁国听到这件事后，说："高柴能回来，子路会因此而丧命啊！"不久卫国报丧的使者来了，说："子路死于乱中。"孔子在中庭哭子路。有人前来吊唁，孔子就拜谢。哭完之后，召进卫国使者，问使者前因后果，使者说："子路已经被剁成肉酱了。"孔子让左右把肉酱倒掉，说："我怎么还能忍心吃这些东西！"

43.22 季桓子^①死，鲁大夫朝服^②而吊。子游问于孔子曰："礼乎？"夫子不答。他日，又问。夫子曰："始死则已，羔裘、玄冠^③者，易之^④而已，汝何疑焉？"^⑤

【注释】

①季桓子：鲁国正卿，名斯。②朝服：上朝穿的一种服装。③羔裘、玄冠：古时诸侯、卿大夫、士所穿的朝服。因羔裘、玄冠皆黑色，古代用作吉服。丧事是凶事，所以不能穿着去吊丧。④易之：改穿平时闲居时所穿的素冠、深衣。⑤子曰："始死则已……汝何疑焉？"此十九字原在本篇《原思言于曾子》章"知丧道也"后。

【译文】

季桓子死了，鲁国大夫穿着朝服去吊唁。子游问孔子说："这合乎礼吗？"孔子没有回答。过了几天，又问。孔子说："刚死的时候穿戴羔裘、玄冠这种吉服就算了，后来去吊唁时改穿素冠、深衣就行了，这有什么可以怀疑的？"

43.23 孔子有母之丧，既练，阳虎吊焉，私于孔子曰："今季氏将大飨①境内之士，子闻诸？"孔子答曰："丘弗闻也。若闻之，虽在衰绖，亦欲与往。"阳虎曰："子谓不然乎，季氏飨士，不及子也。"阳虎出，曾点问曰："语②之何谓也？"孔子曰："己则衰服，犹应其言，示所以不非也。"

【注释】

①飨：设盛宴招待宾客。②语：原作"吾"，据四库本改。

【译文】

孔子为母亲服丧，练祭之后，阳虎前来吊唁，私下问孔子："现在季氏将要在家里大宴鲁国的士人，您知道吗？"孔子答道："没听说。如果听说，我虽有丧在身，也会前往参加。"阳虎说："您以为是假的吗？季氏宴请的士人中，不包括您啊。"阳虎出去了，曾点问孔子说："您说那些是什么意思呢？"孔子说："我在服丧时，还回答他的话，是为了表示我没有责怪他。"

43.24 颜回死，鲁定公①吊焉，使人访于孔子。孔子对曰："凡在封内②，皆臣子也。礼，君吊其臣，升自东阶③，向④尸而哭，其恩赐之施，不有筭也⑤。"

【注释】

①鲁定公：春秋时期鲁国国君，公元前509～公元前495年在位。②封内：天子或诸侯的领地之内。③东阶：阼阶，主人所登之阶。④向：面朝，面对。⑤不有筭（suàn）也：没办法计算。筭，同"算"。

【译文】

颜回去世，鲁定公前来吊唁，并派人向孔子请教有关的礼仪。孔子回答说："凡是在鲁国之内，都是君主的臣子。按照礼，君主吊唁自己的臣子，要从东阶上去，面对着尸体哭，他的恩赐是无价的。"

43.25 原思①言于曾子曰："夏后氏之送葬也，用盟器②，示③民无知也；殷人用祭器，示民有知也；周人兼而用之，示民疑④也。"曾子曰："其不然矣，夫以盟器，鬼器也；祭器，人器也。古之人胡为而死其亲也。"子游问于孔子，曰："之死而致死乎⑤，不仁，不可为也；之死而致生乎⑥，不智，不可为也。凡为盟器者，知丧道也。是故竹不成用⑦，而瓦不成膝⑧，琴瑟张而不平⑨，笙竽备而不和⑩，有钟磬而无簨簴⑪。其曰盟器，神明⑫之也。哀哉！死者而用生者之器，不殆而用殉⑬也。"

【注释】

①原思：即原宪。②盟器：又作"明器""冥器"。古代陪葬的器物。③示：指示，让人看，把事物摆出来或指出来让人知道。④示民疑：让老百姓知道他们对死者有无知觉疑惑不定。⑤之死而致死乎：送走死去的亲人而认定他们毫无知觉。⑥之死而致生乎：送葬死者而认为他们与生者一样有知觉。⑦竹不成用：王肃注为"谓筃之无缘"，即竹制器具没有边饰、镶边。⑧膝：按郑玄注应作"沬"，沬通昧，意指没有光泽。疑此"膝"当作"漆"，不成"膝"，意为未曾上"漆"，没有光泽。⑨琴瑟张而不平：琴和瑟张弦而没有调平，没法弹。⑩笙竽备而不和：笙和竽独具

外形而不和音律，没法吹。⑪有钟磬而无簨（sǔn）簴（jù）：有钟有磬却没有挂的木架。簨簴，用来悬挂钟磬的器具。⑫神明：此处用作动词，奉若神明。⑬殉：王肃注："杀人以死谓之殉。"即杀人用来作陪葬。

【译文】

　　原思对曾子说："夏代送葬，用死者不能用的明器，以使百姓们知道死者是没有知觉的。殷代送葬用死者能使用的祭器，以使百姓们知道死者是有知觉的。周人送葬则都用，以使老百姓知道他们对死者有无知觉不能肯定。"曾子说："我认为恐怕不对。明器，是鬼魂所用；祭器，是活人自己所用。古人怎会认为死去的亲人没有知觉呢？"子游向孔子请教这件事，孔子说："为死者送葬，就认定死者没有知觉，这是不仁，不能这样；为死者送葬，认定死者有知觉，这是不明智的，也不能这样。凡是用明器送葬的，是懂得丧礼的人。因此，竹器不加镶边，瓦器没有光泽，琴瑟没法弹奏，笙竽不和音律，有钟磬却没有挂的木架。这些器物之所以称作'明器'，是将死者奉若神明的意思啊。可悲啊！用活人的器具来送葬死者，不是等于用活人来殉葬吗？"

43.26　子罕①问于孔子曰："始死之设重也，何为？"孔子曰："重②，主道③也，殷主缀重焉④，周人彻重焉⑤。""请问丧朝⑥。"子曰："丧之朝也，顺死者之孝心，故至于祖考⑦庙而后行。殷朝而后殡于祖⑧，周朝而后遂葬。"

【注释】

　　①子罕：春秋末年宋国执政。②重：丧礼中，用来暂代木主者。③主道：与神主的道理是一样的。主，神主，为死者立的牌位。道，道理。

④殷主缀重焉：殷人做好神主后，与重连缀。⑤周人彻重焉：周人做好神主后便撤掉重。⑥丧朝：在下葬前祭拜于祖庙。⑦考：原作"者"，据四库本改。⑧殡于祖：灵柩停放在祖庙。殡，停放灵柩。祖，此指祖庙。

【译文】

　　子罕问孔子说："人刚死的时候，而设重，这是为什么呢？"孔子说："重，与神主的道理是一样的。殷人做了神主牌位后，要将之与重连在一起，周人则是做了神主之后，就将重撤掉了。"子罕又问道："请问下葬前还要在祖庙祭拜，这是为什么呢？"孔子说："在下葬前祭拜于祖庙，这是为了照顾从死者的孝心，所以要到宗庙里告辞，然后才上路。殷人在祭拜宗庙之后，还要把灵柩停放在祖庙里，周人则是在祭拜祖庙后就下葬。"

43.27 孔子之守狗①死，谓子贡曰："路马②死，则藏之以帷，狗则藏之以盖③。汝往埋之。吾闻弊帷④不弃，为埋马也；弊盖不弃，为埋狗也。今吾贫，无盖。于其封⑤也，与之席，无使其首陷于土焉。"

【注释】

　　①守狗：看家狗。②路马：驾车的马。③盖：车盖。④弊帷：破旧的帷幔。⑤封：埋葬。

【译文】

　　为孔子看家的狗死了，孔子对子贡说："驾车的马死了，要用帷幔包裹埋葬，狗死了要用车盖裹好埋葬。你去把狗埋了吧。我听说，破旧的帷幔不丢弃，是因为可以拿来埋马；破旧的车篷盖不扔掉，是因为可以拿来埋狗。如今我很贫穷，连车篷盖都没有，你埋葬它的时候，也要用张席子裹好了它再埋，不要把它的头直接埋在土里。"

曲礼公西赤问第四十四

44.1 公西赤①问于孔子曰："大夫以罪免②，卒，其葬也如之何？"孔子曰："大夫废其事，终身不仕，死则葬之以士礼。老而致仕者，死则从其列③。"

【注释】

①公西赤：孔子弟子。②以罪免：因为获罪而免职。③列：等级。

【译文】

公西赤问孔子说："大夫因犯罪而被免官，死了以后，他的葬礼应该如何操办？"孔子说："大夫被免职以后，又终身没有再做官的，死后用士人的礼制安葬。年老退休的，死后则按照其原先的官职等级来安葬。"

44.2 公仪仲子①嫡子死，而立其弟②。檀弓③问子服伯子④曰："何居⑤？我未之前闻也。"子服伯子曰："仲子亦犹行古人之道。昔者文王舍伯邑考⑥而立武王，微子⑦舍其孙腯⑧立其弟衍⑨。"子游以闻诸孔子，子曰："否，周制立孙。"

【注释】

①公仪仲子：鲁国贵族。②立其弟：立嫡子的弟弟。这里指公仪仲子的庶子。③檀弓：鲁国士人，以精通礼仪著称。④子服伯子：即子服景伯，鲁国大夫。⑤居：表示语气，同"乎"。⑥伯邑考：周文王之长子。⑦微子：商纣王的庶兄，周公旦封他于宋，为宋国始祖。⑧腯：微子之孙。⑨衍：微子之弟。

【译文】

公仪仲子的嫡子死了，于是立了庶子做自己的继承人。檀弓问子服伯子说："这是为什么呢？我之前没有听说这样做的。"子服伯子说："仲子也是在行古人之道。从前周文王不立嫡子伯邑考而立武王，微子启不立他的孙子腯而立了弟弟衍。"子游就此事向孔子请教，孔子说："不对，按照周朝的制度，要立嫡孙。"

44.3 孔子之母既葬，将合①葬焉，曰："古者不祔②葬，为不忍先死者之复见也。《诗》云：'死则同穴。'③自周公已来，祔葬矣。故卫人之祔也，离之④，有以间⑤焉。鲁人之祔也，合之⑥，美夫！吾从鲁。"遂合葬于防⑦。曰："吾闻之，古者墓而不坟。今丘也，东西南北之人⑧，不可以弗识也。吾见封之若堂⑨者矣，又见若坊⑩者矣，又见覆夏屋⑪者矣，又见若斧形者矣。吾从斧者焉。"于是封之，崇⑫四尺。孔子先反虞⑬，门人后，雨甚至，墓崩，修之而归。孔子问焉，曰："尔来何迟？"对曰："防墓崩。"孔子不应，三云，孔子泫然⑭而流涕曰："吾闻之，古不修墓。"及二十五月而大祥⑮，五日而弹琴不成声，十日过禫⑯而成笙歌。

【注释】

①合：原作"立"，据四库本改。②祔（fù）：合葬。③"《诗》云"句：所引诗见《诗经·王风·大车》："谷则异室，死则同穴。"穴，墓穴。④离之：指夫妻合葬时，棺椁分为两个墓穴下葬。⑤间：原作"闻"，据四库本改。⑥合之：夫妻合葬，棺椁在同一个墓穴。⑦防：即防山，位于今山东曲阜市郊。⑧东西南北之人：意谓居无定所的人。⑨封之若堂：坟头筑成四方像堂屋的样子。⑩坊：同"防"，堤防。⑪夏屋：大屋。⑫崇：高。⑬虞：祭名，古时葬后之祭。⑭泫（xuàn）然：伤心而流泪的样子。⑮大祥：父母死后二十五月之祭，表示丧服期已满。⑯禫（dàn）：祭名，除丧服之祭。

【译文】

孔子的母亲去世以后，孔子准备把他的母亲和父亲合葬在一起。孔子说："古时不合葬，是因为不忍心再见到先去世的亲人。《诗经》说：'死则同穴。'自周公以来，已经开始实行合葬制度。卫国人合葬的方式是夫妻棺椁分别葬在两个墓穴里，两个棺椁分开。鲁国人合葬的方式是夫妻棺椁葬在一个墓穴里，这样的下葬方式很好，我要遵从鲁国合葬的方式。"于是，将母亲和先前去世的父亲合葬在防山。孔子说："我听说，以前的墓地是不起坟头的。现今我是个四处漂泊的人，要在墓地上做些标记。我见过把坟头筑成四方而像堂屋的样子的，又见过下宽上窄、斜面平平而上、像堤防一样形状的，也见过如同上面盖有大殿的样子的，还见过像斧头形状的。我就按照斧头形状的去做。"于是在墓地上筑出斧头形状的坟头，有四尺高。孔子先回家举行虞祭，门人留在墓地处理善后事宜。这时下了一场大雨，坟墓被冲塌了，他们修好了墓地以后才回去。孔子问他们："你们怎么回来这么晚呢？"门人回答说："防地的坟墓被冲塌了。"孔子没有应声。门人又说了三次，孔子的泪水哗哗地流了下来，说："我听说，古人是不在墓地上堆土为坟的啊。"二十五个月过后，孔子的丧服期已满，举行了大祥祭，又过了五天开始弹琴，可是不成声调。十天后过了禫祭，开始吹笙，形成了曲调。

44.4 子游问于孔子曰："葬者涂车刍灵①，自古有之。然今人或有偶②，是无益于丧。"孔子曰："为刍灵者善矣，为偶者不仁，不殆于用人乎？"

【注释】

①涂车刍灵：涂车、刍灵均为自古便有的随葬品。涂车，用泥土做成的车，用彩色在上面涂饰。刍灵，用茅草扎成的人马。②偶：用土、木制成的人偶。

【译文】

子游问孔子："随葬的用泥做成的车、用草扎的人马，自古有之。然而如用土、木制作的人偶来陪葬，这对丧事没有好处。"孔子说："扎草人草马的人内心是善良的，制作土偶、木偶的人是不符合仁的，这不就相当于用活人来陪葬吗？"

44.5 颜渊之丧，既祥①，颜路②馈③祥肉④于孔子。孔子自出而受之，入，弹琴以散情，而后乃食之。

【注释】

①祥：祭祀父母的典礼。②颜路：即颜无繇，颜渊的父亲。③馈：泛指赠送。④祥肉：祥祭时所供之肉。

【译文】

颜渊的丧事时，祥祭过后，颜路赠送给孔子祥祭用的祭肉。孔子走到门口接受了祭肉，回去以后，先弹琴以排遣哀伤，然后才开始吃祭肉。

44.6 孔子尝①，奉荐②而进，其亲也悫③，其行也趋趋以数④。已祭，子贡问曰："夫子之言祭也，济济漆漆焉⑤。今夫子之祭⑥，无济济漆漆，何也？"孔子曰："济济者，容也，远也。漆漆者，容也，自反⑦。容以远，若⑧容以自反，夫何神明之及交？必如此，则何济济漆漆之有？反馈⑨乐成⑩，进则燕俎⑪，序其礼乐，备其百官。于是君子致其济济漆漆焉。夫言岂一端而已哉？夫各有所当也。"

【注释】

①尝：秋祭。②奉荐：捧着祭品进献。③悫（què）：诚笃，忠厚。④趋趋（cù cù）以数（sù）：匆忙的样子。⑤济济（jǐ jǐ）：威仪堂堂貌。漆漆（qiè qiè）：庄重恭敬貌。⑥子之祭：原无"子之祭……夫各有所当也"一段，据四库本补。⑦自反：反躬自问。此处为自我修饰。⑧若：而，又。⑨反馈：祭礼的流程，先在庙堂之上献祭品，向尸主献酒，再返于庙堂举行馈食礼。⑩乐成：指乐舞合成，音乐由舞蹈伴随着奏响。⑪进则燕俎：

进献宴飨用的肉俎。燕，通"宴"。俎，礼器名。

【译文】

孔子为父母举行秋祭，手捧着祭品进献给亲人，他做这些事时神态显得非常严谨，走起路来步伐急促。祭祀结束后，子贡问道："老师您以前谈到祭祀的时候，要求祭祀时神态威仪堂堂，举止庄重恭敬。可是如今先生您祭祀，却没有做到神态威仪堂堂、举止庄重恭敬，这是为什么呢？"孔子说："所谓神态威仪堂堂，表情是疏远的；所谓举止庄重恭敬，神情是自我矜持的。疏远的表情，又自我矜持的神情，怎么能与亲人的神灵交互感应呢？如果真是这样，哪里还要有威仪堂堂、庄重恭敬的仪容举止呢？这就完全失去了原有的意义。天子诸侯的宗庙大祭，先在庙堂上荐血腥，向尸主献酒，再返于庙堂中举行馈食礼，一时间，乐舞合成，接着进献宴飨用的肉俎，有顺序地安排礼乐，备具助祭的百官。君子身处这样庄严隆重的场面，自然应该表现出威仪堂堂的神态、庄重恭敬的举止。那么我说的话怎么能片面地理解呢？要看话语具体的场合。"

44.7 子路为季氏宰。季氏祭，逮①昏而奠②，终日不足，继以烛。虽有强力之容，肃敬之心，皆倦怠矣。有司跛倚③以临事④，其为不敬也大矣。他日，子路与焉，室事⑤交于户，堂事⑥当于阶，质明⑦而始行事，晏朝⑧而彻⑨。孔子闻之曰："孰谓由也而不知礼⑩"？

【注释】

①逮（dài）：等到。②奠：用祭品祭祀鬼神或亡灵。③跛（bì）倚：

靠着物事一脚站立，一脚抬起。是一种不庄重的表现。④事：原无，据四库本补。⑤室事：在室内举行的祭祀。⑥堂事：在正厅举行的祭祀。⑦质明：黎明。⑧晏朝（zhāo）：黄昏。⑨彻：结束。⑩孰谓由也而不知礼：原作"孰为士也而不知礼"，据陈本改。

【译文】

　　子路做了季氏的家臣。从前季氏举行宗庙祭祀，到天黑还在祭奠，一整天时间还不够，到了晚上点上蜡烛继续进行。即使有强壮的身体，严肃恭敬的心意，也都极为疲倦了。执事之人都倚靠着他物，歪斜着身子来应付祭祀的事，这是对神灵极大的不恭。有一天，子路参与了祭祀。室内举行正祭，室外执事人员将所需的各种祭品端来，在门口交给室内执事人员；然后在正厅继续祭祀，所需的事物在西阶之上交接。祭祀从黎明开始，到傍晚结束。孔子听说此事之后，说："谁说仲由不懂礼呢？"